中国近代人物文集丛书

陈炽集

赵树贵 曾丽雅 编

中华书局

图书在版编目(CIP)数据

陈炽集/赵树贵,曾丽雅编. —北京:中华书局,1997.4
(2014.7 重印)
(中国近代人物文集丛书)
ISBN 978-7-101-10214-7

Ⅰ.陈… Ⅱ.①赵…②曾… Ⅲ.陈炽(1855~1900)-文集
Ⅳ.Z425.2

中国版本图书馆 CIP 数据核字(2014)第 121979 号

书　　名	陈炽集
编　　者	赵树贵　曾丽雅
丛 书 名	中国近代人物文集丛书
责任编辑	李占领　张玉亮
出版发行	中华书局 (北京市丰台区太平桥西里 38 号　100073) http://www.zhbc.com.cn E-mail:zhbc@zhbc.com.cn
印　　刷	北京瑞古冠中印刷厂
版　　次	1997 年 4 月北京第 1 版 2014 年 7 月北京第 2 次印刷
规　　格	开本/850×1168 毫米　1/32 印张 12⅞　插页 4　字数 300 千字
印　　数	2001-3500 册
国际书号	ISBN 978-7-101-10214-7
定　　价	42.00 元

陈炽为陈氏祠堂所题匾额

陳熾

穰卿仁兄大人閣下：連日暢讀，甚快。重譯富國策尚未卒業，昨係草稿，今倩友人録出啟文一篇、總論一篇，并附刻報中。大約不過廿餘篇，如日刻兩篇，十餘次可畢。此書在西國最有名，譯文只求雅馴，不厭艱深，以救時弊。於中西文字詳略繁簡之間，費心費手，較撰述尤難。惟勸之，甚幸。手泐，順頌著安。

弟熾頓首

陈炽致汪康年书（一）

陈炽致汪康年书（二）

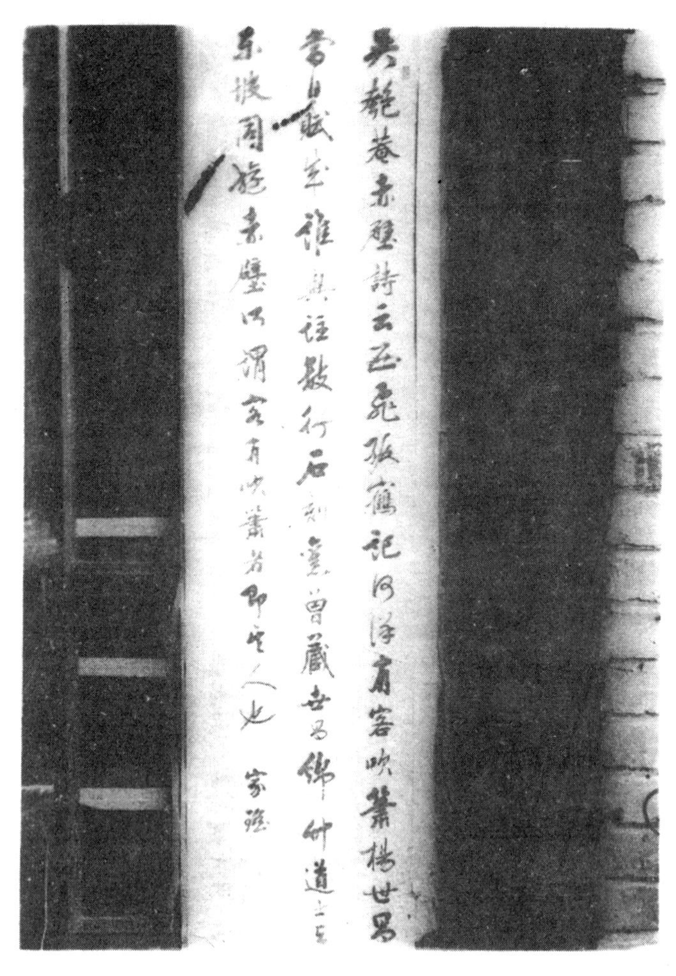

陈炽为萍乡文韫山所题条屏

前　言

陈炽(1855—1900)，原名家瑶，改名炽，字克昌，号次亮，又号用絜，江西瑞金县人。近代中国维新派代表人物之一。

陈炽从小力学，聪颖超群。十九岁参加省试，即以优异成绩被保送入京。次年朝考，录为一等第四名，钦点七品京官，签分户部山东清吏司任职。二十一岁乞假南旋，集资倡立宾兴会，专济应考的贫困生员、秀才。二十七岁刊印诗集，名《褒春林屋诗》，多思乡爱民之作。二十八岁中举，仍职户部。时中国民族危机日益严重，救亡一直是时代的主题，陈炽自幼“闻长老述庚申之变”，常痛惜国弱民穷，认为中国当今首务不在“强兵”，而在“富国”，多次抨击洋务派“兢兢于海防而不知其本原乃在商务”。曾游历沿海商埠及香港、澳门等地，详细考察其政治、经济诸情况，旁考群书，尤重西书，综合心得，于1894年撰讫《庸书》百篇，提出发展资本主义工商业，反对帝国主义把持海关，倡议实行君民共主政体，采用议院制，要求民权等等主张，尤其是发展工商业、废除厘金、实行议院的主张颇具时代性。此书经翁同龢推荐，得以进呈光绪皇帝御览，并一版再版，影响很大，对当时及以后维新运动的开展起了一定的积极作用。

1886年(光绪十二年)，陈炽参加军机章京考试，为录取八名之首魁。次年升户部额外主事，1889年转为户部主事。其间曾先后上书李鸿章、翁同龢、陈宝箴等当道，对朝鲜内乱、黄河改道、修建铁路诸问题发表意见，颇受器重。1891年升为户部员外郎，诰授中宪大夫。是年冬,父丧丁忧回里。守孝期满起复,正值中日甲午战争爆发,陈炽评论时事,旁征博引,得"通才"之称。甲午战败,陈炽与李盛铎等参与办理借洋款以还洋债之事,甚感棘手。这时的陈炽,仍以发展经济而图国富为目标,两次上书皇帝,就自铸银元、金钱及茶业等有关国家利权问题陈述己见,得旨允准。当时,维新派阵营内主要分为以翁同龢为首的"帝党"和以康有为为首的"康党",两者对变法内容、进程的看法产生分歧,前者主缓进,后者主急进,但两者又比较紧密地联合在一起,领导全国的维新运动。而他们之所以能够"共事",与陈炽从中进行的大量的撮合活动分不开,他是两派的中间联络人。1895年6月,翁同龢与康有为商谈改革大计,陈炽为之起草了十二条新政意旨,后来翁氏不果行,康氏屡函促责,陈炽亲至康处代为谢答,接着又建议康有为"办事当以办报为先",并捐款助其办报事业,使近代中国最初的维新报——《万国公报》得以问世。然后又频集通才,谋开新学会,共同集资,于是年8月在北京创立强学会,陈炽被公举为提调。强学会是"帝党"与"康党"大联合的结晶,陈炽又是会中核心人物之一,作用不小。强学会以救亡为宗旨,得到许多督抚大吏的赞助,李鸿章也欲捐金三千入会,为陈炽等人所拒,由是怀恨强学会,旋因御史杨崇伊弹劾,强学会遭封禁。尔后在翁同龢等大臣的袒护下,奉旨改强学书局为官书局,陈炽虽在被劾之列,但仍留局任事。

1896年夏,陈炽升为户部郎中,仍兼职军机章京。8月,捐银上海《时务报》,并负责该报在京代收捐款、发行诸事。时议立京师大学堂,陈炽为之拟定章程。1898年5月,大学堂筹备工作已臻完备,管学大臣孙家鼐欲聘康有为为总教习、陈炽为总办(校长),后因康门梁启超重拟章程时,权尽归总教习,而管学大臣无权,孙氏遂大怒诋康,聘事也随之告吹。

1896年，陈炽重译英人斯密德之《富国策》，交《时务报》连载。又在此基础上撰写了一部经济专著《续富国策》，以求中国踵英之后而富强寰宇。同时，他先后撰文《时务报》、《知新报》，呼吁世界各国联合起来对付俄国，提出要仿效古时合纵连横思想，以免春秋战国兼并历史的重演。强学会遭到封禁以后，恐招忌恨，曾函劝汪康年勿讲议院民权。与翁同龢的关系亦渐趋破裂。1897年8月，陈炽列名“不缠足会”理事，并以编撰、校勘《平定陕西新疆回匪方略》诸书之功，“著俟得知府后，以道员在任候补，得道员后加二品衔记名御史”。戊戌政变后，深悲国事，往往酒前灯下，高歌痛哭，若痴若狂，1900年病卒于京都，终年四十六岁。

陈炽的一生虽然短暂，但经历了一个非常时代，即民族危机日益深重的时代，有志之士积极探索的时代。陈炽始终致力于国家的富强，深究天下利病，探寻经国要术，写下了不少留世之作。我们对此进行了长时间的收集、采访，但限于某些原因和水平问题，仍有不少遗缺，有些作品只能作为存目附之书后，一些暂时还考证不清、难以定论的作品也只能著以“俟考”而附之书后。

本书编订过程中，得到江西社科院历史所和江西古籍整理规划办的大力支持，北京、上海诸地图书馆亦为本书提供了许多方便条件。还得到江西汪叔子同志、上海汤志钧先生的悉心指导，亦承中华书局吴杰等同志热心帮助，瑞金县曹春荣、范家模、陈英锷诸同志为本书提供了不少珍贵的族谱资料等，江西姚公骞前辈为本书题签，在此谨表谢意。

编　者

1988年9月

凡　　例

一、本集对陈炽本人的著作尽可能全都收录，但署名陈炽，经考证而非陈炽所作者，如《幼孩须先学工艺说》、《白溪陈氏族谱十修序》等，则不予收录。

二、本集按文体分类编纂，计分专著、译著、文录、条陈、书信、诗录六类。各类均按撰述或发表年月序第编排，有分期发表者，以首见为准。

三、本集收录各篇，凡版本、撰述时间诸问题需要加以考辨、说明者，均加题注，以*号表示，置于各校注之前。各篇资料来源，亦在题注中注明。

四、本集收录各篇，一般沿用原有标题；遇有原无标题者，则由编者根据内容酌加。

五、本集收录各篇，均予分段标点。经校勘疑为错讹字，后加〔　〕号补入正字；疑为脱漏字，后加〈　〉号填补；疑为衍羡字，以○号圈示；原文残缺或模糊不清的字，以□号标明。

六、本集收录各篇，凡有一种以上版本者，一般以初刊本为底本，并据其它版本进行校勘；遇有文字、内容出入较大，尤其涉及思想演变者，出校注说明；仅属文辞修润，不涉内容或思想演变者，不另加注。

七、本集收录各篇，均注明时间，一般采用在旧历后面加注公元日期，以（　）号标明，如光绪二十三年三月（1897年4月）。

八、本集所收文字，凡属古体字、假借字等较难辨认者，一律改为今体，以便阅览。

九、陈炽为他人起草之作及个别存疑待考的作品，陈炽年谱及若干时人所撰陈炽传记，陈炽著述佚篇目录，均作附录，置于集末。

十、限于编者才疏学浅，成书仓促，本集在资料搜集、编排校勘、考订注释、标点分段诸方面，阙漏错谬之处，在所难免，热切期待学术界师友多多批评指正。

目　　录

插图

前言

凡例

专　　著

译　著

文　录

条　陈

书　信

诗　录(附联语及赋)

附　录

专 著

庸 书*

《庸 书》序

举一事之得失利病，窾导而理解，可与言政矣，而未足以言全局之得失利病也；举全局之得失利病，窾导而理解，可谓知政矣，而未足以言中外之得失利病也；举中外之得失利病，窾导而理解，可谓明政矣，而未足以言古今之得失利病也。知全局之得失利病，然后可以知中外；知中外之得失利病，然后可以知古今；知古今之得失利病，然后可以言全局之得失利病也。综全局，衡中外，阅古今，然而言政者可以施于政。

天下之说曰，今日之病在尚文文敝，诚是也；今日之病在轻艺工楛，诚是也；今日之病在薄商货滞，诚是也；今日之病在乏财国匮，诚是也；今日之病在废武兵弛，诚是也。今日即去文、贵艺、厚商、务财、重武，富强立效。天下之角富强者，日以心斗而未始有涯，则见以为能综全局者，犹拾契而数齿也，未能权夫中外者也。天下之说进而曰，今日之病在网密而法遁，则议更其苛细；在官冗而禄薄，则议均其食事；在学肤而举滥，则议变其选仕；在上蔽而下

---

* 本书以朱益藩署检的光绪二十二年(1896)木刻本为蓝本，参校光绪二十四年(1893)时务学堂校刊本及光绪丁酉(1897)豫宁余氏重校付刊本等。癸巳七月(1893年8月)，陈炽作《盛世危言序》云："曩拟作《庸书》内外篇，博考旁征，发明此义，簿书鲜暇，卒卒未果。陶斋观察……所著《盛世危言》，淹雅翔实，先得我心。世有此书，而余亦可以无作矣。"知《庸书》写于1893年8月以后。通书未论及甲午战争事，《台湾》篇亦未涉及日本侵割台湾事，又知是书写于甲午战争前。由此推断，是书当作于1893—1894年秋间，初刊于1896年夏季。

壅，则议通其复逆。今日即更律法、厘官制、兴学校、行议院，整齐立效，富强易使，知治本矣。顾更律法、厘官制、兴学校、行议院，不于先王取法，则必以外域为师。外域之治，果胜于先王之法，即师外域无伤也。先王之法而包举乎外域，数典而忘其祖，则何为哉！师外域而不害先王之政，无伤也。害先王之政，妨圣人之教，以忘中国之本，则又何为哉！知中外而不通古今者，其犹今日适越而昔来也。

今中国之泯棼，事堕于冥冥，而相遁以貌饰，诚不可自诬为中国之故矣。镜于四海而利弊皎然，则知所以自治。顾育仁常从使泰西，观其政，利导整齐，而俗乃鄙倍。夫鄙倍者，戎索之旧，未进于文明，而其治整齐者，得先王立政之意焉，不如诸夏之亡矣。称先王为世诟，以为迂阔远于事，则镜于四海，镜于四海而有得有失，则莫若考诸先王。中国数千年之基，开务于尧舜，集成于孔子，先王之政，备于孔子之书，为万世制作。秦废先王之道，愚黔首以便法吏。汉虽稍复经术，而政规已定，博士依违，莫敢正驳六经，治世之大律迁流为文词帖括，无所用。习其书而亡其意，学术益卤莽灭裂。及其从政，舍经术而学于吏胥，在上者察其果无所能，则弃士流而专用市侩，益驰骛乎外，不敬于内，徒以收海关为富，治船械为强兵，一若舍是，则国无所事，庸讵知不修其内，则国无与立乎？而卑论侪俗之流，方且专己守残，力护积弊，天下哼哼相哗以无人才，曾不知外患之来由于内政，人才之乏由于学衰。夫立学、取士、用人、行政，其事同途而不可离，离则芒然无所向，贤否相乱而世无是非，是非乱而国无刑赏，刑赏不施，官政废弛，而野无教养，然则不必言洋务也，言治内而已。夫治内者，舍孔子之言、先王之政，又安归乎？今立学取士，以孔子先王之道为名，而用人行政，乃不以此考其实，则何为哉！

陈次亮农部，湛深经世之学，既稽于古，知其本源，久直枢垣，明当世之事，周咨博采，遍历沿海大埠，至香港、澳门，又旁考西书，至于輶轩译语，镜机甄微，感念时变，乃探综古今中外全局，发愤著《庸书》内外百篇。言综名实，故以《名实》篇托首，其于审官、牧民、兴学、理财、平律、治兵、筹边，反覆于古今盛衰之故，中外名实之科，治乱之条贯备矣。而于风化治本，尤钦钦致意焉，始以《自强》，终以《圣道》。《自强》之言曰："形而上者谓之道，形而下者谓之器。器为道之粗迹，先王遗意之所存，经秦政之酷烈澌灭而迁流于外域。天将以器还中国，而以道行泰西，表里精粗，交易而退。"《圣道》之言曰："宜及此时，上下同心，修明学校，博采泰西制器尚象之理，强兵富国之原，使天下万世，不得议其迂疏而寡效。"夫孔子之书，言政者过半矣。《周官》治内，《春秋》治外，先富而后教，由兵而反礼，则何者不备？岂果迂疏而寡效哉！后世欲任私智，背先王，历朝之效亦可睹，又鉴于今矣。然则舍孔子何法？舍六经何向？善乎《自叙》引苏轼之言曰："谋国者定所向。"定所向而得失之辨明。夫安有筑室而道谋，一哄之市，而不胜异议者哉！外患之与内忧，恒相因而相积，不必言外交也，言内治而已。明政刑，兴教养，理财治兵，今固有其名也，而未始有其实也。言内治者，亦审名实而已；审名实之实，亦用人而已。敷奏以言，明试以功，此圣人之所以审名实而熙庶绩也。故百篇言治者备，而以《名实》为枢，若网在纲，有条而不紊。

唯达者知通为一，为是不用而寓诸庸，旨在斯乎？未有不通为一而足以言治者也。倘能早见施行，举而措之，与天下更始，群策群力，相与轸国步之艱而消唸咿之房〔疠〕，庶有瘳乎？

光绪二十二年夏四月宋育仁谨叙。

《庸书》内外篇重刊序*

《庸书》百篇，吾乡陈次亮先生所撰。原刊次年，盛君筱吾自京华归，举以赠余，初得披玩，心思、耳目为之增新者不少，固知先生经世功深，旷达源远，与时下耳食之流不识今古变迁、妄谈中外利病者，大相轩轾。

然世局至今日，已不易为参议矣。何则？天高地厚，底蕴毕宣，物曲人官，利能各尽，犹复精奇日出，灵异非常，殆将有后之视今更甚于今之视昔者矣！

间尝偕知己二三，举国一切救时之政，自强之策，私相计议，虽有所得，疏漫犹多，或井蛙陋见，不足与言，天下大事，不以为怪。而躬亲游历诸君子，异国归来，皇皇立说，亦或言过其实，铺张于目，不出轩序者之前，求补弱贫之积习，反蔽富强之本原，问如斯而立国，不亦难乎？

先生盖知之深而虑之久矣。故是书之编，首《名实》，终《圣道》，知本齐末，举事扬言，大义昭昭，不讳当道，此则先生之识量之气节也。至若臯牟六合，研究一时，罗五大洲于掌握，鉴二十四史为纪纲，则又先生之经济之文章也。往者朱纯卿兄丈与先生同季，为余道先生事甚详，因纵言是书，谓大有裨于斯世，指诣伐善，实获我心，而同辈诸君，共相欣赏，借钞披阅，架不留签，缘此重付梨枣，以公同好，特先生是书成于猝，有重伤世局之思焉！而婉辞尚形激烈，有大为盛世之望焉！而危言或过偏持，是在慧眼谅其用心。第揽其通册，主客华夷，上下道器，见闻殚洽，咸趋乎自强之一途，

* 本序录自光绪戊戌(1898)孟春时务学堂校刊本。徐大宗师鉴定，书名全称为《时务庸书内外篇》，陈次亮著，四卷四册。该序与《自叙》原位于内篇正文后，即第三册。今移是序于前。

允足为有志之士扩新推崇、化厥胶固者也。

唯期海内施行，悉归举措，济国步之艰难，振愚庸之聋瞶，其殆庶几，此不仅作者之大幸，而鄙人之愿尤有胜焉耳！

光绪二十有三年，岁次丁酉六月戊辰朔，豫宁余镕识于湘水校经堂东序。

目　次

内篇卷上

名 实

国家之兴，二百八十有余载矣。法日改而日精，网日张而日密，文日积而日緐，内外官吏营私骫弊之方，亦日趋而日巧。祖宗之典制，非不善也，所承奉而操持之者，非不详且明也。然而大奸巨蠹，规避迁就，貌为奉公守法者，无以禁之矣。庸儒鄙夫，旅进旅退，窃禄保位，虽无功而亦若无过者，无以督之矣。今日海禁大开，时移势易，一切因循苟且之行，先朝所未有，拘牵窒阂而不能行者，无以调之矣。

当此之时，主于守旧者，深闭固拒，尊己而抑人，事变既来，茫昧昏蒙，束手无措。主于维新者，不深察中国之人情与国家创制显庸之本意，又张皇震讶，欲一切舍己而从之，其意似皆是也，而皆非也。守旧不能，图新不可，乃习为粉饰太平之说，迟重迁延，偷安旦夕，任外人之凌侮朘削而付之不见不闻，上下相蒙，内外相避，养痈贻患，移祸后人，寇敌在门，归之气数，此诸臣容容窃位，自私自便者之所为，而国家何赖焉？而天时人事何裨焉？

然则何以待之？亦惟综核名实而已矣。法之宜守者，慎守之，实课以守法之效，毋庸见异而迁也；法之当变者，力变之，实责以变法之功，毋俟后时而悔也。迂疏之议论，试以临事而必穷；夸诞之文辞，验之当机而立遁。不饰词以欺世，不违众以徇人，不朝令而夕更，不避难而就易。天有非常之变，必生非常之才。变不虚生，才不世出，苟能先机烛照，罗而致之，策而用之，假以岁时，专其责任，毋恤细过，毋动浮言，敷奏以言，明试以功，车服以庸，运以精心，持以定力，以宏大业，以奠丕基，内政既修，外忧自息矣。

惟是人情纵不贪功，未有不思远害者；纵不竞于荣利，未有甘蹈危亡者。所患者，文法拘牵，是非淆杂，致贤者实心任事，日在荆天棘地之中，举事一不当，而全躯保妻子之臣，安坐徐行而媒孽其短，则劳臣气沮，志士心灰，欲求国势之不卑，人材之不敝，民情之不离且叛也，其可得乎？醯酸而蚋聚焉，木必先腐也，而后虫生之。凭城之狐，处堂之雀，其不足与谋大事也久矣。

故得人则治，得人而不能尽其才，则仍不能治。任贤勿贰，去邪勿疑，重赏以劝功，明罚以讥罪，俾天下晓然于意向之所在，悬一格以为招，而后风化可开，治平可致，内忧外患不足平也。

自　强

自黄帝以来，重贤累圣，文章功业震古铄今。至于秦而天下之祸亟矣。先王之典章制度，经春秋战国之乱而大半凌夷，及秦政并兼，鞅、斯变法，焚书坑儒以愚黔首，乃一切澌灭净尽而百无一存。天恻然闵之，于其间生一孔子，宪章祖述，删诗书，定礼乐，表纲常名教之大，以维天道，正人心。然名物象数之繁，器也，而道亦寓焉。

中国大乱，抱器者无所容，转徙而至西域。彼罗马列国，《汉书》之所谓大秦者，乃于秦汉之际，崛兴于葱岭之西，得先王之绪余而已足纵横四海矣。阅二千载，久假焉，而不能不归也。第水陆程途逾数万里，旷绝而无由自通，天乃益资彼以火器、电报、火轮、舟车，长驱以入中国，中国弗能禁也。天祸中国欤？实福中国也。天厌中国欤？实爱中国也。譬我有奇宝焉，遗之道路，拾遗者秘而不出，亦人之常情耳。今彼日餂我以言，日挟我以势，若惟恐我之不受，然者我之却之也愈坚，彼之欲归我也愈甚。物各有主，天实为之，彼欲自私自秘焉而有所不得也，我而终拒之，是逆天也，逆天者不祥莫大焉。君子观于此，而中国之当变不当变者，从可识矣。

形而上者谓之道。修道之谓教，自黄帝孔子而来，至于今未尝废也。是天人之极致，性命之大原，亘千万世而无容或变者也。耶稣何人？天主何教？乃欲以彼易此乎？形而下者谓之器。是道之粗迹，先王遗意之所存，经秦政之酷烈熏烁而迁流于西域者。天将以器还中国，而以道行泰西，表里精粗，交易而退，人情之所便，天意之所开，虽圣人复生，其能拂人情、违天意，而冥行独往、傲然其不顾哉！故知彼物之本属乎我，则无庸显立异同；知西法之本出乎中，则无俟概行拒绝。

然而受之则富，否则贫，得之则强，否则弱者，何也？曰：天也。为迂远空疏之论者，不知彼，不知己，不知今，不知古，不知人，不知天，嚣嚣然曰：我大国也，彼小国也，我中国也，彼外国也。不观于东南诸国之已事乎？缅甸、越南、琉球，不变者也，其亡不旋踵焉？日本，变法者也，而至今存焉，强且富焉；暹罗、朝鲜，欲变而未变者也，其势岌岌然，如不终日。此言虽小，可以喻大，空谈无补，实丧易危。霸术之终，王道之始，君子不观之今而观之古，不求之人而求之天，知几其神，殷忧启圣，而一切牖下书生之议论，皆可息矣。

四　维

《管子》四维之说，以治法言之，礼义廉耻是已。兹之所谓四维者，则以形势言之：东三省、朝鲜，东北之维也；台湾，东南之维；琼州、广西、云南、西藏，西南之维也；甘肃、新疆、青海、阿尔泰山，西北之维也。此四者，为天之四枢，地之四隅，鳌之四足，得之则安，失之则危，取之则利，弃之则害，保之则存，忽之则亡。自有可耕之田，自有可兴之利，自有可凭之险，自有可用之兵，天生之，地成之，以奠我中国于苞桑磐石者也。盖今日之大患在俄，蚕食鲸吞，鹰瞵虎视，其新旧所得之属地，既络西藏，包伊犁、内外蒙古，以达朝鲜矣。西伯利亚铁路功成，而我东北、西北之边防将无宁日。英吞缅甸，法并越南，印度既久属他人，暹罗亦断难自立。西南一面，与我接壤者，亦万里而遥。至东南台湾之一隅，则通商万国之所垂涎而窥伺者也。今之谋国者，亦知之矣。东三省练兵，仿内地设立郡县矣。朝鲜，派员为之经理商务矣。台湾及新疆，则改设省会，戍以重兵矣。琼州，则戡黎通道矣。广西、云南、西藏，则设关、置吏、通商。而滇南与黑龙江，且设专员，兴矿务矣。筹饷、练兵、设险、守国，非不孜孜然汲汲然冀以固我疆圉，防人侵轶也。

然而计有所不定，力有所不专，似密而实疏，似张而实弛，似勤而实懈，或乃厚彼而薄此，是昔而非今。为迂阔之论者，讥其虚中而实边也；持调停之说者，侈言重内而轻外也。诸夷环伺，力敌势均，即守之有方，待之有法，犹虑其协以谋我，奔命不遑，必将审彼之利害以携其交，化我之畛域以联其气。而况重关叠险，非旦夕所能奏功；转饷征兵，非贤智无由善后乎！苟侈然自以为无患，他日情见势屈，四维者或失其一焉，则其祸有不可胜言者。

故力有所必争，而后强邻不能屈；心有所专注，而后异议不能挠。四维者，均要也，而察彼之情伪，审我之后先，则东北之维，尤重之重、要之要也。俄人国势，等于暴秦，然黑海一隅屡为英摈，其忍辱负重过之。或者拘眉睫之妄论，执恬我之甘言而曰："万里之疆圉无忧，百岁之邦交可恃也。"人以我为妇孺而愚之，我亦自居于妇孺而信之，可谓智乎？明知其不可恃，而粉饰因循，冀倖于己身之不及见，而不计后患之有无，金瓯之缺否也，可谓忠乎？不忠不智，徒胜口说，以荧惑上下之听闻，斯圣王之所不宥也。（慎守四维之说篇幅过长，散见以下各则。）

考　绩

京察大计之典，仿虞廷之三载考绩，周官之六计上廉，主于历贤能，警贪墨，黜昏庸。其法非不良也，用意非不美也。每届所举者，大率奔走勤劳，循资按格，虽无大过，实鲜寸功，甚则属托瞻徇，不以为怪。京员盼得外放之路，外任倚为升擢之阶。其考语，则以七八字模糊影响之辞，以免驳诘，曰："必如是，而后简且括也。"夫六曹案牍，积累如山，一事之出入至微，辩难往还，至数十而未止。而独于国家钜典、人才进退之所关，乃独恶其繁，务为至简之文，以蒙上下之观听，此何为者也？其所劾者，京员则一二老病之辈，外官则三五微末之员，亦括以数言，了不著其不谨不职之实迹。犹幸军兴而后，有明保、密保，以励贤才，有年终密考，到任随时甄别之文，以警不肖，而京察如故，外官之大计，几若赘旒焉。此何为者也？

夫莠稗不去，则嘉禾不蕃，赏罚不明，则人才不奋，不明著其贤否、功罪之实迹，则视听不肃而趋向不专。京员之趋公勤慎者，只可谓之无过也。必有明敏练达之才，足以纪纲庶务、识大体、定新章、清积弊者，而后可入剡章也。劣迹昭著者，劾之，虽未有劣迹，从不入署办公，及庸懦、笃老、无能者，均令回籍候选，而京曹之滥竽者少矣。外吏之折狱催科，无枉无误，仅得谓之无过也。必有教民、养民之实政，兴大利、除大害、吏畏民怀者，而后可登荐牍也。贪虐无理者，劾之，历时已久，无所短长，或老迈昏庸者，亦令开缺回籍候选，而仕途之窃位者稀矣。考语之下，必胪举其功罪之实，毋厌繁重，毋惮详明。爵人于朝，与众共之，然后爱憎无所容。天下晓然于是非去就之间，而薄海之人心一振。

至于京察之一等，大计之卓异，毋拘额数，惟在得人。既已得之，则简放升迁，勿稽岁月。京察之四等，大计之六法，苟其应劾，毋许徇私宽厚，以要名实，比周以事上也，其罪均也。罚罪劝功，循名责实，以京察大计为之主，佐以密考、保举、甄别、嘉奖四端，而后仕路可清，人才可出也。

夫用人为行政之本，而吏部为用人之枢。既已限以年资，拘以格式，笼天下智愚、贤不肖于掣签按轮之中。独此京察大计，考绩兴贤，犹有古人遗意，而亦循章按例，故事奉行。用之，既不考其真；课之，又不求其实。何怪贪庸塞路、豪杰灰心？敌伺于门，民轻其上，成一疲弊尫羸之世宙，而不可救药也。亶聪明作元后，元后作民父母，在一转移间而已矣。

例　案

则例者，治之具也。所以纲纪万事，整齐而约束之，以措一世于治平者也。有案焉，则理有所未安，情有所未协，事与势有所不同，诸臣审量其间，随时斟酌、奏定遵行者也。

本朝圣神相继，因有明旧制，损益折衷，阙者补之，冗者删之，窒碍者去之，既精既详，既明既备。然法一成而不变，事百出而不穷，国家承平将三百载，六曹积牍，充栋汗牛，则例一也。而案之歧出者，少或二三，多且什百焉。曹司迫隘，无地可容，黠吏乃择其出入之大者，携而归之，籍而记之，箧而藏之。虽才俊之士，白首为郎不能举。某例之外，尚有若干成案也。司员如传舍书吏，无去来，一事也例应驳，书吏受贿，无难觅一可准之案以实之；一事也例应准，书吏索赇未遂，无难觅一可驳之案以倾之。即官长精敏过人，不能悉如其意，则不准不驳，改为行查，展转迁延，永无了日。况案外有案，歧而又歧，若辈动以谕旨为辞，以阴肆其要挟贪婪之计，持之有故，言之成理，堂司不得不屈己而从之。欲壑既盈，驳诘乃已，师徒授受，本固根深。谚曰“书吏之权，重于宰相”，非虚言也。即或事后觉察，而彼已远扬，即使密与拘囚，而事止徒杖。且有与受同科之律，以箝制诸人，觅左证而无从，欲严办而不得。外吏深窥其隐，故每岁有馈赠以保平安，每事有陋规以省案牍，甚或预请其意指，先授以章疏，狼狈为奸，营私枉法，而国计民生不堪问矣。虽有忠鲠之疆吏，亦只痛心疾首而无可如何。纵有精强明察之部臣，毅然从例而不从案，然各部不能一律，各司亦未必同心，往复稽延，动辄得咎。分肥者益助其焰，附和者张大其词，未久而仍复如故矣。此所以弄法舞文，积重难返，吏胥数万，什九富人，大兴宛平，聪颖之子弟，尽学为吏，而应考者稀若晨星也。

谓宜通饬六部堂官，博选贤能，增修则例。则例而外，荟萃各案为例案，折衷一书，以例为纲，以案为目，与例同者，去之；虽不同，无大出入者，亦去之。其必存者，别类分门，附载于后，毋须详备，惟取简明。书成后，请旨颁行，限期截止，所有积案，一火焚之。自内府各曹司，以迄京外大小衙门，各存一部。或准或驳，并依则例及此书，书所未有者，随时奏定。续有援案，或始藏之而后出之者，杀无赦。此后朝野上下，整齐划一，一本于大公，虽有神奸，无所措手。彼书吏，仅供书算奔走之役耳，又何患焉？

方今治平日久，世变日纷，旧案万不能全，新章复经屡改，交错则徒荧耳目，拘牵而转误事机，适足为奸人借口之端，沮贤者竭忠之路。积弊既去，美利乃兴，示以至公，操以至简，握机蹈矩，决疣溃痈，而后天下之大，万几之繁，可得而理也。

停　捐

鬻爵之令，滥觞于秦，而导源于汉。历代以来，或行而止，或停而开，议论纷纭，莫衷一是。大抵承平之世，必慎重名器，不轻假人。叔季苟且补苴，不得已而出于此。然民生日蹙，吏治日衰，风俗日偷，国计亦日匮，伊古至今无以易之也。

本朝乾嘉之际，军兴河务，度支偶绌，事例偶开，事过即停，不逾岁月。且仅属虚衔，不捐实职。上下皇皇然引为深耻，视若隐忧。民间知其不易得，不可长也，亦复踊跃输将。未久即溢其量国帑充裕，而民气安和。盛世开捐，其效如此。

咸丰初元，粤匪构乱，征兵转饷，海内骚然，广劝捐输以资军实，与厘金二事，并为筹饷之大宗。至滇、黔各捐，竭泽而渔，已成弩末。继之以晋豫海防、郑工及江浙、山东、顺直各赈捐，名目繁多，屡变不一。变捐例日广而捐数日微，内外需次各员，增至数倍或数十倍，艰难困顿，无地可容。及得一缺一差，则酷虐贪婪，务肥私橐，求其贤者，十不获一矣。即求其循分供职者，亦十不二三矣。夫日日教以廉，犹虞其贪也。今聚无数虎狼，饥之纵之，而使噬下民弱肉，其何以堪！此其伤吏治者，一也。闾阎无赖，忝列搢绅，欲重务耕耘，而心有所不愿，欲下伍工匠，而情有所不堪，欲为商贾，则无财，欲侪士大夫，则无学，于是恃符武断，横行乡曲，欺凌愚懦，以给饔飧。其狡黠而稍有援系者，则称贷假息，奔走四方，以求衣食。地方官吏，亦复展转援引，多立局卡，司事名目，为位置若辈之方，使天下平添数百万游民，蠹国病民。孳孳为利游民一，而良民之受害者，什百焉。一游民得利，而继踵为游民者，又不止千百焉。涓涓不绝，已成江河，后患之来，何堪设想！此其大蠹民生者，二矣。或曰："停捐，如国用不足何？"斯未取比年户部收捐实数而稽之也。海防实官一项，每年合户部及各省藩司所收总计不过百万，而天下每岁出入不下一万万金。譬之一家，岁有万金之息，则此区区百金之款，节省之甚易，即另筹焉，事亦非难也。而大臣不言，小臣不言，坐使闾阎日敝，刑政日偷，朝廷永受恶名，库藏永无余积，谁司会计？谁秉钧衡？得毋自惜身家，而不暇再忧国是乎？

谓宜刻期停止捐纳实官，阻挠者有诛，迁延者有罚。赈捐四项，事过即停，毋许稽留，致滋弊窦。嗣后即有灾歉事变，只准别行筹措，不得率请开捐。毅然决然，毋动浮言，毋挠众议。十年之后，民志稍定，仕路稍清，天下其有豸乎？苟流而不返，怙而不终，因循而不断，诚未知祸之所底也。

养 廉

先王大烹养贤，重禄劝士，其遗制不可详已。秦汉以还，古意亡失，然制禄之法，自中二千石以迄百石，犹十倍于今。兹唐之京员，官俸而外，尚有职田。沿及宋元，匪颁犹厚，故居台省者，皆以外任为左迁。伊古以来，制禄之薄，实自明始矣。然日用百物，半给于官，银贵于今十倍蓰，阅二百八十余载，贫寡之患，未尝闻焉。国朝沿明旧制，灭之又灭，以迄于今，大学士之俸仅三百金，米仅数十石，不敌古一微员，不足今时一月之费。康雍乾嘉之世，物力丰富，资给借贷，犹可勉支。淩夷至今，益难自活。其贤者，倚门人之馈赠，不贤者，通外吏之苞苴，部饭则彼此分肥，工程则相将染指，公私上下，牵萝补屋，皆若不可告人，而身后萧条，或无以为歛焉。郎曹以下，益复贫难，通籍之初，则依托亲朋，走四方以告籴；入官而后，则营求暮夜，盼外任若登天。户部陕西司专管汉俸，每季所发，止十万金，自一品以至九品，兼及步营，京府综计无虑，数千员分此区区，何能宿饱？今各省购一克虏伯炮，需费十五万金，以国家分田制禄之宏规，养士尊贤之钜典，移购一炮而犹不足焉，腾笑外夷，见轻四海，庸人疾首，豪杰灰心。譬豢马者，吝其刍豆，急其衔勒，而加鞭揽辔，责以驰驱，驽骀或俯首而就之，至如千里之马逐电追风，则腾跳而远去耳。操豚蹄斗酒，以祝篝车，其可得哉！

雍正间，因外吏贪墨，既已增给养廉矣。都中米珠薪桂，百倍他方。表正万邦，关系弥重。谓宜援照雍正成案，所有京职，一律增给养廉，大学士、都统、尚书比总督，侍郎、副都统、内阁学士比巡抚，三、四品卿、监院寺比藩臬，翰詹、科道比道员，部属、翰林比知府，中书、各小京官比知县。通满汉，总文武，按品定额，以是为差，必周必丰，无遗无滥。度支之数，不过岁增数十万金，而士气为之一伸，积习为之一变。然后责以操守，核以职事，考以才能，奋庸〔勇〕者进，滥竽者退，溺职者斥，受赇者诛，操赏功罚罪之权，免外重内轻之患。《易》"穷则变，变则通，通则久"，昭示百世，纲纪四方，万变之原，权舆于此。

或曰："阎敬铭长户部时，不尝有津贴之议乎？"当日酌提闲款八十万金，而出纳之吝，不公不溥。法越事起，移济军资，俸饷既复，乃作罢论。夫称名不正，谤议随之，私意褊衷，强分轩轾。缺可裁而俸不可裁也，官可省而禄不可省也。持平核实，援案定章，是在识微见远之君子。

行　取

今之京曹，其职事清简者无论已。国家政事，分寄六官，翰林储公辅之才，察院任纠弹之责，制度不可谓不善，综理不可谓不精。然大半任子书生，甫弃诗书，即亲吏事，所学非所用，所见非所闻，不习民情，不谙政体。其上者，留神案牍，务持外吏之长短，烦苛刻核，以博名高；其次者，逐队随行，无所可否，视书吏之意指为从违；其下者，则贿赂苞苴，与群吏分肥而上下其手。故格式如印板，条例如乱丝，徒足以困贤豪，便昏庸，利宵小。

秦以文法治天下，阅汉、唐、宋、明以迄于今。至本朝而准古酌今，尽美尽善，而长虑却顾，实无一事可为，趋利避害，亦无一事不可为者。所谓徒法不能以自行也。外吏之愚者，谆谆然为国为民，而群然以为迂怪，既触禁纲，旋挂弹章。其黠者，兵刑钱谷，一切不知，惟孜孜于差使缺分之肥瘠，瞻徇请托，避重就轻，不转瞬而大利收矣，美官得矣，而于民生国计奚裨也！其于京员也，阳敬之而阴鄙之，阳亲之而阴远之，谓彼如饿虎也，饲之以肉而其事已矣。如瘘躄人也，掩其耳目而惟所欲为矣。京员亦务于案牍之间，寻行数墨，锱铢计较，以相箝制。彼此各挟一相欺相轧之见，汲汲然各为其私，此所以日务富强而日趋贫弱，日求振作而日事因循也。夫历代职官，内外迁转，无截然分为两途者。今京职日盼外任，而无一外吏愿为京员，外重内轻，已成锢习矣。

有明钦取行取之法，均中外之势，达上下之情，用意至深而所见至远。虽中叶以后，流弊偶滋，然惩羹而吹齑可也，因噎而废食不可也。斯时廉俸，内外维均。欲免牵制隔阂之虞，必复钦取行取之法。三品以上缺出，由军机处查取京外各大员职名，一律开单候简，量才器使，不设成心，外吏亦不得如来京另简之员中途乞退。四品以下京察一等者，循例简放。而外官自知县以上保卓异者，由吏部带领引见，京外各缺，一律升迁。选补班资，亦无轩轾，均以劳绩、名次先后为差。俾外吏不薄京曹，而京员习知外事。

例案谙悉，不复以苛细沮任事之心；见解明通，不复以迂执掣当途之肘。如良医之治疾，标本兼施，如大匠之程材，铢两悉称。居者行者，各矢公忠，宫中府中，皆为一体，上维国本而下达民情，斯致治保邦之要术也。

乡 官

顾炎武之言曰："三代以下，朝野内外，大官过多，小官过少，丞倅簿尉，人微禄薄，多一官则多一蠹也，于是有增设乡官之议。"韪哉言乎！圣人复起不可易矣。

以京职论之。治宗室者，宗人府矣。宗丞、主事可裁也。政本有军机处矣，内阁自大学士以迄中书，十分之八可裁也。銮仪卫三院可并于内务府，各堂郎中、主事，十分之七可裁也。都察院巡按既散，给谏、侍御，十分之六可裁也。有奏事处，通政使可裁也。例不建储，詹事府可裁也。太常、光禄、鸿胪可并于礼部，大理可并于刑部，太仆可并于兵部，会同四译馆可并于理藩院。自余职事稀简者，均可酌裁也。外吏则督抚同城，可裁其一。藩司、钱谷、臬主、刑名、善后、牙厘、发审各局，均可裁。省府有知府，州有知州，厅有同知，县有知县，而同知、通判、州同、州判、经历、县丞、主簿、吏目，均可裁也。河防漕运，可全裁也。盐务可裁其半也。其贤者，自安清苦，有官与无官同。不肖者，则谲诈奸贪，生事扰民，务肥私橐。吏胥差役，翼虓虎而奋飞，甚无谓也。

谓宜酌古准今，一切裁并。各府、州、县，则仿外洋议院之制，由百姓公举乡官，每乡二人，一正一副，其年必足三十岁，其产必及一千金，然后出示晓谕，置匭通衢，期以三月，择保人多者用之，优给俸薪，宽置公所，置贤者一人为之首。开会、散会，具有定期，每任二年，期满再举。邑中有大政疑狱，则聚而咨之，兴养立教，兴利除弊。有益国计民生之事，则分而任之，毋厉民，毋抗官，毋乱政。贪婪专愎者，官得随时撤之，檄令再举。其或县官贪虐，大失民心，合邑乡官亦可会同赴省，白之大府，查有实迹，照例撤参。每次所保乡官，由县官具册，申详大府，转详吏部，爵之于朝。每届年终，县官核其功过，籍而记之，达之大府。其两任无过，实惠及民者，督抚调取验看，保送引见，授以亲民之官。乡民吁留者，准其再任，任满事毕，然后请咨。

夫乡举里选不行久矣。今考之乡评，以觇其素行，试之政事，以练其才能，闾阎疾苦周知，无不尽心民事者，为国家养人材，一善也。官之与民，向多隔膜，寄耳目于胥役，徒增骚扰之虞。今以本地之绅，襄办本地之事，民举于始，则必能下顺舆情，官考其成，则不能上挠国法，为民间谋乐利，二善也。今之县令，古之百里侯也。监司之耳目难周，吏役之爪牙四布，以养民则不足，以虐民则有余。既设乡官，隐相箝制，不必善旌谤木而可警贪邪，三善也。设官本以为民，自分隔情睽，民之视官如帝天，官之视民如土芥。乡官由民举，则泽可下究，情可上闻，不必问俗陈诗而尽通壅蔽，四善也。所虑者，不肖官绅，扶同瞻徇，然得人则理，伊古已然。此法果行，利多弊少，人则同里，事则公举，期则二年，大吏可警以刑诛，小民可加以责备，人有出身之望，自当顾惜声名，事须众议而行，何敢显怀私曲？所谓有大利而无小害者也。

裁冗费，斥闲员，化无用为有用，一转移间，而政无不举，事无不成，国本以培，民心以固，风同道一，俗美化行。进叔季苟且之规，成皇古雍乾之治，其必自设立乡官始矣。

翰 林

翰林科目，肇始于唐，阅宋、元、明以迄于今，其途广矣，所得之人才众矣。而截然与部属分为两途，则自有明之中叶始。国家因仍不改，二百余年，其界划益严，其流弊益甚。原所以分途之意，非谓部属之人才必逊于翰林也，亦非必崇重翰林不可使再为部属也。部属日亲吏事，案牍劳形，虑其囿于繁苛，不复能规远大也。翰林则清苦力学，日读中秘之书，以养其天倪而储其远到，而持衡校士之大典，即以任之，询事考言，用意至为深远，乃因循日久，忘厥本来。曲士甫入木天，庞然自大，不谙典制，罔识古今，日孜孜然弊精神于楷书试帖之间，以是为终南捷径。部曹各职目以粗官，他日出身加民，或秉钧当国，于闾阎情伪，政事废兴，一切惛然罔知攸措。

前此三年大比，庶常仅十余人，编检诸官多至百人而止，得差者众，不得者希。内外翕然重以清华之选，与选者亦类能博通今古，实称其名。今每届庶常数十人，在馆多至三四百人，得差者仅四之一，流品既杂，升转难期，攀附营求，自贻轻藐。至于考御史得京察，向之鄙夷不屑者，今则趋之若骛焉，转不若部属之升阶较速，犹资结费以佐饔飧也。即部属之中，岂少明通稽古之士？徒以簿书鞅掌，日昃不遑，一行作吏，此事遂废。翰林以过逸而罔识典章，部属以过劳而遂荒学殖，于古人"敷奏以言，明试以功，仕优则学，学优则仕"之意，盖两妨之而两失之矣。

谓宜变通旧制，俾翰林、部属一例升迁。庶常散〔散〕馆之时，主事奏留之，日均加以考试，重以引见，翰林可为部属，部属可入翰林。郎员、讲读各官，亦得对品升转，编检升为六品，与主事同阶，所给俸廉，毋分轩轾。不得以词林故事挠沮新章，下部议行，永著为例。

夫生知之哲，伊古罕闻，天下人材，大都由学问而成，由阅历而出。而况强邻逼处，世变日多，守旧者迂阔而远于事情，图新者偏激而昧于体要。非常之事，必待非常之人为之。京师者，四方之表也。翰林六部，人才之渊薮，朝章国故之总贯会归也。俾之相与观摩，互为出入，知今者鉴古，博古者宜今，本末兼该，精粗一贯，以察众理而应万事，经八表而驭四方，而寻章摘句之余风，入主出奴之陋习，亦不禁而自革，不言而自化矣。《诗》曰："周王寿考，遐不作人。"又曰："济济多士，文王以宁。"此之谓也。

教　　养

天生民而立之君，国家之设官，以为民也。三代以上之为治也，君臣上下，汲汲然以教养为先，务治天下如国，治其国如家。井里桑麻，教之树畜，养民之政，若此其详也；庠序学校，申以孝悌，教民之事，如此其备也。至秦而后，咈百姓以从己之欲，以天下奉一人，患其富而得众也，而务贫之；患其智而生事也，而务愚之；患其强而为乱也，而务弱之。先王教民养民之方，去之惟恐不尽。谓今而后，莫予毒也，已恣睢暴戾，曾不旋踵而亡。炎汉既兴，宽法省禁，师黄老之清静，以与民更始，而古人之良法美意，无一存焉者矣。

自是以后，循良之治，旷世一逢，条告之颁，虚文徒具。当世所称能吏，竟以催科折狱为长。偶有尽心民事者，则上官掎之，同僚笑之，众庶疑之，不入考成，不登荐牍，群掣其肘，必溃于成而后已。不肖者，专揣缺分之肥瘠，以图饱私囊。其贤者，亦第求案牍之清厘。以规避处分。于设官为民之本意，上下泰然，久已忘之，而且习之矣，

或曰："治民之道，廉静不扰而已，教养奚为者？"而不知民情可与乐成，难与图始，近而不能远，私而不能公。非不知勤四体而分五谷也。水利沟渠，备旱潦，非一人一家之力所能为者，无以董之，则废而不修矣。非不知贵礼义而尊圣贤也。僻壤穷乡，见闻孤陋，或中人之产无力延师者，不有以倡之，则废而不学矣。此所以饥馑洊臻，流亡载道，颛蒙愚昧，刑罚滋多者，无他故焉，教养之道失焉耳。又况补助无方，卤莽灭裂之患滋而土田瘠；山泽无禁，斧斤网罟之时失而物力殚；民习游惰，读法悬书之不讲而盗贼多；士有秀良，亲师取友之无资而贤才少。工师贫匮而器用苦窳，商贾蠢愚而货财日绌。不教不养，以贫中国、愚中国、弱中国，暴秦之祸深矣！远矣！烈矣！酷矣！蔑以加矣！

谓宜详稽古制，参以自古迄今养民教民之法，分门别类，明著为令，饬各省牧令实力奉行，借以厉民肥己者，加等治罪。三年大计，列入考成，仅仅折狱催科，止能免过也，必有教养之实政，始得登卓异之章。虚应故事者，以违制论。《传》曰："上有好者，下必甚焉。"君子之德风，小人之德草。并心壹志，持以十年，而人才不日多、民生不日富、国势不日强者，未之有也。

水　利

渔阳之地，古所称沃野千里，宜稻之区也。秦汉阡陌既开，沟渠寖废，中更丧乱，民鲜孑遗，简陋因循，尽亡古意。旱则赤地，潦则滔天，地日瘠，民日穷，财日匮。元郭守敬倡近畿水利之议，明徐贞著论益阐而明之。本朝怡贤亲王，以贵胄天潢，尽心民事，所垦水田二万余亩，成效昭然。徒以豪强并兼，风气游惰，卤莽灭裂，惮于胼胝。地方官仅顾目前，不规久远，谓北方之土纹理直，南方之土纹理横，诡说虚辞，荧惑视听，致贤王苦心经营之业，卒废半途。

林则徐《论漕务疏》，有所谓"本原中之本原"，则京东水利是已。军兴而后，淮勇公驻津沽，始于五河下游开渠种稻，地方郁勃，亩收十钟，不及十年，岁得米五十万石。每至春夏之交，秧青柳绿，江南风景如在目前，地之腴美，宜稻可知矣。惟是各河上游尚未开浚，三十六淀故迹全湮，积潦大洼，岁有水患，议蠲议赈，无日无之，而十六、十九两年为尤甚。朝廷敷旷荡之恩，薄海竭输将之力，丰岁仅敷饘粥，凶年不免死亡。地力之不尽，水利之不兴，民生之所由日敝也。

谓宜略仿天津办法，循五河而上，开渠建闸，官给田价，岁收其租，而仍以业主为佃户。距河十里，遍开水田，树艺有方，旱潦有备。十里而外，民愿自开者，亦准引渠水以灌之，节节推行，自下而上。并开复各淀，俾容水有地，蓄水亦有资，畎浍距川，有条不紊。所需经费，则渐改漕折为之，如每岁南漕百余万石。开办之始，先由户部咨行各省，将十万石改为折色，另款封储，解交直督，专备水利营田之用。次年则改折二十万石，岁岁递增，期以十年，百万南漕悉行改折，而水利成矣。

嗣后沟渠四达，水旱无忧，每岁所收较南漕当逾一倍，此项漕折，即可移作他用，专款解京。其间有五利焉，积潦有所归，而旱熯不为患，何至灾荒叠见，重费筹捐议赈之烦？一利也。南漕转运，十石而致一石漂失侵盗，岁有所闻，海道烽烟，时虞梗阻，今数百万石之米，近在户庭，则缓急有资而戎心不启，二利也。民为官佃，岁获有秋，豆麦杂粮，余利丰富，且官田而外，皆将开渠种稻，效法南方，数千里郊原，顿成沃壤，三利也。营田水利，量须增官，而自漕督以下，一切官吏兵夫，均可裁节，国家岁省百余万金，四利也。畿辅岁增三百万石之米以养兵民，所入何啻千万！南漕改折，及所省水脚之数，亦不下千万金，朝廷岁增二千万金，而顺直成富庶之邦，江浙免转输之累，五利也。

或有曲为之说者，谓运夫无业，虑启事端，南米不销，将忧红朽，独不思此时河运止存什一，滋事者何人？洋米浸灌海疆，为数也颇钜。游惰之夫，可以改业，而三江两湖之米，可以轮舶飞輓，接济粤闽。正圣王通变宜民之妙用也，而又何疑焉？

渠树

北五省之地，平坦沃衍，数倍东南。三代以前，物产之丰饶，人民之富庶，风俗之敦庞，天下无与为比。唐宋而后，户渐少，俗渐悍，性渐愚，乐岁无仓箱，而凶年有沟壑，神京廪给，悉仰南方，饥馑洊臻，朝不保夕者，何哉？水利废而河患增，地力瘠，树畜之道，阙然不讲，故耳。比岁以来，山西之赈二，河南之赈一，至于顺直、山东之赈，则至再至三。惟陕甘地处上游，渠工尚在，间遭旱潦，不甚为灾。此外各方，几于无岁不饥，无人不赈，宵旰劳于上，百官众庶劳于下。北省之民，亦蚩蚩然蹙蹙然延颈举踵，若婴儿之待哺。然者赈则生，否则死，赈则存，否则亡，不惟非三代之遗，抑亦汉宋之哲相英君所不及料也。

夫焦头烂额，固不如曲突徙薪也；亡羊补牢，究胜于临渴掘井也。井田不可复，而沟洫必可渐兴；补助不易行，而树艺必宜亟讲。开渠种树，《周官》治世之良规，实今日救时之要药也。自沟渠湮塞，百川灌河，伏汛巨流，怀襄昏垫，旱则千里赤地，滴水无余矣。自山泽禁弛，树木斩伐殆尽，重以捻回之乱，萌蘖无存，土膏既枯，泉流胥涸，郑工塞决，求一拱把之木不可得。万里中原，风沙茫茫，几同塞外。西人有种树致雨之说，地气通而天气降，理或然也。此二事者，患常相因而利常相辅。偶有建言及此，则相率而迂之，笑之，徒嗷嗷然议蠲议赈，利人之死以博名，高乎？

谓宜饬下北省督抚，查明各属沟渠若干，昔存而今废者若干；山泽若干，昔禁而今弛者若干；泉流若干，昔通而今塞者若干；林木若干，昔有而今无者若干。应修者修，应禁者禁，应浚者浚，应种者种。民力之不足，以官助之；民志之不一，以法齐之。虑经费之难筹，则移诸赈款；虑胥役之难恃，则倚诸善绅。以文告牖其先，以奖劝持其后，以勘验考其成。官吏之厉民者有诛，虚应故事者有罪，重赏严罚，督过劝功。

救灾于已然，不如防患于未然之为功大也，出民于水火，何如登民于衽席之为惠多也？课以耕桑，予以乐利，即以免其灾歉，救其死亡。十年之间，井里桑麻，水旱有备，虽给数勺之米，一杓之粥，有靦然其不受者。夫而后赈捐可省，河患可平，康乐和亲，兴养立教，即以复三代圣王之盛治而无难矣。

和　籴

三代以前，吴楚，荆蛮之地耳。北方，物产殷富，壤土膏腴，家给而人足，无所为仰给东南也。迄商君变法，秦并天下，洊经丧乱，地力渐瘠，人庶渐贫。汉兴漕，山东之粟以给关中，然中原犹富庶也。自刘石构乱，历十六国，魏齐周隋，二百余载，中原文献，渡江而南，荆、扬、益三州，水利农田，转存古意。北省流离，兵火斲丧，群生圣哲，遗规扫地几尽。唐乃始漕，江淮之粟以济关洛。宋亦浚汴渠漕，荆扬之米以赡开封。元明以还，海运河运，循生迭起，劳费糜弊，以迄于今，万里馈粮，婴儿待哺，海舶则忧漂失，河道则苦沙淤，设官数百员，役夫数十万，综计一石之米，费银十七八两，而始达京师。漕蠹仓胠，百弊丛集。及至给发俸饷，陈红朽腐，可食不可食者参半，售诸米肆，仅值一金。夫以国家费十七八金之物，而其用止一金，以一金可购之物，而仍株守旧法，不惮费十七八金，以艰苦垫隘而致之，劳孰过焉？拙孰甚焉？弊孰深焉？

自商局既开，轮船通行，改为海运，虽有费失，每石不足十金，其于河运也，无待再计决矣。或者犹曲为之说，必欲使朝廷虚糜帑金，得不偿费，且长留此，数十万运夫游手无业，以蠹中原，倒行逆施，是诚何意？以管见揆之，不惟河运万不必复，即海运亦可不必更行也。

夫元明之君臣，孜孜然汲汲然穷天下之力，建官设兵以更番督运者，岂好劳哉！徒以官府上下，仰给南漕，惟恐其偶有不达耳。今轮舟转运，绝迹飞行，山东抵津一日，奉天二日，江苏三日，浙四日，闽五日，粤六日，无分昼夜，不畏风涛，电信飞驰，刻期可达。时势迁变如此，而仍拘守元明旧制，安常习故，徒饱官吏而弊国家，甚无谓也。

根本至计，自当以畿东水利为要图。即使费巨工繁，不能骤举，可先将南漕轻赍等项统改折色，解赴京师，而综计每岁所需，平价在津采买，或亦渐变之。每年改折二十万石，期以五载，尽减南漕。内而仓场，外而漕运，各官酌留一二员，自余一律裁撤，每岁所省，当亦不下千万金。偶有凶年，或值兵事，尽可先期电饬采买运京，消息灵通，必无羁阻。

至于粮食，店肆抬价居奇，在前日或间有之，于今海道通行，电音四达，但有锱铢之利，不五日而富商大贾云集津门矣，何必患寡患贫，窃窃然私忧过计乎？或又疑仓匪漕蠹，举系贫民，无可谋生，必将为乱。独不思咸同之际，停运殆将十年，此项匪徒，固亦帖然无事也。伊古以来，未有徇奸民一己之私图，而挠国家百年之大计者也。

蚕　桑

蚕桑之利，惟中国为最广，亦惟中国为最先。《禹贡》九州，桑土居其七。古圣王山龙藻火，肇启冠裳，五色垂文，七襄制锦，君子之泽，万世不可忘已。汉明帝时，佛入中国，天竺吉贝，与之偕来，柔软温和，亦称利用，然宜冬宜夏，纺织之利，只与麻枲同功。至于西戎北狄，毳幕毡裘，九夷八蛮，文身断发。大秦夙称殷富，亦仅以金绒火浣自夸。纂组之工，纵雾縠冰绡，曾何足以章身适体也？

通商而后，湖丝一物，遂与茶荈同为出口之大宗，综计每年值白金四千余万。西人素工心计，非不欲自行种植，暗收利权。而种桑之地方，必燥湿合度；养蚕之天气，必寒暖适中。不居温带之间，不足以蕃滋畅茂。故通商六十载，自意大利、东洋而外，出丝之地罕有所闻，天若特留此利源，以保我中国亿万年之富庶也者。

今日万邦风气，渐启文明，不惟泰西各国，达官富人附体之衣，非丝不服，即下至非、美、澳三洲，南洋万岛，巫来由各种族，亦各飞轻裾，曳长袖，争奇斗艳，彼此以华丽相高。丝绢之用日益多，蚕桑之利日益广，再阅数百载，将遍及于地球亿万万人。我三古圣人，显庸创制，衣被天下之心，至斯乃大慰也。

惟自中邦丧乱，桑株摧伐，养蚕之法，强半失传。必须广劝民闾一律仿种，由官筹款，购给桑秧，屋隙田塍，遍行栽植。仍顾觅养蚕妇女，详教以浴蚕上箔之方。汇刊农桑各书，删繁撷要，散给乡闾，俾识字之民转相劝导。闻意大利养蚕之法，考验尤精，蚕病测以窥筒，不致互相传染，缫丝代以机器，不使偶有弃遗。亦宜创译专书，兼筹巨款，民心未明者，牖而觉之；民力不足者，辅而行之。统饬牧令各官，列入养民要政，不得假手胥役，不得徒托空言，不得借口于土性之不宜，民情之不愿。盖植桑则山巅水澨，无往不宜；饲蚕则檿柘青刚，无施不可。小民难与图始，可与乐成，教之有难易，为之有迟速，断未有有其事而无其功者。末世富强之策，更仆难终，然或迂远而难成，或积久而生弊。

中邦作赋，首重农桑。伊古以来，国之大本而利为人所难夺，事为我所优为。以爱民利物之心，收怀远招携之益，所谓大用之而大效，小用之而小效者。伟矣！昌矣！非一孔之士所得详矣！

农 政

区田之法，传于伊尹，分行布种，浇培粪壅，如种菜茹，一亩之获可三十倍，厥后仿而行之者，或效，或不甚效，或倍获，或数倍、十数倍不等。从可知地力之肥瘠，树获之多寡，统视人功之勤惰以为差。所谓上农夫食九人，其次食七人，最下食五人者。卤莽灭裂，断无倖获，藨蓘致功，必有丰殷。此盘庚所以致戒于惰农，后稷所以开基于穑事也。

方今万里疆垂，幅员日广，劳农劝相久矣。不闻山泽瘠土之民，尚或课雨量晴，胼胝力作。至于平原沃土愚惰之农夫，每岁仲春，依时下种，不培不壅，不耕不耘，一任其自生自长，潦草而收之，水旱听于天，肥硗听于地，年丰则温饱奢佚，岁歉则转徙流亡，民无安土之心，人鲜有生之乐。向尝疑古人省耕省敛，兴发补助，何若是其纷纷然不惮烦也，得毋扰民实甚？今而知民性本愚，民情好逸，农功之惰，世道之忧，上下嗷嗷，日忧不足。由是而荒政兴焉，赈事起焉。扶伤救死，苟且补苴，饥寒垂毙之民，其得活者几何矣！

中国农政，自《齐民要术》外，罕有专书。乡曲老农，卜岁祈年，间有传习。泰西以商立国，而人稠地狭，农政亦所究心，农事有书，植物有学，近更化分土质，审别精粗，故能百产蕃昌，亩收十倍。所验各土质外，植物所断不可缺者有三：曰硷、曰燐、曰钙。硷则藁草积水酝酿而成。钙则中国之石灰是已，有取之于山者，有出之于地者，有骨角所成者，有螺蛤之壳所化者。燐则海岛鸟粪所含最多。中土致之匪易，然橐驼、羸马、人畜之矢溺，皮毛骨革及腐草败木之间，均含此质，所谓朽腐化为神奇也。中国之民知其事而不明其理，故深根厚壅，寖久而自失其传。同此人民，同此土地，而今之与古，腴瘠不同、贫富不同者，教不教之分耳。

谓宜荟萃中外农书，博采旁稽，详加论说，宜古亦宜今，宜西亦宜中，宜南亦宜北，不求难得之物，不为难晓之文，括以歌辞，征以事实，颁之乡塾以教童蒙，俾蔀屋穷檐，转相告语，家人妇子，力穑劝功。而后加以董劝之章，导以积储之备，兴水利以防旱潦，勤纺织以殖货财，斯农政可兴，农功可立，民生日厚，而民气日强也。

"百姓足，君孰与不足？百姓不足，君孰与足？"古之人，君国子民，其为民谋，不若使民自为谋；而欲使民知自为谋，必先赖上之代民谋。视人如己，治国如家，无一日之安闲，而有百年之乐利者，自尧舜禹汤文武以来，胥是道也。

厘　金

光绪十五年恩诏略曰：厘金一事，乃朝廷不得已之举，刻海防未撤，难遽议裁也，他时物力稍丰，即当奏请停止云云。大哉王言！

洞悉民艰，保全大局。而中外官吏安常习故，不能仰体圣慈，剜肉补疮，日甚一日，且增立比较之法，变本加厉，以至于今也。夫军兴之时，东南十省，兽骇鱼烂，赋税所入不足供度支。以崇本抑末之心，为筹饷练兵之策，权宜立法，取济一时，乃事端所开，有增无减，商情困苦，市肆萧条，承平四十年，而元气终不能复，厘金之弊，至斯极矣。

今之论者，辄谓于理宜裁，而于势万不可裁。或为调停两可之说，谓本朝宽大，永不加赋病民，酌增厘金，以济国用，宜若可为也。不知加厘之名，美于加赋，而病民之实，甚于加赋。不通商犹可不裁，通商而后，则断断乎其不可不裁也。何则？赋出于地，取之民者究有几何？且按亩加征，毋庸增设一官一役，民输一钱，朝廷即获一钱之用也。厘金则不然，百物滞销，四民俱困，天下设卡数百，置官数千，增役数万，猛如虎，贪如狼，磨牙而咀，择肥而噬，小民椎心饮泣，膏血已枯，国家所得，不能及半，自有比较之说，可增不可减，网罗四布，违额取盈，所谓病民甚于加赋者，此也。洋货入口，一税一半税之外，一无稽阻，西商偶到，趋媚不遑，所以待外人者如彼其厚；土货则口口而查之，节节而税之，恶声厉色，百计留难，甚则加以鞭扑，所以待己民者如此其薄。黠商乃赁其牌号，倚为护符，三联税单，充斥内地，厘局无如何也。倚洋人则生，否则死，冒洋人则安，否则危。丛雀渊鱼，不至尽驱为洋人不止。而且洋货日贱，土货日贵，川流海溢，识者寒心，所谓通商而后不可不急裁者，此也。

或虑厘金既裁，国用不足，亦未举全局而统筹之也。天下厘金，岁约二千万，除洋药并征八百万，实计千二百万金。承平之时，地丁四千万，综计可得九成。自有厘金，不过七成而止。可知天下之财，止有此数。此有所赢，彼有所绌，地丁暗减八百万，国家岁得四百万金之用耳。而纵虎噬人，使万民愁怨胡为者。

宜令自某年月日为始，天下厘金，统减一成，而烟、酒、洋油、洋布落地税，统加一成。刊刷誊黄，遍行晓谕，分年递减，十载为期，撤卡裁丁，与民休息。其四项落地税，责成牧令征收，加至十年，适足与厘金相抵，国用不竭，国本不摇，而民气日纾，民心日固矣。不此之务，徒鳃鳃然举各卡之吏役诰而诫之，约而束之，而比较之文书，日责以食人之事，日予以食人之权，而谆谆然命之曰："尔吸其脂膏，勿伤其性命也。"其可得乎？此国脉存亡之所系，人心向背之所关，一发千钧，不绝如线，公忠体国之君子，慎勿以为迂也。

学　校

古之时，有家学，有乡学，有国学。夏曰校，殷曰序，周曰庠，学则三代共之，皆所以明人伦也。虽有世子庶子之贵，犹复下伍于齐民；虽以至愚极贱之人，亦得自达于天子。故学也者，非止范围天地，曲成万物，省刑罚，偃兵戎，亦所以联上下为一心，合君民为一体也。士非学，无以兴礼乐，立制度，开太平；农非学，无以辨菽麦别肥硗，尽地力；工非学，无以区美恶，审良楛，制械用；商非学，无以察时变，精确算，殖货财。由是而游惰之民多矣，彼异端邪说，乃得乘虚而入，惑世诬民，甚则流为盗贼，暴桀恣睢，白昼横行，掠人于市。故今之幅员广于古，今之生齿繁于古，而其民则古智而今愚，其世则古治而今乱者，岂果今不古若哉！学不学之分耳。

通商六十年矣，泰西各国之文物制度，厘然秩然，有先王遗意。奉使游历者，众口一辞。即以工商二事论之，工则彼巧而我拙，商则彼富而我贫，相校相形而优绌立见，岂果中不若西哉！亦学不学之分耳。

夫今不若古，犹可言也，中不若西，不可言也。近日各省学官，有名无实，惟书院一席，乐群敬业，成就较多，然所教时文、帖括而已。僻陋之州县，并书院而无之，欲求教化之兴，人才之众也，其可得乎？

宜由督抚分饬所属，仿书院之意，广设学校，或集民捐，或提官款，其规制必整，其廪饩必丰，其生徒至少必逾百数。始于城邑，而后分及于四乡。至于商埠、海疆，人情浮动，尤宜急建书院，广储经籍，延聘师儒，以正人心，以维风俗。其同文、方言、水师、武备各馆，即可并入其中，并请洋师，兼攻西学。庶几体用兼备，蔚为有用之才，不至覆辙重寻，徒縻巨款矣。其各省丛林道院，藏垢纳污，坐拥厚资，徒为济恶之具。有犯案者，宜将田宅一律查封，改为学校。僧道还俗，愿入学者，亦听之。一转移间，而正学兴，异端绌，宏治化，毓贤才，不必有沙汰禁革之文，而已收经正民兴之效。此根本之要图，治平之首务，即因宜制变，驭夷狄，朝万国之先声。不此之务，徒汲汲然购器练兵，欲以争雄海外，恐有器无人，将有一蹶而不可复振者，所谓逐末而忘其本也。

太　学

古之太学，兴贤造士，人材之消长关焉，世运之兴衰系焉。诚以十年树木，百年树人，不有以养之于平时，而欲用之于临事，不可得也。纵奇才硕彦，间世一生，未必俯首就经生之业。然世变日多，需才日广，自古丰功伟绩，未有不学无术而能相与有成者。

三代以后，学校之事，实废而名存，国子监一官，夷之闲曹，视同旒缀，资轻禄薄，生徒寥寥。比年捐例广开，资照费二金，官僚吏胥，借以糊口，辟雍圣庙，倾颓朽坏，鸡栖鸽粪，布满阶除，何以壮万国之观瞻，肃四方之观听哉！

谓宜广筹款项，修举雍宫，务使壮丽斋皇，足以昭示四海。酌定岁修之费，俾规制整肃，勿稍凌夷。自祭酒以下各官，慎选贤员，优加廪给，详稽功过，以定迁除。所有各城官学，各省书院，各城乡学塾，统归国子监考核稽查。并博采《周礼》成规，由各乡学升之邑学，由郡达省，以升太学，科名蹭蹬者，校其学行，赏给举人，一体会试，愿就知县或教职者，亦听之，廪饩资装，皆由官给。至于大挑之制，取决临时，以貌取人，殊非核实，似宜统归太学，肄业一年，派员会同，试以政事，庶侥倖之途塞，而贤良之路开矣。惟旧有各斋褊小湫隘，宜购地推广，俾恢宏爽垲，莳花种树，以资游息，而便起居。太学课程，宜令旧学诸臣，会同监官，博采良规，通行遵守。另建书阁，罗致四海有用之书，四库百城，罔有遗滥。推广算学，创立格致一门。广译西书，延订西士，优其薪俸，宠以职衔。其各省武备、方言、水师，及总署、同文各馆，俱归国子监综核，勿使离经叛道，自矜异学，忘厥本来。太学各官，亦宜博览兼通，毋得局守旧闻，自贻轻藐。盖依仁游艺，古人具有渊源，博学多能至圣，本由天纵。中学、西学，合同而化，人才辈出，足以上备干城矣。

他日美富宫墙，规模聿备，则举行临雍巨典，圜桥观听，率天下于尊师重道之中。上书房皇子、贝勒、镇国公及王公大臣子弟，统令每月至学，以考学业，广见闻。愿留肄习者听，范一世于学，通各学为一。而后民兴经正，圣学大明，异端无接迹之期，万国识同文之义。然而风俗不厚，国势不尊，四夷不宾，八方不服者，统中外，横古今，达上下，未之前闻。

书　院

论世之君子，观于郡邑之书院，而知复古之期不远矣。四时之运，夏不能骤变而为冬；一日之间，暮不能骤更而为早。世之衰也，其降必有渐也。秦汉魏晋，日即凌夷，乱极于六朝五季之间，而生民之祸亟矣。世之盛也，其升亦必以渐。宋崇理学，明重节义，至本朝而昌明正学，俊彦云兴。盖世运之升降系乎人，人才之盛衰关乎学，而为学之道，莫善于群萃州处，敬业而乐群。

书院之兴，肇于宋之宫观奉祠，延历三朝，教思弥广。咸丰同治之际，中兴将相，什九湖湘。闻岳麓书院山长某公，自道光建元，即以气节、经济、文章立教，瑰玮奇杰之士，咸出门墙。一人善射，百夫决拾，气机之所感，运会所由开也。统直省计之，其书院经费充裕，山长得人，则人才多，成就众；无书院之郡县，则见闻孤陋，虽有才隽，振奋无由。此中之消息盈虚，如景随形，如桴应鼓。故书院虽非典制，不隶官司，而育人造士之功，至为宏大。惜院中传习仅以时文、帖括猎取科名，而经史之故籍无存也，圣贤之实学无与也。山长则瞻徇请托，不校其学行，惟第其科名，甚则贿赂苞苴，喧腾众口，人心以敝，士习以偷，地方有司置之膜外，有心人慭然忧之。

宜令礼部、国子监行知各省，分饬所属，广筹经费，建立书院，向未有者，设法兴修，有之而经费不敷者，增筹充裕。一律拓地增建书楼，官局所刊备文，咨取外间，坊刻石印，有用各书，广购兼储，必周必备。西书除教事外，亦宜博采无遗，以通时变。山长一席，坊表所资，宜慎选经明行修、博雅淹通之士，或科名未显，无妨起自诸生，即桑梓无人，大可求之异地疆吏，访求延请，礼敬有加。仍列具姓名，达之部监，责成学政每岁稽查，果其学问赅通，育才成德，奏闻奖励，赏给俸金，年迈者，宠以虚衔，欲任者予以擢用。其或教诲无术，学行有亏，即由学政檄令易人，亦不加以罪责。生徒薪水，必优必丰，三年递升，入之太学，正途而外，与以出身。书院必慎择名区，必须不城不乡，山水清深，足供啸咏。

庶天地钟灵之气，国家养士之心，薄海英贤慕义向风之意，相感相发，相荡相摩，追三王化育之隆，开万古文明之治，斯作君作师之盛轨，宜今宜古之良规，天运之所以成始而成终，圣道之所以成人而成物也，懿欤盛已！

淫　祀

天地之间，有阳必有阴，有明必有幽，有人必有鬼。古圣人知其然也，故导之以敬天尊祖，衷之以礼节乐和，使君民上下皆得自致其情文，然后心有所丽，鬼有所归，而淫祀可以不作。惟是天道远，人道迩，故夫子曰："敬鬼神而远之，非其鬼而祭之，谄也。"管子曰："思之思之，鬼神通之，非鬼神之力也，精气之极也。"故人之形体成乎地而心之精气通乎天，鬼神之道生之心，附于物，而肸响之灵如闻如见焉。

三代而下，非天子不得祭天，风俗之厚者尚知。祠祖二氏，乘虚而入，妄立名称，淫祀之兴，遂遍天下，几于无地不有，无人不拜，不能究诘，不可限量，乃至僵石枯木，奉若神灵，问卜求医，决之签珓，游手无业之辈，因得假托附会，惑世诬民。北省稍稀，而南方独盛，城邑犹少，而乡镇弥多，甚乃举国若狂，酿成巨案。欲持之以法，则诛不胜诛；欲晓之以言，则道其所道。废时失业，败俗伤风，无形之患，永无纪极。况国之大事在祀与戎。今日万国通商，观瞻所系，彼族转得以敬天傲我，以非祀讥我，视我与已亡之印度等，而我尚因而仍之，贻祸将来，见轻外国，有识之君子有隐忧焉。

谓宜弛拜天之禁，听斯民自致其诚，申敬祖之文，俾四海益兴于孝。而直省所有祠庙，除载在祀典外，一切无名不正之祀，概行毁撤，祠屋祭产，改为宣圣庙堂。春秋祭祀，乡官主之，并举行乡饮酒礼，宣讲训谕，敬老尊贤。自余或值岁时，或逢朔望，民间妇孺，礼拜祷祈，从俗从宜，勿庸禁革。盖幽明之理，本于人心，不正即邪，决不能虚悬而无薄。惟圣人开天明道，觉世牖民，推报本反始之心，于礼固宜，于情亦顺矣。或曰:“若是，得毋亵乎？”而不然也。天下之人，同此耳目，同此官骸，皆天之所生，皆圣人之所教。自世俗言之，则有贫富焉，贵贱焉，智愚、贤不肖焉，而揆诸天意，反之圣心，则一而已矣。彼道家则宗老子，西教则奉耶稣，佛氏则释迦如来，天方则谟罕默德，开宗明义，饮水思源，必礼之，敬之，皈依而崇奉之，而后人心始快也。

圣人之道，参天地，冠古今，而城邑有学宫，乡党无庙祀，尊之而适以疏之，敬之而适以远之，一若天下，惟贤智富贵者始得为圣人之徒，而愚贱之民无望焉。上既弃民，而民亦自弃，无惑乎？世衰道晦，邪说横行，刑法滋纷，而盗贼接迹也。夫圣人之心，天之心也;圣人之道，天之道也。尊贤而容众，嘉善而矜不能，天下归仁，群生托命，不能不皋然高望于道一风同之世矣。

章 服

贾生曰:“奸邪生于俭不足，俭不足生于有余。”非不足也，亦非有余也，奢侈害之也。世之盛也，朝野上下，其风俗必勤且俭，勤则不匮，俭则有余，有余则善心生，民气日和，而民志日静。和与静者，治之本也。及其衰也，民日益惰，俗日益奢。惰且奢，则日形不足，不足则民心易动，而民性好争，争且动者，乱之机也。

本朝法制严明，章服之间，秩然有序，上行下效，俗美风清。逮道咸两朝，洊经寇乱，肃清而后，继以通商，捐例广开，尊卑淆杂。东南十省，奢侈慆淫，年复一年，变本加厉，通商各大埠及省会倡之，沾染涵濡，遍于内地。其始不过富商大贾及纨袴子弟，奇衺妇服，相率效尤，日用起居，越礼犯分，渐而闾阎闤闠，贫窭小民，衣必绫罗，色必泆丽，资用不足，质贷随之，债负难偿，骗窃继之，弱者死于饥寒，强者流为盗贼，人心之敝，习俗之偷，刑罚之所由不禁也。

谓宜申明旧制，详稽等级，将一切服物定立新章，由礼部奏明，颁行遵守。令下之日，一年为期，所有奇诡僭侈之文，概从禁革，一年而后，犯者罚锾，再犯者黥其手，三犯者黥其面，怙终不改，治以杖徒，或曰："得毋扰民实甚？"而非扰也。治其身，治其心，先教以言，后刑以法，使之畏罪而远过，即所以化莠而为良也。或又曰："滔滔皆是，其如诛不胜诛何？"而亦无足虑也。此其间，有上中下之等焉。下焉者，务为淫假诡异，炫惑世人，甘心为恶者也；中焉者，随波逐流，可善可恶者也；上焉者，迫于俗尚，不得已而从之者也。禁令既申，上焉者可以立变，中焉者随之而变，下焉者畏罪怀刑，而亦不敢不变。城市既变，乡邑从之矣；海疆既变，内地继之矣。且人之习为奢僭者，以为观美耳，今不惟不美而已，指摘加之，诛罚继之，仇雠得因而挟制，路人得与揶揄，人同此心，心同此理，又何苦浪掷资财，自贻伊戚乎？所谓不恶而严，不刑一人，而颓俗可以丕变者也。

惟是京师，四方之表也。沿海通商各埠，东南十省百弊之所由生也。令出惟行，法严自近，不因辇毂之下而曲予优容，不以租界之中而意存歧视。涓涓不绝，将成江河，萌蘖不翦，将寻斧柯，荧荧不灭，炎炎奈何。此治乱之大原，富强之本计，是以君子谨之于微而慎之于始也。

三　　品

三品之名，肇于《禹贡》。论其物，则古少而今多，校其值，则古贱而今贵者，何也？由于生齿之蕃，道理之远，糜费之多也。古之时，粟布交易而止矣。圜法兴而铜贵，地丁折而银贵。通商而后，人利轻赍，金钱银钱遍行宇内，而金银益贵。人以多而用广，物以罕而见珍，他日索值之昂，未知伊于胡底。

中国漏卮，川流海溢，每岁数千万金，非自收利权不足以保全大局。而自佛法流入中国，民间金箔盛行，一岁所糜，难以数计，既经锤炼，尽化灰烟，二千年来何止亿万！犹不若器饰之销亡尚寡也，此糜金之应禁者一也。

中国银矿无多，古人用银尚少。自明以后，官民赖以转输，银元畅行，取携尤便，渐至奢靡无度，服食器血〔皿〕，概用纯银，银箔之多，尤胜金箔。宜明定限制，示以等威，作箔之家，绳以重法，此糜银之应禁者二也。

至于铜政，关系钱法，禁铜之令，历代綦严。军兴以还，现钱日少，滇铜不旺，官铸久停，市肆商民，不敷周转，而天下广用铜器，及水烟管一项，积重难返，已见端倪，不可以其小而忽之也。此物滥觞于咸丰，盛行于同治。妄人作俑，四海从风，斗巧争奇，一人数事，尤可虑者，铜肆无铜可购，皆寅夜销钱为之，销官钱数百文，可成一器，值价数千，本微利丰，趋之若骛，中国四万万人，用者过半，一物销钱五百，已销一万万缗。京外各炉鼓铸五十年，犹不足以弥缝其阙。况刮磨垢赋〔腻〕，销蚀无形，未及数年，顿成弃物，惟此嗜痂之癖，已成蠹国之尤，安可侈语宽容，坐受其弊乎？此糜铜之应禁者三也。

夫微者，世之所忽，而渐者，人之所不及防也。至于积微而成著，积渐而难回，则愚者皆知之，虽智者无以善其后矣。论开源节流之要策，当合中外而兼权，散〔散〕见他篇，兹不更赘。惟是民间习尚，流荡忘归，市侩奸商，作为无益，贤智之士，亦且安焉，愚贱之侪，焉知远大？不加禁革，终累闾阎。利用厚生，黜华崇实，天下之大，万民之众，盖有禁之而不能骤止者矣，未有不禁而能自止者也。然而上之所好，下必甚焉，表正景端，风行草偃，苟欲禁之而终不能禁者，盖亦未之有也。

河　防

黄河之为患中国，古矣。虞廷分职，禹作司空，自后垂二千年，河无大患。沟洫既废，阡陌乃开，水利就湮，河患以亟。汉时黄河屡徙，小民荡析离居，天子自筑宣房，继立河堤，使者以塞决口。嗣是屡朝递有河患，亦或设官经理，然事过即撤，未设专官也。

河道之有专官，实自明始，迄今五百载，河防最重，河患亦最多。其时百万南漕，统归河运，河决则运阻，河平则运通，其害如腹心，相联如指臂，京师仰食无如何也。及本朝嘉道之间，岁修至三四百万，不数年辄决，塞决之费，辄千余万金，穷天下之力以治河，而河益横溃四出而不可治，河官之有效无效，亦大略可睹矣。且不惟无效而已，不设官则河犹可治，设官则河必不可治也。何则？国家岁修之费，决不如塞口之半，朝廷诏糈之颁，万不敌分肥之富也。一事也，一案也，河官有大利焉，河兵河夫有大利焉，河南之官绅与闻者有大利焉，沿河之百姓售刍藁者有大利焉，来往之绅商市易告贷者有大利焉，工部之官吏核报销者有大利焉。在河督，高爵崇阶，受恩深重，何忍以有限之帑藏，供无算之侵渔？然违众独行，稍变成法，则谣诼随之，纠弹继之。致决之事，既非一耳目所能防；塞决之功，亦非一手足所能任。上其赢者，道府则咎有可分，使之决者，兵夫则罪有所诿。决口褫革，合龙必开复，好官无恙，故我依然，而身肥家富矣。故每值口决，独宵旰焦劳于上，司农仰屋于中，亿万灾民愁苦于下，而在事之官绅吏役，皆欢欣踊跃于河干。欲求河之治也，犹抱薪而救火耳，其何裨乎？

宜一律裁省，改归地方官兼管，革岁修之费，免议处之章，决则塞之，否则已焉。盖治河之本在开渠，沟浍多，则水有所容，而伏秋涨减;治河之标在种树，林箐密,则堤可长保，而霜汛澜安。此二者,皆非河官所能为也,地方官则优为之;亦非河官所肯为也,地方官之贤者则勇为之。有明之弊政,未有养痈贻患如河防一事者,而或者冀幸于岁修之稍减,张皇于漫口之堪虞,调停其间,因仍不改,怀私罔利者抑又甚焉,则何不取设官以后与未设官以前，较其患,孰多乎?取岁修之丰时与岁修之啬时,较其忧,孰大乎?利弊可否之数,将不辨而自明矣。

夫建此议于嘉道之间,则朝野上下必哗然逐之,不以为狂,即以为呓。今自铜瓦厢北决,而河患之稍纾者五十年,防费之既减者四十年,河运改为海运,正供之仍旧无缺者三十年。河入山东，而山东固未专设河官也。河南之河官如故，而郑工之决口夺溜南趋者亦如故也。天与以更新之会,复古之机，扫万口之肤词，除两朝之积弊,省国家百万金之浪费，免闾阎亿万姓之沉菑，以缵我神禹二千年之盛绩,其在斯乎?其在斯乎?

海 口

黄河之水,浑浑然汩汩然,河水一石,其泥数斗。入海而后,湍流缓散,泥沙停蓄而下沉。海水深咸,含盐挟硷,朝潮夕汐,逆托而上升。沉沙愈积愈高,盐硷愈凝愈厚,风吹日曝,坚凝若金石,宽广若丘山。海口既高,河身亦随之而高,积沙益多,洪流日缓,两堤束水,喷郁不泄,虽欲不改道而不能矣。

数百年来,河由江南之徐州入海,云梯关外,坚石数百里,皆淤泥之所积,经海潮顶托,盐硷凝结而成者也。靳辅旧制混江龙、铁篦子,随流往来,大著成效。河督某惜费裁之,阅数十年而遽有铜瓦镶〔厢〕之决,改道北向,以迄于今,将五十年矣。

西人所著《海道图说》,英国兵船探测山东海口,铁门关外数百里，均属淤泥，河水弥弥，然仅深数寸，淤泥日厚，海口日高，不及百年，将为云梯关之续耳。夫治河之书，汗牛充栋，然疏浚海口之说，未之前闻者。良由巨浸，稽天风涛莫测，望洋兴叹，人力难施也。

今日海舶往来，万里东瀛已同杯勺。挖泥机器，用力少而见功多，宜由东抚置备夹板船二艘，小轮船二艘，挖泥机船八艘，从海上施功，对准河身，溯流而上，疏浚中洪八十丈。夹板对泊，为工人食宿之区，机船斟酌情形，就浅就深，自行定造。取泥而上，倾之海中，逐渐疏通，愈移愈近，务使中洪之水常逾寻丈之深，聚水力以刷沙，借机轮以激水，终年疏浚，无间春秋。其海口以内之河身，则参用混江龙、铁篦子百艘，随流往来，因势利导。员役薪俸，必优必丰，每届五年，核其功过，加以升擢。疏河身，浚海口，治下游。下游既治，则全河通畅，水患自稀，万里中原永免其鱼之叹矣。

或曰："山东固尝购机器船矣，舟轻力小，挖泥无多，试之津沽已不合用，可奈何？"不知外国江河，除密士失毕河外，其长无过五千里者。黄河流长源远，计里八千，必须参酌中西，加增马力，浅者挖之，深者刷之，运以精心，持以定力，得寸则寸，得尺则尺，而后能日起有功也。

《书》曰："鲧堙洪水，九载绩用弗成。"《孟子》曰："禹疏九河，瀹济漯而注之海。"夫堙者，堤而塞之之谓也；疏者，浚而通之之谓也。今之论者，皆知抑鲧而扬禹，恶鲧而好禹，而所师者，鲧也。穷天下之力以从事者，堙也，无惑乎？日日治河，而河愈不可治也。撤河防，裁河费，省河官，以不治治之，疏之，瀹之，尽力沟洫，以杀其势，教民树艺，以清其源，而治河之能事毕矣。

内篇卷下

图籍

古人读书，左图右史。《周礼》大司徒掌天下之图籍。地图一事，为学之首务，致治之本原，君臣上下珍之重之，讲明而切究之。边陲阨塞以慎防维，城邑川途以敷治理。文所不能达者，以图明之；图所不能穷者，以论著之。一地也，一事也，一物也，有总图，有散图，有分图，远道阅之而无虞隔阂，异日按之而可免遗忘，千里关山，无殊目击，万方疾苦，悉得上闻，乃至名物象数之微，各有图说。师生授受，一览了然，学者展其图，知其名，详其法，事半功倍，得手应心，图之为用大矣哉！

今户部曹司，图籍无一存者，山经地志，首附图说，疏舛简陋，蹈袭因仍，无可依据，以古今声明文物之大国，而图籍缺如，彼海外小邦转得以所长傲我。西人之游历内地者，自携仪器，所至绘图。山川道里、高深远近，生长其地者，尚或茫然，而彼族转计里开方，了如指掌。隐忧深患，行道皆知，当轴诸君，犹漠然不以为意，何也？法之败于德也，德相毕思麻克先期微服至法，穷探极测，随地绘图，兵事既开，则某水某山某村某镇，法人所不悉者，德人皆知之，间道疾趋，掩其不备，法人一蹶不振，以至于今。粤捻乱生，流毒遍天下，诸立功将帅，无不精究地图。迩来沿海船政制造各局，一船一炮，咸有精图，诸学生亦多有精究测量兼通绘画者，此亦风气渐开之一证矣。

谓宜饬海疆督抚，保送熟精测绘之学生，汇齐考验，派员筹费，密赴沿边沿海，一仿西法分绘，精审地图，图所不及者，系之以说，关隘险要，必详必明。边海既竣，然后渐及于内地。有旧图者，摘其纰缪而改之；向未有者，另绘新图，皆附论说。地方官资给保护，亦不得生事扰民，督率之员必须深明大略，毋得苟简，毋许张皇。测绘有成，准照异常劳绩保奖。精图二分，一存户部，一贮枢垣。庶几敌国环窥，有备无患，战守进退，一望了然，即腹地方舆大川广谷，何弊应革，何利可兴，亦厘然井然，历历在目，其有益于边防治法者，非浅鲜也。至如现行各事章奏而外，并须绘具图说，附奏上闻，以其一分咨各部，枢部亦随时标记藏度，以备检查，不可偶有遗失。披图而索，按籍而稽，精则无忘也，明则无暗也，密则无疏也，信诸耳闻，不如征之目见也。万殊一本，万绪一纲，万里一室，此持平核实治国平天下之要领，所谓五寸之矩，尽天下之方也。

额　兵

国家承平之时，绿营额兵六十余万，岁饷二千余万两，居天下财赋之半。粤捻事起，溃散逃亡，战既不能，守亦不固，各统帅知其难恃，乃改为另募勇丁，湘军、淮军风发飙举，不十余载已奏荡平。胜负之机，优劣之数，不待智者而后知矣。事平后，各省额兵死亡略尽，或裁或减或改练军，核计现存，不及其半，然兵饷仍需千五百万金，加以勇饷三千余万，综计岁需五千万金以上。民力竭矣，而兵力仍未可恃也；国计贫矣而国势仍未必强也。

欲将勇丁遣撤，大半无家可归，既念前劳，将虞后患，且夙经战阵，究胜尫羸疲敝之绿营。若营兵则安家业长子孙，即尽裁之而不虞其生变也。光绪初，言路条陈，于是有裁兵之议。阎敬铭综户、兵两部，锐意举行，乃内而曹司，外而疆吏，皆借口于驻防之不足，塘汛之无人，文报之难达，往还驳诘，旷岁稽时，裁兵不及千人，节饷仅逾十万，良法美意仍托空言，事之不易举而弊之不易除也若是。夫今之营兵，皆知其无益矣，不知其有害也。一乡一邑，恣睢暴戾，鱼肉乡民，会城势聚，兵多则动辄挟刃寻仇，聚众滋事，私斗则勇，公战则怯，即补以精勇，不数年而仍属疲羸，即调为练兵，甫归标而又成怯弱，纵使不能为乱，不至厉民，使国家长养此数十万无赖之人，长糜此千余万无益之费，何为者也？而欲裁竟不能裁者，则因军兴以来，有功将士皆补额缺，每营有扣饷，每事有陋规，书吏武员相将染指，瞻徇顾虑，锢习已成，故其不欲裁者，非为兵也，为将也，非为公也，为私也。欲裁营兵，必裁将领，而以勇营之统领改为提镇，营官改为副将，参游哨官改为都守千把，各缺奏请补授，扼要驻防，公费养廉，务从优厚。练军著有成效者，准作勇营，自余绿营额兵，克日按期概行裁撤，或缺额不补，逐渐删除，限以十年，必将减尽。塘汛文报，责成驿站差役，仍创设书信馆，以速邮传。定议坚持，勿为浮言所夺。阻挠者，有罪；奉行不力者，有诛。

汰弱留强，循名责实，上纾国计，下益民生，免司农仰屋之嗟，绝异日纷争之患，所谓一举而数善备焉者也。

勇　营

今各省所留之勇营，大抵当年之精卒，百战之余生也。然少者壮，壮者老，老者死，展转募补，游手无赖，羼杂其间，统率各员以缺额为故，常侵饷为能事，酬应奔竞，取悦当途，勇丁亦多有游惰，性成沾染，嗜好渐与营兵无异。自天津淮军、新疆湘军、长江水师三大枝外，各省零星数营，驻防边远，疆吏之耳目不及，将领之习气益深，器械朽窳，勇丁鲜少，甚或毫无纪律，酗酒渔色，散处民间，大吏偶有访闻，或将更调，则藉端规避，百计弥缝，务遂其私而后已。识者谓不出三十载，勇营之弊，将有更甚于营兵者。

方今外患循生，内忧未已，厘金不减，捐纳不停，此项饷需，岁竭度支之半，民力尽矣，国计虚矣。各弁勇饔飧挥霍之资，皆四海穷民之泪珠膏血也。欲免此弊，必须兵农合一，远稽古制，近考泰西，参保甲团练之规，复轨里连乡之法，所有次第，附见他篇，惟是强敌在门，诸夷环伺，不能一日忘战，即不可一日无兵。额兵必宜尽裁，则营勇不可以不练，其大队屯驻之地，边防海警，日有所闻，统帅多忠勇之材，士卒有奋扬之气，互相比较，便于稽查，偶有风谣，事难掩饰，跳梁小丑，征调搜寻，械用必极精坚，兵马务期膘壮，尚可无庸过虑也。所虑者，奇零营队，分驻遐方，将士未必贤，人数未必实；所任者，搜捕弹压；所处者，暇豫宽闲；所与居游者，耕夫贾竖，筋弛骨惰，终岁嬉游，偶当操阅之期，雇觅市人，滥竽充数，始则一营作俑，而遍及于各营，继而一省效尤，而渐达于各省。故勇丁者，散之则弱，聚之则强，练之则勇，纵之则怯者也。

宜严敕疆臣，随时抽阅，毋徇情面，毋务宽容，诰诫于先，稽核于后，以期兵皆实用，饷不虚縻。至于疲弱之卒，涣散之营，可裁者裁，可撤者撤。仍通饬各营统将，随时宣讲圣谕，劝善要言，教忠教孝，及兵法各书。俾之有勇知方，咸明大义，无事则保民缉盗，随地可以相安；有变则敌忾同仇，随时可以赴难。养其气，调其心，劳其身，齐其力，练其技艺，简其才能，人人共矢公忠，日日如临大敌，坚如山岳，屹如长城，斯百战百胜之精军，即一德一心之卫士，以守则固，以战则强，王者之所以禁暴立威、有征而无战也。

边　防

东三省，女真之故疆而国家之根本也。元起朔漠，任穆呼哩，间道趋临潢、高州，以取东京，掩其不备。金人腹心既溃，乃迁都汴梁，以避其锋，愈逼愈南，一蹶不振。

夫前事之不忘，后事之师也。俄起西方，包外兴安岭而东建黑龙江东海滨省，固已扼吭而俯背矣。所幸者，蒙古诸部，壮我屏藩，万里风沙，势难飞渡，然哮经佞佛，久厌戎兵，太古天骄，已成积弱，可奈何？

圣祖仁皇帝，圣人也，振威黑龙江之役，分疆划界，声施至今。高宗纯皇帝，圣人也，当全盛之时，不惜糜数千万之金钱，以征西域，抚西藏，开屯列戍，镇以重兵。盖俄地如长蛇，其心如豺虎，一旦有事，即可新疆出一旅之师攻阿穆尔斯科，以截其腰膂，苟无此举，则准夷之患显，俄人之患微；准夷之祸小，俄人之祸大。恐不待英法航海东来，而已恣睢逞志矣。我皇太后，圣人也，咸丰同治之间，逆回肆叛，阴结强邻，西北边陲，次第沦陷，维时中原未靖，或倡弃地之议，乃任左宗棠，力主恢复，由关内达关外，雷轰电掣，不数月而已报荡平，彼乃震慑张皇，交相骇愕。迄今廿载，海疆有事而陆路晏然，历年綦横于西而雍睦于东者，岂其爱我哉？形所格势所禁耳。西藏介英之印度，俄属寻思干基发之间，犄之角之，左提而右挈之，所谓举足便有轻重者也。乾隆时设官列屯，一用兵于廓尔喀，僧民詟服，烽燧销沉，据澜潞之上游，作川滇之外障。故新疆者，制俄之券也；西藏者，制英之枢也。虽时阅百年，地悬万里，皆所以维持东省，保卫中区，以永永无极者也。

今者俄修西伯利亚之铁路，以阴伺朝鲜；英开独吉岭之通商，以渐窥藏卫。其事则俄急而英缓，其谋则俄浅而英深。东省之练军，新疆之湘军，宜若可恃矣。惟西藏阙然，未经置镇，西人同恶誓死，坚忍耐劳，战不易摧，攻不易破，而况兵饷不足，转运艰难，千里馈粮，士有饥色，铁路既难猝办，增兵未易遽言，是宜募练民兵，添筑保寨，田庐所在，身命所关，就地可筹，随时可调；风气各别，何如袍泽同仇也。水土异宜，何如守望相助也。内地之脆弱，不若边民之劲勇也。民兵以守，客兵以战，战守具备，则窥伺奚由也。山之高也，江河之广也，关隘阨塞之所从也，沙漠沮洳之所限也，边墙望台所联络也，碉房炮垒所防维也，有天之险，有地之险，有昔之险，有今之险，而非人不足以施而设之，规而措之，作而成之，可合可分，可进可退，可胜可败，可逸可劳，而后可战可和，可大可久，可长保此太平之局，以无负我神宗圣祖深思大略、长驾远驭之盛心也。

龙　江

疆埸之事，一彼一此，因宜制变，无旧例之可循也；就地取材，无成规之可守也。国家当全盛之世，边民乐业，强敌息心，谨守约章，罔敢越叛，问有恃强凌弱者乎？无有也。问有以众暴寡者乎？无有也。今日万国通商，彼乃乘隙而逞志，图们江东二千里之地，拱手而让之，蹂躏我门庭，窥伺我堂奥，无一事为先朝所有，而我独拘拘然谨守成宪，以限制华民，是犹狼虎在门，乃束缚家人之手足肢骸，以恣其吞噬也。譬家有美产良田，分授之于爱子，其后嗣不知垦种，日渐荒芜，他族虎视眈眈，垂涎于侧，为之祖父者，将使人经理，转授之同宗乎？抑忍听沦亡甘授之于异姓乎？此中得失之数，愚者知之矣。

黑龙江自兵燹以来，凋敝摧残，户不满万，老弱妇孺，喘息仅存，而呼兰通肯负山带河数百里腴疆，荒废榛芜，徒为马贼出没往来之地。漠河一区，金苗畅旺，古所称东金山也，兹幸金矿已开，宝藏日出，而呼兰开垦之事，屡经条奏，废格不行，前将军恭镗熟察情形，奏请举办，部议调停两可，惑于浮言，奏上之时，仍然封禁。能禁良民而不能禁马贼，能禁中国而不能禁外人。闻黑龙江旗民亦自知户少人稀，不能久有其地也，遂有宁与外人，不愿开垦之说。并心一志，阖户闭关，见外人则退避不遑，见汉民则拒绝日甚。在江省旗民，效忠屡世，原不忍夺其土地，乘人于危，然以旗民为主而佃以汉民，可也。视汉民如雠而甘弃于外人马贼，不可也。仅弃一黑龙江犹之可也，黑龙江失而奉天、吉林亦唇亡齿寒，危如累卵，万一有失则大不可也。

宜请先几独断，招垦兴屯，先令黑龙江将军清丈稽查，何业何主，无主者作为官地，有主者岁补租金，广招闲民，一律垦种，征其岁入以实边储，设立屯官经理其事，择明练者为之长，三时务农，一时讲武，勒以军法，编以部伍，守以保垒，教之技能，无事则资耕稼之丰，而部帑可以渐省，有事则任干城之寄，而敌国不敢相凌。即此日之老弱旗民，亦得食税衣租，优游卒岁，以渐复其元气而长保其故疆。

夫黑龙江者，东三省之上游，而奉、吉之藩篱门户也。根本至计，腹心隐忧，未有曲徇私情而听其贻误大局者。蝮蛇螫臂，壮士断腕，施薪若一火就燥也，平地若一水就湿也。是以君子谨之于微而辨之于早也。

奉 吉

比年奉吉两省，改定章程，开屯练兵，建立郡县，榛芜垦辟，渐启文明，商旅往来，日臻富庶，边疆气象，迥不侔矣。惟是陪都廪给，悉仰南方，承平无事之时，转运艰难，已多劳费，又况经涉辽沈，山海阻深，设边衅偶开，敌以一旅舟师截之，关外则储胥隔绝，哗溃时虞，重地要区，何堪设想，所谓千里馈粮，士有饥色者也。尔日应募开垦，大率京东山左游手无业之民，愿受一尘，已成土著，然而性情桀骜，风俗浇漓，殷富者蔑视典章，贫穷者流为盗贼，教化未立，政令不齐，外患方滋，内忧已伏，异日边陲有警，何能执鞭弭、卫社稷、同仇敌忾以壮我干城哉？

夫依人不如自立，而善教可以得民。比闻吉省边陲，业已广开金矿，第立法或未尽善，利于私者不利于官，聚众易于为非，有大利者将有大害。况闻奉天各属，金苗显露，日光返照，黄色烂然，天运之所闻，地宝其能终蕴耶？彼敌人眈眈逐逐，游历之使，不绝于途，铁路既成，兵端将启，与其深藏以诲盗，何如尽出以予民。明季云南波童矿丁万人，遂足以捍御缅夷，屏蔽滇省，利之所在，人所必争，势之既成，寇不能往，其效大验有如此者。

宜专派矿务大臣督理此事，自陵寝重地循例封禁外，其他各山各矿一律弛禁，招商严定章程，束以军法，所征岁课，拨济饷需，则司农无仰屋之嗟，边境有自然之利矣。两省增设郡县，大都新造之区，宜筹款募捐，广建书院。边民椎朴，向少藏书，并立书楼，博收典籍，院中膏火，务极丰饶，山长必须得人，规制宜加整肃，无论军民人等，咸务向学，以渐化其犷悍而大启其灵明。庶有勇知方，既富且教，奇才辈出而隐患潜销也。奉天、吉林既有端绪，然后变通推暨，渐及于黑龙江，务使就地生财，而百万帑金无待仰求于他省，尽人向学而三千髦士无难媲美于中区。国计充盈，民情纯固，无穷之泉府溢于有限之度支也，无形之金汤坚于有形之壁垒也。

夫乃厚德音以先之，明礼义以道之，致忠信以爱之，尚贤能以次之，爵服庆赏以申之，时其事轻其任以调齐之、长养之，是强国之本也，功名之总也，古帝王之所以威天下而抚四夷也。区区敌人又何患焉？

朝　　鲜

今之世，一战国七雄并峙之世也。俄之国势兵力类于虎狼之秦，而朝鲜、土耳其则东西两韩也。俄王彼得初兴，所向无敌，固尝囊括西伯利亚，窥黑龙江、尼布楚，以渐肆东封矣。我圣祖命将出师，震以兵威，责以书问，立石外兴安之岭而二百五十余载，强敌息心，俄人计绌力穷，乃反旆西行，灭波兰，吞瑞典，并兼坐大，复割土耳其以入黑海，攻丹马以出白洋。英人合法国，百计挠之，俄谋稍沮，乃为人弃我取之策，通里海之道，收葱岭以西塔什千〔干〕各回部，南连印度，东抵新疆，兼弱攻昧，取乱侮亡，英法不能争而中国不过问，其计狡矣，其虑深矣。

惟灭国数十，寒瘠荒芜，欲西并土耳其而英助之，法虽联好而德复承之。咸丰季年，乘中国之乱，据珲春以东之地，建东海滨省以逼朝鲜，近更糜亿万金钱，以修西伯利<亚>之铁路。盖俄人通商用兵之道，西必灭土耳其以入地中海，东必灭朝鲜以出太平洋，二国之存亡，东西各国之安危所系也。虎兕出柙，鲸鲵入渊，得志于东，必并泰西，得志于西，亦必窥中国，自然之理，无可疑者。英人孳孳汲汲，西则联德奥以保土，东则欲联中日以保朝。朝鲜主暗国弱，地瘠民穷，狃于故常，昧于通变，有地不能自垦，有利不能自开，渐忘卵翼之恩，徒艳西人之富，恣情纵欲，国债如山，其乱其亡可翘足待。万一为他人所并，则仁川之兵舶，一夕可达天津，咸镜之陆师，长驱以入东省，畿疆重地，根本要区，何堪设想不加保护焉？

固藩篱，北洋所派商务委员望浅资轻，无能为役，宜派一二品大员，仿古人设监、本朝驻藏之例，开府持节，长驻国都，专任武备外交、垦荒开矿之事，经费无出，拨款代筹，地利既兴，分年提缴，国中秕政，亦得与其王会议改更，明告以唇齿之义，代策富强，俟外患既销，即行裁撤一切事权仪制，准今酌古，明定章程，派拨护兵一营，已足朝人感仰中国，且海军迅速，已足壮我声威也。

或曰，各国饶舌若之何？而无虑也。英德奥意诸国，关怀大局，惟恐中国不保朝鲜。美倡自主之谋，法有媚俄之意，而皆属民主不关商务，谁发难端？俄人铁路未成，未敢独为戎首，日本则与我同患，正可阴相联合，并力一心，彼之畏俄甚于中，彼之欲保朝鲜以为屏蔽，其蓄意亦迫于中也。速发祸小，迟发祸大，机难再失，事尚可为，畏首畏尾，身其余几，弱韩地尽，六国随亡，得失之机，间不容发，前车既覆，吁可危已。

东　　海

英吉利之筹度海军，可谓圣矣。以弹丸三岛，纵横四海，凌抗中朝，非倖也，数也。海天万里，风潮险恶，兵轮一叶，绝迹飞行，薪水煤粮，时须增益，不能经年累月漂泊海中也。英人遍历五洲，据险扼要如善奕者，间间布子，入一着而全局皆灵。微乎微乎！圣智复生，无以易之已，他埠相距遥远，得失无关，风中马牛，姑不具论。

香港，海中一岛耳，而万峰环合，一鉴渊澄，八面飓风，不能为害，宽深窈曲，可泊多船。中国边海之区，自金州复州，袤延至钦廉雷琼之境，万有四千余里，欲求一万全之船埠，如香港者，穷山际海未之有也。利器假人，悔将何及，不得已而思其次。朝鲜之巨文岛，其庶几乎？法越事起，日本乘危构衅，竹添进一媒孽其间，俄人虎视耽耽，冀觊渔人之利，英人力争先着，急以兵船扼巨文岛，而强邻息喙，时局帖然。事后朝鲜索还此岛，英人持之逾年不归朝鲜而归中国，力言此岛为东洋门户，关大局安危，若畀强俄必贻深患，朝鲜贫弱，无能为役，必须中国设兵置镇为持久之计，以隐杜祸萌。会遣某公便道察勘，某公假道珲春，乘轮出海，距岛五十里，窥以远镜，贸贸然曰："海中拳石耳"，而置守之谋遂辍。

噫嘻，英人周历瀛海如掌上观纹，其所见顾出某公下哉？盖中国伊古以来，有海防无海战，稽天巨浸，不见水端，既畏责言，兼工趋避，毋宁置焉俟之后日也。闻此岛纵广数十里，民庶千余家，鼎立三山，形如品字，其中宽广可容千舶，峰峦回合，飑飓无惊，总珲春出入之襟喉，绾渤澥往来之锁钥。当英人见归之日，苟以海军分戍，擘画经营，比及三年已成重镇。惜机宜坐失，草昧未开，必高丽自守之而中国阴助之，而后可晏然无事也。

宜与朝鲜密议，就其地建立船坞，募练水军，守以坚台，通以电报，开设商埠，储备薪粮，通商用兵，进战退守。《诗》曰："迨天之未阴雨，彻彼桑土，绸缪牖户，维此下民，孰敢侮予。"朝鲜系东海之安危，而此岛又系朝鲜之得失，无先几之智，不足以保彼岩疆也；无烛照之明，不足以防其侵轶也。谁秉国钧，慎毋令他人捷足于先而英人窃议于后也。

屯 田

内外蒙古各部落，为匈奴突厥之故疆，衽革寝兵四千年来，夙称强武，本朝世为臣仆，申以婚姻，宿卫年班，忠诚不二，屏藩北面，屹若长城矣。惟自元明以还，溺心黄教，太平日久，厌苦戎兵，偶有风鹤之惊则溃败逃亡，有甚于中原之百姓者。同治间，甘回构逆，以劲卒三百袭破乌里雅苏台，掠饷银二十万两，数万蒙兵，望风溃散。前岁热河土匪，揭竿起衅，数千乌合之众，沦城陷邑，所向摧靡，飘忽往来，如入无人之境，敖汉贝子殉焉。

自恰克图大开互市，西商车装驼载，络绎往来，万里边陲，驾轻就熟，他日偶有嫌隙，敌人长驱直入以劲骑，蹂之东西各盟，百万蒙民，势散力分，弓弛刃缺，万一如康熙时噶尔丹犯喀尔喀之已事，旗靡辙乱，相率南奔，则中外震惊，后患何堪设想。即欲征兵援救而沙漠悬隔，转运艰难，内地之民不习寒苦，前此逆回犯塞，议救乌科，调拨燕晋之兵，周章三年，竟无应者。博观前事，可为寒心者矣。

夫热河一地，密迩京师，政乱民顽，为畿辅捕逃之渊薮。然而地方广远，壤土膏腴，辽金各朝皆为重镇，本朝木兰狝狩，讲武会盟，户口殷繁，声威震叠。边民犷悍，嗜斗喜争，动辄挟刃寻仇，杀人掠货，结盟立会，缓则屯聚，急则远扬，此等不轨之民，纵而逸之，则草泽之雄也，收而用之，则干城之选也。宜改作屯田，束以部伍，选知兵大帅督理屯政，派拨劲旅训练教操，选立屯长以下各官为之董率，力田经武，寓兵于农，他年创办有成，或行幸园庭，亲加简阅，饷出于地，兵取于民，既实边储，潜销隐患，壮神京之外辅，为东省之后援，即敌人敢发难端，而驰赴库伦，朝发夕至，风土相习，声气素通，绝漠行师，安于衽席矣。

山西锡金、包头各区，古之河套，南临甘陕，西达新疆，塞上民情，率多刚勇，加以河流浸灌，沟洫纵横，经理无人，寖成湮废，亦仿此意改办屯田，积粟练兵，筑城置戍，兴复水利，且牧且耕，并峙东西，屹然后劲，进可救援乌库，退可屏蔽甘凉，使瀚海百旗立于不败之地，事有似缓而实急，似难而实易，似迂远而实切于事情者，此之谓也。

非然者，异姓宗亲，谊同休戚二百余载，君国子民，弃之不能，练之不易，其视中国也如天，中国之抚之也如子，而强邻密迩，蚕食鲸吞，事变之来，未知纪极，不有以维持保护，何以固我藩篱哉！

金　山

阿尔泰山，绵亘数千里，为西北群山之大干、塞外各大江大河之所发源也。左则科布多，右则塔尔巴哈台。山麓之地，沃衍宽平，可耕可渔可牧，其上千峰万岫，磅礴深远，环拱中区。圣祖与俄人划界分疆，四体天章，照耀绝域。环山之哈萨克、乌梁海各部落，亦复屏藩世守，朝贡弗衰。诚哉，天地之奥区、中原之保障矣！

自逆回构乱以来，勾结口外天方种族，阴借外兵，同时窃发，以致天山南北两路，沦陷无遗，边外哈萨克诸种人，遂为外人乘隙席卷，力分势弱，控诉无门，至今哈部旧酋，尚有念中朝而流涕者。当日戎马倥偬，万众披靡，转世喇嘛棍噶札拉参，乃能纠集蒙哈，耕屯战守，南摧回逆，北抗强邻，乌科两城蒙古各王公，隐然倚以为重，回逆未能逾山而北，外人亦未敢越山而南者。未始非转世喇嘛之力也。所建承化寺一区，水聚峰环，高平宽广，可容数万人，地据阿尔泰山之脊，山下蒙哈万落，牧畜耕耘，引水溉田，丰收倍获而折冲御侮，悉禀命于寺内之喇嘛，外人畏之恶之，向总署哓哓，将棍噶札拉参撤归西藏，仍欲平毁其寺，遣散其人，而科布多参赞大臣，借口乌梁海游牧故疆，力求规复，先后经伊犁将军、新疆巡抚熟察情形，坚持正义，以阿尔泰山一地，关西北全局安危，彼得之可以进攻我，守之可以自固，此项乌梁海种族，有事时逃溃无踪，虽复来归，其心叵测，万一引虎入室，阴结外人，即可由草地长驱直犯甘陕，新疆一省反被隔绝，声息不通，溃败之形，可以立见，乃科城主者争之不已，竟逐蒙哈而返之乌人，承化寺僧徒，亦撤入塔城之内，输情媚敌，失重损威，校蛮触之争而昧邛山之祸，他日有事，此乌梁海人众果能同仇敌忾、无贰尔心乎？未可知已。

欲弭此患，宜于承化寺故地建立重镇，移驻劲兵，以科塔两城为后路，督率乌蒙哈三种部落，游牧耕屯，筑垒建城，整军经武，并将旧日封禁各矿，一律开采，官督商办，以给饷需。

夫边疆之事，欲进而退，犹可保我故疆，退而又退，必至无可驻足而后已。内无储偫，外有强邻，千金之堤，溃于蚁穴，往者不谏，来者可追，地宝所藏，天险所在，弱肉强食，有自来矣。此长沙贾生所为抚心而痛哭也。

新 疆

新疆改设行省之议，创于龚自珍，而成于左宗棠、刘锦棠。比年以来，编户建城，规模粗具矣。惟天山南北，自遭兵燹，人民寥落，气象萧条，土壤荒芜，沟渠湮废。曩见新疆巡抚赍送版籍，诸郡邑多者千余户，少或数百数十名口，不敌内地之一乡。南路各城，强半回族，绝少汉民，狼子野心，纷然逼处，有游历其地者，或谓荒远寥落，仍与塞外无殊。土地人民政事，简略如此，徒恃此数百万金之款，转输劳弊，靡有已时，抚辑招徕，有名无实，何足以支拄强敌、巩固边防哉！

然则新疆其果不可用耶？而亦非也。元太祖既得伊犁，积粟练兵，遂以并兼西域。瓦剌准夷，先后窃据其地，均恃其强富，屡抗中朝。南八城水泽纷歧，自汉以来，夙称沃壤，北路伊犁、精河、乌鲁木齐、塔尔巴哈台等处，均膏腴衍沃，亩收十钟。承平之时，曾以旗民屯垦营田，水利故迹犹存，比户欢然，丰收倍获。旗民不习耕耨，收效已复如斯，使悉以汉人佃之，则不出数十年，井里桑麻俨同内地矣。

国家休养生息，阅时二百余年，各直省人满为灾，游惰滋多，因生叛乱，迩日出洋谋食者多至数百万人。苟量遣闲民以实兹边塞，则盈虚相剂，内外相均，既慎防维，潜销祸变，计孰便于此者？徒以地隔关山，间以沙漠，资装无措，声息罕通，贫民限于见闻，怵于寒苦，虽欲去此适彼，无由涉此长途也。附近之甘肃陕西，向为腹地，自经变乱，户口亦复无多。宜募川楚晋豫之贫民，渐移于陕甘；募陕甘之贫民，渐移之关外，助以资斧，领以官弁，拨与地亩，给以籽粮，保护矜全，勿加凌逼，先期示谕，咸使闻知，妇孺提携，乐郊共适，更为之经营庐舍，开浚川渠，耒耜耰锄，耕耘树艺，开其利源者无不备，恤其生计者无弗周，使居者无反顾之心，至者有如归之乐。他如发遣各犯，亦准携眷偕行，安插其间，稍加区别，期以廿载，而谓新疆一隅有不日臻富庶者，其谁信之？

或曰，移民之费将安出乎？不知甘肃新饷，例扣湘平，核计赢余，岁将廿万，比年关内外裁兵节饷，岁省六十万金，一律储存甘省藩库，岁出其半以给经费，他日耕屯愈广，赋税渐充，万里边陲，蔚为重镇，足兵足食，无假外求，防勇可裁，协饷可省，所谓一树而百获者，幸毋惜小费而昧远图也。

河 源

罗布淖尔一地，古所称星宿海也。居新疆东南，为汉世玉关之故道，南连葱岭，北接吐鲁番，东达西宁、陕西，西抵莎车、哈密，周回二千余里，纵狭而袤长，中有大河二道，勾联络贯，林木葱蒨，薮泽沮洳，天气温和，土膏沃衍，惜乎人民鲜少，沟洫未通，车马往来，驰驱不便，仅有回民百户，错处分居，猎兽捕魚，不谙生业，宽深广远，遗利尚多，太古榛芜，竟成弃地，沙漠荒凉之外有此水泉饶沃之区，徒以规划无人，招徕乏术，中国视同瓯脱，土民不识耕耘，横亘区中，远同化外。而腹内各省，人稠地狭，生齿蕃庶，十倍汉唐，土地之所生，不足给求而养，欲一听其飘零海国，迫逐拘囚，淡然漠然而不一为之所，政在养民之谓何矣！

魏光焘权新疆巡抚，曾密遣员弁，赍裹糇粮，远测穷探，得其要领，所拟十则，措画精详。惟新疆绝少汉人，乃广募回民，以资垦种，无论东作之事，非所深谙。若辈阴鸷刁顽，恐他日生貙生貔，转益西陲之梗，千虑一失亦不得已而为之也。会魏光焘受代遽去，良法美意，继轨无人，遂使千里腴疆仍为蔓草荆榛荒芜翳荟之地。事机虽值，美利未兴，虽曰天意，岂非人事哉！

宜令陕甘总督、陕西新疆巡抚、西宁办事大臣，各派干员查明，四至绘图立说，熟审情形，招募闲民，筹备经费，一律修建邑落，开浚沟渠，发给牛粮，制造舟楫，通力合作，经营缔构，毋分畛域，毋动浮言，旧日番回妥为位置，应如何设官经理，派兵弹压，分划疆界，兴筑堤防,土性何宜,天时何若,其中材木之植、矿产之饶、鸟兽之蕃、鱼盐之利,堪资日用,有益民生。博考详求,毋有遗阙,及事后应若何立学校、备官司、殖货财、通道路、籍户口、定科条、惠工商、筹转运,务令权衡中外,变通今古,因宜立制,会议上闻。

盖本朝幅员之宽迈越千古,羌戎即叙,蕃汉同风。新疆既肃版图,藏卫亦归声教,维此河源万里,前代之视为荒远难稽者,穷原竟委,咸居覆帱之中。成周以前不可考矣。汉开绝域,仅属羁縻。元并吐蕃,未遑经画。天人交应,若有所待,而然不及此时经而营之,疆而理之,坐使梗遏穷边,声闻隔绝,转漕万里,耗竭中原,岂计之得者哉!

青　海

本朝抚辑西藏,至于再,至于三,均由四川之打箭炉征兵入藏,虽调伊犁劲旅,间道会师,然和阗之南,限以葱岭,冰天雪海,道路崎岖,头痛身热之乡,未易引绳而度也。故今日入藏必道四川,而川藏之间,悬隔六七千里,阅数十驿而后达,层崖沓嶂,深谷大川,铁索为桥,皮船济渡,人难并辔,鸟不旋飞,险阻艰难,至斯而极。察木多巴塘里塘经涉土司之境,炎风冻雨,瘴日蛮烟,夹坝纵横,豺狼出没,夜煨榾柮,日食糌粑,偶有蛮触之争,则累月经旬,行人断绝,险矣远矣,殆亦天之所以界中外与!

然而,五金各矿,照海腾渊,大利所藏,人思染指。泰西各国游历之使,日月无间,络绎往来。比年印度通商,开关延敌,隐忧方始,事变滋多,他日转饷征兵,劳费险艰,势难飞达,鞭长莫及,将若之何?青海入藏之途,经历番地,适在葱岭之东,为蒙古熬茶之故道,虽复荒远,尚利驰驱,亦阻沮洳,均能绕越。宽平广邈,山岭无多,较之川藏一途,何啻霄壤。闻西人游藏之使,均由此道往来,详纪物产土宜，设立鄂博，谓异日火车飞挽，铁路畅行，西道既通，即可联为一气，阴谋秘计，指掌瞭如，而我转漠然置之度外，可乎？

宜于此间另辟一途，为藏中之后路。青海蒙番各族，世笃忠贞，惟佞佛持斋，好生戒杀，劲悍之气，积久销磨，略与塞外各旗相等。宜选知兵大臣兼西宁办事之职，专任青海练兵事宜，募集劲骑数千，勤加训练，快枪小炮，相辅成军，其入藏道途，专派干员经营修整，安设驿站，芟刈草莱，埤者填之，潦者泄之，缺者补之，岖嵚者改为坦直，倾侧者易以荡平，务使车骑往还，刻期可达。设藏卫有警，则四川为正，青海为奇，旗队为前茅，蜀兵为后援，短长相救，迟速相均，犄角之势成而胜败之机决矣。此道贯穿南北，联络江河，宝气所钟，含金孕玉历数千载。有美必彰，如能博察矿苗，集商开采，地利既出，人力以通荒寒寂寞之区，不及十年，即成富庶，何必忧贫患寡，虚中国以实边防哉！有人有土，有财有用，此圣王治国平天下之大道。高深广远，非迂儒一孔所能窥已。

西　藏

北印度希马拉亚一山，比邻藏卫，出地二千余丈，英人谓即古之昆仑，以地望准之，实后藏所称冈底斯山者也。距山三百里有巨镇焉，英即以山名名之，曰希马拉。万峰拱抱，中辟平原，英人费亿万金钱，伐山通道，行以轮车铁轨，为印度达官巨贾伏秋避暑之区，廛市殷阗，楼台侈丽，百货具备，四序如春，车马络绎，晨夕飞驰，炮垒兵房军精械足，虽曰西俗奢泰，重以多财，赤道炎歊，例须避热。然地距四千余里，时间六十余年，何若是其纷纷然不惮烦不惜费哉？

彼其间有三策焉：阿富汗一隅，为印度安危之枢纽，俄人蓄意窥伺，时近百年，此地就近赴援，有备乃可无患，一也；中土茶叶，西人饮食所必需，北印度地近滇南，天气温和，土膏酥厚，督令仿种，可以渐收利权，二也；藏中山水，遍产五金，中国仅属羁縻，番民不知开采，他日势胁利诱，渐次进窥，有隙可乘，赴机迅速，三也。英人造意蓄谋深远如此，而我犹拘守成法，掩聪塞明，其何能淑载胥及溺。边陲之隐患，恐非唪经佞佛所能销耳。今阿富汗国势晏然，彼之边防固矣，每岁出茶二百万石，英人通国无复饮中国茶者，彼之美利收矣。惟窥藏一端，仅以通商发轫，十四年之事，藏番二万，不敌印兵一千，深入穷追二百余里，驻藏遣员和解，始行立约罢兵。英谋之狡如彼，藏矿之丰如彼，番兵之弱如彼，印藏之壤地相接又如彼，必谓西人不贪土地，专务通商，谨守约章，决无意外，虽至愚者当不谓然。

宜于设关之始，托词护商，与达赖班禅第穆诸人熟思审处，酌调数千劲旅，教练藏番。无事之时，以万人为额，仍仿德国之制，分别战守，调练番休；设有不虞，可增十倍，饷则取之关税，不足者量赋于民，择地屯田，务农积谷，内外各矿一律招商开采，酌征税金，四者兼权，不敷盖寡，然后合青海川滇之力，密筹援应之方。兵则习练于平时，饷则预储于府库，一有警报，即可成行。苟驻藏得人，期以十年，当有成效，敌人虽悍，亦当望岫息心矣。

《传》曰："不备不虞，不可以师。"倘墨守当日之旧章，借口无凭之公法，苟安旦夕，涂饰太平，则泰山压卵之形，高屋建瓴之势，恐隐忧深患有即在眉睫之间者。蹙地丧师，损威失重，越南、缅甸其前车也。

三　省

《传》有之曰："天子有道，守在四夷。"古诗曰："鸿鹄高飞，一举千里，羽翼已就，横绝四海。"故四夷者，中原之羽翼也。古帝王之所以居中驭外、思患预防、措一世于治平、奠八表于苞桑磐石者也。

乾隆中，用兵于噶尔喀者一，用兵于缅甸、越南者各二，转输劳费，旷阅岁时，几疑黩武穷兵，与古人重内轻外之常经相剌谬矣。今而知大圣人明见万里，实为子孙筹万世之安。后人忽视远猷，不能继武，遂使大盗毁垣坏壁，入而伺我于门庭，不得谓非失计也。道咸之季，外患旋生，俄并西番，英横东海，犹谓西南一面未撤藩篱。乃缅甸既灭于英，越南复夷于法，暹罗岌岌，偷息人间，事楚事齐，势难终日，而川滇粤西三省，遂均有强邻逼处之虞。夫蜀中物产殷繁，滇省矿苗盛旺，粤西虽非其比，然人民蕃庶，亦所以屏蔽中原也。善审敌情者，知彼之所攻，然后知我之所守，岩疆利薮，彼所必争，在我有以待之而已。

法则南关修道，蒙自通商，英则蛮暮行轮，锡金开市，而宜昌重庆，复汲汲然建设租界，冀以贯通川藏，为席卷囊括之谋，履霜坚冰，狼贪虎视，彼族微意概可知矣。

宜简知兵大臣总督川滇粤西三省，联络一气，专任边防，仍驻云南，居中调度，酌裁川督，以巡抚移驻成都，而广东、贵州自为一省。盖昔时之患在内地之顽苗，今日之忧在外来之强敌。权衡情势，本自不同，未可拘守前规，自贻后悔也。

所不可解者，滇南一省，水泽纷歧，金苗丰盛，务本则膏腴之上壤，逐末则富庶之名邦。蒙氏自唐以来，闾阎充实，士马精强，屡抗王师，夜郎自大，元明以后，隶版图者六七百年，而贫瘠至今，重赖东南之协济，异族窥伺，日夕垂涎，地属中朝，依然瘠土。意者人事未尽善，地利未尽开，难胜官吏之侵渔，致费公家之擘画，呼庚呼癸，何可长也。此三省者，均自有可耕之田，可兴之利，可凭之险，可用之兵，只须慎选边材，得人而理，宽其文法，重其事权，课其功能，严其赏罚，五章五服，以便宜酬不世之勋，一德一心，以和协壮诸军之气。庶藩屏虽撤，门户尚坚，所谓失之东隅，收之桑榆者，斯国奕救败之先机，即哲相筹边之伟略尔。

蒙　古

蒙古诸部，自开国至今垂三百载，不分内外，悉主悉臣，申以婚姻，盟之带砺，同心同德，无诈无虞，开辟以来未之有也。虽彼族崇信黄教，达喇嘛之教令，严于铁钺而尊若神明，戒杀好生，慈悲忏悔之文，有以洗心而革面，实由我祖宗威德，天覆地载，高厚难名，爱之不啻子孙，抚之直如父母，纵或中风狂走，偶有违言，则举族以为不祥，毕世以为大戮，所谓心悦诚服，杀之而不怨，利之而不庸，民日迁善而不知为之者。较前代之金缯岁币，互市和亲，苟且一时，贻讥千古者，倜乎远矣！

内外各盟汗王贝勒，年班宿卫，袭爵会盟，交错纠纷，不能自理，乃特设理藩院以持其平，亘古天骄，质成归命应如何，清明整肃，以尊国体而顺人心。比闻日久弊生，上而曹司，下而吏役，均舞文骫法，欺其巽懦而鱼肉之，爵由世袭，任意亲疏，饷出公家，恣情婪索，蒙民诚朴，不识汉文，虽肆贪饕，无由发覆，甚至大廷之犒赐，阴易以朽窳，入觐之资装，明加以扣折。复有晋商，重利盘剥，牛羊驼马，抵算无余，万骑千群，长驱入塞，蒙人懵于书数，吞声忍辱，无可如何。休养生息数百年，而生计艰难，贫瘠日甚，况兹者强邻密迩，挟嫌成隙，虑启戎心，即云恭顺，有素未敢轻发难端，亦非国家所以爱养藩维、同休共戚之意矣。

前岁热河肇事，又因某旗贝子恃强倚势，凌虐平民，激成叛乱，事后仅加赠恤，未予追求召变殃民，此风亦何可长也。

宜慎选清正大臣，任以典属，仍虑蒙人畏祸，虽受抑勒，未敢质言，责成宿卫王公稽查举发，务将相沿积弊一扫而空。仍蹈故辙者，重治其罪，禁约西商，毋得违禁渔利，衡情度理，明定章程，各旗王公亦不得将投下兵民恣行暴虐，并于库伦、科布多、乌里雅苏台、察哈尔各处，建立学校，教习汉文，已出痘者，入京就学，化以礼义，泽以诗书，大漠穷边，无殊内地矣。当日各部向化治之之道，以俗从宜，未及施以文教者，本欲资其劲勇，捍蔽疆陲耳，乃红黄二教，说果谈因，消耗其精神，困竭其财力，致令蒙人怯弱尤甚汉人，何如导之于至德要道之归，齐之以纬武经文之治。齐一变至于鲁，鲁一变至于道，彼祁连瀚海，间有贤人生焉。此心同，此理同也，乃亦有熊罴之士，不二心之臣，若超勇亲王、僧忠亲王者。聪明勇智，繄岂异人？养之教之，而人才出矣，若之何而不早为之所也。

暹　罗

越南、缅甸，附庸中国垂数千年，迩来自取灭亡，终难恢复。已馁若敖之鬼，谁存赵氏之孤，禾黍西风，徒伤凭吊矣。暹罗一国，孑然孤立，摄乎两大之间，而数十年来尚能勉为支柱者，何哉？

其王本系华籍，将相而下，大率汉人，粤闽两省之民，多至数十余万，耕屯贸易，上下一心，近更广购兵轮、精枪、快炮，延聘德人教练，增筑西式炮台，地居澜沧、湄南二江之中，两岸稻田，肥腴沃衍，苗随水长，每岁丰收，千仓万箱，不烦人力。出口之米，贩售闽粤及南洋各岛者，岁至七八百万石之多。民气绥和，地利丰富，军容稍整，国势未衰。本年春夏之交，法人因真腊边界未清，狡焉思逞，相持数月，尚能勉强成和，不至如越缅之一蹶不振者。固虞英人之窃议其后，亦其国事之尚有可为耳。

第卵石不敌，强弱相悬，行成以来，既蹙边隅，复偿兵费，不有以扶植于后，恐鲸吞蚕食，终蹈危亡。暹境湄、澜两江，发源于滇南西藏，沿边之土司夷猓，摧枯拉朽，弱小难支，他日苍山洱海间，益无安枕之日矣。中国鉴越南已事，深虑道途险远，兵衅遽开，噬脐贻悔。况属藩朝贡久矣，不列会同，尤虑西邻责言，师曲为老，徒成笑柄，无补时艰，此老成谋国之深心，固不得不计出万全，蓄力养威以徐图后举也。

惟《兵法》有所云："先声后实，不战而屈人之兵者"，"知己知彼，百战百胜。"不深识外人之情伪，不足筹肆应之机权。说者谓法殄越南，英吞缅甸，其为患中国同也。而究其情势之间，实有天渊之判。英人属地，遍于四海，持盈保泰，内外相安，其商务在东南洋，其国本在五印度，时虑俄人窥伺，不得不结援于中朝，未敢显然与我为难也。法思报德而力有不敌，因欲媚俄以收犄角之功，与中国失和无所顾忌，况英取缅甸以保印度。彼暹罗者，又缅甸之藩屏也。苟归法人，必为俄有，纵横海上，权利已分。而新加坡一隅，英国经营百年，为南海往来之管钥，暹为法燔，即可由湄南颈地另凿新河，锡力商途，将成虚设，不止暹京商务横被攘夺而已。

故暹罗一国，中国边防所系，亦英人大局所必争也。苟与密约保暹，英必喜而从我，暹地华民最众，妥筹保护，持之有故，出之有名，暹人知有二大国之援，益将奋发有为，屹然自立。此后如朝鲜诸国，亦不敢以屡弃藩部，轻藐中朝，既谨边陲，复张威重，吉凶同患，声援不孤，用力少而见功多，所费者小而所全者大，有志之士所为投袂而兴也。

台　湾

四维之说有先后而无重轻，然以上各条，一若略于东南而详于西北者，何也？良由数十年来海疆多事，殚江湖之物力，萃朝省之精神，筹饷练兵，购船造炮，业已穷思极虑，慎固封疆，江海防维，迥非昔比矣。

惟是台湾一地，东南七省之藩篱门户也，台湾安则东南半壁举安。刻已开府建牙，改为省会，抚番编户，治以官司。而创始之初，其规制文为尚有可议者。《语》曰："前事之不忘，后事之师也。"前此法越失和，敌国兵轮纵横海上，船坚炮利，窥伺台疆，告急之章，迫如星火，而沿海各督抚均借口封疆，重任赴援者，寥寥无人，非惟船械不精，抑亦町畦未化耳。

夫台湾犹之唇也，海疆犹之齿也。台湾果失，则沿海各省其能有一日之安乎？宜以台湾一省，归南洋兼辖并隶海军，为海军提督驻节之地，凡属海防要事，江浙闽粤诸督抚均须咨会酌商，使各省之兵力饷需了然于心目。平日之声闻不隔，当几之臂指相联，何至呼应不灵，仍虞坐困？此其应改者一也。

台疆形势环抱如屏，保障东南，大可应援各省。敌船虽悍，然跋胡疐尾，返顾不遑，安敢深入内河，自取聚歼之祸。英国海军大队，必驻于距京百里之立物埔，所以收夹击之效，而孤悬海上，亦兵法所谓"置之死地而后生"也。台湾气局规模，尤为广远，惟四面距海，非轮舶不能往来，非铁甲快船不足以应机，摧敌必须建立船厂，与福建船政、南洋粤东机器各局，联为一气，自娴制造，自习驾驶，使海壖氓庶，衽席风涛，而后通商惠工，无事获转输之利；储材制器，战时收搏击之长。此其应改者二也。

台湾一省，袤长约二千里，自山抵海，宽者百里，狭者不及一里，十余州县，负海依山，草创规模，究嫌狭小。宜以沿海岛屿与内地悬隔者，如广东之琼崖、福建之金厦、浙江之玉环舟山、江苏之崇明等处，及附近零星小岛，一律割隶台湾，设立四镇，相为犄角。各岛土著，编立渔团，可开垦者，募民耕种，分别远近，治以厅巡，既免海盗之潜藏，复杜敌人之割据。在台湾则广其封域，在各省仅弃一瘠区，得失无关，缓急有备，水道不患其不熟，旷土不患其不开，顽民不患其不戢矣。此其应改者三也。

三者既定，而复能兴利除弊，辑民抚番，筹饷练兵，据险扼要，则东南一面屹若长城，万里疆陲，保可百年无事矣。故海军之设北洋南洋足矣，何必三枝并建，竭蹶经营，当饷需奇绌之时，为此迂阔难成之举哉！

八　　旗

国家承平，数百年矣。南北东西，无思不服，祖宗恩泽，浃髓沦肌，践土食毛，咸知爱戴，而况偏灾水旱，沟壑余生，发帑截漕，生死肉骨，天覆地载，深远难名。海内之人，苟非丧心病狂、顽嚣聋瞽者，其谁敢强分畛域、自弃明时哉！

夫胡越一家与舟中敌国，非异人也，亦非异地也，仁与不仁而已矣。我朝龙兴辽海，本肃慎氏之故疆，古所称东方君子之国也。汉武帝开置辽东，白山黑河，咸居封内。辽金元三代，设立郡县，分建都京，政事人民，俨同腹地。明时三卫，列戍分屯。我世祖皇帝，入主中华，时雨之师，救民水火，无论轩辕、颛顼，本属同宗，毕郢诸冯，原非异地，即此伊傅望散之佐，干城腹心之民，固天下人所尊之仰之、亲之爱之而不啻父母兄弟者也。

自隶以兵籍，编以旗队，任以驻防，养以有限之钱粮，束以无涯之生业，害则旗民受之，而利则与汉民同之，愚惰者渐即非彝，贤知者亦无由奋发，爱之而反以误之，亲之而适以疏之矣。每岁京饷七百万金，此项饷银什居八九，度支已竭，而庚癸频呼，生齿日蕃，而生机日绌，伊古以来，未有举家仰给于官而可以宿饱者。乾隆嘉庆之际，谋国者已輗輗然虑之，汲汲然图之，而卒未有良法美意以持其后。盖久则难变，习惯自然，月饷数金，有同鸡肋，骤使之改弦易辙，而事非素习，未必遽能养欲而给求也。

此时设法疏通，必持之以恒而守之以渐。宜将中外驻防旗民，拣选精锐，丰其廪饩，改作练军，其不任荷戈，愿出籍就四民之业者，准借给十年俸饷，欲农则拨以地，欲商则助以资，广开工艺之途，更辟科名之路，所在著籍，不必回旗，身家既可自谋，俸饷即行停给，官至三品以上，本身及子弟均停俸饷，四品以下停给本身，世袭人员循旧办理，明示以太平日久、中外一家之意。昔时禁令咸与开除，以免拘挛而广生计。出籍之后，倘有孤寡茕独困穷失所者，仍准所在呈报官司，查明收养，酌定款目，作正开销。庶于变通成法之中，仍寓眷念勋劳之意。他日熙熙皞皞，康乐和亲，国计日纾，而民生日富矣。

至于入官之途，旗籍汉民，听其自占。闲曹冗职，一律酌裁，至正至公，可大可久，措斯民于大顺，返斯世于大同，君子贤其贤而亲其亲，小人乐其乐而利其利，䜣合无间，形迹两忘，斯万世无疆之业也。

三　署

明之亡也，由于流寇遍天下，军情万变，事隶本兵，牵制稽延，动逾岁月，以致将士解体，一蹶不振，以迄于亡。本朝入关，庙算优长，鉴明覆辙。雍正间，特设军机处以捷文报，武功文德，震古烁今，自汉以后未之有也。

咸丰同治而后，泰西各国立约通商，交涉繁多，动虞开衅，因立总署以讲信修睦，通好联交，樽俎折冲，贤于十万帅，远矣。光绪建元，法越事起，兵船十数，狙击海疆，去则难追，来亦叵测，闽船尽熸，台地将危，于是议建海军，以联络将士，保京津之门户，固江海之藩篱，因时制宜，惩前毖后，先几胜算。事有必至而理有固然，非一孔愚儒所得横生訾议者已。

惟创始之际，均以为权宜立制，日后终当灭裁，故草创规模，未遑深计，枢垣规制，屡经修改，精严整肃，积弊一清。惟额缺无多，不入京察章京传补，而后仍须本署兼行，夙夜在公，勤劳鲜暇，精力有限，意虑不专，恐非所以慎重枢务也。至于总署海军，虽由创设，然前有千古，后有万年。以轮舟、铁路、电信三事观之，从此万国通商，遂将一成不变，敦信明义，不能无使命之往来，建威销萌，岂可少师船之游驶。天意所极，人力所通，断难绝市闭关仍如前日，则暂立之制，将成永久之章，安可因陋就简，仍踵前规，致事患纷更，人怀侥幸乎？枢垣汉章京，自粤、捻军兴，已增二缺，仍宜稍为增益，每班十人，俾军务殷繁，无虞竭蹶。章京额缺，略仿部曹，卿寺自三品至六品，分职正名，以次递升，勿兼本署。京察之岁，拣选得力者二员，列为一等，内升外转，定立阶资。总署之名，宜称外部，刻堂官众多，意见参差，转滋丛脞，甚则互相诿卸，宜以三人或四人为额，简曾经出使者为之，慎选章京，编立额缺，亦加京察，以重考成。海署新章尤多迁就，并宜设立各缺之京察，参用汉员，略仿枢垣总署章程办理。平时职掌，应以海图、防务、饷章、兵制为四大宗，建置专司，分门别类，若网在纲，有条不紊矣。

夫三署者，制敌之机缄而自强之根本也。必须酌古准今，明定规制，而后官守有定，民听不疑，著一朝戡乱之经，开万世同文之治。《易》：“穷则变，变则通，通则久。”《传》曰：“用志不纷，乃凝于神。”《诗》曰：“亹亹我王，纲纪四方。”又曰：“有虔秉钺，如火烈烈，则莫我敢。”曷此之谓也。

胥　役

自胥役盘踞要津，而天下之良民寡，不肖之民众矣；自要津重用胥役，而天下之良吏少，不职之吏多矣。凡事，利与害常相因，法与弊常相积。惟胥役者，则以法生弊，有百害而几无一利者也。显绝其向上之望，阴授其为恶之权，刻予以养赡之资，宽示以贪婪之路，虽有聪察，末由照暮夜之奸，纵极廉明，岂可阙爪牙之用。官司有更替，吏役无去来；官府各有责成，吏役隐相勾结，锄而去之不能也，革而除之不得也，更而易之而如故也。附骨之疽，割之而再发；凭城之鼠，爇之而即危。文法之弊，至斯极矣。

然则吏役其竟不可用乎？而亦非也。治之之法厥有三焉：

一曰严定限制。吏役如矢人，惟恐不伤人；豢吏役者，如养虎狼，惟恐其伤人者也。多则稽察难周，少则防维易密。今六部之散吏，每署至数千人，州县白役，大邑千余人，小邑亦数百人。此辈眈眈然、逐逐然日思致富，而无一艺可以周身，所取之财，非百姓之脂膏，即公家之帑藏也。宜申明旧制，酌定额数，奸胥蠹吏，立予删除，违者罪其本官，参处勿贷，则人数减而党类渐孤矣。

二曰优给工食。彼吏役亦人耳，饥欲食，寒欲衣，父母妻孥，仰事俯畜，而岁给工费，不足供数日之餐，不舞弊焉，乌在不冻馁而死也。峻法绳之，彼将借口。宜筹闲款，优给工食，务足以养其身家，而后严定新章，禁绝需索，续有犯者，处以极刑，则法令行而生命重矣。

三曰量予出身。旧制吏员，岁有考察，自捐例广开，仕途壅滞，而选补无期，宜令公正者得保乡官，酌量才能，授以散职。惟差役贱隶，人所不齿，故虐民最甚而积弊最深。宜择安分练事者，或赏给顶带荣身，或咨送勇营补给粮饷，著有劳绩，一律保升，则上进有途，而人思自奋矣。减其额，恤其家，重其赏，严其罚，彼吏役者，素知国法，亦具人心，而谓其恣肆冥顽，仍如今日之索贿营私、殃民害政，无是理也。

或曰，吏役者，官府之耳目爪牙也。减之而政务殷繁，虑多棼乱，民情刁健，将启抗违，可奈何？夫鸷鸟累百，不如一鹗。今之吏役，治事则不足，骫法则有余，诬良是其所长，缉暴是其所短，严稽慎选，兴事劝功。既已厚其薪工而加以拔擢矣，则十步之内，必有芳草灵泉。嘉木不择地而生，谁谓簿书徒隶之中，遂无卓荦英奇之士哉！

烟　　税

洋药之流毒中国也，天也。英国度支仰给烟税，欲印度不种而不能也。中华士庶，半癖烟霞，欲华民之不食而亦不得也。道光之季，盖尝严刑重法以禁之矣。使当日者，烟土不烧则兵端不启，兵端不启则商局不开。猛虎在山，藜藿不采，或者天心厌乱，隐忧深患，自此消弭，未可知也。乃彼之情伪不知，我之防维不密，形见势绌，受制外人，遂致海溢川流，其祸至今而愈烈，闭关绝市，终古无期，事变循生，追悔何及，故曰天也。

然而，天定胜人，人定亦胜天，先天而天弗违者。君相之所以斡旋，气运也。此时议烟禁者，有两说焉，皆是也而皆非也。比年以来，罂粟之田，遍于各省。泰西亦有善士设会禁烟，而英人以土药盛行，相率借口，我不自禁而欲他人之先禁，不可得已。持禁烟之议者，欲先以严法禁中国而后以公理责外洋，其论正矣，其虑长矣。而禁者如故，种者食者亦如故也。即使中国果能禁绝不种，而印度之能禁与否，尚未可知。徒使洋药畅销，岁增亿万金钱，掷之虚牝。近乃一切宽法省禁，听其自种，自吸付之，不见不闻，土药之产日益多，洋药之来日益少，就目前而论，亦足以稍收利权矣。他日必至无地不种，无人不食，精膏暗竭，杼柚尽空，如水益深，如火益热，沈酣固结，不可终穷。故弛禁之说，可以取济一时，而不可以传之后世者也。

夫势之所积，患之所成，非一朝一夕之故，其所由来者渐矣。事由渐开，当以渐禁。渐禁之法，非重征其税不可。集成巨款，既可以筹海防，逆计将来，复可以消除隐患。厚敛之，而民不敢怨也；刻绳之，而法可必行也。富者不较锱铢，而贫者日思撙节，使天下人皆知烟之为累深焉久焉，厌之苦之，庶已食者可以戒，而未食者不欲食乎？

或曰，今洋药则厘税并征，重费唇舌，土药则按亩加税，徒扰闾阎，可奈何？

夫烟之为物，或种自内地，或贩自外洋，市易销售，必有其地。宜议加落地之税，无论洋药土药，自某年月为始，一律倍征，期满五年，再加一倍，加之不已，以禁绝为期。隐匿者有诛，偷漏者有罚，坚持定见，勿动浮言，仍于其中酌提一成，设立戒烟之局，广筹医药，详立章程，以不禁禁之，至三十年则税加六倍，其贵与黄金等，庶人知趋避而烟害可永除矣。此大易之随所由，必继之以渐也。

仓 储

水旱，天灾也；所以救之者，人事也。古之时，耕三余一，耕九余三，以三十年之通制国用。堤防沟洫，备之于先；储峙粮糗，恤之于后。是故发棠既请，氛祲潜销，岁有丰凶而民无流散者，诚有其道焉！

自汉以降，常平义仓、社仓之法，规制綦详，救灾恤邻，宛存古意；国家折衷今古，爱养黎亡，整顿仓储，岁岁增益，而于北省尤所究心。良以水利久湮，转输非便，北人愚惰，不识盖藏，乐岁丰收，粒米狼戾，及偶逢饥馑则束手待毙，或流离转徙，散之四方，非备豫于平时，不足以恤灾御患也。

粤捻之变，沦城陷邑，所过荡然，旧日仓储，概遭焚劫。自晋豫大旱，以至山东顺直叠次水灾，议赈议蠲，几成故事。上则截漕发帑，至再而三；下则查户劝捐，有加无已。惠则惠矣，然悬隔千里，转运艰难，已毙之民，宁能复活？使每邑有数万石之米，以立救饥民，则曲突徙薪，所全尤大，何至一省告歉，四海骚然哉！且天变无定期，而正供有常额，受者无实济，而施者有倦容，万一弩末难穿，鞭长莫及，则他日灾民百万，填渠溢壑，生理遂穷，言念及兹，何堪设想。论救荒于今日，铁路实为要图，而议论既已难调，财力亦苦不足，无已则规复常平社仓之遗制，以暂救目前乎？

夫北省之地力厚，厚则树获易丰也；北方之地气燥，燥则收储可久也。经理之核实，则官不如绅；散放之得宜，则银不如米。建仓之地，当视户口之多寡而酌予变通，告籴之资，可提赈款之赢余而量为补助。且鼠，微物也，犹知积粟以御冬；蜂，微虫也，尚识采花以酿蜜。岂斯人灵智反逊昆虫？并宜劝谕民间，思患预防，各谋蓄积，丰则虑歉，饱则虑饥，乐岁红陈，勿加狼籍，仓箱充实，牖户绸缪，使闾阎有三岁之储，则朝廷无一朝之患矣。

或曰，仓储之说，似正实迂，所谓老生常谈者，非耶？而不知方无古今，中病则验；射无巧拙，中鹄则神。比年筹赈募捐，艰矣瘁矣。水旱偏灾，事所恒有，不筹一善后之良法，则呼庚吁癸，长此安穷，济众博施，尧舜犹病矣。

以积储为经，而纬之以水利；以仓廪为主，而辅之轮车。正本清源，裒多益寡，中原万里，虽终古无灾，可也。

保 甲

天下大矣，人民众矣。古之圣者，视天下如一家，抚中国如一人，不灼知其户口之多寡、风气之刚柔、士农工商所执者何业、东西南朔所居者何方，伥伥然扰扰然，若马之无辔、舟之无楫，何由御繁以简、举重若轻、运天下于掌上哉！

故保甲者，三古之遗规，百为之纲领而万化之权舆也。汉世黄老盛行，高言清净，折衡剖斗，赋役繁苛；比及唐时，改为两税；元明而降，统曰地丁。本朝豁免丁钱，蠲除徭役，厚生利用，生齿日繁。嘉庆时，天下户口之数已逾三万余万，大生广生之德，旷古所未闻也。军兴以后，伏莽未清，屡下臣工，力行保甲，以实稽民数而潜杜奸回，乃一纸空文，终年往复稽查督责，虚有其名，徒增供亿之烦，绝少奉行之实。其名城巨镇，耳目昭彰，间立门牌，以应故事。至于穷乡僻邑、江市山城，则阒寂萧条，从无过而问者。即使派员督办，下檄严催，亦不过遣役佥差，徒滋扰累，致先王良法美意，转为里役衙蠹婪赃索贿之资，积弊深微，末由挽救，保甲其一端矣。此其故由于亲民之官，溺职孤恩，不能尽心民事也，固也；亦由各省牧令，辖境太宽而佐理无人，不得不授权于吏役，虽设丞尉，只解营私，亦有监司，徒增掣肘，重以三年任满，迁调频仍，别有升途，不关治行。情形不熟而政令不行，此所以内外孳孳然日思求治而天下愈不可治也。

惟乡官既设，则保甲可行，十家五家为保为伍，版籍之确数可一览而知，奸宄之潜踪可一索而获。至如兴养立教，成俗化民，均若网之在纲，丝之就绪，有条不紊，井然秩然。彼牧令者，总其事仰其成而已。国家之闿泽，壅蔽而无从；官府之文书，奉行而愈速，恩施可以下逮，而疾苦得以上闻，何至廉远堂高、情暌势隔、上欲举一事而旷世难成、下欲诉一言而终身莫达哉！故尝谓今日之弊，民之望官也如天，属僚之望上司也如天，臣邻之望宫阙也如天。如病呃逆，胸膈不通，如患痿痹，气息仅属，以致外人肆逆，凌侮中朝，尊攘有心而挟持无具也。

君臣一德，宫府一体，上下一心，如身使臂，如臂使指，合中国四万万人之精神才力，共图一自强之策，虽并吞四海，无难也，而何畏乎英俄，何忧乎船炮，何惧乎阴谋秘计之协以图我哉！

名　器

《传》曰："惟器与名，不可以假人。"帝王之所以奔走天下者，名器而已矣。

有侥幸之路，则朝廷为之不尊；无是非之公，则豪杰为之不奋。夫国之有赏罚，犹气之有寒暑，岁之有春秋，天之有风霆雨露也。极北恒寒之地，严霜积雪，百卉凋零，生气索然，迥非人境。赤道之下，四时恒燠，卉木盛茂，百产繁盈，然物脆而不坚，木华而不实，天时虽美而地道无成，其弊亦与恒寒等。故必威克厥爱而后能持温肃之平，必公尔忘私而后能振功名之路。

军兴而后，保举滋纷，一案多至数千人，一官升至三四级，犹曰杀敌致果，非是不足以劝首功也；渐而及于洋务矣，渐而及于河工矣，犹曰绝域往还，宣防劳苦，非是不足以致异士奖劳臣也。至如赈捐累牍以邀功，海运频年而入告，事端至琐，联衔张大以陈词，奏案将成，四海奔驰而附景，庙堂以宽大为治，官吏以苟且为心，上下因循，不可救药。他日偶有军事，或议边防，恐恩胜则滥，名实相乱。通侯骑尉，不能开战士之心；爵命告身，未足壮戎行之气矣。

历观往古，当全盛之世，朝野上下，人才众多，其名器未有不慎者。及其衰也，人才鲜少，罚不必当罪，赏不必当功，其名器未有不滥者。慎与不慎之间，家国安危之所系，即古今治乱之所由开也。夫曲突徙薪无恩泽，焦头烂额为上客，自古已然，于今为烈，不有先几之智，何能以永保太平，不有烛照之神，何足以潜销隐患。

宜定为三等计劳绩之阶资：深识远猷，惩前毖后，关异日之治忽者，上也。宜密陈事实，以须不次之升，所谓千里之马，旷世一逢，宁阙毋滥者也。边事海防，制胜克敌，保见在之疆圉者，次也。宜力戒瞻徇，以绝虚冒之弊，所谓百金之士，忘身殉国，功绩著明者也。此外纷纷则皆寻常劳绩，宜限其数，严其格，峻其防，薪俸可优而班资不可乱，贤劳可录而爵赏不可干。昔日侥获之徒，并宜考察贤愚，示以区别，剔除积弊，务获真才，异数难邀，虚名乃重，持之二十载，而后万民安业，四海清澄，野无遗贤，朝无倖位，何至如今日之肩摩毂击、驰骛往来扰扰然而争、憧憧然而乱哉！

夫莨稗不去，则嘉禾不生；纲纪不明，则贤才不出。文武之道，一张一弛，至今日而弛之极矣。非改而更张焉，何以奖不世之功，应非常之变也？公忠体国之君子，当不河汉斯言也。

外篇卷上

洋　务

《传》曰："万里之外，王者宾而不臣。"何则？威有所不加，力有所不及，势有所不便，即令有所不行也。泰西各国，相距七万里，叩关通市，攘攘者特为利来，我以宾礼待之，以敌国视之，情也，亦义也。西人文章制度，整肃可观，不若戎狄之颛蒙未启也；陆师海军，精强罕匹，不若苗猓之聚散无常也。伊古以来，诸夷猾夏，有如是之声明文物、犁然井然者乎？无有也。而且悬隔数万里之遥，溟海风潮，累月始达，即使战必胜，攻必克，安能如汉武之犁庭扫穴，聚而歼之海中乎？有以知其必不能也。彼可以来，我不能往，我虽不往，仍不能禁彼之不来。

然则今日之讲信修睦，通使联交，叛则击之，服则舍之，通商用兵，徐待其敝，理也，亦势也。皆所谓建诸天地而不悖，质诸鬼神而无疑，百世以俟圣人而不惑者也。

历观屡朝，全盛之际，非无敌国外患也。然经猷宏远，四海周知，如日月之代明，天下莫不见也。及乎叔季之朝，偶有边防，务为讳饰，我闻有命，不敢告人，因而内政不修，外讧益甚，朝野上下，相蒙相遁，以迄于亡。谚曰："讳疾忌医，不死必殆。"横览古今，有如蓍蔡矣。此皆踵亡秦之故习，欲尽愚黔首以取济一时，而岂知欲盖弥彰，积微成著，事多疑似，转启戎心，用出机权，愈开变诈。民无信不立，师之克在和。彼勾践之尝胆卧薪，生聚教训，非举国臣民一心一德，何由兴越而沼吴哉！此言虽小，可以喻大。而况今日者，礼仪敦睦，聘问往还，虽有跋扈之形，尚少凌夷之渐，无叔侄表文之耻辱，无金缯岁币之要求。在近今，为创见之文，稽古昔，亦寻常之事。又况轮舟铁路，天意所必通，海错山珍，人情所乐用，重以电音飞达，日报畅行，朝发一言，暮周四海，乃犹闻雷掩耳，自以为讳莫如深乎？识者笑之矣。

谓宜一切示以大公，持以大信，明谕中外，咸使闻知。无事则慎守约章，坚持和议，其或无端凌侮，则同心戮力，与天下共击之。夫而后，是非众著而下少离心，视听不疑而事无掣肘也。至于操纵之方略，战守之机宜，先发制人，自应秘密，又岂仅洋务一端而已？改权宜之制，成久远之规，屏迂远之谈，定折衷之法，持平核实，力策富强，殖货务农，招携怀远，可使制梃以挞诸国之坚甲利兵矣。

西　书

文字之兴，肇于中国，而展转流布，渐达于泰西。今埃及于尼罗河滨，掘出之古墓古城，石碑、石塔所镌文字，大类中国古时虫鸟之篆、钟鼎之铭，会意象形，宛然可指。而意大利二千年上火山湮没之城垣，房屋街衢，率同华制，并有乐器，范铜为之，其声凄壮高清如中土之画角者。然泰西古名国如巴比伦、马其顿、波斯、埃及、希腊之属，均在葱岭之西南。声教之讫，自东而西；诸国之递盛递衰，迭相雄长，亦自东而西。竟委穷原，了无疑义，惟古籍罕存，书缺有间。其踪迹之尚有可考者，若浑天之说，仿于周髀借根方，谓之东来法；火器之制，西人有仕于元者，携之而归，精益求精，遂称无敌。自余生电、印书诸法，均创于中国，而巧于泰西。若夫政令之严整，务农殖货，尚重富强，轨里连乡，日图兼并，则管子之霸形也；教法之混同，传道拜天，自忘祖考，摩顶放踵，以饴途人，则墨氏之兼爱也。昆仑有黄帝之宫焉，度当日万国来同，本无中外。兼洪水之说，中西纪载略同，可知昏垫怀襄，彼此人民遂相隔绝。迨秦政焚坑而后，必有名儒硕彦抱器而西，致海外诸邦；制度文为转存古意。礼失而求之野，久假焉，而不能不归也。

比年使命往来，见闻日广，中国聪明才智之士，亦知读书稽古，师夷制夷，然画革傍行，不识佉卢之字。京外同文各馆略习洋文者，又复暗于大体，忘厥本来。以故通商用兵，垂数十年，欲求一缓急可恃之才而竟不可得，皆由学问之士不达西文，浮薄之徒鄙夷中法，其兼通总贯如曾纪泽者，盖概乎其未之有闻也。

欲通外事，宜译西书，密谕使臣，广行翻译。夫泰西出使之任，曰修好，曰侦敌，曰护商，案牍滋多，职守綦重。中国自美、日、秘而外，欧洲各埠，本少华商。新设海军，威难及远。使馆节省经费，杜门谢客，声气不通，国政兵机，诸多隔膜，护商侦敌，无可言者。优游三载，坐待保升，滥竽尸位之讥，其能免乎？况使署翻译，兼备中西，彼国藏书，取携良便，苟以此事责成各使，督率参佐，专译有用之书，先期奏明，给予优叙，奋勉者奖，庸惰者除，既觇通才，亦免浮滥。

进呈而后，发各省官局，刊布颁行。彼亦有善本单行，藏之秘府，必须照会，始可搜求。西人高气矜心，既于彼国有光，复喜邦交日洽，当无不欣然相授者。分门别类，弃短取长，经费无须另筹，名器无由滥窃，开今古同文之治，养国家戡乱之才，所谓举一反三，事半而功倍者也。

游　历

今之世，一维新之宇宙也。古之言天者，占星揆日，岁实岁差，不及百年，辄多乖舛。今有地球自转之说，始知行星百数，均绕太阳，而目所见之恒星，皆日也。于是古法尽废，千秋疑窦，一旦豁然，日至历元，不差累黍，此天文之新志也。古人望洋，向若辄云海与天通，方丈蓬莱，转相附会。今则五洲鼎立，万岛星罗，轮舶往来，有如户阈，开方计里，了然掌上之纹，乃至南北冰洋，亘古人迹不到之区，亦能凿险缒幽，穷其究竟，此地理之新图也。古之时，搜神纪异，侈语仙灵，夸诞荒唐，本无足据。今则轮舟铁道，俨缩地之神方，电报气球，即补天之秘术，一灯如月，光照百城，二气转轮，力逾万马，以至快枪巨炮、铁舰鱼雷，无坚不摧，无远弗届，权侔造化，功夺鬼神，此人事之新法也。古人取五行百产，以利用宜民，以云天无弃材、地无遗利则未也。今则轻养炭气，考原质之所成，水土木金，悉化分之，何自耳目无偶遗之物，山川无不泄之藏；动植飞潜，察形声之变异，金石骨角，化朽腐为神奇，订山经地志之伪，开格物致知之学，此物产之新理也。

此外精思奇器，日异月新，亹亹深深，未知所极，迹其灵奇变化，疑于鬼斧神工。及徐而察之，则高以下基，洪由纤起，浅尝深造，均有阶级之可寻。极人巧代天工，广地利尽物性，此岂海外小夷所能为乎？然则孰为之？曰："天为之"。天欲辟一万国大通之局，而道里悠远，山川间之，非此不足以捷往来、资日用也。更新之气运，天实开之，而谓人能遏之哉！惟中国局守旧闻，坐受其敝，抚膺扼腕，徒托空言，即有明智之人，熟察情形，变通尽利，未几而群疑众谤，争集矢于其身。自怙前非，不惩后患，议论之淆杂，家国之安危系此矣。

谓宜明谕近支王公及中外大臣，有能比迹张骞，乘楂海外者，官给资斧，许其自陈，预由总署照会列邦送迎接待。回华后，阅历有得，量材器使，予以事权。其有壮志华年愿留学习者，亦助其费。至四品以下文武员弁，有欲出洋游历者，先由官长考验，如果学识通敏，亦准给予资装，惟须计日往还，略示限制。如愿留学习，并给半费，随时由使署稽察，以广裁成。

当日俄王微服至英，亲入海军，习业三载，回国而后，水师雄武，颉颃泰西。日本，东瀛小国耳，通商五十年，而制器练兵，卓著富强之效者，岂其才智远过华人哉？由其国亲王大臣，游历各邦，具有心得，嗣后综绾枢要，并心一志，百废具兴，是以西人敬之而华人畏之也。必嚣嚣然曰："我大国也，彼小国也。"既不能令，又不受命，刻舟胶柱，不思改图，他日必有先受其祸者。故公忠体国之君子，不可以不知天。

育　才

天地之生才，而不能以自成也，必国家有以养之，而后人才不可胜用也。而惟今日之洋务,开古今之大变,为耳目所未经,欲闭关绝市而不能,方合纵连横之是惧,而且船坚炮利,国富兵强,发五行百产之精,罄墨守输攻之巧,即使穷年毕世,已苦于莫究莫殚矣。重以文字不同,语言不达,书须重译,理未易通,守旧闻者,固执而不移;学新法者,浅尝而自足,以故通商遣使,风气渐开,虽能稍习其情形,终未悉通其肯綮。彼粤闽市侩,略解西文,纳粟补官,列居津要,而若辈于中学西学,均属茫然,折足覆餗之讥,其能免乎?而况乎其心未必可恃也,即使忠诚不贰,而已上辱国家也。矫其弊者,又深恶痛绝,欲一切屏而弃之,自以为秉公持正矣。然性情各别,嗜欲不同,操纵失宜,猜嫌即启,兴戎召衅,厥罪均也。

曾国藩有鉴于此,当同治之初,创出洋学生之议,领以卿贰之任,置之庄岳之间,以为事半功倍矣。然髫年稚齿,书数未谙,携以出洋,懵无知觉,虽涉西学,仅属皮毛,而先已厌薄中朝,沾染异俗,此非立法之不善,由所遣之未得其人耳。宜由各省学政,拣选聪颖诸生,年在二十岁以内,通古今,识大体,而气体充实,能任辛劳者,询其父母及其本身,厚给资装,咨送总署,使臣持节携带出洋。期以十年,分类学习,仍以半日温经读史。期满回国,考验有成,赏给官阶,速其升转,分拨总署、海军、商部及南北洋大臣,量材器使,予以事权,愿就科举或艺学科者,赏给举人,一体会试,此一途也。

中国海疆各埠,英文法文之馆,栉比星罗,仅习语言,未尝学问,以致习向汰侈,情性嚣张,成者可备舌人,败者流为匪类,中西之游手无业者羼杂其间,作奸犯科,无所不至,人心之敝,风俗之忧也。宜于各埠一律增设书院,延聘中西宿儒主之,薪俸必极丰饶,规模必期闳壮,斋舍制度,参仿华洋,由海关道主持其事,所需经费,酌取之关税、房租,约捐百分之一,已能敷用。学业成后,咨送京师,考验录用,补官次出洋学生一等,愿应艺学科者,赏给生员,一体乡试，此又一途也。

盖今日万国通商，千古非常之变也。既有非常之变，必生非常之才，不有非常之才，不足以待非常之变。养之于平日，选之于清门，博其才能，端其志业，以清流品，以肃观瞻。辟此两途，持以廿载，则奇才硕彦，应运而生。万里中原，媲隆三古，我国家亿万载无疆之业肇于斯，即全球大一统无外之规亦开于是矣。

艺 科

科目之兴，一千有余岁矣。耳目之所熟习，心志之所专营，所得人才，斗量车载。其所以行之永久，屡废屡兴，终无善法以持其后者，盖深合于古人敷奏以言之义，此郡县之天下至当不易之良规也。

通商以后，时势变迁，论者忧国步之多艰，慨书生之无用，遂有欲废科目之义。无论乡举里选，古意久湮，骤而复之，易滋流弊。彼三品之第，专重门楣，则塞畯之出身无路矣。诸色之称，下及匠役，则选人之托业已卑矣。等量齐观，挈长较短，何如科目以诗书之气化鄙倍之心？即未必所举皆贤，犹可拔十而得五乎？故科目之制，变而通之，推而广之，可也，因而废之，不可也。

变通之法，考之乡评，试以政事，已见于乡官一议矣。欲推而广之，非增设艺学科不可。而欲增艺学科，非预有以教之、养之不可。曩者法越失和，海防孔亟，中外束手，患于有器而无人。侍讲潘衍桐请开艺科，交阁部会议，然而试官无其人也，举子不及额也，统维全局，窒碍良多。礼部调停其间，改艺科为算科，以二十名中一名为额。行之数载，每岁大比数，皆不及廿人，文具空存，竟同旒赘。盖当事意存歧视，则闻者有戒心，他日用违其才，则行之无实效。而中西学术，本末相殊，不有以作育于平时，则欲学焉，而既苦无师,欲往焉,而又忧无力也。见卵而求时夜,见弹而求鸮炙,不可得已。

兹既遣幼慧诸生出洋学习矣,沿海各埠,见闻相习,聪俊子弟不乏其人,复增设大书院以教之矣。嗣后乡会届期,宜由礼部先期奏明,人数若干,请定中额,开科之始,以二名取中一名,稍宽其途,以资鼓舞。当总署录科之日,考核不妨稍严,俾通达者不致见遗,而摽窃者无由倖进。立科暂久,人数渐多,则中额随时酌增,约以五名取中一名为永式。所命题目,宜切艺学,别于诸生考古证今,致诸实用。并严查夹带,以杜雷同剿袭之端,殿试亦然。另为一榜,翰林以备海关、出使,部属以分译署、海军。详定阶资,以垂久远,三十年后无弃才矣。

至今日科场条例,整肃精严。然翻译则请试他题,满员则另行升转,正可援照此例,以待奇才。夫而后视听专趋向壹,留情时务者,不致以异学见疑,自诩科名者,不敢以他途相诟。变通尽利,体用毕赅,综贯中西,权衡今古,斯久安长治之良模也。

商 部

«语»曰:“识时务者为俊杰。”今日之时务,洋务而已矣。然其间自有缓急先后之序焉,不可不察也。今之言洋务者,动曰讲求公法,整顿海防,制器练兵,购船造炮,自以为当务之急,而不知皆缓图也,自以为得气之先,而不知皆后著也。夫中外之局,和与战而已矣,通商与用兵而已矣,势如连鸡,莫敢先发。其战也,亦所以成和也;其用兵也,亦以为通商地也。

太古之世,粟帛交易,民或老死不相往来。迄乎«货殖»成书,日中为市,官山府海,齐擅富强,服贾牵车,卫隆孝养,以及«汉书»、«盐铁»,周府泉刀,大官或算及缗铢,八政莫先于食货。唐开互市,边关茶马之征;明遣宝船,番舶珠犀之利。今日者,五洲万国,贸迁有无,风气大通,舟车四达,可知道里广远,货币往还。此端既开,断难再塞,前有千古,后有万年,从兹四海通商遂将一成不变也,审矣。惟是中国人情,自利自私,不谙商务,上下隔绝,声气睽孤。比年出入之间,岁绌数千余万,他日川流海溢,财尽民穷,虽有良平,无所借手,如越南、印度诸国,利权尽失,受制于人。殷鉴非遥,可胜太息。不有以整齐之,调护之,何由转移风会,宏济艰难哉!

谓宜仿泰西各国,增设商部,箢以大臣,并立商律、商情、商平、商税四司,分任其事。商律者,保商之政也。以泰西商律,译出华文,情形不同者,量为删改,通行遵守,以杜奸欺。商情者,恤商之政也。时其丰歉,除其疾苦,剂其盈虚,勿使下情壅于上达。商平者,限商之政也。总挈中外,益寡裒多,使商有所赢而民不为病,略如《汉书》平准之意,笼万国物价而使之平,而国家之公司附焉。商税者,榷商之政也。海关常关,厘金杂税之类,咸隶是司,比较成亏,权衡赢绌,上期足国,下不病商。而内地税厘,亦须照海关新例,查开货价,按结报明。渐撤西人税务司,增立内地商政局,主持稽核,如此货昔多而今少,昔有而今无,必须斥驳行查,考求其故。货之壅滞,商之折阅,维持补救,必审其方,参酌中西,务臻美善。

夫中国旧制,崇本抑末,重农而轻商。今日厘税两宗,数与地丁相埒,京协各饷,挹注所资,假使无商,何能有税?民力竭矣,国计随之必执。不言有无,不言多寡之词,苦相诘难,恐膏脂有限,悉入外洋,他日之患寡患贫,有出于寻常意计之外者。无财不可以为悦,徒法不能以自行,富国强兵,非商曷倚,不设专官以隶之,不足以挽回积习也。此救时之急务,制敌之先机。若之何其习焉?若忘忍而与此终古也。

税　则

税则者，国家自主之权也，非他国所得把持而搀越者也。泰西诸国，虽弱小如瑞士、丹马、比利时，至弱至小如塞尔维亚、门的内哥之类，苟能守其社稷，则税则之或轻或重，无不由国君自主之，何项应增，何项应减，只须先须一年知照各国。各国之商于其地者，帖帖然无异辞也，各国使臣之驻其国都者，亦唯唯然无异议也。即或赋敛繁重，商旅裹足不前，惟有婉与商量，讽其更改，从无用兵相挟、下旗竟去之事。盖西例然也。既已商于其国，受其保护，分其利权，自应静候稽征，输纳税课，此人情天理，非可凭恃势力，强人以所难也。

中国当道光之间，勉强行成，情形隔膜，误将税则载入约章。夫条约所载者，两国之公权也。太阿倒持，授人以柄，九州之铁，铸错竟成，非惟中国所未闻，抑亦西人所不及料矣。日本与泰西立约，受弊略同。十五年春，日本换约，日使密商中国共议变更。曾纪泽闻而欣然，亟欲乘机改定，而总署昧于操纵，畏难苟安，拒而不纳，故《日英和约》仅增一则，曰："日本如有急需，可酌增进口税，惟不得逾值百抽三十之数。"彼改，而我仍不改也。

夫泰西各国，上下一心，保护商民，无微不至。而税则一事，隐操轻重之大权，其出口税必轻，轻则成本不贵，本国商人之获利者多也；其入口税必重，重则物价过昂，本国诸民人之爱异物者少也。至如印度之茶，花旗之布，税均免抽，以广销路。湖丝入美，值百两者，微税六十两，保富恤商，用意深远。中国不尔也，出口税重，此外犹百计诛求，进口税轻，他物仍百端规避，以致华商假人牌号，三联税票，充斥江河，国计民生，两受其弊。而犹因循顾畏，侈语怀柔，不至为渊殴〔驱〕鱼，为丛殴〔驱〕雀，尽殴〔驱〕华人为洋人，其事不止。或曰:"欲改税则,其如各国不从何?"而无足虑也。定议十年换约,本虑彼此有不便之端,今之三联单,入口税,不便于中国也深矣。既有换约之权,即有改章之力,此公理之可持者也。

中国商务,英人十居其七,各国共得其三,则至要者,英也。俄人窥伺朝鲜,祸机浸亟。英人联络中国,和好日敦,宜与密约相援,而显商改税。英从,而各国安有不从者?此私情之可挽者也。

善夫庖丁之解牛也,以无厚入有间,批郤导窾,如土委地,而刀刃若新发于硎,其所以为之,必有其道矣。掩聪塞明,箝口结舌,而待他人之发其端焉,彼固大利之所存也,而肯自贻伊戚哉!

考工

工者,商之本也,生人利用之源也。中国自《冬官》既逸,考工之政阙然不修,荏苒二千余年,器用苦窳,规模简陋,百工居肆,夷诸贱隶,无一聪明才智之人。彼泰西诸邦,转得以奇技巧思,出而炫我。故外洋入口之货,皆工作所成,中国出口之货,皆土地所产,工拙相越,贵贱相悬,而中国之金银山崩川竭矣。今之学者,辄谓巧不若拙,智不如愚,欲塞师旷之聪,而蔽离娄之目,则是燧人之火食,不如上世之饮血茹毛也,黄帝之垂裳,不如太古之草衣卉服也,中国之上栋下宇,不如土番之穴处岩居也。此老庄之余沛,愤激之谰言,信如是也,天亦何必好为多事,笃生圣人,以开万古文明之化哉!

今日者,五洲万国,光气大通,中国之人多,而他洲之土满,尾闾之泄,消息盈虚,必使操一叶之舟,以浮沧海,竭一夫之力,以撼泰山,得毋慎与?适莽苍者,三飧而反,腹犹果然。适百里者,宿舂粮,适千里者,三月聚粮。无舟楫,何以济川?无车马,何以行远?天欲合九万里为一统,不假以精坚巧捷之器,何以宜民利用,使声教大同？故知气机工作之兴，断关天意，百年而后，新者皆旧，而变者皆常矣。中国五行百产，无假外求，当闭关绝市以前，我行我法焉，可也。通商而后，洋货充斥，既不能禁民之不用，又不能禁彼之不来，而工作不兴，商情日匮，坐待他日，民贫国蹙，仰息他人，如秦人视越人之肥瘠，然者可谓忠乎？可谓智乎？

谓宜通饬疆臣，设立商政局，凡华民喜用之洋货，一律纠股集资，购机仿造，以收利权。其中国所产，行销外洋者，亦加意讲求，务极精美。仍仿泰西规制，有能自出新意，制成一物有益民生者，准上之工商二部，赏给护照宝星，许其专利，以开风气，以复古初。出洋诸生学成归国，就其所习，分饰主持。

夫欧洲之英吉利，东瀛之日本，皆海中岛国，物产无多，徒以工艺繁兴，后先崛起。中国之壤地广矣，物类蕃矣，取之不禁，用之不竭，上有所好，下必甚焉，行之二十年，而国势不强，民生不富者，未之有也。否则如五印度者，亦海南之大国，君臣上下，蹈常袭故，弊不去而利不兴，英人越五万里之摇，蹊田夺牛，代为经理，幅员万里，拱手让人，身辱国亡，哆然为天下戮笑，悲夫！

商　务

古之财利，或上聚于国屯，啬者也；或下散于民藏，富者也；或中饱于官吏，剥民蠹国者也。今也不然，不在上，不在下，不在中，而流溢于外。故古人理财之法，不足以尽时势之变迁。外强中干，已成痼疾，则商务之不振为之也。

善夫德相毕思马克之言曰："日本官民之至德者，日讲求工作商务，孳孳矻矻，学成而归。华人一入德国，则询何式之船最坚也，何厂之枪炮最精利也，考求订购，不惜重资。夫此时各国强弱相均，莫敢先发，即情势更改，亦须再阅数十年，所购船炮，不出十年，锈涩苔黏，半成弃物。况机器之制，日异月新，甫能择善而从，已复后来居上矣。日人求其本，华人骛其末，日本意在富国，中国意主强兵。无论工作日精，他日可以自制也。即兵端将肇，购之他国，亦无异取之宫中也。日本之兴，其未艾乎？"至哉斯言！于中国、日本得失之间，可云洞见症结矣。

比年以来，日本出口之货，岁增至一万三千余万。而中国出口，向以丝茶为大宗，今印度之茶，意大利、日本之丝，年盛一年，已夺华人之利，虽湖丝质地柔韧，华茶性味和平，天时土宜，非彼所及，然丝以机缫而色白，茶因税减而价廉。必须审受病之由，始得尽变通之利，此旧有之商务不可不保也。外洋入口之资，以洋药、洋布为大宗，今日土药盛行，漏卮渐塞矣。惟洋纱洋布，岁溢六千万金，必须设局购机，广开制造。至外洋食物，照约免征，即以洋酒一宗，每岁入口，已及千万，宜于十年换约，删去此条。洋货之入华者，设法以收利权；土货之出洋者，减税以轻成本，此将来之商务不可不开也。

盖中国贵粟重农，情形迥异，而泰西制用之法，亦与中国不同。中国租赋，取之农民，而关市亦税；泰西度支，出于商贾，而畎亩无征。国用出于农，则重农，出于商，则重商，理之固然，无足怪者。中国租庸调已改银钱，利害兼权，榷商为便。此后舟车西达，光气大开，非商何以捷往来，通转运？自今伊始，制国用者，必出于商，而商务之盛衰，必系国家之轻重，虽百世可知矣。

商部既开，商局乃定，商情既顺，商政乃兴。沧海横流，今已捉襟见肘矣。安得深明大略之君子与之挽日下之江河也？

卝 人

古之人，仰法天，俯察地，观象于天，取材于地。五金之产，三品之珍，天地之精英，所以济万民之日用也。故自首山采铜而后，开矿之政，历唐虞三代以迄宋元，有其举之莫敢废也，有屡开焉无终禁也。废之禁之，实自有明之中叶始矣。万历中，增设矿税，宦竖四出，不见臣工者垂二十年，矿税其名也，搜括其实也。岂无忠言谠论，冀回天听而靖人心？而其私意别有所存，非口舌所能力挽，甫及再世，神器已移。后人借鉴覆车，因噎废食，自滇铜照常采办外，各省一律封禁，以至于今。

同治初元，通商伊始，当事建议开矿，纠集公司，然良莠杂糅，未久即相率避匿，致商民百万资本尽付东流。今日偶及开矿一端，已几几乎望影惊心，谈虎色变矣。守旧者胶执成见，谋新者任用非人，遂使古今以来良法美意，悬为厉禁，视若畏途，而山川无尽之藏，终无由一见于世，日皇皇然忧贫患寡，怀金玉而啼饥乎？兹者鉴商办之非策，于滇南设矿务大臣矣。经营屡年，反不若开平、漠河之卓著成效者，积重难返，成本过昂，所得之数，不敌所费，商办非，官办亦非也。

然则奈何？曰："考之于古，则增设卝人，参之于今，则官督商办，仿盐法之制，量地设官而已矣。"扼要之图，厥有四事：

一曰习矿师。开矿之法，识苗为先，当日公司所延矿师，半系外洋无赖，夸张诡诈，愚弄华人，婪薪俸数万金，事后则飘然竟去。滇南延诸日本，受弊亦同。必须令出洋学生专门学习，参以中法，精心考验，明试以功，斯即卝人之选也。

二曰集商本。近日集股之事，闻者咸有戒心，必须妥议章程，由户部、商部主持其事，苟有亏蚀，查究著偿。股票由商部印行，务使精美，不能作伪，乃能取信于民也。

三曰弭事端。众逾千人，派兵弹压，并矿丁团练，以防未然。秩之崇卑，视矿之大小，督抚兼辖，矿政如盐政之例，以一事权。矿中危险颇多，仍参仿西国章程办理。

四曰征税课。矿税不能定额，情形时有变迁，宜略仿泰西廿分抽一，信赏必罚，酌盈剂虚，因时制宜，随地立法。事之济否，首在得人矣。

夫大利之所存，必不能终閟于地，我终弃之，而能禁人之不取乎？英夷缅甸，法并越南，皆艳羡云南之矿；日伺朝鲜，俄开铁路，皆觊觎东省之金。及此时而自开之，得天之时，因地之利。天不爱道，地不爱宝，以固疆圉，则无形之甲兵也；以济度支，则不竭之府库也。此屡朝之成法，《周礼》之遗规，而今日切时之要策也。

圜 法

国家何以铸钱？曰："以为民也，日用通行，非此不便也。"今日何以停铸？曰："以为国也，铜价过昂，所得不偿所费也。"然则有益无损，有利无弊，既可便民，又不病国者，莫自铸金银钱若矣。古之时，粟帛交易而止矣。自首山采铸，九府通行，炎汉五铢，轻重适当，泉刀货币之用，绵历四千余年。唐宋以还，疆土益广，至明而后，地丁税课，概用纹银，良由人利轻赍，事趋简便，三品之轻重，视九州之广狭以为差。然纹银折算畸零，权衡轻重，出入高下之际，吏胥弄法，市侩操奇；铜钱则笨重烦难，不能及远，运千缗以行万里，所得者几何矣！

今日万国通商，外国银钱遍行于东南各省，民情之所便，即天意之所开也。欧洲诸国，航海东来，因商旅畅通，道途日远，银钱犹有不便，乃一律行用金钱，自中国、印度外，货币交通，概以黄金为准，因时制变，虽圣王不能禁之矣。其显敝中国者，莫甚于洋债一宗，镑价参差，隐亏巨万。而民间货物，一出一入，低昂轻重，均以金镑为衡，暗剥潜销，利源外溢，国家所恃以宜民利用，奔走一世者，太阿之柄，甘授之于外人，薄海漏卮，永无底止，殆不得铺张涂饰，视若缓图矣。

谓宜统饬各省，设局购机，将三品之金一律铸钱行用，其金钱、银钱之轻重，及五分、一角四开诸式，略仿泰西，惟参酌情形，熟权子母，别定式样，详议章程，仍由户部侍郎主持其事。钱局薪俸及防弊诸端，均参仿中西，从其善者。矿政局开采所得，就近平价采买，以供鼓铸之需，仍与钞法局相为表里，互资挹注，外合内分，相系相维，立于不败。部库藩司收解之款，亦将银两折合金钱、银钱，三者并收，略照时价，年终奏定，由部颁行。各官廉俸既增，则火耗陋规均可酌量裁减。民生日厚，国用益饶，而天下吏胥衙蠹舞文骩法之端，已划削根株，不去而自去矣。

夫三品厥贡，《夏书》两著其文。天生五材，以利民用。今日之贫匮，非食之不足，实用之不充也。中国金矿、铜矿之多，远非泰西所及，伐山开矿，就地铸钱，免西人垄断之虞，有四海流通之利。商务日振，工艺日兴，再历数十年，中国之豫大丰亨，有断非海外小邦所能及者。此自有之利，自主之权，乃怠惰因循，守株待兔，补苴掇拾，剜肉补疮，他日财尽民穷，偶有水旱偏灾，铤而走险，其事尚忍言哉！

“迨天之未阴雨，彻彼桑土，绸缪牖户，维此下民，孰敢侮予？”《鸱鸮》之诗，人所为拊心而叹也。

交　钞

钞法者，所以济金银铜三品之穷也。皮币之端，开于汉武，沿于唐宋，盛于金元，逾变逾轻，久而益敝，明两行之而敝，国朝一行之而亦敝者，岂钞法之果不可行哉！信则行，不信则不行；有钞本则可行，无钞本则决不可行也。元明之末造，皆因府库空竭，欲以洛阳贵纸，尽笼海内之金钱，立意欺民，而欲民之信之也，得乎？

然则有国者，何为而必行钞法也？曰："无他，上下均便而已矣。"以国计言之，岁入一千万之款，而造千万之钞，行之民间，钞本相均，无流弊也。而银钞两行，岁得二千万金之用，况交子会子，四海通行，转运烦费之端可以尽免矣。以民生言之，交易往来，现钱已多不便，至携行远道，则水火盗贼，在在堪虞，何若一纸轻赍，取之如寄乎？今日民间未尝不行钞也。承平之世，晋商汇兑，独擅利权。自通商以来，银行遍设于海疆，钱票广行于内地，或函或票，与古人交钞何殊？惟国家自有之利权，下散于商民，渐移于外国耳。龚自珍曰："本朝行私钞而不行官钞，他日必有巨商亏闭，而四海为之摇动者。"阅数十载，此言验于阜康。夫使绝市闭关，仍如前日，度支充溢，岁有赢余，则钞法不行焉亦可也。使如元明之季，库藏已竭，钞本难筹，则虽欲行焉而有所不能也。

钞法之当行而可行者，此其时矣。行之之法奈何？宜于户部别立钞政府，专派侍郎主持其事，各省各埠，设钞政局，所有办法，参仿汇号银行，与商政、圜法两局相为表里，此设官之法也。由户部综计入款，岁拨二百万，以五年为期，京协各饷，责成汇解，苟有挤轧库款，准其通融，随即划还，以清款目，此提本之法也。上下出入，统以银钞各半为衡，通行之钞，三品兼权，一圆至十圆为度，由钞政府制造颁发，参仿西法，作伪无从；汇兑之款，照依汇费，或函或票，事后缴销，此用钞之法也。现有之汇号银行，原可并行不悖，公私缓急，亦可相通，惟分号分行，须岁补钞政局费数百金，以示急公之义，此收权之法也。泰西银行章程，贫民蓄积数元，均可存放生利，商民挪借，必有抵押，取息甚轻；国家需用之时，可以代筹巨款，照收薄息，以示大公，此裕国便民之法也。

夫万国通商而后，其地广矣，其用宏矣。不立钞法以济其穷，必有扞格而不通，取携而不便者，此亦必然之理，必至之情矣。博考良规，择人而理，厚其薪俸，严其劝惩，至信至公，达于中西，通于上下，斯恤商恤民之本，足食足兵之原，商务之所由振兴，民生国计之所以维持于不敝也，圣人复起不能易已。

铁　政

铁之为用大矣。伊古以来，釜铛以爨，钱镈以耕，深闺之刀翦无声，绝塞之戈矛如雪，以至百工椎凿，效伎程材，九陛钟镛，铭勋纪事，自公私上下，民生日用，无一不于铁乎是资。明时海疆将帅，虏获倭人，及奉诏放还，皆乞取锁镣，欢欣踊跃而去，以倭不产铁故也。盖铁之为用，实冠五金，中国铁矿繁多，故如取如携，了无足异。使天下一日无铁，斯民之不便何如？英吉利，海西三岛耳，当未得印度之先，徒以煤铁之富，贩运欧洲，纵横海外。

近日西士之精于天文、化学者，考察太阳本体，其色、其光、其热，与煅红之锰铁无殊，疑其质性相同，故光华相若。自书契至今五千岁，阳乌光热，未减毫芒。地体小于日轮三百万倍，日与地之吸力，如景随形，如磁引铁。同类则相感，同气则相求，因疑地与众行星，皆日中爆出之分体，故大地所产，惟铁独多，而外洋火山震裂之时，所涌出者，皆硫磺与铁汁也。意地心奇热，焚烧锰铁之精，与日轮光热俱同，故其气可以互摄。今日讲求格致，机器、铁路，取多用宏，然以理揣之，日轮，铁也，地球，亦铁也，则铁之效用于人者，今日尚其滥觞，而未得穷其究竟也。西士之言如此，虽六合之外，古圣人有所不言，然俯察仰观，不得谓毫无所见矣。

通商而后，洋铁盛行，大关乎制造海防，小极于寻常日用，中国非无铁也，制炼不精，故大利尽为所夺也。张之洞有见于此，在鄂奏开铁政一局，购机炼钢，以辟利源。或乃掎摭流言，阻挠至计，若惟恐西人失利而中国富强也者，井蛙夏虫之见，渊鱼丛雀之心，不自知其倒行逆施之至于此极也。惟局中工匠，举用西人，费钜工繁，难乎为继。

宜选聪俊子弟，随节出洋，于克虏伯及著名各厂，专门学习，然后博考旧法，参用中西，弃短取长，持平核实，其必用西法者，提官款以助其成，其兼用中法者，借人力以省其费。他若枯煤受煅，引气以烧镫，铁洛所遗，入灰而成石，务使矿无遗利，厂无弃材，乃能细大不捐，精粗悉当。

中国煤铁之矿，十八行省无处无之。广收利权，致精械用，权衡今古，便益公私，他日兵事偶开，则精枪快炮，铁舰鱼雷，取之宫中而皆备，何必皇皇然窃窃然忧局外之刁难恫喝哉！

利　源

屡阅海关出入货税册，而知通商一事，其蠹中国者至深，而为害于北方数省者为尤大也。每岁以出抵入，不足者三千万金，外洋食物所需照约免征，亦例不入册。近年洋酒一项，华洋同嗜，入口已千万有奇，综计一岁所亏，实不下五千余万，而海防之购船购炮者不与焉。再阅十载，即五万万金，中国之财力，几何能禁此无穷之罅漏乎？

东南十省腹地虽虚，而横览海疆，犹然富庶者，出口之土货略可相当，布帛通行，洋布之销场不旺也。天津一口，洋货之入者，将三千万，土货之出者仅二百万，不及十分之一。烟台一口，洋货之入者六七百万，土货之出者百余万，不及五分之一。惟营口一隅，出产稍广，然油豆各物，贩售苏浙之间，出洋者寥寥无几。直东草帽边一业，因奸商掺杂，销路日微，橐驼羊毛，不谙翦剔，而洋布入口，年盛一年，综计已四千余万。北方瘠苦，有此绝大漏卮，僻远荒凉不知若何景象矣。比年叠遭荒歉，筹捐济赈，仰给南方，虽亦天灾之流行，未始非人事之朘削也。故今日外患内忧，斯为最亟，而兴利之法，亦莫要于北方。

请以北土之所宜，而外洋之需用者言之：

一曰畜牧之利。西人酷嗜牛乳，为饮食所必需，贮以佳瓶，贻诸远道。美国北方之民，皆以殖草牧牛致富，因筋蹄骨角，无一弃材也。绵羊橐驼之毛，按时收剪，织为毯罽，华美温和，不惟四海通行，即华人亦喜购用，宜先提官款，或集公司，广购围场，以资牧放，养牛取乳，购机织毯，物美价廉，必可行销外国矣。

一曰葡萄之利。葡萄一种，本由西域而来，北地寒而多沙，植之无不蕃盛，累累结实，甘美殊常。洋酒品味虽繁，悉以葡萄为酿，法国土产三万万，独以酒为大宗，计数科征，收税独重，泉甘味厚，各国嗜焉。然以西山泰岱之名泉较之，彼犹瞠乎其后也。宜购地自种，而仿西法以酿之，即销售中国海疆，其利已逾千万矣。又况蚕桑之利，考诸《禹贡》，本在青、徐、幽、冀诸州，而德州之棉花，色白丝长，颉颃洋产，苟缫丝织布，自收利权，何至啼饥号寒，重费九重之宵旰哉！

惟北省之民，性朴而惰，不有以教导而倡率之，则疲苶之风气终难转移，流溢之金银永无底止。不歉而歉，不荒而荒，年复一年，官款民捐，难乎为继，当财殚力尽之时，将何以善其后也？事有必至，理有固然，曲突徙薪，宜早计矣。

虞　衡

盖闻九官分职，益作朕虞，周道如砥，其直如矢。三代以上，沟洫桥梁、街衢道路之事，无不有官焉掌之，即所谓虞人者也。夫烝民之性，自利自私，仅顾目前，不知远计，非官为董率，其必不能整而齐之，经而理之也，审矣。

今日驿传水利，亦有兼官，然文具空存，未有能举其职者。以致京省内外，芜莱满目，埃尘蔽天，杠梁废弛，沟渠湮塞，丘墟芜杂，如旷古未经开辟者。然至若一哄之市，四达之衢，逼仄熏蒸，酿为疾疫，旱则风沙卷地，潦则泥淖载途，城邑类然，北方尤甚，非所以肃中邦之体制，壮万国之观瞻也。且夫虞政之修与不修，即商务之兴废所由，亦国势之盛衰所系矣。

泰西各国，街衢整洁，途径平夷，日月修治，罔敢废坠，宾如有归之乐，民无致疾之因，严肃清明，宛存古意。其旅于中国者，亦依其国制，设立工局，整理洁清，坦然秩然，荡荡翼翼。其旁之中国城镇，虽复肩摩毂击，人物殷阗，而广狭平陂，未免相形见绌者，古制沦亡，无专官以隶之故也。西人谓修路一事，于商情之向背，地面之兴衰，隐相维系，每于海滨广漠，自辟一途，未及数年，商旅纷来，自成邑落，而道旁之地亩骤贵至数千百金，林木蔚然，气象一变。乃知泰西今制，决为三古遗规，不能守，后世因循苟且之风，坐令远人腾笑也。

宜稽往昔虞衡之职，兼考近时颓废之由，参酌中西，权衡今古，设官督理，就地筹捐，专派一工部侍郎主持其事。街道以京师为主，而后渐及于军州，途路以冲要为先，而后渐达于荒僻，区以支干，别以山原，审其重轻，权其缓急。而桥梁沟洫，堤防林木，一切便民之政，均得会同牧令处置而经营之。斯通商铁路之初基，即水利驿传之定效也。旧有之官款，半为当事侵渔，宜著落追偿，以为根本，有所不足，酌取于商民，涓滴归公，敷用为度，自时厥后，岁月增修，筑路之基，应以电报所行为准，纵横经纬，绘画测量，步章亥以无差，涉关河而不阻，则积习之颓靡胥变，而新猷之敷布非难矣。

或曰："道途险艰，以限戎马之足也，因而修之，患将愈亟，可奈何？"不知天子有道，守在四夷，当日粤捻横行，何尝以险远岖嵚，稍阻往来之迹？窨已之门庭以御盗贼，愚者不为矣。民情之所不便，他日必有便之者，慎毋窘步迂行，予后人以口实也。

铁　路

今之主开铁路者，则曰捷漕运也，利征调也，通货殖也，速戎机也，广荒政也，便旅行也。主停铁路者，则曰碍坟墓也，糜度支也，病民生也，启争讼也，贻后患也。故东三省定议兴建，岁拨帑金二百万，而腹地各省，仍阏遏而未行，聚讼纷纭，莫衷一是。始事之不易，非独中国为然也，即泰西创建之初，亦复众谤群疑，交相沮格，至今日而推行日广，翕然不复以为非者，利害之故，历久而始明，得失之机，有征而乃信，天意之所定，非人力之所能违也。

毕思马克之言曰："美国之铁路，以通商也；俄国之铁路，以用兵也；惟英国与德国，则通商与用兵并行不悖。"前有千古，后有万年，大地车书，终将一统，其必先同轨而后同文乎？俄人之并吞诸国也，先于境内造一铁路，鹰瞵虎视，直指邻疆，他人弗能禁也。铁路就，兵事开，而此国之亡，可翘足待。今西伯利亚之铁路，犹故智耳。吉林边外之珲春也，库伦边外之恰克图也，伊犁边外之七河也，则俄之铁路通矣。西藏边外之亚东也，云南边外之蛮暮也，则英之铁路至矣。广西边外之谅山、牧马也，则法之铁路来矣。中国万四千里之海疆，轮船驶行，捷如风雨，环三面之陆路，所有铁路，计日皆成。他人越国鄙远，相距数万里之遥，往返程期，不逾十日，而我之征兵转饷，累重稽延，必数月而始达，试问沿边城镇将守之乎？抑弃之也？

如欲守之，则必四面屯钜饷，宿重兵，无须协济救援，而后可。今日海防一面，天下之储蓄已空，他日将四面守之，中国有此财力乎？沿边之险要皆失，此中区数省独能自存乎？此必不可得之数，必不能免之事，必不容己之情，则中国铁路一端，亦即成必不得不开之势矣。此时安坐而议曰："夺小民之生计也，糜国家之帑金也。"皮之不存，毛将焉附？根本之将拨〔拔〕，而惜一枝一叶之彫残，傎矣！而况乎其未必然也。筑路之道，仍宜以京师达汉口为干，而分枝以入陕甘，则通商用兵，二者均便。

曩见法报之言矣，以为中国铁路，综计须三万万金，照约由法国承包，则地基木石之工，利归中国者，十之四，铁轨匠役之费，利入法国者，十之六。观于此，而知工作不可不习，铁政不可不开也。又尝稽北省厘金之册矣，山左右直隶、陕西，岁收各十余万，河南一省，每岁约十万金，以较南方，不及十分之一，豆麦而外，土产绝稀。观于此，而知地利不可不兴，商务不可不讲也。识大势，知先务，审缓急，剂盈虚，思患预防，因宜制变，而一切刻舟胶柱之论可以废矣。

赛 会

西人之心计工矣，其维持商务也至矣。其始，莫亟于开博览之会，所以开其先也。其继也，莫要于减出口之征，所以持其后也。夫天下人之才力聪明，其不能不有差等也久矣。上焉者，独具智巧，自辟町畦，变化神奇，宜民利用，生而知之者也。中焉者，亦趋亦步，效法前人，规矩准绳，范围不过，学而知之者也。下焉者，则顽蠢无知，自安愚弱，贪饕慵惰，鹿豕与游，是人役也。今中国、泰西、日本，滔滔者大率多中人耳。彼南洋、印度、非洲诸种族，则下愚也。然上焉者，穷思极虑，其心劳矣。中焉者，继长增高，其事逸矣。博览云者，互证参观，以耳目代心思之用，是使民逸获之由也。况五洲之风土各别，万邦之物产攸殊。万宝五金，六谷百果，及草木鸟兽，羽毛齿革之属，丘陵川谷，蚑飞蠕动之伦，寒带、温带、热带之所宜，山人、泽人、海人之所得，旁搜博采，荟萃于一堂，因而审其良楛，别其美恶，时其弃取，决其从违。一物不知，儒者所耻，多能博学，遂以成名，使古圣人有知，当亦引为大快也。

今日万方和会，四海大同，以有易无，裒多益寡，罄山川之宝藏，天地不能闷其光；广亿兆之见闻，圣哲不得私其学。易世而后，新者皆故，变者皆常，窒者皆通，分者皆合。百姓日用焉，而不知举世习见焉，而不为怪矣。故曰天也。泰西博览之会，五载十载，辄一举行，商务振兴，不遗余力。日本亦仿立农桑、工艺诸会，讲明而切究之，国势日强，民生日富。中国丝茶之利，尽为他国攘夺以归，而罂粟之花遍于内地，海防制造，讲求五十载，仍须倚仗洋人，狼狈相依。若瞽之有相，不有以转移而变化之，恐知之匪艰，行之维艰。后之视今，亦犹今之视昔耳。

宜详考各国立会之制，先于沪、汉等埠，筹款试行农桑、矿务等会，以劝民间。俟东省铁路既成，则于天津购地造屋，综集中西，设一博览会，九重亲莅，以重其事。中外之金石、古玩、名画、法书，以及山海之珍奇，工作之器物，均可入会，购者议价，观者取资。立会之费，预筹专款。会散后，储为博物院，备后人考镜之资。嗣后逐渐推行，数岁一举，以开风气，以拓利源。至各省赛会迎神，虽亦乡傩遗意，然作为无益，动肇争端，何如以此易之，使斯民有取法之资，薄海无久遗之利也。

今之论者，动以奇技淫巧诋斥泰西，而朝野上下之间，所用者触目皆西人之物。不禁不作，仰给于人，力尽财殚，坐以待毙，堂堂大国，为日本所窃笑焉，抑独何哉！

税 司

天下事，利之所在，即权之所在，不可轻以假人者也。乃有非我族类，久假不归，盘据要津，根深蒂固，海关厘税，岁入三千万，仰其鼻息以为盈虚，引党类数百人，糜工资二百万，渐而阴持朝议，显绾邦交，偶或侵之，颠蹶立至。吨钞数及百万，本国家自有之利源，乃一意把持，据为己有。浮标灯塔，行海之耳目，亦习焉不察，举而授之。家资之富，可以敌国，以泰西廿四字母许数，每字百万，已及两周，皆诡寄他人，运归本国，阻挠税则，左袒西商。邓承修议增一人，则借他事以轧之，曾纪泽欲代其位，则造蜚语以倾之。貌类忠诚，心怀鬼蜮。英拟授以出使之任，而乞假回国，密请改授他人，诡计阴谋，莫窥其际。英君主授以男爵，功在彼国，其事可知。近于越南、西藏立约通商，扶植乃弟，冀稍效劳勋，身故之后，世袭其官。西人之入中国者，尊敬畏服，望若天人，视官吏蔑如也。

英人之据印度也，始亦于沿海通商，设一公班衙，代理税务，旋因细故，遽启兵端，即据其海关，以给军饷，相持十载，印人兵败乞和，而沿海膏腴尽为所有。今之总督署，即昔之公班衙也。盖印度壤土之广，略与中国相侔，英虽一战胜之，而兵力不敷分守，因择国人之桀黠者，阳为效用，阴绾利权，一旦失和，则昔日同舟，顿成敌国。英之转运不竭，而印之声气不通，束手归降，莫能枝拄。故公班衙者，灭印之枢也。今印度旧主，困守穷山，贫窭艰难，转为所役。英人岁给八千圆之俸，以养其家，身辱国亡，可为悲慄者矣。波斯、埃及、土耳其诸国，柄用西人，无不太阿倒持，日侵日削者。国家旧制，于臣工制驭綦严，乃独于一西人倚任多年，毫无疑虑，中外大臣皆尊而信之，无一深窥其隐者，抑独何也？

宜令使臣商其政府，总税务司之任，添派一清正之大臣，显予褒封，阴收其柄。各关税司扦手，选派华员之稳练而西文精熟者，共事其间，恩赏工俸三年，俾资教习，一年而后，概易华人。惟彼则颁给俸糈，宠以名爵，衡情据理，期在必成。此时英国畏忌强俄，尚不敢显然与我为难也。论者辄谓西人弊少，华人弊多，而华员之薪俸无一可比西人者。薪俸优，身家重，严查慎选，而谓华人必不若西人，无是理矣。论者又虑西商狡悍，不服盘查。不知税则提单均有定式，持平核实，彼自无辞转免。华商报关，横遭摧辱，日本之事，其明徵也。

伊古以来，未有堂堂大国，利权所在，永畀诸异国之人者。不及此改弦而更张之，他日偶有责言，显蹈印度覆亡之辙。海疆万里，拱手让人，济济群公，何以自解于天下后世哉！

公　　司

《货殖传》曰："太上因之，其次利道之，其次教诲之，其次整齐之，最下者与之争。"今天下之民，纷纷然皆争利者也。争而不善用其争，以致大利之源，尽为外人所夺，则上之所为整齐、教诲而利道之者，未得其道耳。

泰西公司之法，托始于西班牙。四百载以前，其国人探索南北美洲，泛海西行，远逾万里，一人一家之力有所不足，君主资以兵力，助以帑金，通国之人亦各出私囊，同襄盛举，嗣开辟新地，务农殖货，利赖无穷。西班牙当日之富强，甲于天下。葡萄牙、英吉利踵之于后，乃遍开南洋万岛、非洲、澳洲，东达中华，西连印度。商途所及，兵船随之，教会继之，兼弱攻昧，取乱侮亡，兵饷所资，率倚公司之力，而通商、用兵、传教三事，俨如环之无端。及印度并入于英，遂卓然为欧西之首国。盖疆界攸分，非通商不得入，道里过远，非公司不能行，而用兵、传教之余意，主于逆取而顺守。履霜坚冰至，木必先腐，而后虫生之。英之纵横四海也，非一朝一夕之故，其所由来者渐矣。风之积也不厚，则其负大翼也无力；水之积也不厚，则其负大舟也无力。长袖善舞，多财善贾，然则公司一事，乃富国强兵之实际，亦长驾远驭之宏规也。

中国局守旧闻，兢兢以言利为戒，沿海各埠，大权概授于西人。比来设立商轮、电报等公司，行之渐有成效，第规模狭小，未能远达重洋。商部即开，利权渐复，然后将丝茶及大宗货物，合官民之力，精心擘画，纠集公司，南洋、西洋，寖推寖广，出九州之物产，供万国之取求，收已去之金钱，保将来之商局。夫南洋者，西人之外府也，所以储材蓄势，凭陵上国之权舆也。我之商力，兵锋略及于南洋各岛，彼海外诸国将惴惴然顾畏不遑，不必埽穴禽渠，而已足招携怀远矣。苟因循颓废，漠不关心，小民自利自私，安知大局？排挤倾轧，损己益人。西人之公司，今已垄断于海疆，久且纵横于内地。彼之民日富，我之民日贫，彼之商益强，我之商益弱，恐不待兵刃既接，而胜负得失之数已有霄壤之相悬者。

通商以来，五十载矣。彼越南、缅甸，波斯、印度之民入中国者，皆役属西人，无一富商大贾。利权一失，生计遂穷，既误先机，徒贻后悔，国亡家破，犬马终身，然后知商务盛衰之枢，即邦国兴亡之券也。黍离麦秀，心折骨悲。彼中国乾隆以前，亦只沿海通商一埠耳，诸国之君臣，方庞然自大，拘守成法，鄙薄外人，又安知未及百年，遽有今日哉！噫！伤已。

巡　捕

读《周官》一书，而知古圣人之为天下计者，至纤至悉也。泰西巡捕之设，虽略如古之虞衡、今之快役，而御灾捍患，意美法良，清洁街衢，逐捕盗贼，永朝永夕，植立途间。号令严明，规模整肃，风清弊绝，井然秩然。为之董率者，数西人，十数印度人耳。而华捕千人，皆循循然谨守范围，罔敢逾越，徒以事无瞻庇，俸有盈余，赏罚之法，行身家之念，重贪饕之性，悉化廉能。然则谓华人之果不如西人者，妄也。况租界虽曰夷场，本属天朝之土地，乃包探任穿西服，领事复理民情，国体寖以凌夷，华人屡遭屈辱。彼东洋小国，尚能自治其人，南台一隅，亦得独行其意，而沪汉通商诸大埠，顾因循苟且，久让外人窃踞其事权，魁柄倒持，观瞻所系，殆不得谓之细故矣。

至京都辇毂重地，万方起化之原，近乃劫掠横行，道途污秽，西人至登诸日报，谓天下之至不洁者，莫甚于中国之京城。即此一端，可为万邦之首，远人腾笑，辱国已深。然承平之时，步营街道，岁糜国帑数十万金。领以提督、总兵，筦以御史、部属，重以府尹、京县、正副指挥诸官，棋布星罗，十羊九牧，其责不可谓不重，其虑不可谓不周。而百弊丛生，徒糜帑项，无一能举其职者，则事无专属，废弛已久，经理之不得其人也。同治初元，五城增募练勇，饷糈较厚，训练较严，捕盗精能，颇得其力，救火之事，尤奋往直前。政在得人，成效已彰彰若是，惜人数尚少，敷布难周耳。

改弦而更张之，请先自京师始，酌增练勇名数，参仿巡捕章程。番役之疲羸，急宜裁革，街道之费用，力杜侵渔，内城责之金吾，不可以他官兼摄，外城责之御史，不宜以一岁遽更。编立门牌，疏通渠道，街衢必洁，稽察必严。慎选贤能，务除冗滥，互相纠正，毋许瞻徇，偶有弊端，罪其主者。官款不足，量取民捐，涓滴归公，敷用而止。行之一岁，政令大行，然后详定规条，颁行天下。通商各埠，巡捕亦皆易用华人。迹其侦察非常，亦古者虞人之职，一在郊野之外，一居都邑之中也。

迩来游勇、会匪遍于各省，往往聚众滋事，骚扰民间，偶或疏虞，动烦兵力。以保甲稽之，以虞衡备之，以巡捕守之，广工商之利以生之，兴教养之道以变化之，稔恶者无所容，民日迁善，而不知为之者，涤除旧染，丕焕新猷。彼海外诸邦，意存窥伺，有甫入国门而潜消默息者。《诗》曰："周虽旧邦，其命维新。"此之谓也。

轮　船

轮舟、铁路、电信、火器、银行五事，孰为之？天为之也。天以是宏大一统之规为四海会同之法物也。异日者，陆皆铁路，水皆轮舟，火器以诘兵戎，电信以通文报，银行以便旅人，而后山海失其阻深，道里忘其险远，城郭之高坚不足恃，疆界之畛域不必分。天下之人，顺天者存，逆天者亡，先天者兴，后天者废，而今而后，虽百世可知也。

中国蠡测管窥，不知通变，内江外海，既纵各国以行轮，而独于本国之民深闭固拒，禁其制造驶行。跬步之间，千里悬隔，风涛颠险，覆溺时闻，商货不通，生机将绝。而通商各埠，则行旅辐凑，便捷灵通。一彼一此之间，劳逸安危，迥殊霄壤。民间共知轮舶之利，屡请试行，而当事迂拘，屡加斥驳，断断然曰："畏敌国之效尤也，虑贫民之失利也。"夫物各有主，理之所在，西人不能强争。有旷土焉，我终弃而不耕，则客民至矣。今虑客民之侵占，预禁土著之耕耘，伊古以来，安有是理？夫轮船所达，则商务骤兴，贫民随事可以谋生，何必概操舟楫？况轮舶之侧，小舟如蚁，失业者何人？今内河固未行轮也，然而市肆萧条，帆樯寥落，禁止之有益于贫民者安在？至沿海各埠，则闽粤商贾暗制轮船，挂外国之章旗，纳他人之税钞，为丛驱雀，为渊驱鱼，若惟恐华人不贫而西人不富也者。

当法越有事之际，商局轮船虑法兵截劫，诡寄他人，华商例禁行轮，局外不能偏助，以致援台一举，支绌万分。若泰西各邦，偶有兵事，则商民轮舶理应报效国家，转饷征兵，一呼可集。我之支绌如彼，彼之利便如此。而无事之日，既闳阛阓之利源，有事之时，复误朝廷之大计，迂疏固执，徒苦吾民，此何为者也？

谓宜明谕天下，准中国商民自制轮舶，行驶内河以及外海。所在官吏，查系华民，给与凭单，量征船钞，经过关卡，静候稽查。偶有风鹤之惊，遵章报效国家，暂停贸易。至内河行轮，乃中国自有利权，嗣后无论何国，概不得借口游历，援例驶行，否则，滋生事端，中国不能任保护之责。

如此分别办理，既以广华民之利赖，即以杜异族之觊觎，江湖之险阻胥平，物产之流通无滞，上裨国计，下顺人心。即或外患内忧，致烦兵力，可随处拘集商舶，载兵飞达，刻日荡平，既收转运之功，复省养船之费，便，孰便于此者！若之何？胶柱刻舟，因噎废食，显损大局，隐益西人，终蹈援台之覆辙也。

西　法

今日之洋务，莫要于通商，而隐与商务相维系者，有数事焉：

一曰火政。西人救火之机至为精巧，水龙之会，出自商捐，昕夕防维，如临大敌，警钟一报，则风驰电掣，神速无伦，万瀑飞空，立时扑灭。刻京津各处，皆设立水会，火患日稀。惟内地尚未通行，回禄时闻肆虐，损伤物业，焚毙人民，每遭巨灾，辄伤元气。此火政不可不修也。

二曰保险。海天万里，巨舶飞行，风飓沙礁，间遭沉没，资本百万，尽付东流，一蹶之余，多难复振，于是有保水险者。通商大埠，地基昂贵，筑室如鱼鳞，通用煤油，易于引火，千门万户，一炬皆空，于是有保水险者。商民贫富不齐,孑然一身,关系綦重,或有死亡疾疫之事,素无蓄积,妻子不免饥害,于是有保人寿险者。皆积年累月,所费无多,偶有不测之灾,即可赔偿巨款,通万姓之有无多寡,以抚恤被难之穷民,仁术仁心,惠而不费。惟中国知保险之利,不立保险之行,遂使绝大利权操之外国。此保险不可不讲也。

三曰自来水。通都大邑,烟户过稠,芜秽熏蒸,动成疾疠,间或燎原肇患,虽有救火之器,多苦于取水无从。西人于大泽深山创立自来水管,相距数十里,引入室中,水洁泉甘,取携至便,万一有吴回之变,即开水管,套以皮条,万道泉源,用之不竭。此自来水不可不行也。

四曰煤气、电气灯。烧煤积气,引以燃灯,彻夜光明,朗如白昼。电气灯者,以煤气发机,磨擦生电,晶莹似月,照映街衢,宵小无所容身,贸易因之生色,或置于工作大厂,则一日得两日之工,兼操纵由人,永无火患。此煤电灯不可不设也。

此数事者,略举其大,皆济人利物,意美法良,为他年万国大通、日用必需之物。华人少见多怪,疑沮百端,卒未有详考成规、心通其意者。

今之论者,动睨而视之曰:“西人也,西法也。”而不知西法之善者可行也,西人之狡者可畏也。恶西人而兼摈西法,迂拘固陋,不知变通,坐井观天,终至自困者,愚也。喜西法而兼用西人,怠惰因循,不能振作,开门揖盗,受制于人者,谬也。惟兼采西法,而后古今之变局不能挠;惟专用华人,而后中国之利权不为夺。折衷以定之,分别以观之,奋迅以图之,审慎以出之,则中国之富强犹反掌也。

编 审

今天下之大患，一游民而已矣。《书》曰:“民惟邦本，本固邦宁。”《周礼》大司徒掌建邦土地之图与其人民之数，以佐王安扰邦国。古圣王之治天下也，必先知版图、户口之实数，以时其消息而剂其盈虚。斯教养之所由兴，亦贡赋之所自出，吾夫子所以式负版者，而后世编审之事起焉。三代而后，爱养斯民之政放失无存，赋役征徭，烦苛贪虐，而编审一法遂为积弊之所从。

本朝意主恤民，并丁于地，司农版籍，日久就湮，于是无地之民大半皆惰民也，游民也，即皆弃民也。国家不复科征，官吏不加收恤，一听其自生自灭、自去自来，无复有过而问者。或死于疾疫，或转于沟渠，或鬻于僧尼，或流于盗贼，迨至积重难返，刑戮滋多，桀黠者乘之，而斩木揭竿之事起矣。然后大张挞伐，草薙而禽狝之，虽不旋踵而已报荡平，而伏尸百万、流血千里者，皆不教不养之穷民也。天道好生忍乎？不忍，乃肃清未久，而游民之熙来攘往，又复盈千累万，更仆难稽。散勇会匪，乘机构煽江湖伏莽，比及数十年，生齿愈蕃，其患不堪设想者。即幸而弥缝无事，他日敌国伺衅，出百万金雇募而教练之，授以利兵，置之前敌，所向尚有坚城哉！内忧外患，可为寒心者矣。

防之之法，莫善于保甲，莫要于垦荒开矿、通商惠工、广设善堂、增建学校，而正本清源之至计，尤以编审户口为要图。必确知其受病之原，而后能筹施治之法也。

谓宜详考中西编审之制，权衡参酌，明定章程，与保甲并行，颁之天下。始于通商各埠，而渐及于内地诸城。将有业、无业之民，细为分析，有业者所操何业？能否自赡身家？无业者年岁若干？家口若干？作何生理？有何技艺？该管官吏，每岁稽查，然后因地制宜，兴养立教，劝以工作，给以闲荒，隶之矿产之官，领以虞衡之长，就其所素习，用其所易能，董之以贤才，课之以事业。生之者众，食之者寡，为之者疾，用之者舒，斯《周官·王制》之精，亦治国平天下之宏纲钜旨也。

惟是民性本愚而民情好逸，堂廉之分隔而胥役之弊多，非合天下之大，行保甲，设乡官，聚而稽之，劝而导之，整之齐之，纲之纪之，经之理之，欲其范围而不过，曲成而不遗也，得乎？其为之也，非一手足之烈，其成之也，非一朝夕之功，当国家闲暇之时，作牖户绸缪之计，养痈贻患，佳兵不祥，爱人学道之君子，当有以防之于先而毖之于后也。

善堂

天下有穷民焉，老而无妻曰鳏，老而无夫曰寡，老而无子曰独，幼而无父曰孤。文王发政施仁，必先斯四者。此外聋瞽废疾、痴呆、瘘躄之民，待食于人，不能自养。天地之大，犹有所憾，非惟中国为然也，通古今，达内外，一而已矣。是王政之始也，圣功之终也，古帝王之所繇，为天地立心，为生民立命者也。自睦姻任恤之典废，而贫穷乏绝之患多，直省间有善堂，而杯水车薪，迄何以济？措施无具，董劝无方，三古遗规，澌灭尽矣。

彼泰西诸国之善举，法良意美，规制精详，有必应仿而行之者，厥有八事：一曰施医院。院中男女异室，衣衾、饮食、药饵皆备，更设图画、器玩，以娱乐之。病愈之时，舁送别室，调理安善，乃听其归。中堂罗列证治诸方，备学医者之考察。每院医人数百，病者数千，经费充盈，捐诸绅富。一曰育婴堂。男女自初生至七八岁，皆可留养。每房十六榻，二榻相并，一为乳媪，一卧婴儿，衣食起居，无不精洁。及四五岁，既使识字读书，教以技能，由粗而精，渐开智虑，既冠后量材授事，皆能自赡身家。其费半出民捐，半提官款，总管司事，体恤周详，多有富室婴孩亦托堂中教养者。一曰义学堂。贫民子弟自五岁以上，皆令入塾读书，并习工商之事，弃而不学者，罪其父母。或有旷废，则其师严督之，至再至三，改而后已。更有富人自制练船，招致贫民学习驾驶，设立监督，期限二年，分派商船充当水手。一曰养老院。英国京城，计千有三百所，分处男妇之穷老而无告者，衣履完善，饮馔适宜。或尚能工作缝纫，给以器物，制而售之，半畀本人，半充院费。经费亦官民共任之。国君时一临观，以昭郑重。一曰老儒会。国有寒士宿儒，虑其就食为耻，地方官吏继粟继肉，致诸其居。一曰绣花局。世家妇女，家道中落，茕独无依，居以邃室深堂，课以织作纺绣，官为货之。男子擅入者，有厉禁。一曰养废疾院。房舍整洁，聚聋哑瘫痪者，读书其中，就其所能，教以工作。一曰养瞽堂。堂皆盲者，而习工艺，亦能读书，所得工资，均存备本人之用。以上数者，略举大凡。

中国之通邑大都，间存古意，以云爱人如己，忧国如家，规制精详，一无流弊，则概乎其未之有闻也。宜由出使诸臣，别类分门，详加翻译，然后参酌定制，一律颁行。牧令人之考成，经费筹诸本地，人之好善，谁不如我！上有好者，下必甚焉，此聪明睿知之圣人所以参天而赞地也。

报　馆

天生民而立之君，君者，群也，所以为民也。然而分隔势睽，堂高廉远，古人于是有谏鼓谤木之制，有采风问俗之官，惟恐下情不得上闻，上泽不能下究，所以防壅蔽而恤痌瘝者，如此其汲汲也。

秦以武功吞并六国，变封建而为郡县，舞文法以驭臣民，燔弃《诗》、《书》，愚我黔首，偶语者弃市，腹诽者有诛，暴戾恣睢，及二世而土崩瓦解。后世人主沿袭余波，虽苛政渐除，而舆情终抑。唐宋以下，给谏侍御，言路亦有专官，然而风影传闻，结援树党，闾阎之疾苦，安得遽登台省之章疏也？况乎忌讳猥多，刑戮不免，所谓言者无罪，闻者足戒，昔有其语，今无其事，盖暴秦之为祸烈矣。本朝圣神相继，爱民纳谏，不罪言官，顾廊庙虽高，不讳之风，草野尚有难通之隐，积重之势，未易遽回也。

泰西报馆之设，其国初亦禁之，后见其公是公非，实足达君民之隔阂，遂听其开设，以广见闻，迄今数十年，风气日开，功效日著。制一精器，登报以速流传，而工作兴矣。立一公司，入报以招贸易，而商途辟矣。与国之政令，朝夕可通，而敌情得矣。刑司之谳辞，纤毫必具，而公道彰矣。耳目所经，聪明益浚。至于探一新地，行一新政，见一新理，得一新闻，皆可与天下之人同参共证，所谓不出户庭而周知天下之事者，非报馆无由也。比年各省水旱偏灾，重赖日报风行，有以感发善心，集捐巨款，明效大验，已如斯矣。惟各国报馆虽多，均其国人自设，法国并派员查阅，以示限制。中国于己则禁之，于他国则听之，偶肇兵端，难免不曲直混淆，荧惑视听，甚非所以尊国体而绝乱原也。

似宜晓谕民间，准其自设，资本不足，官助其成。偶值开衅之时，必派专员稽察。主笔者公明谅直，三年无过，地方官吏据实保荐，予以出身。其或颠倒是非，不知自爱，亦宜檄令易人，一切均仿泰西报馆章程办理。至西人报馆，宜与各使妥议，毋许再出华字报章，否则按月缴捐，仍须派人查阅。此事不载通商之约，本属中国自主之权，各国当亦无词以拒也。论者辄以前此日报鄙夷中国，痛绝其事，并深恶其人，而不知桀犬吠尧，各为其主，国之利器，不可假人。

今报纸之流行广矣，华人知日报之益者多矣，一转移间，则诸利皆兴，而诸弊皆去。集思益广，四民之智识宏开，殚见博闻，万里之形声不隔，高掌远蹠，明目达聪，修益地之图，补职方之志，此亦大一统之先声嚆矢也，而顾可忽视乎哉！

外篇卷下

议　　院

泰西议院之法，本古人悬鞀建铎、闾师党正之遗意，合君民为一体，通上下为一心，即孟子所称"庶人在官"者，英美各邦所以强兵富国、纵横四海之根原也。夫欧洲数百年之先，亦正多事矣，其君以暴戾恣睢为快，其民以犯上作乱为常，几无一国得安，亦无百年不乱。华盛顿以编户之细民苦英人之虐政，风驰霆击，崛起美洲，既有国而不私于一身，遂立民主之制，定议院之规，可否从违，付诸公论。泰西各国靡然向风，民气日舒，君威亦日振。

今各国有君主者，俄罗斯、土耳其是已；有民主者，美利坚、法兰西、瑞士诸国是已；有君民共主者，英吉利、德意志、意大利诸国及东洋之日本是已。所谓君主者，有上议院，无下议院，军国大事概掌于官，而民不得预闻焉者也；所谓民主者，有下议院而无上议院，朝章国政及岁需之款，概决于民，而君亦几同守府者也。惟君民共主之国，有上议院，国家爵命之官也，有下议院，绅民公举之员也。院之或开或散有定期，事之或行或止有定论，人之或贤或否有定评，国用有例支、有公积，例支以给岁费，公积以备不虞，必君民上下询谋佥同，始能动用，公积不足则各出私财以佐之，此所以举无过言、行无废事、如身使臂、如臂使指、一心一德、合众志以成城也。即敌国外患纷至沓来，力竭势孤，莫能支柱，而人心不死，国步难移，积土成山，积流成海，能胜而不能败，能败而不能亡。英人创之于前，德国踵之于后，所以威行海表、未艾方兴者，非倖也，数也。圣人复起，无以易之也。

前倡乡官之议，实与议院略同，必列荐绅方能入选，县选之达于府，府举之达于省，省保之达于朝，皆仿泰西投匭公举之法，以举主多者为准。设院以处之，给俸以养之，有大利弊，会议从违，此下议院之法也。阁部会议，本有旧章，惟语多模棱，事无专责，亦宜特建议院，以免依违，此上议院之法也。

或曰：若是，得毋挠国法乎？不知国家设官分职，本以为民，兼听则明，偏听则暗，事之行否，仍由在上者主之。暴秦二世而亡，而三代以前享国长久者，公私之别耳。今通邑大都，多有绅商董事，有事秉公理处，争讼日稀，惟力薄权轻，无由上达耳，未闻绅董之害政而疑于议院之抗官乎！况今日万国通商，要求无厌，既立议院，即可以民情不顺力拒坚持，合亿万人为一心，莫善于此。夫民心即天心也，下协民情即上符天道，防民之口甚于防川，导之而使言，进之而使通，联之而使合，变通尽利，知几其神，此天之所以为天而圣之所以为圣也。

民 兵

国家岁出之数，莫大于兵饷；强兵与富国，其事两相妨也。《周官》司马之法，《管子》内政之篇，为寓兵于农之嚆矢。唐代府兵最为近古，而阅时未久，已复厎羸，后人召募纷纷，几竭度支之力。求其既不病国，亦可足兵，计日程功，历久而仍无弊者，其惟泰西之武备院乎？

当中国道光之初，法王拿波仑第一，以枭杰之姿，席盛强之势，善陈善战，虎视欧洲，普鲁士之君臣一战而皆为所虏，索偿兵费，割地成和，然限制普人养兵之数不得逾万，普王任贤相毕思马克，广设武备院，遍于国中，人尽为兵，兵皆入院，训练三载，方可即戎，十年为战兵，十年为守兵，老弱废疾孤子，例得优免，故普之胜法，征调至三百万人，法人国破王擒，一蹶几于不振，兵机将略，天下称之，戢法还师，遂成永制。未几而法人效之矣，未几而意、奥、俄、日效之矣。

法欲报普，意奥防法，而俄与日本亦复尤而效之者，其意皆在中国耳。彼之战事日益习，兵数日益增，而我尚掩聪塞明，不以为意，他日边陲有事，铁路随之，一则转饷征兵，源源不竭，一则左支右绌，岌岌可危，不待彼此交绥而胜败之机已决矣。况中国赋税所入逾万万金，养勇养兵，居其大半，民力已竭，兵备尚虚，江海防维仍无把握，虽所留者多百战劲卒，制伏莽则有余，再阅廿年而少者老、老者死，游手无赖羼杂其内，弊更甚于绿营，即外患不生，而天下之兵已疲惫而不堪复用，欲急加裁汰，外人之窥伺难防，欲虚与委蛇，内地之输将已困。

于此而筹一两全之策，莫如参用保甲屯田团练之意，仿泰西武备院而量为变通。盖中国生齿之蕃甲于天下，百人之内得一人为兵而已不可胜用也。宜详考德国规制，沿边沿海广立学堂，参酌中西，延聘教习，学成后编入兵籍，拨隶勇营，弁勇有缺，以次充补。仍将边海商民人等设立屯长，按时训练，军装器械出自公家，事毕缴官以防反侧，才能出众，奖以虚衔。有事时调集重操，给以俸饷，俾自为战守，统由地方牧令督率经理，一旦开衅，以勇队为战兵，练队为守兵，边省数多，腹地数少，优免之例不妨稍宽，俟规模大定之时，将绿营制兵概行遣撤，勇队之疲弱者亦可酌裁，国家岁省千万金，而兵数日增，饷数日减。无事之日仍可负耒耜以耕，有事之时不至驱市人而战，即他日精兵物故，宿将凋零，而继起有人，明习战阵，虽复强邻逼处，大敌环攻，亦复何患之有？措正施行，所操者约而所及者广，此之谓也。

炮 台

有明一代之边防，东起榆林，西迄宁夏，首尾万余里，建碉设堡，转饷征兵，天下骚动。二百余载，君臣上下孜孜然矻矻然日不暇给者，皆所以防蒙古也。本朝入关以来，大漠南北各汗王宿卫，婚姻悉为臣仆，穷边绝塞，险阻皆夷，内外安然，不见兵革。及道光咸丰而后，泰西各国叩关通市，师船络绎，窥伺东南，胁我以兵威，诱我以教人，蠹我以商务。疆臣鉴于覆辙，购船造炮，创立海军，广筑炮台，以图自守，规模略具，杼柚已空，自金复以抵琼崖，首尾亦万余里，边烽久息而海禁旋开，内患甫平而外忧方大，天下之患恒出于所备之外，非虚言也。

惟综观大势，旷览将来，恐中国之大患仍不在水而在陆，不在东南而在西北也。何以言之？西人初入中国，其意本重通商，海道往还，兵难久驻，苟非因利乘便则割据之，事究有所畏而不敢为，惟陆路壤土相连，转输既便，得寸则寸，得尺则尺，渐翦我羽翼，渐窥我腹心，蚕食鲸吞，胁以兵力，今俄罗斯属地与我毗连者，自黑龙江以迄西藏，袤延数万里。英人之印度，密迩川滇，法属之安南，接连桂粤，向之判如胡越，今则近在户庭矣，向也远隔关山，今则亲于唇齿矣。方且汲汲然伐山通道，行驶火车，以通商为名，以用兵为实，所谓项庄舞剑，其意皆在沛公者也。

宜令沿边各将军、都统、督抚大臣，亲历疆陲，相度险要，酌派勇队，增筑炮台，参用泰西之塞门德、中国之三合土，经营版筑，必精必坚，驻以选锋，守以洋炮，兵房药库，必慎防维，高垒深沟，必期联络。德国北境，地与俄邻，比年遍筑陆路炮台，高坚巩固。宜派员游历，测绘精图，互证参观，务求美善，然后择后路扼要之处，先修平路为营筑铁路之基，与武备院相辅而行，战守相资，缓急相救，开辟地利，教养边人，叠险重关，因时制变。

古之筹边者，不患寇敌之进窥也，在我有以应之而已；不以和好为可恃也，在我有以待之而已。先发制人，后发制于人。西伯利亚之铁路成，而东北西北之边防棘矣。彼俄人虎狼也，于此地经营二百年，竭通国之赀财以图一逞。其地东际大海，北枕冰洋，此项筑路之资，不取偿于中国、日本而何待乎？或尚轻信甘言，置之度外，朝菌不知晦朔，蟪蛄不知春秋，股掌之婴儿何足与谋大计哉？

公　法

古有帝者，神灵首出，刑威庆赏，所以持天下之平也。自王迹既微，圣人不作，喜则玉帛，怒则兵戈，天下泯泯棼棼，日趋于乱。五霸乃始假托仁义，挟天子以令诸侯，仗义执言，四海亦阴受其福，此泰西公法之所由滥觞也。迄乎战国之时，上无王下无霸，纵横捭阖，彼此以诈力相高，秦人蓄累世之威，席河山之险，鲸吞蚕食，远交近攻，连百万之师，战必胜，攻必取，六王俘虏并入咸阳，而天下之生民将尽矣。今之世，一七雄并峙之形也，力不足服人，何以屈万方之智勇，德不能冠世，莫能持四海之钧衡。德也，力也，相倚而成，亦相资为用者也。然而天下万国，众暴寡，小事大，弱役强，百年以来尚不至兽骇而鱼烂者，则公法之所保全为不少矣。

考公法初兴，肇于奥都维也纳之约，英吉利救邢存卫，俨然主牛耳之盟，嗣而法之巴黎继之，德之柏林又继之。俄之贪鸷不减强秦，而英君臣之远虑深谋迥异楚怀之愚闇，迩来泰西智士于公法讲明切究，渤有专书，总署同文馆教习丁韪良亦屡加翻译，惟比年有大交涉，西人辄谓奥都之约，中国未及与闻，则公法之行，中国亦不能援照，此瞽言也，亦欺论也。美利坚、日本诸邦，皆未与此约者也。

夫理之所在，以势为衡。今天下之强国惟俄罗斯，可以敌俄者，惟英吉利，然水师虽劲，陆兵尚单，其在欧西，昔交欢于法，今结援于德，俄人俯首息喙，乃改道而欲出珲春。日本地小民穷，欲致富强，尚需岁月。亚洲之可以拒俄者，惟中国耳。英与中、德之交不绝，则四海升平之局，虽再阅数百年可矣。知大局安危之所在，则盱衡时势可毋庸尊己而卑人；知中国关系之匪轻，则改易约章亦不必畏难而自阻。

宜将公法一学，设立专门，援古证今，折衷至当。盖中国道咸之际，当轴闇于外事，始也欺敌而败，终乃听客所为，太阿倒持，授人以柄，渊鱼丛雀，几兆已形，安可不据理援情力图补救耶？揣西人之隐衷，在当日则虑中国之过强，强则绝市闭关，将迫逐之不暇；在今日又虑中国之过弱，弱则强邻密迩，以肉饲虎，彼之祸害随之也。虽有智慧不如乘势，虽有镃基不如待时，伺间以批之，迎机以导之，盖有知之而未能遽行者矣，未有不知而能行者也。统维全局，洞悉外情，谁谓济济天朝不如区区日本乎？

使 才

夫子曰："行己有耻，使于四方，不辱君命，可谓士矣。"又曰："诵诗三百，授之以政不达，使于四方不能，专对虽多，亦奚以为知。"行人一职，见重《周官》，必体用兼该，经权具备，有大过人之才识者，乃能胜任而愉快也。春秋之世，季札、晏婴、叔向诸君子，皆以风流文采照映当时，修好联盟，隐系国家之轻重。迨汉武议开西域，张骞凿空博望封侯，所从吏卒，皆争言外国奇怪利害以相夸耀，言大者予节，小者为副。外国浸厌薄，乃禁绝食物以困辱之，汉使乏绝，争言外国灾害兵弱易击，遂有乌孙大宛之师。使命之非才，边衅之所由启也。

唐宋以还，夷夏迭相强弱，金缯书表，亦国体所关。本朝出使泰西，肇于图理琛之役，然意主抚循藩部，轺车所指，仅及里海之滨，尚未至俄京彼得罗堡也。同治而后，五口通商，使命往还，遂成故事，周旋坛坫，岂曰无人？而等量而观，终觉彼之气盛而我之气衰，彼之势伸而我之势屈者，此其间有大弊焉，不可不察也。彼之使者，皆考察本末，慎选贤才，洞知彼此之情形，熟悉坤舆之大势，一事之从违可否，确然有见于中，一身之利害，死生漠然，不以为意，以保商务，以张国威，以侦敌情，以敦睦谊。而我所遣之使，或书生迂腐，不达外情，或新进浮夸，未谙政体，重以当道节省经费，参佐任用私人，非以寒俭开轻藐之端，即以浮薄启侵陵之渐，名实交丧，威重日摧。矫其弊者，乃避客杜门，一无事事，迁延三载，坐待保升，尸位素餐，徒糜巨款，苟责以不能举职，则诿于兵船之不至也，党类之太孤也，独不思彼国使臣亦何尝辄调兵轮、轻开战事乎？夫伊古以来，使事之难，莫此时若矣。而窃观出使诸臣河上逍遥，易莫易于此者，抑独何也？

宜令内外大臣，保举使才，必须兼采论著，发策考试，以验真才。参赞随员，关系亦重，预饬中外保举贤员，定期扃试，取录者总署记名，使臣按单拣员奏调，不得瞻徇亲故，任意滥竽。三载而还，核计功绩，随员可升参赞，参赞可放使臣，使臣可入总署，心力专注而以一考为之基。使臣职任，宜仿泰西，申举《周礼》小行人之职，辨物反命，广译西书，以周知天下之故，上尊国体，下养人才，及返国之时，皆宏济艰难之良佐矣。否则，因徇苟且，年复一年，徒开侥幸之门，孰任仔肩之寄，远人腾笑，强敌生心，求其熟察夷情、不辱君命如曾纪泽者，有几人哉！《兵法》曰："知己知彼，百战百胜。”《传》曰：“兼听则明，偏听则暗。”老成谋国者，可以思矣。

驿 传

天下之土地由狭而广也，邦国由分而合也，事变由少而多也。古之时，王畿千里，区以五服，别以九州，各子其民，各君其国，自为风气，不相往来。秦并诸侯，汉开边境，自是而后，土宇日辟，生齿日蕃，世变日纷，则驿传日重，置邮传命，达意通情，无君民上下，皆欲之，皆用之，皆需之，此自然之理也。

中国置驿设台，专递公文，不通私信，经费既巨，流弊孔多，道路稽延，人马瘦毙，及军情瞬息，警报纷纭，虽有官司，仍虞旷误。各省会及沿海要地，多增设文报局，以捷信音。商民远适他方，声闻暌隔，黠者创立信局，用便旅人。各口轮舶既通，推行日广，然办理一切，官不过问，故劫掠逃闭之事，时有所闻。且陆路收资为数过巨，国家岁费帑金百万，而膏泽不逮于民。分道扬镳，上下交病，已大非君民一体之盛心矣。况信局惟利是图，耳目见闻，有所不及，遂有土匪伏莽，逆书秘信任意飞传，而塘报迁延乃反瞠乎其后。疏虞之患，何可胜言！

今泰西诸邦，均设立书信馆，公文私信，一律通传，酌收微资，以资津帖，不惟设驿之费绰乎有余，而积少成多，遂为每岁大宗之入款。官私利便，消息灵通，既易稽查，永无遗误，利民利国，二者兼之矣。惟闻近日总税务司，有延订西人代为经理之说，无论民情疑怪，易滋事端，而履霜坚冰，尤不可不防其渐。盖天下之事，譬诸一身，土地犹肌肉也，财货犹膏血也，而驿传四达则脉络之所流行也。沿海税关既以相授，而声息之筦钥复举而畀诸异国之人，则天下大权咸归掌握，即英人不贪土地，设彼自为操莽，何以御之？此存亡祸福之机缄，必不可轻心以掉者也。

窃谓西人决不能用而西法必应仿行，责成出使诸臣，将各国书信馆章程详加翻译，参酌旧制，议立新章，以现在驿站塘汛为之基，而各省镇埠乡村均设分局，量收信费，酌派贤员，缕析条分，实心经理，稍有私弊，立予撤参。每岁所收专款报部，仍由各省臬司督办，现有信局饬令闭歇，仍将夫役人等收入官局，俾得驾轻就熟，且免失业为匪。民间寄信之资，统照信局酌减一半，刊刷凭纸，无论何处均可计日飞达，以便闾阎，仍与电报局联为一气。中国地大物博，商旅繁多，通一岁计之，所入当不下二三千万，而官报之往来愈捷，民财之节省已多，大憝勾通，预筹防范，穷民奔走，益广生机，惟一二垄断之信局、商人稍失重利。然利多害少，取信商民，言筹饷于今，兹计无便于此者。独是国之利器，不可假人，苟以赫德为之，则其害亦反是。毫厘千里，移步换形，所望于彼己之间，熟思审处，毋倚其小忠小信而自贻后患于无穷也。

刑　法

五刑之作，肇始蚩尤，自尧、舜、禹、汤、文、武以来，代有损益。《周礼》大司寇掌建邦之三典，以佐王刑邦国诘四方，司刑掌五刑之法，以丽万民之罪，然五禁五戒，以防其犯，三刺五听，以察其冤，三宥三赦，八议以宽。其罚刑者，非先王之所得已也，然吕刑具在，剕宫墨劓，其罚三千，三族九族之诛，千锾百锾之罚。自汉而后，代加禁革，所存者斩绞军流而已。颇疑五刑五用，昔重今轻，律例相沿，不宜增减矣。

泰西古制，放火害人者，焚而毙之；夜获穿窬，格杀勿论；奴婢犯窃，投畀悬崖；一马一牛，均科死罪。今一切除去，即罪至叛逆，亦惟缢而死之。诚以断者不可复续，死者不可复生，以不忍人之心，行不忍人之政，无中外古今一也。惟彼此相衡，仍觉西轻而中重，每有交涉，动启纷争，泰西领事诸官，乃得操会审之权，不复以与国相待。日本，东瀛小国耳，而西人之商于其地者，俯首服罪而无辞，国体所关，非细事矣。

窃谓中西刑律，各有所长，允宜斟酌其间，变通尽利。盖刑罚过重，不足以禁暴除邪，徒绝人为善之路而已。西律有古意尚存者三事焉：

一曰监禁作工。《周礼》司寇以圜土聚教罢民，害人者，置之圜土而施职事焉，以明刑耻之。西制罪人入狱，必习一业，男执技艺，女督缝纫，工资半给本人，半充公用，出罪之日，则资本俱足，学业已成，所谓施职事以耻之者。今乃土室棘垣，暗无天日，赭衣黑索，惨受拘挛，禁卒甚于虎狼，秽气蒸为疠疫，此非人理，不可不禁者也。

一曰轻犯充役。《周礼》有罪者坐诸嘉石，役诸司空，重罪旬有三日坐期，役其次，九月、七月、五月、三月使州里任之，则宥而舍之。泰西罪犯，皆督以营建、开垦诸工，趋役有期，不劳而集，而度支之节省已多矣。

一曰入锾赎罪。金作赎刑，著于《尧典》。自罚锾禁革，徒为贪官蠹役借端婪索之资，阳持之而阴纵之，大吏何由觉察也？泰西轻罚入锾，轻重有差，用以修理街衢，洁清道路，原情定罪，化私为公，此不可不法也。

中国有变本加厉而首应限制者，一事焉，曰笞杖。笞杖之制，仿于扑作，教刑立意，未尝不美，而相沿既久，酷吏借以杀人，多有小过非辜立毙杖下者。似应严加禁约，明定章程，勿使无知小民横遭冤酷也。今日刑曹之长，于重罪多主平反而于轻罚未尝措意，鞭箠桎梏，与死为邻。夫天下之至可怜者，轻罪也，而天下之至易虐者，愚民也。刑禁不悬，司刺不举，惟明克允择善而从，是所望于视民如伤之君若相矣。

旅　　人

《传》曰："国以民为本，民以食为天。"我有民而不能自养之，而使之乞食他邦，羁身异域，已大非先王敬天爱民之本意矣。况今日出洋谋生之众，多至数百万人，其去也漫无稽查，其归也转加以禁锢，如秦越人之肥瘠，漠然不加喜戚于心，堕溷飘茵，莫知其极，是弃民也。弃民者，不仁孰甚焉？粤之前督有见于此，尝派员游历，议增设领事以慰安之，而美、日、秘之使臣，畏难苟安，不知大体，辄谓华人生长其地，已无内向之心，兼受制西人，虽有官司，将成虚设，自有此奏，而当日之良法美意举属空言矣。夫威令之不行，非一朝一夕之故矣。今日之事，如追放豚，既入其苙，又从而招之，招之而不至，民之罪也，逆亿其不至而竟置不招，则国家之过也。

比闻海外华民，伏腊婚丧，仍遵国制，入彼籍者寥寥无人，偶见汉官威仪，拍手欢迎，争先恐后。富人子弟，均读书应举，以一至京国为荣，及帖报泥金，则父母国人交相喜慰。迩来畿东水患，前后捐赈至数百万金，各省派员远道劝捐，争得头衔，以相夸耀。民情如此，而谓其食毛践土、已忘本朝焉，谁其信之？

夫财者，人之所惜，而习近忘远者，人之情也。敌之国势方张，我之海军不至，所设领事又未必皆忠信明决，足以取重远人，而议者辄先以就地筹款为词，欲剥彼之私囊以充公用，日后形格势禁，其能否保护，尚未可知，而目下之虚糜固已补疮而剜肉，夫亦何怪其然也。此其间有微权焉，先著焉，无他，稽其往，获其来，结以恩，孚以信而已矣。父母之于子也，家居者视若泛常耳，及其服贾四方，则远送于门，倚闾而望，戒其行李，慎以风霜，岂薄于彼而厚于此哉？出与处之不同也。今我之民，拐贩而去，既不能防护于先，挟赀而归，或更且摧残于后，爱民如子之谓，何矣？

宜于香港、澳门及各商埠设立总局，稽查保护出洋商民，愿出谋生者，入局报名，官给船费，与所往之国订立合同，量扣工资，议定年限，如有疾病年老或久假思归，力难自脱，准随在具呈领事，知照各局，代整归装，其怀挟重资，欲归故里，入境后诣局报名，给以护照，令所在官吏加意扶持，有侵凌诈索者，重治其罪。庶远适异国不忧资斧之限，复归故乡得享田园之乐。其现在各岛为工为商，亦宜考其生计之盈虚，察其风俗之美恶，审其户口，联其性情，禁其奢淫，除其疾苦，而后四海喁喁然向风慕义，官司可以增设，而政教可以渐行也。

南 洋

今之筹海者，毋遽及西洋也，筹控制南洋而足矣。明成祖之明，能见万里之外矣。维时泰西商舶，甫得穷探印度，泛海而东，而中国之宝船，已震兵威于爪哇、浡泥诸岛。终明之世，二百余载，畏神服教，朝贡弗衰。迄中叶以还，始乞地澳门，窃据台湾，以为窟穴。西士之聪颖者，亦得以巧思奇器自达于京师，然疥癣之疾，虮虱之臣，毫不足为中国轻重。入者主之，出者奴之，亦当日赫濯之声灵有以摄之也。

本朝威武所加，偏于西北，而东南沿海，自台湾一岛外，均度外置之，各岛夷隔绝重溟，无所归命，西人迟之又久，乃渐肆鲸吞蚕食之心，倚其珠玑、材木、香椒、珍错之饶，以运售于中国。故南洋者，西人之外府也，中国弃之而后西人得而窃之者也。论者辄谓泰西各国相距七万里，限以重瀛，虽鞭之长不及马腹，而不知其精神命脉，均在南洋。苟能次第挽回，因海外之华民以渐收其权利，则因宜制变，此虏已在掌中矣。控制之方，厥有四策：

一曰设官司。新加坡领事权轻望浅，往返禀命，动辄兼旬，而距粤东海程，不过三日，宜于其地专驻使臣，管理各岛华民交涉之事，各埠均设领事以隶之，经费所需，概由内地筹给。

二曰护商旅。商旅所萃，不可无官以理之，尤不可无兵以护之，南北洋海军，宜岁〔随〕时游历，仍准各埠保举商董，捐置兵轮，以顺民情，以张国势。

三曰建学校。人必读书明理，而后聪颖特达，不甘受制于他人。西人于属地之民，咸加抑勒，亦遂无能自拔者。宜由国家于每埠拨给帑金数千，创建书院，广劝中外富商巨贾捐集膏火之资，教以中西之学，慎选山长，严定课程，即由领事各官主持经理。

四曰举贤才。生齿至数百万之众，茂材异等，岂曰无人？在上者无以劝之，斯湮没不出耳。书院肄业诸生，宜仿内地岁科两试，由使臣兼管学政，选补博士弟子员录送科场，官给资斧，愿就艺学科者听之，果于中西各学总贯淹通，使臣保送到京，破格擢用，则山陬海澨无弃材矣。

夫西人阅历既多，狡谲滋甚，华民之寄居其地者，固未易遽脱羁绊，就我范围。然各国生齿不蕃，势力相等，欲兴商埠，必用华人，所患者西人皆学而华人不学，故终为人役耳。岁费数万金，以罗海外之才，以待欧西之变，他日必有奇材硕彦应运而生，为海上之夫余以藩屏中国者。故海大水也，西人成梁者也，华人问渡者也，南洋者，东西之枢纽，而他年大一统之权舆也。

海　图

海亦地所函也。伊古以来，有地图无海图，巨浸稽天，莫知其极。于是而十洲三岛，种种幻异荒唐之说起焉。泰西之智士，倚其舟楫之利，航海西行，既得亚美利加南北两洲而开辟之，复徙国人以实之矣。壮心未已，遵海而南，乃泛太平洋而西，历日本、中国，以达印度，始知坤舆全体浑浑而圆，山海高深，实相附丽，大气所摄，旋转天中，此万古圣人所未开之秘钥也。

近今百载，富商巨贾络绎往来，一苇可杭，几如户阈，复有精思绝诣，创造火轮、舟车，天马猋云不足喻其神速，从此海天万里，荡荡平平，环地球一周者，相续于道，虽博辨之士，不复能信古而疑今，即跛躄之夫，亦得以穷深而极远。比来泰西各国图经日夥，而中国明智之士，亦遂有《瀛环志略》、《海国图志》之刊，博矣！昌矣！美矣！备矣！吾人何幸而生当此际，乃得见古人之目所未见，闻古人之耳所未闻也。

惟是中外诸书，仅详其略，至于风潮之变易、沙线之迁移、岛屿之纷歧、程途之迂曲、斗极星躔之伏见、炎天冰海之往来，验以天文，征诸物产，偶有兵事，则电音飞达，晷刻不逾，转饷征兵，风驰雾合，不有以考察于平日，何能应机立赴，履险如夷，合九万里之遥，瞭然若指诸其掌乎？故英法诸国创设海军，即以考察海图为首务，兵轮巡历，鱼贯蝉联，所至纪其见闻，量其度数，究其异同分合之所以然。当事者集思广益，聚而稽之，其或偶有变差，则遍谕军民，使知趋避，日省月试，岁课其成，稽之如此其详也，防之如此其密也，此其所以纵横四海、凌轹万邦之左券也。或者鳃鳃然仅于船坚炮利求之，抑亦末矣。中国于海道素未究心，不惟浩渺重洋莫测涯涘，即海疆附近十里百里之间，亦如瞽者，遵途罔知所向。彼明而我昧，彼智而我愚，彼触处皆通，我所如辄阻，何待两军相见，骨腾肉飞而后知卵石之不能相敌哉！

今已幡然变计，仿立海军，铁舰鱼雷，规模略备，惟考察海图之举，寂然未有所闻。宜由出使诸臣访订精图，详为翻译，仍令海军提督督率将佐，加意讲求，由粗及精，自近而远，勤奋者奖，怠慢者诛，仍仿设练船，稽其成效，他日推行浸广，测算益精，非惟成竹在胸，即人才亦当辈出矣。否则彼日进我日退，彼益强我益弱，巧拙相越，胜负相悬，虽再历数十年、数百年，正恐后之视今亦犹今之视昔也。谁非人子？谁非人臣？君父之疾深矣，革矣，乃犹矜心尚气，坐视危亡，诩诩然自以为忠且孝也，千载而下，其谓之何？

渔　团

当法越肇衅之初，当事有劝办渔团之议，或乃铺张扬厉，一若师船不足深恃，惟此沿海渔人百万，狎习风涛，四面环攻，出其不意，足以为制胜克敌之方者。议论虽多，卒无端绪，迁延数月而和议成矣。续有悉外邦之事势、熟海上之情形者，谓溟渤风潮，雷轰霆击，人力至此而穷，西人巨炮坚船，以铁网鱼雷、快枪电灯相辅，昕夕严备，行驶如飞，智勇无所施，追击不能及，泰山压卵，当之则糜。《兵法》曰："置之死地而后生。"尚有可生之望耳。既已决不能生，又安能概责之以死也？故渔团一事，以备寻常海盗，或可收铅刀一割之功，而非所论于"今日之海军，泰西之强敌也"之二说者，皆是也，而皆非也。

夫渔团者，当编查于平日，而不能取办于临时，当以防奸细、绝接济、禁登岸为功，而不能倚以为御侮攻坚之用。何以言之？彼渔人者，皆中国之民也。其畏死贪利之心，亦与常人等耳，平日置诸度外，一旦有事，遽欲编之卒伍，置之前敌，驱之于枪林弹雨之中，虽黄金满前，白刃在后，犹有畏避不遑者，岂区区一纸公文遂能作其忠义之气乎？然渔人虽贱，固犹中国之民也，乃任其流荡而罔归，漫散而无纪，存亡众寡，莫悉端倪，合天下万邦亦未有粗疏阔略如中国者，何怪其通匪济贼，惟利是趋，不知自爱也？

宜令沿海各省，略仿保甲，查办渔团，选立正人以为之长，妥筹经费，慎选贤员，购备枪刀，督率训练，阅操既毕，缴械于官。为首之人，给以月饷，海波帖妥，各自谋生，及兵事已开，则纠集壮丁驻守其地，仍拨帑恩恤以结其心，庶令下如流水之归，不至临事张皇，徒增惊扰矣。

泰西各国相距七万里，调一兵之费需数百金，恒以利饵贫民冲冒锋刃，无知赤子受其指嗾，自蹈死亡，今教练而稽查之，则诱胁之端可绝，以防奸宄，一也。海舶薪粮虽备，而新蔬淡水，必购诸陆地之居人，查禁既严，则取携非便，以绝接济，二也。中国百产具备，无假外求，故封禁口门，不足以困我，惟海疆万里，口岸繁多，处处设防，兵力有所不及，相持既久，彼将登岸攻城，渔团伺便焚船，以绝归路，跋前疐〔疐〕后，必有戒心，以禁登岸，三也。此三者，皆就彼之所能以补陆师海军之不足。若辈生长海滋日久，岂无杰出之才乘隙立功、以取富贵者？

苟遽责以忘身殉国，冒险冲锋，则舟舰之大小悬殊，器械之良楛倍蓰，势力之强弱天渊，性命鸿毛，轻于一掷，即重赏之下，亦未必果有勇夫也。况持斗酒豚蹄而祝篝车之并满哉！故渔团者，可恃而不可恃，不可恃而可恃者也。不思利而思害，不以战而以守，不用短而用长，于器使因材之道，思过半矣。

天　文

天文者，历法之根原也。繄昔五官分命，敬授人时，一统宏规，首颁正朔。《周礼》冯相保章之职，附隶春官，志日月星辰之变迁，以辨四时之叙嗣，是司天修，历代有专官，岁实日元，愈推愈密。元人先并西域，始入中原，故太史所司，参具回回之历。明因郭守敬之旧，日久迁变，疏舛已多。西士利玛窦诸人，乃举其奇器巧思，重译而献之中国。徐光启、李之藻辈，递相传习，亦能洞见本原。维时心学盛行，卒未能致诸实用。逮我圣祖皇帝，圣神天纵，博学多能，始作«考成»、«精蕴»诸篇，察璿玑玉衡以齐七政。而梅文鼎、王锡阐等，并以精思神悟，总贯中西，煌煌乎一统无外之规模，开于是矣。

自时厥后，寰海倾风，经师畴人，相续不绝，前有戴震之属，析理日精，近有李善兰之俦，译书愈广，西人叹服，谓彼国之人，多明数而不明理，知其当然而不知其所以然，惟华人理数兼赅，精粗一贯。借根代数，本东来法，传入泰西，今几何之书，复归中国，抱遗守缺，正自有人知此理之终存天壤也。惟窥筒测器，弥近弥精，四百年来，畴人辈出，知地球自转，绕日而行，则一切本轮均轮之说可废矣，知日与恒星亦有微动，则一切岁实岁差之故可明矣。五星及地球外，至远者尚有天王、海王二星，绕日之小行星多至一百二十有九，金、火、木、土诸星，均有一月或数月绕之。行星绕日及月绕本星之迟疾，各各不同。列宿皆系恒星，与日相类，光体摄力，大小迥殊，盖自有三率比例之方，显微回光之镜，皆能考其运行之度，衡其轻重之数，校其高庳远近之差，而日躔月离，遂以曲畅旁通，更无疑滞，至于潮汐之消长、彗孛之隐见、风霆之止作、群星列宿之交会伏留，古人所为六合之外存而不论者，均测以常理，得其常数，先知预测，合节同符，不可谓非千秋快事矣。惟中国钦天监寺，虽有专司，习故安常，绝无新得，偶有才俊之士，略窥门径，又苦于从师之无力，测器之不全，昧者不及知，知者不及学，天下之大，明习天文者寥寥无人焉，亦国家之深耻也。

谓宜慎选监正，增给俸廉，博征明算之人出洋学习，购备精器，岁课其成，有能自出心思测验新理者，给以岁俸，奖以虚衔，苟愿为官，授以监职，如有日食及五星过日诸事，仍先期筹款，派员分测，以验道里蒙气之差。夫占星揆日，治历明时，非直以为观美也。

比来泰西诸国，勇猛精进，新法日多，邦人之趋向无歧，海宇之聪明愈辟，民情国势兴也勃焉。土耳其、波斯、印度及诸岛夷，则四序昏蒙，罔知甲子，内讧外削，亡也忽焉。伊古以来，未有不知天不知人而可以开物成务者。慎毋怠慢因循，为海外远人所窃笑也。

电　学

三百年来，泰西之智士致知格物，精究天人，窃我绪余，成其绝诣，遂有天学、地学、化学、重学、光学诸科，咸竟委穷原，因此达彼良工利器，益国便民，而四海之气象规模，焕然为之一变。各学源流授受，经纬分明，尽屏虚无，归诸实测，即深远难知之理，皆耳目之所共见而共闻，造极登峰已有止境矣。惟电学一事，虽已有电报、电灯、电筒、电车之制，宜民利用，巧夺天工，而电之气何自生，电之力何所极，彼国之老师宿学，皆不能悉其当然，更未能深明其所由然也。

夫电之为用，因雷霆下击，气类硫磺，故考验其间，愈推愈广。今日之所用，干电与湿电而已，磨荡之电与化分化合之电而已。电之效用于人者，生力生光二事而已。然电信则一丝飞递，不越须臾；电筒则万里传声，如亲謦欬；电灯之皎洁，星月不能掩其明；电车之飞驰，龙象不能齐其力。九天之上，九地之下，五洲万国，南北二极之间，气之所至而电即至焉，气之所不至而电亦至焉。万物皆有象，而电则出于虚空，万理皆有涯，而电则旷无边际。因疑地球绕日，即为日中之电力所持，月绕地球，实为地中之电力所摄，而五星绕日，与地球分道而行，圜则九重，永无凌犯，月不折入于地，地与众行星不折入于日，亦各有电力相维相制，以终古无穷。

维人亦然，人身之电力，必与空中之电力轻重相等，故起居坐作，得以自由。下至飞潜动植之伦，各有生机，即各函电力同生并育，适如其分量之所必须。故电也者，造化之端倪，上帝生天生地、成人成物之神机妙用也。虚而拟之，则道也，性也，生也；实而征之，则光也，热也，气也。皆未知其一而二也，二而一也，一与一为二，二与一为三也。是故巧思奇器，其力皆有所限，其量皆有所穷。电则疑鬼疑神，非真非幻，语大莫载，语小莫破，无远弗届，无坚弗摧。惜开辟五千年，未得用之之法耳。今用之未及百年，不过亿万分之一而已，耳目筋骸之尽废，且言思拟议之俱穷矣。

泰西各天文台，皆设暗房，察地下所升之电，阴晴风雨，如响应声，而于气之所生，力之所极，仍博求新理，汲汲不遑。谓宜荟萃群言，参仿规制，穷思力索，得其统宗，此亦他日师夷制夷之枢纽也。夫磁石引针，琥珀拾芥，物理相制，同气相求。火器始于元人，电学源于火器，仅泥粗迹，未底精深，固已霆击雷轰，杀人无算，杀机极而生机伏矣。美国力士失毕大江，瀑布千寻，所生之电足给一城机器之用。中国之瀑布多矣，长江大河深矣，远矣，人巧极而天工错，取精多而用物宏。今何时也？斯何世也？而尚龂龂然执管以窥天、胶柱而鼓瑟也，斯天下之大愚已。

格　致

自《大学》“格致”一篇亡于秦火，西汉黄老之学朝野盛行，东汉明帝夜梦金人，佛教亦乘虚而入中国。迄今二千载，中国贤知之士溺于高远，而清净寂灭之说，遂深中于人心。汉儒守缺抱残，穿凿附会，泥于礼文之迹，未窥制作之原；宋人析理虽精，而流弊之所归，亦苦于有体而无用，与二氏无以大远也。大抵束缚智勇，掩塞聪明，锢之于寻行数墨之中，闭之于见性明心之内，其盛也，可以消磨志气，忘机寡欲，使乱阶无自而生，其究也，手足拘挛，爪牙亏折，中原万里，旷若无人，而外患之来，遂横溃侧出而不可救药。

印度自汉以后，释教大兴，而一并于天方，再夷于蒙古，三灭于英吉利，合五部八千万之众，束手而受制他人。故二氏者，弱国之枢也，贫国之券也，即亡国之祸首罪魁也。中国自格致无传，典章散佚，高明沉潜之士，皆好为高论，而不知自蹈于虚无，遂使万古名邦，气象苶然，将为印度之续。天恻然悯之，皇然思所以救之，乃以泰西各国所窃中国古圣之绪余，精益求精，还之于中国。中国之人，遁天倍情，忘其所受，乃强分彼此，疑而却之，窃以为非计也。

夫泰西之天学，占星揆日，足资修历授时者，我圣祖皇帝既已采而用之矣。有地学焉，识五金之质，辨九土之宜，析山海以豪芒，得神奇于朽腐，而地无遗利矣；有化学焉，别五行之精气，审万类之性情，分之合之以尽神，参伍之错综之以尽变，而物无弃材矣；有植物学焉，判天时之寒热，考地力之肥硗，去其所害而性不伤，聚其所欲而生乃遂，则庶汇蕃矣；有工艺学焉，竭心思耳目之能，广水火木金之用，寓灵奇于规矩，穷变化于鬼神，则百货备矣；有重学焉，古法有所未备，人力有所必穷，动之静之而用殊，假之借之而事集，则无塞非通矣；有光学焉，导水以生火，积气以燃灯，回光窥日月之精，照海绝风云之阻，则无微不显矣。此数者，只其大略，以外所得之新理，所创之新法，所成之新器，所著之新书，万族千名，更仆而未能悉数，而固非别有奇奥也。

其道至庸，易知易能，宜民而利用，而固非索之虚无也。其事至实，愚夫愚妇，习见而共闻，小叩小鸣，大用大效，变通尽利，因应无方，洵足窥《大学》之渊源，亦以补《冬官》之阙佚。视二氏之课虚叩寂，谈元说空，率天下之人入于幽暗昏蒙之域者，其贤不肖何如也？作者之谓圣，述者之谓明，此古人格致之真功，三代富强之实效。秦政燔书之后，迁转至于欧西，彼自以久假而归之，我疑为异学而摈之，嚣嚣然自命为圣人之徒，而不知其背古逆天，贻诮于天下后世也。于何辨之？辨之于有益无益、仁与不仁而已矣。

西　医

中国之医学，导源于神农、黄帝、岐伯诸圣人，«本草»、«灵枢»、«素问»之编，精矣备矣。越人扁鹊，别著«难经»，脉络稍殊，指归则一，惜理法虽具而方剂无传。及后汉张机所述«伤寒»，金匮之书，始别类分门，灿然明备。考古者，因«汉志»未经著录，遂疑«内经»卷帙皆后人依托附会之辞，而不知其精理名言有断非俗儒所能作伪者。唐、宋、元、明以后，采摭益杂，方术益歧，今人每见经方，辄生疑沮，于古人寿世保生之意，愈久而愈失其真。医理之不明，疾病夭札之所由接踵也。惟古人治病汤剂，特其一端，其针灸外治诸方，失传已久，«书»、«传»所载诸治验，虽或夸张失实，然汤散之不及，必有他法以佐之，无疑义也。今天下医日多，药日杂，病者不及择，死者不可稽，而泰西之医，乃盛行于中国。

考泰西医术，始于希布可拉弟司，当中国周贞定王时，著书六十余种。迩来精研化学，推阐日精，医者授于师，掌于官，器必求全，药皆自制，偶有不治，必考其由，与«周礼»所谓十全为上，失一次之，失二次之，失三次之，失四为下，死终，则各书其所以而达于医师者，用意适合。今之论者，或抑此而伸彼，或摈西而袒中，各尊所闻，莫能轩轾而要之，中国则漫无稽考，日退之机也，泰西则加意讲求，日进之势也。

窃尝取彼国医书而读之，固亦各有短长矣。西人病死则剖视之，故全体脉络，考验最详，然所见者，已死之筋骸藏腑也。至于生气之流行，化机之运动，尚有非耳目所得见闻者。执朽腐以溯神奇，安必果能吻合，故西医常泥于实，而中医常失于虚，西人内证诸方，用金鸡那阿芙蓉者，十居八九，摄邪入胃，而使之下行，苟中气素虚，恒以伏留致困。惟内证而兼外证者，则精粗咸备，取效如神，庶几古人割皮、解肌、剔筋、搦髓之遗意。故西医之法，参而用之，可也，舍而从之，不可也。

中国既自有太医院矣，谓宜略仿西制，优给俸糈，精选世医，考校充补，各省郡县分设医官，治验定方，岁稽得失，专门立学，总贯中西，毋许庸妄者流滥竽充数。其养生卫生之法，咸加搜采，汇为一书，庶本末兼该，源流合一，寿人觉世，总于斯矣。

夫医非小道也，自在上者等之于杂流方伎，而中国生齿之蕃庶，复甲于五洲。上下漠然，不甚爱惜，遂使伪药盈市，庸医塞途，横死夭亡，比比皆是。而彼此因循苟且，绝不一思补救之方，于古者尊生慎疾之心，育物仁民之意，盖两忘之而两失之也。可慨也夫！

妇 学

《易》曰："乾道成男，坤道成女，各正性命，保合太和。"故古人立教，男女并重，未尝有所偏倚于其间也。我中国妇学之不讲也久矣。古者女史、女祝，各有职业，略如男子之专艺而守官。至于妇德、妇言、妇容、妇功，所谓通方之学也。盖自编户之民，以上达于天子，莫不习于礼容，而冠昏丧祭诸仪，则后妃、夫人、内子、命妇皆有职事，非平日肄习，临事何以成文？是言、容二端，实兼诗礼，其妇功所职，如女红、中馈、蚕桑、纺织之类，所包尤广，三者具备，而德寓其中矣。

刘向言古人生子，择于诸母之宽裕、慈惠、温良、恭敬、慎而寡言者，使为子师。夫阿保于女职最下，必臣妾以下始得为之，而以上所称，则世所推仁人有道之容也。古阿保之贤，乃至于此，岂生而然哉！其所以教之，必有道矣。是故《书》称“厘降”，《诗》首“关雎”，夏之兴也以涂山，商之兴也以有莘作彼周京侪诸十乱，太姜太任开其化，太姒邑姜嗣其徽。《周礼·内宰》以阴礼教六宫，以妇职教九御，自宫壸之间，以至委巷之内，莫不受学，亦莫不有师，故在家为贤女，既嫁为贤妇，生子又为贤母，此三代以上，所由大化翔洽而贤哲笃生也。

后世妇学失传，其秀颖知文者，或转为女德之累，遂乃因噎废食，禁不令读书识字，寖至骄佚偏僻，任性妄为。自南宋以还，裹足之风遍于天下，及四五岁即加束缚，终身蹇弱，有如废人，不及格者，父母国人引为深耻，苟推是心以为学，则四海皆才达之选也。泰西风俗，凡女子纺绣工作艺术，皆有女塾，与男子略同，法制井然，具存古意。故女子既嫁之后，皆能相夫佐子，以治国而齐家，是富国强兵之本计也。中国四万万人，妇女约居其半，安居饱食，无所用心，无论游惰之民充塞天下，即一家论之，而已半为弃民矣。而况弱龄失教，习与性成，始以淫贱妖蛊为长，终以暴戾奸贪为事，夫承其弊，子效其尤，人心日漓，风俗日坏，其害之中于深微隐暗之间者，永无底止也。

谓宜严禁缚足，治以象刑，令各省郡县之间，就近筹捐，广增女塾，分门别类，延聘女师。女子自四岁以上至十二岁为期，皆得就学。才而贤者，立法赐物，准终身佩服以旌之，贫者为择贤配以奖之。俾朝野上下间，蔚然蒸为风俗，此正本清源之要术，久安长治之初基。王道不外人情，《中庸》造端夫妇，幸勿疑其迂疏而寡效也。

合　纵

至哉林则徐之言曰：“英法诸国不足虑也，终为中国之大患者，其俄罗斯乎？”文忠之言其殆圣矣！虽然其事常相因，其害若相等，而其中自有缓急轻重之差焉，不可以不审也。

夫英法诸国之病中国也，其始也如蚊虻飞而噬人，扑之不能，搔之不可，其既也如痈疽创痏，吸人之膏血，而聚之一隅，久则尪削疲羸，饮食锐减。治之之法，当先扶元气而渐下刀砭，即日久失治焉，而致殆之原，亦当在精气销亡而后。故务农殖货通商惠工者，水谷之真源、元气之所由日复也。彼俄罗斯则虎狼也，食人无厌，并四肢百体而吞之，求缓死须臾而不可得。其于我又心腹之疾也，中于藏府，伏于膏肓，入之也深，而发之也骤，七日不汗不下而大命倾矣。惟是俄入中国二百余年，恭顺谦柔，异于他国，及五口通商之役，始阳为居间，阴便私图，后乘中国粤捻交讧，而始割珲春、据伊犁、煽高丽，终未显然抗我颜行者，岂俄人之情果殊英法哉？陆路悬隔，馈运艰难，力不及势不便耳。

彼泰西诸国，当道光以前，未有轮舶之日，乞恩互市，蛸伏澳门，亦安敢桀骜恣睢，如今日之动相要挟哉？故轮舟铁路者，缩地之神方，补天之秘术，翼虓虎而使之拼飞者也。俄人蚕食鲸吞，见利忘义，彼何爱于中国？独能善保初终。故西伯利亚铁路之工不成则已，成则必败前盟，必攻中国，断断然无可疑者。秦霸西戎，东面以临天下，俄背北海，南向以争中原，先后同揆，若合符节。故俄罗斯者，今日之强秦也。

德相毕思马克曰：“俄地如长蛇，袤延三万里，荒远寒瘠，他人所弃，而西界欧洲，东邻中国，皆富庶之名邦也。若权衡，然轻重相等，彼得中国，必灭欧洲，彼得欧洲，亦必并中国，惟东西合力，拒而塞之于内，始可永持大局之平。英国君臣深窥此意，舟师铁舰随所向而犄之，然陆兵无多，必结援他国。欧洲之近俄足以敌俄者，惟德国；亚洲之近俄足以敌俄者，惟中朝。故德之与中，相距七万里，而唇齿相援之局，天定之矣。德联奥意以保土，中联日本以保高。俄人用兵于西，则德合奥意御之，而中国议其后；俄人取道于东，则中合日本击之，而德国捣其虚，英以海军游击其间，水陆相资，首尾相应，则柙中虎兕，虽永不复出焉可也。”韪哉斯言！泰西之苏季子矣。惟德英奥意诸国，均已订立密约，有事相援；而日本中朝，仍相猜忌，不思御侮，惟虑阋墙。俄人倾一国之金资，汲汲然冀铁道之早成，以图一逞，非豫谋合纵，何足以力摈强秦？形势所成，瞭如指掌，中西智士，所见略同。理有固然，事有必至，六国已矣，后人哀之，愿毋使后人而复哀后人也。

法　美

愚哉法人也！当中国同治之季，其王拿波仑第三，挟屡胜之威，席全盛之势，以小嫌微衅凌侮德人，德王维廉第一及相臣毕思马克，君臣同德，上下一心，起倾国之师，合南北德意志三十六邦之众，三战而入其阻，覆其军，掳其王，圉其都会，法国势孤力屈，靦然为城下之盟，所赔兵费至十五万万。迄今二十载，法人悉索敝赋，一意复仇，筹饷增兵，不遗余力，徒以奥意合纵，南北联邦，一国之师，恐非其敌，并因前此坐视，深怨英人。环顾欧洲，非强俄不足以为己助，遂乃引虎自卫，曲意联欢，以为他日法攻其南，俄攻其北，俄长陆路，法擅水师，犄之角之，一战而胜之，遂可以惟〔为〕所欲为，纵横四海也。而不知德法唇齿也，俄之所以俯首息喙，不敢逞志欧洲者，以土为东屏，德为西蔽耳。德国果灭，则北方一面，袤延数千里，紧与俄邻，水陆交通，遂有防不胜防之势，固欧洲大局之忧，而亦岂法国之福也？千金之堤，溃于蚁穴，一朝之忿，忘身及亲，法可谓天下之大患已！

黠哉美国也！自以别处一洲，国势安于磐石，君民倡自主之说，欲胥天下而与从之。公〔德〕法两国相争，义无偏助，惟美国恒阴为接济，倚为罔利之谋，故泰西各国并力防俄，而美则运售军装以济其恶。朝鲜一国，东海之藩篱也，五百年隶属中朝，仰承庇荫，美独怂恿朝人自主，脱我掣维，俄使欣然，交相簸弄。夫朝鲜之不能自主也久矣，不属中必属俄，朝既入俄，必将开埠驻兵，以猎东南洋之利，则虎兕出柙，人有戒心，而美独利擅渔人，坐观鹬蚌。故美利坚者，天下之黠人也。

惟愚者自以为黠，而黠者亦未始非愚。七国之齐，距秦最远，方谓东帝西帝，脱然不与其忧，及燕赵皆亡，齐亦继灭，险远之不可恃也如此。俄苟并吞诸国，则东海西海，一水盈盈，轮船往来，不逾旬日，彼亚墨利驾南北二洲，亦岂能事外萧然若桃源之避世哉？故法国愚人也，美自以为至黠，而究其实亦愚人也。

惟是德法深仇，已成莫解，欲其弃嫌修好，戮力同心，此际转圜，良非易易，美国晏安已久，习气渐深，党类纷纭，已有尾大不掉之势。法贫而美富，法强而美弱，法乐于战斗而美惮于兵戎，必谂知彼己之情形，乃能曲尽防维之窾要。服法以缓，驭美以急，制美以刚，胜法以柔，西结德英，东联日本，揽持全局而徐定其指挥，虽执牛耳以主四海之齐盟，可也。

今比而同之曰："洋务而已，西人而已。"虚实不知，情伪不悉，是非倒置，轻重错糅，当群雄角立之时，事会之来，间不容发，顾以疲乘下驷与骅骝騄耳并驱中原，不数步而颓然颠且蹶耳，安能与之絜长而校短哉？

葱　岭

葱岭者，天下之心也。盖地球形势，略如人身，亚墨利加洲居坤舆之背，落机山穿贯南北如脊骨，然东西两洋则腰膂也，中国如肝，欧洲如肺，印度如心包络，澳洲非洲如两足，南洋万岛则肠胃膀胱也。以今日大势论之，葱岭之南属英，西属俄，东北属中国。此三国者，皆地球最大最强之国，关天下全局之安危者也。

中国古籍所传，昆仑有黄帝之宫，当日朝会万国诸侯之所也。《山海经·穆天子传》所载灵奇幻异，不可胜穷，传闻异辞，固难尽信，度亦必有遗迹之可考，以致夸张附会，愈久而愈失其真。《佛经》须弥山居天地之中，日月所自出入，山顶有池，曰阿耨达，东西南北四水出焉，是为四海。泰西《旧约》亚当之子孙淫泆〔淫佚〕无度，天降洪水，荡潏人民，有挪亚者好善，而天帝预示其期，乃方舟挈眷，避于希马拉雅山巅，故万国九州得留遗种。山在印度之北，天下群山未有高于此者。然则昆仑也，须弥也，希马拉雅也，皆葱岭之异名，而四海会同之灵枢秘纽也。自美澳二洲外，天下群山之脉络，由此而分，万水之源流，由兹而导。环山之部落以十数，皆劲勇好斗，负固称雄，惟其势断而不连、散而不聚耳。

葱岭之东北，则新疆南北各城也，其东则青海及旄牛、徼外诸番也，其东南则前后藏及哲孟雄、白布诸国也，皆中国屡朝不惮险远、以兵力得之者也。其南则五印度，西南则阿富汗，皆属于英。其西则克什弥尔，西北则塔什干、敖罕基发诸回部，皆属于俄。并峙连衡，如鼎三足。比来巴马一役，中国力与争持，俄人微露其机，欲假道以窥印度，然则西海南海，虽海舶可通，而陆路所必争进战退守之要区，必在葱岭一隅之地，无疑义矣。

谓宜由新疆、青海、四川、西藏各督抚大臣专派妥员探测，绘图贴说，务得真形，何处可以屯兵？何地便于转饷？何险应守？何利必兴？属部若何？招徕番民作何保护？皆筹拨专款，给予护兵，假以事权，宽以岁月，上之枢府，奖其成功，庶万里边陲，画沙聚米，制俄服英之券，皆可一览靡遗矣。

至西南西北之边防，有与此互相发明者，已具于前编之末。惟念葱岭居高临下，可以自守，可以攻人，失之毫厘，谬以千里，方寸之地，譬诸一身，天君泰然，百体从令，捷足先得，害亦从之，他日必有控扼昆仑，鞭箠四海，长驾远驭，继黄帝而开王会之图者。必执眉睫之目论，以为荒远寥廓，度外置之，窃恐举足之间，便有轻重，先机既误，后悔奚追，不止如河伯之见笑于海若也。

慎 战

洋务无战法也，守而已矣，和而已矣。夫战之所欲者，土地耳，人民耳，否则财利耳。泰西各国相距七万里，即犁庭埽穴得之，而安能守之？则土地无可贪也。衣服、饮食、语言、嗜好，一切不同性质，刚强至难驯服，则人民无可掠也。练兵制器，糜费万千，纵制胜索偿，而所得不敌所失，则财利无可图也。惟俄与中国壤地毗连，然僻远荒寒，半系不毛之沙漠，胜无所得，苟有败衄，其害不可胜量，非有积忿深仇，何乐而必出于战也？

或曰：通商一事，实蠹中原，力战驱之，以渐复闭关绝市之旧焉，何为而不可也？不知此在道光以前犹可言也，今轮舟、铁道、电报通行，奇器巧思日新月异，我之虚实，四海周知，区区一国之兵安能挡七八大国之环攻而迭进？故在咸丰同治而后，不可言也。且通商之局，彼固利矣，苟得其道而行之，我亦何必不利？海关之税二三千万，利于国者也。纱布杂货，日用所资，利于民者也。果能通商惠工，务农殖货，以其所有易其所无，使出入之间足以相抵，而贫民之素无生业者，并可倚为海外之尾闾，又何为而必出于战也？或又曰：战非中国所得已也。不知战、守与和，名三而实一，今当事之讲求战备者详矣。南洋之海军已著于《治台》三策矣，陆路之守御亦散见于《炮台》、《铁路》诸篇矣。苟能次第举行，则猛虎在山，藜藿不采，彼不敢战，我不欲战，海宇承平之局，当尚不止百年耳。

惟虑一孔陋儒，少年新进，张皇轻率，好大喜功，以为海外小夷有何知识，我以奇谋秘术诱而纳之彀中，然后惟〔为〕所欲为而无能枝拒也。不知泰西诸国，纵横四海，用心一而更事多，我惟感之以诚，应之以实，持之以精深坚确之气，守之以忠信明决之神，自立于不败之地，而后徐观其变焉可也。

不此之察，欲以私智小数，轻犯其锋，能发而不能收，能进而不能退，其不绝膑折足者几何？及举事一不当，遂使全躯保妻子之臣引为口实，畏蜀如虎，避事如仇，一任他国之狎侮侵凌，莫敢出一言以相抵牾〔牴牾〕，乃至必争之地，必拒之求，必不能从之事，皆先意承志，屈己而从之，忍辱包羞，势成坐困，隐与躁交误，操与纵皆非，罔己与徇人俱失者，何也？则掩聪塞明，不谙中外之情势者，决不足与筹交涉议边防也。此中经权常变之宜，缓急后先之次，千端万绪，移步换形，愿与天下有心人共证之尔！

养　民

近今百载，泰西各国农工商旅百废俱兴，上下孜孜然不遗余力。或疑诸国僻居海外，人户无多，故以机器代人工用，能日臻富庶。若中国则人满为患，土地之所产不足以养贫民，资生利用之源，专恃手足筋骸之力，故机器制造之法，在泰西则可，在中国则不可，在海疆则可，在内地则不可。此言似是而实非也。各国之属地及美国、巴西、秘鲁新造诸邦，腹地人民，良为鲜少。至如英伦三岛，大不越中国一省，而民数三千万有奇，比利时、瑞士二国，大不过中国二府，而民数各千数百万有奇，虽江浙湘鄂之间，未能比其繁庶。外如德法诸国，皆人稠地狭，恃工商之利，易米麦以养生。自机器大兴，而一人之工足给十人之食，富人出资立厂，而贫民之工作者辄数千人，富民之获利一二分而止，而贫民之工资增至倍蓰什伯〔佰〕而未已焉。故机器之兴，专以为贫民计也。

夫中华为万国之首，则天人之钦瞩而保爱之者，亦异于列邦。变不虚生，功不虚立，其损我者，其益我者也，其祸我者，其福我者也。三代以前，利用厚生，法良意美，地力不足以自养，其祸实始于暴秦，户口加多而土地不加辟。西汉则有赤眉、铜马之祸，东汉则有黄巾、李郭之灾，晋之后有六朝，唐之末有五代，宋元明之季，流寇蔓延，本朝前有教匪，后有粤捻，皆伏尸百万，流血千里，即幸而精兵名将逐次荡平，而人命之伤残不可胜计矣。夫贪生恶死者，人之情也。乃横览古今及数十年数百年而辄一乱者，岂民情之好乱哉？庶而不富，富而不教，民穷财尽，游惰充斥，救死不赡而乱端起矣。维我列圣深仁厚泽，大德曰生，版图生齿之蕃，开辟以来所未有。

天乃恻然悯之，特辟二道焉，以补君相图维之所不及，新旧金山、南洋各岛，什九皆旷土也，使行者出洋谋生而尾闾泄矣。九州万国，贸迁有无，制造所成，销售弥广，使居者入厂工作而食货饶矣。

今论者知出外佣工之有益，独于内地兴利诸事深闭固拒，若将浼焉，是知二五而不知十也。且禁华人之自制，而不禁洋货之来，万一他日事变所开，西人于内地广驶舟车，大兴制造，华人喜其物，艳其富，贪其工资之饶裕，将使贫民百万靡附他人，丛爵〔雀〕渊鱼，何堪设想！即能永远禁锢，而生机日窒，变故日纷，不为土崩，终为瓦解。及事端既兆，群归咎于气数之适然。夫为政而不能养民，民穷而至于为盗，谁司民牧，顾束手而不为之所乎？因利而利，虽休勿休，政贵因时，道宜通变，圣人复起不易斯言矣。

自　立

迩来中国整顿海防，当道之用心亦可谓勤且挚矣。福建之船政创始于前，北洋之海军踵兴于后，各省机器制造之局，水师武备之堂，铁舰、水雷、快枪、巨炮肇开，船坞广筑，炮台亦步亦趋，应有尽有，此强兵之实效也。近日使命往来，见闻愈拓，知工商二事，实泰西立国之本原，于是轮船商局，江海通行，电报公司，水陆联接，开煤炼铁，织布纺纱，部拨二百万金为东省铁道岁需之费，此富国之初基也。

惟是官商各局，仿效西法，而综理一切，统用西人，绝不思教养华人以渐收其权利。夫日本，东瀛小国耳，通商卅载，乃举西人之所能者而尽能之，举华人之所不能者而皆能之。堂堂中国有器无人，遂将蹈印度、波斯、土耳其之覆辙，异日之隐忧深患，正渺然未知所终也。今之论者，辄谓华人贪诈脆弱，不若西人之坚忍而有恒，上下翕然，诎此而伸彼。夫华人不可用，遂可长用西人乎？他日有事，彼西人者果能力保其无他乎？不可解已。今华人之喜谈洋务者，大率轻薄嗜利，忘厥本来，而读书明理之人，或夷然其不屑以我之下驷敌彼之上驷，其不及焉，宜也，于此而遂谓中国竟无上驷焉，谬也。

宜于沿海诸埠，广设工艺学堂，选募聪颖纯正之生童，分门学习，其南北洋海军、招商、铁政、织布、纺纱及官商制造各局，均宜抽拨专款，自立学堂，教练人材，以储异日之用。至商务一事，西人工于心计，讲求整顿，已历多年，其防之也周，而虑之也密，惟壤地褊小，产物渐稀。中国百宝歛盈，闷而未泄，只须求其在我开矿、殖货、通商、惠工，出我什一之藏，已足给其求而养其欲，所谓自开其源者此也。洋货物美价廉，实利闾阎之日用，人情所便，虽神圣不能挽回。苟由内地官商购机自制，官为保护，减税以敌其来，则西人服用奢华，大利终为我夺，所谓自节其流者此也。

惟是国于天地，必有与立，通古今，达内外，无信不立，无义不行。今中国上下之间，相疑相遁，非一朝一夕之故，其所由来者渐矣。为民牧者自居于不信之地，而欲民之信我焉，不得也。彼此不相信而求事之有济焉，亦不可得也。是故好大喜功，无益也，钩深致远，无为也，教育英才，转移风会，疏通壅蔽，保护商民，则丰财和众之规为，即外治内安之枢纽，求之于大本大原之地，要之于至简至易之归，夫亦曰反求诸己而已矣。

审 机

居今日而言洋务，其在我者，曰务本而已矣；其在人者，曰审机而已矣。如善奕〔弈〕者，有先着焉，争之则胜，否则败，得之则安，否则危。中国数十年来其失之也屡矣，而事变将成，辄有天幸，有天津一案而法主遭擒，有伊犁一役而俄王被刺，有马江一战而法将孤拔伤亡，事不相谋而机乃巧合，冥漠之内若有阴为主持者，不可谓非天之独厚于中国也。

惟是事会之来，讵有终极，人力不可不尽，天功不可屡贪。夫同利则相争，同害则相救者，情也。故公法者，言理而非以言势也，言公而非以言私也，言常而非以言变也。苟有可伺之隙、可乘之便，则仇敌固要重利，即友邦亦启戎心，如五国助土攻俄，其名甚美，而伯灵之约，俄割其北，英德奥意割其南，遂使土在欧洲无复寸土。法越事起，局外义无偏助，而英灭缅甸，日扰朝鲜，乘人于危，公义安在？所谓同利则相争者也。俄人蚕食鲸吞，贪饕无厌，附之以法，翼虎而飞。英在南洋，屡让商埠以交欢于德，巨文岛、西藏之事，以兵力所已据而甘让之中朝者，彼环顾欧亚二洲，他日之大援，舍中德无能为役耳。此所谓同害则相救者也。

泰西之所长者政，中国之所长者教。道与器别，体与用殊，互相观摩，互资补救。窃意西人忠信明决，实为立国之原，而三纲不明，五伦攸斁，则他日乱机之所伏，即衰象之所由成也。夫君为臣纲，古有明训。西人倡自主之说，置君如奕〔弈〕棋，其贤者尚守前规，不肖者人思自取，若巴西诸国，彼此相攻，大乱方滋，隐忧未艾。此无君臣之伦者，不足以致太平也。《尧典》曰："克明峻德，以亲九族。"中国敬宗尊祖，永保云礽〔礽〕，西人父子兄弟之间不相收恤，故贸迁各埠者，数传而后不自知为谁氏之子孙，未及百年，已多淆杂。此无父子兄弟之伦者，不足以存种族也。《孟子》曰："不孝有三，无后为大。"乾坤定位，夫为妻纲，西人重女轻男，贫者不能婚娶，兼畏室家之累，绝不以无后萦怀，刻虽生齿蕃昌，日久终将衰歇。此无夫妇之伦者，不足以广似续也。

之三者，其事尚远，而自由之说，此倡彼和，流弊已深。独俄君屡濒于危，毅然不为所动，虑他日欧洲变乱，俄人乘隙并兼，则饷足兵精，既灭泰西，必窥中国，元太祖之已事可为寒心者矣。幸英德虑远思深，力屏此论，既开议院，稍戢民心，倡联邦合纵之谋，为曲突徙薪之计。《兵法》曰："知己知彼，百战百胜。"智者见远于未萌，明者避危于无形，当群雄角立之秋，稍有短长，立分优绌，不有高世之才、绝人之识，用法而不泥于法，制人而不制于人，则刚柔轻重之间，必有豪〔毫〕厘而千里者。茫茫天壤，同志何人？旷代人豪，于今有几？此鲁女杞人之忧所由扼腕怃心而不能已已也。

教　人

尝取西书而遍读之矣，虽所见有浅深，所译有工拙，而均有至赜之数、至简之仪、至显之情、至微之理，其庸陋恶劣、一无可观者，则教书而已矣。阅《旧约》、《新约》诸编，知西教源流实根于《墨子》。摩西者，墨翟之转音也，出埃及者，避秦之事也。是知爱人如己，即尚同兼爱之心也；七日拜天，即天志法仪之论也；衣衾简略，即节用节葬之规也；壁垒精坚，即备突备梯之指也。《经说》上下，为光学、重学之宗，句读旁行，乃西语西文之祖，其"天堂"、"地狱"一说，本《非命》、《明鬼》诸篇，乃窃释氏绪余，以震惊流俗，而充其无父之量，不惮自弃其宗亲，盖墨氏见距〔拒〕于圣门，转徙迁流而入西域，其抱器长往者，遂挟中国之典章文物以俱行也。

比年法国借护教为名，乘隙以阴谋人国，如越南、马达加斯加者，举国皆教民，法人振臂一呼，乱者四起。其于欧洲及中国亦犹是耳。惟中国圣教昌明，流萤爝火之光，见太阳而自息，下乔木而入幽谷，稍有知识者所不为，彼所得者皆顽钝。无耻之徒借以为逋逃之薮，其牧师神甫又复不问是非，曲为庇护，遂使朝野上下，闻声畏恶，望影讥弹，其党恶也益坚，其蓄怒也愈甚，而各省教堂之案，遂往往败溃决裂而不可胜穷。清斯濯缨，浊斯濯足矣，自取之也。故通商者，西人之智也，传教者，西人之愚也，欲假传教以蛊中国，则尤愚之愚也。彼教王亦知之矣，其言曰："中国教民未归法国保护之前，数溢百万，自法以护教之故，动以兵威相挟，致教民之数，骤减五十万人。"乃议何国教人，即归何国保护。法亦自以教事开衅德人，地蹙王擒，改为民主。各国悉教人之害，并严定限制，禁其滋事侵权，教王之都城意大利，乘机规复防闲稽察迹等拘囚。

教焰之衰如此，而中国官吏犹以昔日之教民视之，是何异畏虎豹者见其鞟而神惊魄悚也？宜汇查诸国限制之法，斟酌情势，择善而从。约而举之，有四事焉：一、入教之民，应稽确数，教堂教产，何地何名；二、日后入教者，应先报所在官吏，以便保护；三，教堂之内，谣诼繁兴，应纵外人游观，并由官吏查察，则疑谤自息；四，遇有词讼之事,教民应与凡民一律,毋许擅用西礼,致为众怨所归。以上四端,杜渐防微,良有深意,而地方官吏确知其数,亦可思患预防,免致事变既成,办理诸形棘手,所谓击中则首尾俱应者也。

至于人心之向背,教务之兴衰,有莫之为而为、莫之致而致者。彼泰西诸国之君臣,固亦不能强制其民矣,而况中国神灵首出之邦,教化盛行之地,而能以威驱势,迫强不齐者而使之齐哉!横逆之来,理遣情谕,彼嚣张偾事与畏葸无能者,均未识因物因心之妙用尔。

圣道

《书》曰:"天佑下民,作之君,作之师。"自开辟以来,神灵首出,而作之君者,黄帝是已,其持世约二千五百年。今中国四万万之民,皆高阳氏之苗裔也。厥后尧、舜、禹、汤、文、武,圣哲代兴,南朔东西,畏神服教,饮和食德。至于春秋之季,而诸侯力政相攻,天下泯泯棼棼,日趋于乱,天于其时生一孔子,以布衣而作之师,则古昔称先王,祖述宪章而垂为教法,与及门三千之士、七十子之徒,删《诗》《书》、订《礼》《乐》、系《易象》、修《春秋》,虽西狩获麟,厄穷终老,而大成至圣,天下宗之。

由孔子而来至于今,盖亦二千有余岁矣。然后地球万国,光气大通,象数西行,复归中国,群言淆乱,急待折衷,必将有圣人焉,合黄帝、孔子为一人,所为政教同源,君师合德者,巍巍翼翼,炳炳磷磷,其为期当亦不远也。

西医花之安者,德之耶稣教人也,居粤东四十年,于中国圣人之书熟读深思,确有心得,尝谓天下之最大者三教,天主、天方及儒教是已。其徒皆万万人,其行皆数万里,其意则皆劝人为善而已矣。然天主有旧教有新教,教内教外判若鸿沟,祖庇同人,觝排异已，争教而战，杀人盈城。天方教之用心，尤为狼戾。惟中国孔圣人之教，至大至公，不迎不距〔拒〕，有责备贤者之说，虽文章冠世，不能逃清议之严，愚夫愚妇，目不识丁，偶有一节之长，益将赞叹咏歌而不能自已，是教内教外无分也。夫立教以便人也，今不惟不便而已，逞一朝之忿，亡其身以及亲，上逆天心，下残人命，窃意五百年后，圣教将遍行于地球，而天主、天方终将歇绝衰微而不能自振也。

彼教人也，而其言如此。窃尝纵横宇宙上下古今而深思其故矣。中国之道教、印度之释教、日本之神道教，此亚洲之教也，阿拉伯之回教、泰西之火教、天主、耶稣、希腊各教，此欧洲之教也，皆有体而无用，或有己而无人，甚则倚势作威，权侔人主。如耶稣基督则祸及其身；谟罕默特则行不义、杀不辜、弑君而夺位；若老庄释氏之属，则又游心方外，使上弃其国，下弃其家，率天下于虚无寂灭之中，而人类或几乎熄矣。夫圣人之心，天心也；圣人之道，天道也。惟我孔圣人之教，与人无患，与世无争，奄有众长而不稍沦于空寂，得之则治，失之则乱，并包万善而不稍假夫威权，无始终无成毁，无边际无端倪，天而不欲，万国之民永生并育，长治久安，则亦已耳。苟天道好生，人心思治，则舍我中国之圣教无由也。

宜及此时，上下同心，修明学校，博采泰西制器尚象之理，强兵富国之原，使天下万世之人，不得议其迂疏而寡效，精粗一贯，本末同归，则我黄帝之子孙、孔门之弟子，将方行于四海，充塞于两间，成古今大一统之闳规，创亿万斯年同文同轨同伦之盛业也。懿与休哉！拭目而俟之矣。

自 叙

孔子曰："君子之德风，小人之德草。草上之风必偃，上有好者，下必甚焉。"宋臣苏轼曰："谋国者定所向，然则天下之治乱安危定于人主之意向而已矣。"六十年来，万国通商，当代才贤竞言洋务，而持正守旧之士，又复深闭固拒，以绝口不言西事为高。夫君子求诸己，小人求诸人，内治既清，则外忧自息不言，诚是也。而今之矫矫然自命正人者，大抵掇拾补苴，敷衍粉饰，毛举细故，网漏吞舟，及事变既来，辱国辱身，茫然无所措手足，有能兴利除弊、后乐先忧、默契天心、修明祖制、以实不以文、不师其迹师其意者乎？无有也。其号为通洋务者，又以巽愞为能，以周容为度，以张皇退葸为功。言交涉则讲求于言语文字、交际晋接之间，屈己伸人，以苟求无事，言海防则鳃鳃然敝精竭财于利炮坚台、鱼雷铁舰之属，岁掷帑金千万，以苟且侥幸于一时，弃其菁英而取其糟粕，遗其大体而袭其皮毛，朝野上下间填然、狄然、訾然、讙然，欲求一缓急可恃之才而竟不可得。盈廷聚讼，筑室道谋，内治外交，两无实际，天下人亦相与诟而病之，非而刺之，牴而排之，龂龂然而争，憧憧然而乱，而举世民穷财尽，风敝俗偷，深患隐忧，窅然未知其所终极，则上之意向不定，而下之奉行而挟持之者，殆亦不得辞其过矣。

夫外患之与内忧，其事常相因，其势常相积。当夫循生迭起，庸人痛心疾首，束手而无可如何，而豪杰之士、不世出之英正，借以对镜参观，一试其错节盘根之利器何则？木必先腐也，而后虫生之，则外患之来，必由于内政之尚有所阙也。外宁必有内忧，曷释吴以为外惧，则内忧之伏，正可倚外力以阴持其终也。君子观于前此议约之非人，与今日伏莽之不能为患，而其故晓然矣。

今之外患，其惠我中国者，犹不止此。有物焉，古有而今无者，彼举而归之；有事焉，彼明而我昧者，彼掬而示之。我有民不能自养，将酿为刀兵疾疫，彼招之而使去，是海外之尾闾也。我有利不及自兴，终弃于土石榛芜，彼恬之而使开，是迷途之乡〔向〕导也。

其损我者，其益我者也。其新奇之理，皆古圣之遗也。然则我之所以应之者，不必言外交也，言内治而已矣。

内治何在？核名实、明政刑、兴教养诸大端而已矣。然其间亦自有辨。东南多水，通商诸国英为大，彼方擅重洋之全利，倚中国为奥援，数十年间保无兵事，我第振兴商务，开拓利源，出土地之所藏，以与之征逐互市，而已无余事矣。今之整饬海防，纷纷然其不惮烦者，皆虚器耳。西北多陆，紧与我邻者，惟俄罗斯，其父子祖孙，君臣上下，方并心一意，得寸得〔进〕尺，窥我堂奥而溃我藩篱，其未敢显然开衅者，相距窎远，转运艰难，故四顾踌躇，尚有所待耳。比年俄在泰西黑海之口屡为英德所扼，不得不改辙而之东，故竭通国之金资经营西伯利亚之铁路。此路成后，不惟朝鲜东省不能安枕，即内外蒙古以袤络新疆、西藏，皆日在风声鹤唳之中。而蒙古各盟溺于黄教，强弩之末，鲁缟难穿。北省荒凉，重赖东南之接济，兵非仓卒所能练，饷非旦夕所可筹，他日祸变所出，有出于寻常意计之外者，然则何以应之？曰置镇兴屯、开设铁路而已矣。今者彼之边境自开铁路，我不能禁之也，我则筑路增屯，彼亦无能禁我也。若铁路既成，兵力既足，则一举一动西邻皆有责言，欲慎固防维则虑开边衅，欲听其侵轶则以肉饲虎，肉尽而其欲未盈。昔百战艰难而得之，今一旦因循而弃之，祸首罪魁，何以自解于天下后世哉！故彼之铁路将成未成之际，自强之先着、救败之微权总此矣。

夫难能而可贵者，时也，稍纵而即逝者，机也，可直而亦可以曲者，理也，可得而不可以失者，势也。今之言洋务者，兢兢于海防，而不知其本原乃在商务也，汲汲于东南，而不知其要害乃在西北也。不知不可谓智，知而不言不可谓忠，矫之者掩聪塞明，激为孤愤，卓然自命吾道之干城也。然所学者，时文、试律、楷书而已，入官而后所穷年矻矻者，簿书、钱谷、文移、期会而已。不知古不知今，不知己不知彼，自矜意气而不知国事之不可以侥幸尝也，自博名高而不知天意之不可以空言挽也。即事殊势迫，以一死继之，于国家复何裨补？而况乎富贵利达之心，身家子孙之念，有以蠹其心而夺之气乎？激与随交病，通与蔽皆非，守旧与图新兼失，而天下之大，万民之众，自中达外，通时务者若旷无一人焉，则胶固而不通，优游而不断，虚浮而不实，偏倚而不周，昧于本末始终、缓急先后之序者，决不足以转移运会、宏济艰难也。

炽束发授书，留心当世之务，自髫龀至于弱冠，闻长老述庚申之变，亦常流涕太息，深恶而痛绝之。壮年奔走四方，周历于金复登莱、江浙闽粤沿海诸要区大埠，登澳门、香港之颠，览其形势，诇其情伪，详其战守进退分合之所由，然复博采之已译之西书，广征诸华人之游历出使者，参稽互证，悉其统宗，然后知内也外也，无外之非内也，一而二二而一者也。不揣固陋，作为《庸书》内外百篇，略明其指，区区之意，所望于当世公忠直谅读书明理之君子，去其矜情及其骄气，各竭其耳目心思之用，识大识小，博通今古，总持全局，以宏其志业而定厥指归，则无内无外，无古无今，无人无我，一以贯之耳。南华之内篇曰：唯达者知通为一，为是不用而寓诸庸。庸之者，用也；用也者，通也；通也者，得也。适得而几矣。因是已已而不知其然，谓之道，此长治久安之本计，招携怀远之先声，即居中驭外、西被东渐之权舆嚆矢也。

我朝厚泽深仁，沦浃于斯世斯民者至闳且久。方今圣明在上，爱养黎元，各省水旱偏灾，发帑截漕，有加无已，湛恩汪涉，洋溢寰区，民气强矣，邦本固矣，天眷隆矣。及此时综而理之，会而通之，敷而宣之，举而措之，如丝就绪，万变而不纷，若网在纲，有条而不紊。国于天地，必有与立，虽有良法，不能自行，得人则治，失人则乱，伊古以来，未有能易之者也。《易》“穷则变，变则通，通则久”。先天而天弗违，后天而奉天时，知进退存亡而不失其正者，其惟圣人乎？《书》曰：“知之匪艰，行之维艰。”《诗》曰：“予其惩而毖后患”。又曰：“亹亹我王，纲纪四方。”夫子曰：“欲载之空言，不如见之于行事之深切著明也。”斯则款款愚诚，所为穆然以思，复不禁殷然以望者也。谨叙。

续富国策*

自叙

《续富国策》何为而作也？曰：为救中国之贫弱而作也。

通商六十年矣，中外之不通如故，意见之不同如故，议论之不合如故，此中国贫弱之原也。此其故，由中国政教合一。泰西各国，则政自政，教自教。彼思以教行中国，中国防其教，而因以并弃其政也。泰西之教，不周不备，可以诱愚民，化野民，而决不足以惑俊民。所刻教书，无一通者，通人不译教书也。迩来彼之教士，亦言敬父母矣，睦兄弟矣，重伦常矣，不及数十年，将全为圣人之道所变，所谓"凡有血气莫不尊亲"者。而我之犹而防之也，何为也哉？

泰西之政，则近百年间，上下一心，讲求而得，清明整肃，俨然官礼，成法及三古遗规，安可以教例之也！而中外之格格然终不能相入者，则中国求之理，泰西求之数；中国形而上，泰西形而下；中国观以文，泰西观以象；中国明其体，泰西明其用；中国泥于精，泰西泥于粗；中国失诸约，泰西失诸博，一本一末，相背而驰，宜数十年来，彼此互相抵制，互相挤排，而永不能融会贯通、合同而化也。虽然，塞之者，人也；限之者，地也；通之者，天也。

---

* 本文以朱益藩署检并题签的光绪二十二年（1896）刻本（四册四卷）为蓝本，参校光绪丁酉（1897）孟夏桂垣书局重刊本及光绪丁酉豫宁余氏重校付刊本诸版本。书名或作《续富国新策》。此《策》多署名瑶林馆主，也有署陈次亮先生者，皆陈炽别名。据《军械之工说》云"上年，大东沟之战"，知是书写于甲午战争后一年即1895年，并于1896年夏季刊刻问世。

中国自经秦火，《周礼》之《冬官》既逸，《大学》之《格致》无传，图籍就湮，持论多过高之弊，因循简陋，二氏承之，安常守经，不能达变，积贫积弱，其势遂成，迄于今亦二千有余岁矣。当日者，必有良工硕学抱器而西，故泰西、埃及、罗马之石工，精奇罕匹。明季以后，畸人辈出，因旧迹，创新器，得新理，立新法，著新书，及水火二气之用成，而轮舟、轮车、火器、电报及各种机器之制出，由是推之于农，推之于矿，推之于工，推之于商，而民用丰饶，国亦大富，乃挟其新器新法，长驱以入中国，中国弗能禁也。中国生齿四万万人，为开辟以来所未有，土地之所出，人力之所成，不能自给，则刀兵、水火、瘟疫之劫生，得新法以养之，而后宽然有余裕也。又复载以轮舟，运以火车，通以电报，使分散于东南洋新辟之各洲各岛，而生事益饶，故西人之入中国也，天为之也。天特辟此二途，以养此中国溢郭阗城之百姓也。

泰西诸国，虽上下一心，然三纲不明，五伦攸斁，墨氏之教，无父无君，即强盛于一时，终不可以持久也。中国圣人之教，亲亲，仁民，爱物，各有差等，不能佸途人而语之，乃使彼之教士唇焦舌敝，日以彼教佸吾民，而彼国之民乃阴入于范围曲成之中，而不自觉。今天下车同轨，书同文，行同伦，必同文同轨而后乃可同伦也，此天心之妙也。《易》“穷则变，变则通，通则久。”天无不久，惟通能久；天无不通，惟变故通；天无不变，惟穷始变。故易者，天心也，即天道也。惟明者而后能知天，惟贤者而后能顺天，惟圣人而后能先天，惟神人而后能配天。维天为大，圣人则之。大哉孔子，时乎时乎，中而已矣。成之者，仁也。仁者，人也。无古今，无中外，无华夷，无物我，人而已矣。其于政与教也，善者取之，不善者弃之，有益于民、有益于国者行之，否者斥之。无町畦，无畛域，无边际，无端倪，一而已矣。圣人不可见矣，民犹是民也，国犹是国也。积贫积弱，以受制于外人，使圣人而有知，当亦有所大不忍也。

昔者吾友尝言之矣，曰："三代后之言财用者，皆移之耳，或夺之耳，未有能生之者。"移之者何？除中饱是也；夺之者何？加赋税是也。然亦未有能移夺外国之财以归中国者。若生财之道，则必地上本无是物，人间本无是财，而今忽有之。农也、矿也、工也、商也，为华民广一分生计，即为漭海塞一分漏卮；为闾阎开一分利源，即为国家多一分赋税；为中国增一分物业，即为外国减一分利权。此伊古圣王生众食寡、为疾用舒之大道也。天生民而立之君，百姓足，君孰与不足？天无私覆，地无私载，日月无私照，养民之道，富国之源，可百世以俟圣人而不惑矣。

嘉道间，英与法战，擒拿破仑，流诸海岛，虽自矜战胜，而本国之商务顿衰，政府复曲徇富民，创为保业之法，重征进口税以困行商，商情益窘。有贤士某著《富国策》，极论通商之理，谓商务衰多益寡，非通不兴。英人举国昭若发蒙，尽涤烦苛，以归简便，而近今八十载，商务之盛，遂冠全球。尝谓一日十二时中，地体浑圆，时时有日，英国旗号，亦时时可见日光。盖英之属地，遍于六洲。商船多至数万，无论为昼为夜，在陆在海，阳乌所照，必值英旗，此非夸词，乃纪实耳。英国区区三岛，户口三千五百万人，综计产业之丰，截长补短，人得三千六百镑，约合华银二万六千两有奇。其国势之盛，人民之富，商力之雄，天下无与为比。识者推原事始，归功于《富国策》一书。彼仅商务一端，而四海方行，遂行此亘古未有之盛事。

中国之膏腴最广，则农利当何如？中国之地产最丰，则矿利当何如？中国之人民最多最巧，则工作之利又当何如也？孔子之策卫也。庶加以富，富加以教。《大学》平天下之道，言絜矩，言理财；《中庸》归美至诚，遂推极于天覆地载。日月所照，霜露所坠，舟车所至，人力所通，我时中位育之，圣心其前知之矣。

彼英人者，披榛辟莽，亦圣主之驱除矣。天地之理，日出而不穷；学问之功，日新而不已。惟此仁民爱物之一念，上与彼苍真宰息息相通，下与万古圣人心心相印，名以《续富国策》。明乎，古今虽远，天壤虽宽，他日富甲环瀛，踵英而起者，非中国四百兆之人民莫与属也！此言虽小，可以喻大，谓即地球大一统之权舆焉，亦可也。

光绪丙申夏月瑶林馆主自叙。

目　次

卷一　农书

水利富国说

初不解三代以上之民何以若是：其家给而人足也。三代以下之民何以若是：其患寡而患贫也。观于江浙两省而恍然矣。浙之杭嘉湖、苏之苏松常太各属，沟渠河道，经纬井然，每三家之村必有一浜可以通船者，井里桑麻，蓬茸荟蔚，黄云四野，亩收十钟。江南下湿之区，禹贡厥田下下，今何以忽居上上也？则水利之修举为之也。每当霪雨连旬，太湖之水其增不能以寸。盖湖水增一寸，则沿湖四面之河渠亦必增一寸。容水有地，泄水有方，水利既兴则水患自去，其理然也。

三代上，中原富庶于东南，一隅之地，仿佛遇之。而今日北方数省沃衍宽平，水则一望滔天，旱则千里赤地，黄河、永定河岁岁漫决，百姓流离转徙，无岁不灾，官赈商捐，永无了日，则沟浍不通之故。百川淫溢，悉注于河，天下有水灾无水利矣。虽商鞅创办阡陌，实为万古罪人，而屡朝颓废因循，以至于此极者，则官吏之不能尽心民事，殆亦不得辞其过矣。是以岁漕百万，仰给南方，发帑截粮，苟延残喘，上下嗷嗷然蹙蹙然，务为一切苟且补苴之术，从未闻有量移此款为本原之计、久远之图者。甚矣，其忍也！如是而求富国，犹缘木求鱼、补疮剜肉，却行而求及前人也，其可得乎？

泰西各国，百年以前亦犹今日之中国耳。法国有名人福禄特尔者，创兴种树之议，广开水利之源，未及三年，开河七百余道，各国相率仿效开浚河渠。英国区区三岛，亦开河一千八百余道。西班牙南境向多水患，自疏渠泄水，一望膏腴百产喷盈，万民殷富，人徒艳西国工商之利，而不知法德奥意诸国，其国之大利皆在于农。印度之恒河，其横溃四决，与黄河相若，中南印度岁构沉灾，恒之云者，即无恒之谓也。英人于沿河两岸，广购民田，多植树木，不及十载，两岸各成一宽一里、长二千里之树堤，多辟沟渠以杀水势，树木根株盘结，水力不能溃之，而恒河始名称其实矣。然西北印度，固犹患旱也，英人于出泉之处，购地筑塘，建闸蓄水，而以时泄之，拣派贤员，司其启闭，农民之需水者，略收其资，以为修闸养兵之费。沟渠四达，硗瘠皆腴，物阜民殷，兵强国富，以较当日何啻天渊！故泰西之新法，乃窃我古圣之绪余，暗合三王之古法，断断然无可疑者。

惟水利之事弥近弥详，诚宜创译专书，博求良法，如滨临沧海，则多开港汊以通潮；逼近江湖则广浚沟渠以引水；泉源所在，则筑塘蓄泄，勿使一泻而无余，旷土太多，则凿井深通亦可汲之而不竭。高原若旱，则翻以龙尾之联车，下隰多霪，则吸以鳞塍之碎石。（此法为西人所创，其地积水，泥泞不干，则四面开一深沟，满铺碎石，高若田塍，碎石自能吸水，使污泥干燥而土脉不枯，亦化学也。）若黄河、永定河淤垫多年，堤身高于两岸村庄，以寻丈计，不宜轻引河水致损民田，则购西国地平之仪，测量高下，因地制宜，广武山龙门以上地势本高，亦可开渠引水，以资灌溉。其下游一带，则旁开沟洫，使脉络相贯、大小相通，容水有地，伏秋盛涨，不至尽入河身而水满各渠。土膏脉润，秋阳蒸暴，亦永无龟坼之虞。兴水利，除水患，一以贯之矣。

夫河水之泥，肥泥也。河水所至之地，肥地也。暹罗之澜沧江、湄南河，越南之富良江，缅甸之潞江，印度之恒河、雅鲁藏布江，埃及之尼禄河，其水之浑浊，皆与黄河等，然所种稻粱黍稷，收获丰富，甲于寰区，越南、暹罗之米，且岁以数百万石接济闽粤，而黄河独有患无利，敝我中邦，有是理乎？夫小民可与乐成，难与图始，非官为经理，决不能相与有成。中国自按察使以迄同知县丞诸官，虽有兼管水利之名，未有能尽心民事者。旧日河渠，听其湮废，而遑论新开。旧有经费，任意侵渔，而况乎筹备。盖官之漠视乎民，而民之疾苦终无由上诉也，亦已久矣。

朝廷如伤在抱，岂不欲民安国富、媲美唐虞？如此官吏之有名无实，何哉？夫国以民为本，民以食为天，爱民之心，天心也，养民之道，天道也。富国莫要于养民，养民莫亟于水利，其事大用大效，小用小效，其功远者三年，近者一年。百姓足，君孰与不足？百姓不足，君孰与足？或犹以为迂，天下安有更切于是者；或犹以为迟，天下安有更速于是者。强兵富国，其用皆同王道霸功，其源则一，安得深心大略之君子，以补虚羸扶元气，救此饥寒垂毙之生民也。

种树富民说

古之帝王，名山大泽不以封。《孟》曰："五亩之宅，树墙下以桑，七〔五〕十者可以衣帛矣。"又曰："斧斤以时入山林，材木不可胜用也。"《传》曰："一年之计树谷，十年之计树木，百年之计树人。"三古遗规，山泽必禁，擅加戕贼，国有常刑，诚知其本矣。

及秦政焚坑，而种树之书，尚逃劫火。六朝五季，武人秉政，乃始焚林薙草，濯濯童童，呜呼，惨矣！今以一省计之，林木蕃昌，无不富者。其少者无不贫。以一地计之，一村一镇，林木蔚然，无不富者，否则贫甚矣。林木之为功于人者，至大且远也。

法兰西一国,百年以前,四境萧条,林木稀少,居民困苦,劫掠为生。后有人请其国君,广行种树,设官经理,屋隙田间,遍行栽植,定戕伐树株之禁。比及十载,民之贫者忽富,莠者忽良,地之瘠者忽腴,荒者忽熟。举国大富,莫知其所由然,乃以时入山林伐材木,运售各国,岁获数千万金。又渐代其无利者,而改种葡萄等有利之树。以故法国之丰富遂冠欧洲。德人花之安所著《治国要务》,以种树为第一事,盖以此耳。近日西国化学师,详求要理,始知树木之本能,吸土膏,烂沙石,故细根入地,硗确可变膏腴;树木之枝能,收秽恶,化洁清,故绿荫宜人,贫病顿成殷富。且天气下降,地气上升,而万木之阴别饶润泽,长林之内,自致甘霖,水旱遍灾,不能为害,有益于人,有益于地,并有益于天。天壤之间,更无他物可以相比。

其植物化学,详考动植二物,循环滋养,互为始终。动物之收入者,养气也;放出者,炭气也。植物之收入者,炭气也;放出者,养气也。地无植物,则人与万物俱不能生。又考察树身之皮肉、筋肤、脂膏、血膜,皆与人物相似,惟无知觉运动耳。故凡人无故戕伐树木,其罪与无故害物、无故杀人等。斩伐一方之树木,与戕杀一地之人民,无以异也。天道好生,皆上逆天心者也。故西人严定伤捐树木之禁于其本国。广植树林,所有属地及通商建埠之区,亦日孳孳然以种树为当务之急,以迓天和,以培地脉,以养人身,富甲六洲,比隆三古,有由然矣。

中国古时,山虞泽虞,各有官守。秦汉以后,寖至废弛,丰草长林,厄于兵火,无复过而问者。今日东南各省,尚知爱护栽培,西北诸方,任意戕贼,以致千里赤地,一望童山旱潦为灾,风沙扑面。其地则泉源枯竭,硗确难耕;其民则菜色流离,饥寒垂毙。或归之于人事,或诿之于天灾,而不知地瘠民贫,其故皆由于无树也。今宜责成都守牧令，总揽其成，而以同知通判县丞主簿等闲官，专任其事，筹给经费，岁岁增种树株。自城而乡，自近而远，自郊而野，自薮而泽，自平地而高山，先就土性所宜，取其易活，然后增种有利之树，以辟利源。有主之地，民种之；无主之地，则官种之。擅伐一株者，责种两株。富者罚钱千文以充公用，丞倅诸官，劝种三十万株以上，点验得实，立予保升。故事奉行者，加以罢黜。地方官吏人之考成，以种树之多寡为殿最。如劝民广种有利之树，如果木桑茶之类，予以不次之升，循名核实，持以十年，而中国土地不肥、人民不富者，未之有也。

蜀之富也，以竹木药材；粤之富也，以果品香木；闽台之富也，以茶荈樟脑；江浙之富也，以蚕桑。考之中国则如此。法兰西之富也，以葡萄；意大利之富也，以蚕桑；美利坚之富也，以木棉；奥地利之富也，以材木。稽之外国又如彼。虽肇兴大利，各随土性所宜，然其始也，必有人焉劝而导之，经而理之，扩而充之，后之人乃能整而齐之，遵而守之，继长增高，享其成而食其福。横古今，达中外，无二理也。

苟不揣其本而齐其末，以烦苛为务，以聚敛为能，而于大利之源，民事之要，先王仁政之所先，转漠然置之，听其自生自灭，恐天下之财止有此数，横征暴敛，无补困穷，不能养民，何能富国，与古圣王生财之大道相去远矣。

种果宜人说

中国之果木繁矣。《上林赋》所称之“卢橘夏熟，黄甘橙榛，枇杷燃柿，亭柰厚朴，楟枣杨梅，樱桃葡萄，隐夫薁棣，答遝离支。”《南都赋》所称之“丹橘余甘，荔枝之林，槟榔无柯，椰叶无阴，龙眼橄榄，棎榴御霜”之类，皆侈语遐方异种，而耳目近接，如桃李、梅栗、苹果、石榴、樝梨、枣杏之属，不与焉。百产蕃昌，可云富有。

西人考天下百果，无若中国之全者，亦无若中国之佳且美者。缘地居温带，寒暖适平，草木花实，生机畅遂。偏南则天气炎歊，花多实少。偏北则风霜凛冽，无实无花也。西国天文家以全地球分为树带，距赤道若干度为一带，十五度以上，果木始蕃。五十度以上，则绝无一花一果矣。中国自广东距赤道十七八度，起东北抵奉天，西北抵甘肃，皆在四十五度之间，天启中原，为百花芳艳之园，万果骈罗之府，而乃薪蒸樵牧，兵火摧残，绝不一加宝惜，是何心哉？且即以土产言之，固亦非常之大利也。美国之苹果，欧西之葡萄，皆以轮舟铁路贩运五洲，获利如恒河沙数。中国广东之龙眼，闽省之荔枝，新会之橙，温州福州之橘，洞庭之柑，江浙之枇杷、杨梅，山东之梨枣，直隶之葡萄、苹果，每岁所获之利，皆以数十万百万计。苟能日月推广，闾阎之富实，何可胜言！惜乎，愚夫妇既鲜知能，贤长官又不加劝导，土宜物产，消息盈虚，亦惟有听其自生自灭已耳。

近日西国医家，考求植物，惟百果之鲜汁，大益人身，谓人生由少而壮而老，其戕伐寿命者，皆土性盐类为之。此项盐类有从呼吸而入者，有从所饮之水而入者，有从日食之五谷鱼肉而入者。其弊能使人肌肤骨干、手足筋骸，皆变坚顽，不能灵活。盖周身血管之血，有土性盐类杂之，则血行不速，血管迴曲之处，尤易停淤，年复一年，管随闭塞，而种种痿痺瘫痪、半身不遂之症起矣，凡人饮食诸品，无不杂有土性盐类者，惟百果结于树杪，得天地之清气而成，无一毫土性盐质。有人于十日之内禁食他物，专餐水果，周身所化之血，清而不浊，淡而不浓，精神焕然，血行愈速，旧时淤塞之管，一律疏通，耳目聪明，倍于平日。盖涤瑕荡秽，衰老变而少年。水果之全功大用有如此者。因考生人，未有火食以前，其年寿皆数百岁多及千岁，想巢居穴处。皆以果品疗饥，故能却病延年，多历寒暑；自人知熟食而得食弥易，得寿弥悭矣。比来化学肇兴，格物致知，多能补前人之缺憾。此后全地球如能广植果木，人皆节减食物，多进鲜果，培养人身，即不能希踪古人，或者渣滓去而清光来，不难使举世咸臻寿考乎！西医之言如此，亦可谓仁心仁术矣。

中国之地气天时，最宜果木，而珍木佳果为人间大利之所存，复能寿世寿人，使四海生民，食德饮和，咸登仁寿，然则利源虽广，物产虽多，盈天地间，恐无他物可以相拟。刻轮舟铁路遍达中区，瞬息千程，运载尤易，地方官吏，不少循良，有能爱物仁民，思保我中邦亿万年之富庶者乎？只须劝谕民间，身先倡率，各随土性，植果成园。读郭橐驼种树之书而已可以经营四海矣，长驾远驭胡为哉！

种桑育蚕说

光绪十四年，宁波税务司康发达条陈《请设蚕桑局考察防瘟事宜》，略曰：法国之里昂城，为蚕丝荟萃之区，植桑养蚕，冠于各国。前数十年，忽构蚕瘟，蚕种竟绝，乃购中国、日本蚕子以归。嗣于此事加意考求，窥以显微之镜，乃知蚕病甚多，惟椒末瘟为害尤烈。一蚕有病，生子六百，子又生子，传染无穷。无病之蚕，相延而及，不至绝种不止。蚕虽受病，仍可作茧，不过食叶更少，丝细茧薄，无色无光，久则种类绝矣。法政府乃设立蚕桑局，考究防病之法，至精至详。日本仿之，出丝益美。康君推此意，详考浙省之蚕，有病者十居六七，深虑日久传染，将蹈法国覆车。呈由总税务司转请总署代奏，虽交江浙海关会议，而情形隔膜，迄未举行。康君一片血诚，付之流水矣。

向疑中国自有蚕桑垂五千载，虽天时人事偶有歉收，然从未有绝种之时，亦无转购他国蚕子之说。后访之江浙养蚕之户，始知中国自有火试、雪试、卤试三法，即所以防病蚕之子也。火试者，以蚕纸置之灶上极热之处烘之，蚕子之无病者不伤，有病者不复出矣；雪试者，置之雪中；卤试者，滤以盐水。皆以杀病蚕之子而留无病之蚕。然后知中国数千年来自有秘法流传，足以保兹美利。而西国防病之法，防之于受病之始，亦宜博采兼收，而不容稍有偏废者也。此养蚕之应考求者，一也。

中国出口之丝，每包百觔，仅值三百余金。上海西人所设缫丝各厂，购中国蚕茧，以机器缫之，每包值七百余金，高下悬殊，理不可解。后知中国手缫之丝，不匀不净，不合西人织机之用，伊购归里昂各埠，必以机器再缫，则以三百余金购之华人者，仍以七百余金售之西人。此四百余金者，约为再缫工本，而彼之获利无穷矣。中国湖丝出口二三百年，各口通商六七十年，上海西人设立机器缫丝厂亦一二十年，此项缫机，上海铁厂均能自制，管理机器华人，亦已能之，女工人等一呼可集，而从未闻有人议购一机安设。江浙产丝最盛之区，以收此每包七百余金之利，中国尚可谓有人乎？抑官吏阻挠，积习难变，有以致之也。此缫丝之应整顿者，二也。

德人有精究蚕桑之学，在中国日本数十年，刻尚主持上海缫丝厂务者，谈及中国所出蚕丝，光白柔韧，实胜于日本、意大利诸邦。惟中国毫不讲求，致大利渐为外人所夺耳。尝深究中国蚕桑所以胜于各国者，太湖一水，实为美利之真源，江浙产丝各区，近太湖者，桑叶无不沃若，蚕丝无不光柔；远者则否，若绍兴各府，则与意日诸邦等耳。盖湖水清澄，性肥而暖，百物停蓄则肥，日光久照则暖，故各种植物皆格外盛大。而桑性尤宜中国洪泽、巢湖、鄱阳、洞庭、全明、大明、滇池、昆明等湖，不翅数十，诚能推广此意，遍植蚕桑以太湖例之，每岁丝绸之利，不下一万万金，每湖万万，即数十万万金。即云地利人工，势难齐一，得十分之一二，每岁亦数万万金，即此蚕桑一宗，已足为全地球第一大富之国。天下尚有穷民哉！此种桑之应推广者，三也。

西人考察全地球，人民约四千兆，衣布者，约十分之六；衣绸者，十人中不足一人。将来风气渐开，皆思用布，用布之后，又将改而用绸，西国女子，附体之衣，向皆细布，今则必须用绸，绸之细滑，实胜于布也。故绸布销路愈久愈宽，惜中国多用肥丝织成绸缎，西人不喜服用，购去者濮院为多，取其轻细耳。而彼自用机器织绸，行销日广，花样日新，沿海诸省之民，喜其新异，转以重价购之于彼，利源坐失，可为寒心。宜选中国织局中人年少有识者，往英法考验，购买机器，回华自行织造。西人于花样款式，厌故喜新，仍宜岁岁改更，务极中西之美备，投其所好，避其所恶，价廉物美，益广销售，而一切始无遗憾矣。此织绸之应仿效者，四也。

四者毕举，而蚕桑之利，衣被六洲，将与天地同其悠久。万变之原，权舆于此，仅仅兴利云乎哉！

葡萄制酒说

尝观海关出入货税册，而叹通商之弊。北方数省之受其害者为尤大也，何则？两言以蔽之：南方之土产多，北方之土产少而已矣。上海一口，为东南七省百货荟萃之区，每岁出口之货浮于入口。闽浙各口约略相抵。北方之烟台、天津、牛庄三口，则迥不同矣。牛庄一口以出抵入尚不甚相悬也，然油豆诸物，皆以洋船运销江浙，出洋者寥寥。烟台入口之货岁及千万，出口之货二百余万，是岁耗八百万金矣。天津入口之货每岁约三千万，出口之货仅三百万，是岁耗二千七百万金矣。官民上下有限脂膏，安能禁此莫大漏卮，岁岁敲吸，欲其不穷不困也，得乎？

救之之法，须辟利源，惟葡萄制酒一端，足以挽既去之狂澜，而使之东转。而办理之法，非地方官吏尽心民事，维持劝导不为功。曩见法人游历奉天，所著日记谓奉天一省，天时土性，皆宜葡萄，苟能广种葡萄，仿西法以酿酒，则奉天一省之利，可以敌法兰西一国。后访之出使法国者，乃知法国葡萄制酒之利，岁合华银六万万两，居全国出口货物十分之七。而法之国用，全资酒税，岁入约三万万两，亦居全国赋税十分之九。每酒值一元者，税亦一元，西人以酒能乱性，无益人身，故重税以困之也。然香槟红酒，价值虽贵，销路日增，近且行销中国海疆，浸淫内地，岁值华银千余万两，岁岁加多，方兴未艾，而海关以为西人饮食之品，照约免税免厘，亦可慨矣。

葡萄一物，来自西域，性宜沙土，尤喜天寒。泰西法德两邦，种植最盛，其气候皆与山左京东相若。盖葡萄结子之后，须渐渐红熟，始能尽酸味，一律成甘。中国南方，亦有葡萄之种，而色味俱劣，远逊北方者，职此故也。日本自改行西法以来，亦尝自种葡萄，如式酿酒，然子小味薄，所造之酒，行二十里则香味全变。恶劣异常，此举因而中废。西人考求其故，乃知日本天气炎热，地少沙土，本与葡萄不宜，且果木之种最恶海潮，宜近接高山，吸山泉之清冽。酿酒之水，如略带海潮碱性，即〔既〕不能经久不变，且不能转运长途。日本三岛孤悬，潮水不到之处甚少，故也。若中国直隶之西山北山、山东泰山、山西太行、河南嵩山、陕西华山附近之区，土厚泉甘，含灵孕秀，如能开辟大利，广种葡萄，参用西国机器酿造名酒，允当冠绝人寰，风行海外。盖法国造酒之局，葡萄之园，皆附近比里牛斯各山在海潮不到之处耳。西人之言如此，而惜乎中国之民不知，中国之官不问，坐使北方数省岁受盘剥，无一土产可以出洋。苟能开此利源，中国断无泰西之重税，酒既增美，价又倍廉，海外诸邦，皆将购之于中国。各国酒税为国用所系，虽欲减税敌我而不能，此项利源岂有涯涘！奉天一省之广远亦略与山东等耳，而法人以为，广种葡萄，其利可敌法国一国，是岁有华银六万万两之进款也。又况北方五省同时振兴，其获利之丰盈，虽隶首不能计算矣。

西人尝谓，中国土地，寸寸皆金，惜华人掩聪塞明，不知取用。非虚言也。惟非常之原，黎民惧焉。创办之初，必以官绅为倡，宜令各省均筹闲款，购地一区，择其近山而多沙者，向外洋购觅佳种，如法栽培。闻法国所种葡萄，根老枝繁，与吴越之种桑相似，所结之子，糖多水少，出酒始佳。诚宜选觅聪颖学生，通达各国语言文字者十人，分赴英法德奥俄意六国，专考葡萄酿酒之事。六国均有葡萄，一国不能独秘也。一二年后学成而归，分派各省专任此事，比及三载，铁路亦成，运售海疆，利源辟矣。然后将成法颁布民间，广行栽种，分设局厂造酒行销。利之所在，人所必趋，各省风行，捷于影响，即仅销中国海疆，已及一千余万矣。况其他哉？至烟台一隅，现亦造酒，且有专利廿年之议，闻办理不善，终恐无成。此事销路甚宽，关系甚巨，正宜速行推广，补救方来。安得徇一人之私情，挠天下之大计哉！

种竹造纸说

竹之为物，遍地球皆无之，惟中国独有。卓哉此君，虚心劲节，发生最速，寒暑不凋，秀绝楩楠，声出金石，乃至伶伦合乐，箫管同音，弧矢张威，东南尽美。兼资文武，妙解刚柔，气备四时，功在万世。五千年来，昆仑钟毓，灵光秀采，毕露于斯，白云黄竹之谣，若为我黄种真人写照也者。洵矣，夫天之生是，使独也。而尚有冠古奇勋，足与地球永永无极，则笔与纸之功用弥大弥长。

曩尝观中国造纸之作矣，篔筜万箇，被阜连山，天事人工，致为精巧，舂煮烘焙，阅日始成，微嫌锤炼未精，功力稍缓。然物质之美，无与比伦矣。又尝阅外洋机器造纸公司矣，其所用皆败纸碎布、草根树皮，自入池以至成纸，装箱不逾四刻，人巧之极，几夺天工，而惜乎体质之粗恶也。苟以中国之竹，参以外国之机，稍入菅麻，加其坚韧，则所成之纸必当冠绝人寰，何至洋纸风行，致大利尽为外人所夺乎？犹忆癸未以前，瑞金、石城两县，皆产纸之区，宁都州属固无有也。金精之谷，有竹万竿，魏菘圆、李啸峰两友人读书其间，忽发奇想，遂往石城横江觅造纸工师二人，至谷中建棚造纸，仍于下隰之地课工种竹，三岁成林，造纸既成，自运省城售卖，迄今十载。每岁已出纸二十万金，而魏李二友均大富。竹则岁岁增种，纸则岁岁增多，利源亦岁岁增广，不独二友致富也。倚种竹造纸以为活，以安家业而长子孙者，岁已将及万人。州城本瘠区，岁得此二十万金之入款，工商士庶咸有生机，气象郁郁葱葱。然与十载以前迥异。甚矣，夫种树之利无穷，种竹之利更无穷也！彼以土法造纸而已能若是，况乎变通尽利，妙用一心，取美质于中邦，参新机于外国，流通四海，贩运五洲者，其获利之丰，可胜道哉！

夫五土燥湿，各有所宜，固不可畏难苟安，尤不必刻舟胶柱。中国地大物博，其大患在于不知所用，因以自弃其材，掩聪塞明，扣盘扪烛，不通中外之情势，动以方凿圆枘，自取龃龉，大固有之，小亦宜然，皆不学不思之过耳。况竹之一物，既为万国所无，其效用于人者，尤非一端所可尽。

姑以种竹一议开其绪，造纸一事发其机，有能景仰前修，讲格物致知之学者乎？明阴洞阳，课虚责实，当不至如王文成之格之七日而不知其解也。

种樟熬脑说

曩知台湾樟脑之利，每岁出口值价五百万两，樟脑一税为台地大宗入款。闻日本樟脑出口亦值价五六百万元。古樟一株，出售与人，有估价四千元者。西人所制炸药，无论用何物配制，其涨力大至二千五百倍而止，后有化学师搀入樟脑，而涨力陡增至五千倍，故鱼雷、水雷、地雷等各炸药，非樟脑不为功，巨炮、快枪亦须酌配所谓黄火药者。是此樟脑销路所由日广也。

继闻各国所用象牙，岁岁增多，必杀活象。以英国一国计之，每年所用象牙器，已杀万九千余象。象怀孕乳哺，需三四年，十阅春秋始能长大，每象生子一二，多或三四。用之如此其费，杀之如此其众，生之长之又如此其难，将来全地球之象，必将绝种。遂有人思得一法，以樟脑参化学，压成象牙，光白坚致，莫能分辨，精能之至，出神入天。制药之用无穷，制牙之用无穷，则他日樟脑之销路亦与之无穷矣。

西人将全地球分为树带，以赤道为中经，以南以北各若干度为一带，寒暖因之而异，每带应生何树，皆有定地，不可迁移。热带之树移之寒带，寒带之树移之热带，皆不得生，其大较也。如樟树一种，只生于距赤道廿七八度之间，偏北偏南皆难畅茂。台湾、日本、江西度数适合，而他处无之，其可珍可贵有如是者。故日本农桑会中，广劝国人，遍行种植，种之廿年，即可熬脑。而台湾既不知种，江西并不知熬，坐使大利之源空山废弃，可惜孰甚焉？日本熬脑之法，未悉其详，度必有参西法而益臻美善者。若台湾之熬脑，则易莫易于斯矣。法于山坡斜坦之处，刨挖一灶，下开火门，其上列置广锅有盖者十二具，将樟树嫩枝叶剁碎，入水煎熬，覆之以盖，经一昼夜，盖上结白脂一层，刮下收存，即樟脑也。约计一灶，月可熬樟脑二三百觔，每百觔为一石，值洋五十元，柴薪取之本山，无须购买，三人管一灶，日夜替换，勿使熄火，惟其地逼近内山，生番时时出草，须养男守隘，保护灶场，每石抽隘勇费八元，落地税八元，子口出口税六元，工食杂费约十二元，每石实赢洋十六七元不等。一区得数千灶，已是非常大利。持此以例，江西既无生番，不须隘勇，税收不重，工食又廉，售价五十元，当净得三十余元之利。况此物行销日广，价值日增，他省寒暖不时，土宜不合，永不能分我权利哉！

刻台湾既属他人，灶丁之失业逗留在沪者不少，当设法雇募数人，或延请倭人之熟习熬脑事宜者，择地试办，仍暂予减收税课，维持振兴，饬下各府州县，凡有樟树之处，均准设法开办，严禁无知小民，不得将樟树枝柯任意砍伐。其湖南安徽广西等省，度数相同，宜由各省提款购买樟子，择地撒秧，晓喻民间，广行栽植，以收二十年后之利。被山林以金玉，化朽腐为神奇，事为愚贱所优为，利为中国所独擅，十年之计，万世之休，美利大兴，馨香永报，懿与昌已！

种木成材说

古之时，山泽有禁，百年千年之木不夭斧斤，梁栋之材不可胜用。故"山无槎枿，林〔畋〕不麑胎。"动植飞潜，含生遂性，然而深山大谷，实薮龙蛇虎豹猿狖之所居，亦无敢轻于人犯者。自僧居道观，斩棘焚林，专以入山必深为乐，于是动物不能止，植物不得生，而天下之名山大川始无余蕴矣。汉唐以后，山泽禁弛，听民自占，贪利忘害，斩伐摧残，地无美材可资营构，始乃登山涉水，搜采川广江湘之木，结簰造筏，悬隔数千里，以艰苦垫隘而致之。使古人见之，应笑其坐昧远图，既劳且拙矣。然转运虽艰，固犹求之中国也。

至今日而洋木运入海疆，浸淫内地，公私上下，资其营建，岁费且千万金，岂洋木之果胜于华木乎？抑中华大国，纵横万里，竟无闲山隙地可以种此佳材乎？一旦洋木不来，我中国之官民上下，遂可以穴处岩居，无俟选良材以成大厦乎？而乃万山童然，听其荒瘠，南北诸省，大率类然，民不知种树之方，官不严伐树之禁，因循苟且，仰给外人，坐受困穷，不知变计。中国士大夫好高骛远，谈元说空，有体无用，耳目所见，尚尔其他，又何论焉？

夫北省之榆槐，南方之松杉，各木虽属粗材，最易生长，不十年能任栋梁矣。至于杞梓楩楠、枫檀栝柏之属，成材较晚，收其用亦不过数十年，与人家国者，固不当为数十年之计乎？且今兹不种，种类绝矣。我躬不阅，尚有子孙，同为中国之人，顾忍使神灵首出之名区，华实不毛、沦如化外乎？言之似过而极，其弊必至于斯。然则种一切果木之树，收效尚可刻期，而种木成材一端，尤为迫不容缓之事矣。

今宜查明各省官地，并购买沮洳荦确之区，筹给闲款，因地制宜，广植材木，仍选膏腴之地，划为官园，收子撒秧，听民领种，严申禁令，无论官私树木，妄加戕贼者有罚，数年后，树木长成，则择其可材者，以时采伐，售之民间，仍须按年补种，每一州县至少务足三十万株。种植有利之树，事亦如之，务使地无弃利，国有名材，闾阎日用所需，无俟远求于外，始得谓之家给人足。

内治有基，更能以渐扩充，水澨山巅，遍植佳木，则前所云"种树富民之说"。泰西各国，具有成效之可徵，美荫长林，丰饶衍沃，追踪三古，长养兆民，此圣王保邦富国之经，慎勿以琐屑讥之，以迂疏摈之，而日断断然，折狱催科，持三尺以与民从事也。

种橡制胶说

西国橡皮，其用最广，所制之物，屈伸长短，惟意所为，掣之不绝，放之如故，光滑坚韧，非漆非胶，西人所谓有凹凸力者也。华人以为兽皮也，而非也。兽皮必有异味，此则有味而有香。或以为木皮也，而亦非也。木皮必有筋纹，此则无纹而有力，盖树胶所制。此项制胶之树，西人即名之曰胶树者也。

西人考察全地球中，惟欧洲之意大利、美国之旧金山、中国之云南三处有之。中国与英商划缅界时，误将迤西宝井及胶树之地划以归英，英人狂喜，以为一日之间，骤获二宝，则此树之珍贵可知矣。而不知象皮者，橡皮也。胶树即中国之橡树，杜少陵诗所谓"晓拾橡栗随狙公"者也。橡子小于栗，椭而微长，不甚可食。中国各省，处处有之，何止云南一省，西人亦就所知者言之耳。闻云南胶树之地，绵亘千里，或他省不知，是之多耳。西人岁剥树皮，熬胶摊皮，以制器物。树皮虽剥，树固不死也。甫阅一年，长合如故，又可续剥，循环往复，其利无穷，可谓天下之奇树矣。西人考求其理，取胶成物，利益民生，亦可谓天下之奇制矣。

惟西人珍爱此木，天下出产甚稀，而中国处处有之，樵采薪蒸，贱如粪土。即西南各省，亦不过例以山中杂树，自有自无，从未有滋培而护惜之者，而何论于制胶成物哉！

今宜专收橡子，择地布秧，听民领种，十年内外即可剥胶。中国地脉之佳，天时之美，生此奇木，惠彼诸邦，十年之后，此项利权，将与嵩岱比崇，江河同永矣。且橡树特其一端耳。中国地居黄道，百产繁昌，天蕴珍奇，济人利物，为西人所不知者。何限为西人所知而华人尚不及知者！又何限利源既辟，声教随之！四海一家，中外禔福，出我余蕴，获彼王侯。有疑此言之大而近夸者，请验诸三十年之后。

种茶制茗说

茶荈之利，萌芽于六朝，显于唐，兴于宋，而极盛于本朝。海内外含生负气之伦，自蒙古哈萨克西伯利亚诸部落，袤延西海，俄英德法诸邦，渡海而至，南北美洲新金山、日本、南洋万岛、越南、暹罗、缅甸、印度、波斯以迄阿非利加全洲，各国统白黄红黑诸种族，凡有心知血气、不复茹毛饮血、知有火食者，无不饮之。所谓天下之口有同嗜者，即一饮食之品。而五洲万岛饮和食德，灵泉甘露、洋溢寰区，中国包举全球之量具于斯矣。妄人不察，方谓外洋以烟土酖中国，中国亦以茶荈酖外洋，而不知烟之入华，有百害而无一利也，显逆天心者也。茶之出洋，有百利而无一害也，隐合天心者也。天道好生，人心不死，则茶之行销将与地球永永无极。而烟土之种类，久必将自绝也，无待再计决矣。

西人之精化学者，考求茶质，大益人身，而人之不可须臾离者，实缘内有碱性。故饮食之后，甘醯肥腻，齿牙肺腑，胶粘不清，饮以名茶一钟，则百体爽然，精神焕发，良足以涤瑕荡秽，保生人寿命之源，前有千古，后有万年，既有地球，即有人类，既有人类，即有火食，既有火食，即有茶饮，此业之兴，当与天地同其悠久矣。日本知其然也，故于其国中刻意种茶，冀夺华利；英人知其然也，故于北印度之亚山地方，教民种茶，制以机器，不收口税，以与我争；俄人知其然也，故每岁游历江西、安徽、湖南、北出茶之处，购觅茶种，雇募茶师，于黑海之南自行种植，然或天时未合，土脉不佳，所出之茶，色香味终逊华产。虽印度、日本逼近中华，近日出茶，与我相埒，已能夺我利权，而西国良医，考求性质，终谓彼茶燥烈，而华产和平，恐亦非持久之道矣。况茶山深远，谷雨抽芽，天气宜晴而夜宜多雾，其时有大雾二三日则天地氤氲之气，醞酿深醇，所出之茶，精美殊绝。黑海天气，略与山左相同，春阳虽温、浓雾殊少，亦地限之耳。第中国官民，上下毫不讲求，掩聪塞明，坐受其弊，正税半税之外，困以厘捐，成本太昂，倍于山价，则官之弊；搀杂伪质，落价争售，割磅低盘，掣动全局，则商之弊；预领资本，抬价居奇，商本盈亏，不相顾惜，只图目下，安问来年！则山户之弊；日本印度之民，于种茶一事，性命以之，土性所宜，岁岁添种，制茶时日，仅半月耳，时过则弃老，如天气阴雨则采焙均难。中国人工，断难一律，西人参用机器制焙，加倍精纯。中国种茶之地甚多，而不知推广；制茶之法甚拙，而不欲仿行，则民情政俗之弊。四弊者不去，中国之茶务危矣哉！虽然中国之大弊，其故总由于不知人心之不齐，人事之所由日敝也。

诚能上下一心，变通整顿，则中国之天时可恃，地利可恃。但使出茶益广，制茶益精，茶本不昂，茶价不贵，则西人之口亦犹人耳。同兹运费，同兹价值，彼将购上等之佳茶乎？抑仍购次第之劣茶乎？何去何从，何通何塞，何绌何赢，亦可不烦言而自解矣。

种棉轧花说

洋布洋纱之入中国也，数十年于兹矣。自咸丰同治以前，每岁入口之数，不过千万而止，光绪以后，岁岁骤增，值银至六千余万，较洋药多三分之一，而土布之利，遂尽为所夺矣。中国商人亦欲购机仿造，第英人于纺织机器，讳莫如深，且机器所用，皆系本棉，色白丝长，与中国棉花迥异，遂有疑华棉之不合机制者。西人既以极廉之价，夺我土布之利矣。织布贩布，通计利息不过五厘，遂有疑华人仿之断难获利者。

厥后美国织业大兴，日本乃专用华棉纺纱织布，中国亦自设纺织各厂，所出纱布，海内风行，始知华棉色白丝长，虽较洋棉稍逊，而坚厚温暖过之，华工性情驯谨，作工更勤，而每日工资仅及洋工十分之一，花价既贱，日用又廉，皆非英美诸国所能及。综计织布局之利，岁息二分，办理稍善，可及三分，纺纱局之利，岁息三分，办理稍善，可及四分。非惟华人喜出望外，抑亦海外诸邦所不及料也，于是欧亚各国始知华棉之美，华工之廉，洋棉每百觔需洋卅三元，印度棉花亦在卅元内外，而华棉每百觔仅需十二三元，多至十七八元而止。故近年洋船回国，多购中国棉花，压载出口，花价骤增，至二三千万两之多，纺织纱布以售销各国，此项利源有加无已。前年上海布局被毁，有谓织布已属暮气，而纺纱始为朝气者。而以棉花出口岁岁增多之数言之，则织布纺纱均属暮气，而种棉轧花始为朝气也。

中国棉花，推直隶德州第一，而江湖各省次之。丝长色白，媲美洋棉，而坚厚温和，更合华人之用，皆中国日本各纺织局比较试验而确知其故者。此时设一织布局，需资本六十万金，否则，所获之利与所费之工不能相抵。

总之，长袖善舞，多财善贾，资本愈足，利息愈丰，纺织两局，大概如此。曩与熟精此事之人，欲定造小号机器并厂屋，止需二三万金者，以便中国各省推广设立，而通盘计算，获利过微，不能举办。因自轧花纺纱，以至织成布匹，须经二十三器而成，料件繁多，工艰费巨，机器虽小而一件不能省，故也。惟轧花机器止须五件，资本多则数万金，少成数千金、数百金均可开办。南北各直省，旷土素多，若能劝民广种棉花，参用轧花机器，转运既便，一水可通，所出棉花，兼擅中国之胜，此后花价日贵，销数日多，不惟衣被中倭，并可经纶欧美。西人谓，合地球人民以四千兆计，十人中穿布者，仅及十分之六，将来人思穿布，布必用棉，衣被人间，此利岂有涯涘哉！以轧花机器开其端，推广于纺纱织布，万家机杼，比户素封，中国二十行省无贫民矣。

种蔗制糖说

西人饮食之品，盐少糖多，适与华人相反。故中国丝茶而外，蔗糖一项亦为出口之大宗。英国糖肆规模与丝行茶行宏丽相埒，尝取中国蔗种植之爱尔兰之南境矣。虽刻意讲求培壅，去病除虫，而天气太寒，土宜不合，一二年后瘦瘠无糖，今已绝种。法主拿破仑第一，雄才大略，思并欧洲，首与英国为敌。英人纠约各国，禁止商船，毋许一船入法国海口。法人饮食皆不得糖，举国大困。拿破仑第一悬数万金之赏，谕国人有能于甘蔗之外，另获新法制糖者，则予之。法人百计图维，凡六谷百果之属，无不煎熬取汁，或滋味太薄，或糜费过多，最后始以红萝卜制成。萝卜百觔，煎糖十觔，而萝卜之糖遂盛行于欧洲各国。

美国初建，全资中国蔗糖，后见其土人春日入山，杂坐枫林，以铁管吸取枫脂，味殊甘美，乃仿其意吸脂制糖，亦与红萝卜相埒。二者均味甘而淡，仍须参用蔗糖，天生甘蔗以惠中国，华人知而用之，西人食而甘之，断非他物所能掠美也。惟甘蔗虽中国独有之利，而制糖之法，器具不精，提炼不纯，色味不洁，西人新创造糖机器，巧捷无伦，购买中国之糖，以水化开，参入洋糖，再加提炼，用力少而索价昂，较中国贵逾一倍。然糖质不纯，其味仍嫌太淡也。使以中国种蔗之区，制以机器，不须参入他糖，则质美值廉，必可尽夺其利，乃株守成法，出糖既少，费蔗又多，制法不精，售值更贱，因循不改，转使洋糖充斥内地，无可如何，我之大利反为彼夺，固由商民愚昧，积习难回，亦在上者，不能因势利导之过也。

东南各省，所植甘蔗，获利颇丰，自通商以来，洋船所带洋糖，色泽莹白，人咸爱之。旧日之糖，销路日微，销数日绌，糖商折阅，无可挽回，欲求不贫且窘也，其可得乎？今宜向英国定造制糖机器，向种蔗之地设厂制造，务求色白味美，远过洋糖，而取值与之相等，非惟已失之利可以收回，即向未行销之处，亦当舍彼而趋此矣。至于种蔗应以何物培壅，若何防虫、防鸟、防病，西人查考益精，并宜悉心讲求，编作歌词，俾农民共晓。旧时夹蔗取汁之法，太粗太笨，弃蔗太甚，糜汁实多，亦宜改用新机，使一蔗获一蔗之用。山泽之内，枫树成林，弃作薪蒸，无人顾惜，亦以铁管取汁制糖参用。化朽腐为神奇，仍复岁岁添栽，俾千里霜林皆成钱树，则地无遗利，人无弃材，百产喷盈，千舻络绎，虽欲不殷且富也，亦不可得已。

种烟加非说

西医考饮食诸物，且有碱性者，茶荈之外，惟烟与加非。烟草生于吕宋，厥后寖推寖广，分秧布种，浸淫遍于五洲。西人初以为无益也，以重税绳之，而嗜者益众，当夫酒半茶余，既醉既饱，烟草之性味能涤秽浊而使之清，虽有严禁焉，不可止也。加非一物，始自非洲，西人分种于欧西，各国人咸嗜之，入以蔗糖和牛乳，饮膳既毕，人啜一钟与饮茶相等。法国加非之馆，充溢闾巷，星罗棋布，如中国之茶寮。

种加非之田，获利尤厚，惟浇培粪壅，大费人工，一人之力，不能多种。烟草亦然。然贫人得田三五亩，以种烟草加非，则余利丰盈，八口之家，饱食暖衣，无忧冻馁矣。中国种烟颇能用意，惟未精究；培壅之法，亦未深知；收贮之方，又不能仿制。烟卷纸烟行销外国，转使东西两洋窃我权利。近日纸烟入口，约不下数百万金。英人、倭人均在上海设厂收储、制造，就地发卖，以矛陷盾，可为寒心。盖烟草培壅得法，则叶韧而柔，否则脆矣。收贮逾年，则味香而永，否则薄矣。此物虽微，华人嗜者过半，何可听其盘剥，蠹我中原，又为洋药洋油之续乎？

种加非之法，华人尚未及知。然欧美两洲皆视为饮食必需之品，海疆内地，华人亦多嗜之，其珍贵与红茶等。中国沿边沿海旷土素多，无业之民盈千累万，但得官司劝导，度地购种，与烟草同栽，工价廉售价贵，用力少见功多，自无不乐于从事者。惟中国农学废弛已久，官民隔膜，劝劳无闻，耕耘种植之功，一付诸卤莽灭裂之辈，则有名无实，一暴十寒，天下之惰农亦断未有能收其效者耳。体古圣养民之心，参欧西兴利之法，不以效法他人为耻，不以躬亲细事为嫌，则任举一二事，行之一二处，俟之一二年而已，可以养无算之闲民，广无涯之生计，收无穷之大利，塞无限之漏卮。必翅翅然自异曰：我官也，彼民也，我治民者也，彼奉上者也，我知收赋税顾考成而已，他何知焉！恐海内之财，止有此数，通商而后，川流海溢，每岁出洋数千万金。譬一池之鱼，唫喁唼喋，上无活水，下有溢流，其始也，相吻相濡，相攻相夺，彼此犹不及觉耳。久则合池皆涸，处陆而枯，巨细千鳞，同归于尽，欲如前日之相忘于江湖也，岂可得哉？吾人之智，奚不若鱼而乃自利自私，目暗丘山而祸悬眉睫，不早决西江之水以自救乎？

以上所举种植各事，皆西人之所必需，创办有成，即可以行销海外者。至于民生之所用，土性之所宜，万汇千名更仆而未能悉数，惟在官民上下，痛痒相关，视民之事如己之事，除其疾苦，牖其愚蒙，助其工资，谋其乐利，一念之仁恕，万命之存亡系焉。较之施食于衢，救死于颈，善堂荒政，事过即停者，其功德之久暂、大小相去何如也。

讲求农学说

中国农事，自古讲求，耕藉三推，以劝天下。至国朝并丁于地，经制国用，举出于农，海内益精究务农之法。西人之游历中国者，见农人之勤苦，农具之精良，农功之美备，咸欣喜赞叹，称道弗衰。然有宜分别观之者，则南省之农事勤，而北省之农功惰也；兵燹以前之农事勤，通商以后之农功惰也。夫农人胼胝手足，三时作苦，以养他人，亦天下之至苦矣。北方水利湮废，肥硗听之地，水旱听之天，乐岁无仓箱，凶年有沟壑，而官吏于利民之事，废置而从不一修，民复何心，民亦何力，亦卤莽灭裂坐以待毙已耳。此北方农民之所以惰也。江海通商，食力之民趋之若鹜。每月工资，至少数元，以养妻孥，绰有余裕。农民终年力作，催科峻急，不免饥寒，咸思舍耒远游，几有万一之获，此通商以后，各省农民之所以惰也。

夫一年之计树谷，谷贱则伤农。古人调剂盈虚，具有良法。盖五谷之利，在各业中为至微，而耕作之功在各事中为至苦。然一日不耕，天下有饥者，农政之所关，又在各务中为至重。古圣王所以春省耕，秋省敛，补不足，助不给，劳农劝相，欢若一家者，诚知其故矣。故教之树畜，使桑麻机杼、狗彘鸡豚、五谷之外，余利充溢，即所以补之也；浚以沟渠，使畎浍距川、井泉塘堰，一夫之力，倍获丰收，即所以助之也。大约种谷之外，苟不树不畜，水利不兴，则其地之民必贫窘而不能自给也决矣。

英国百年之内，工作大兴，而农民益苦，其国君乃概免田赋以恤之，然犹不能自振也。幸英国用周制大宗之法，举国之田，概归宗子，余皆佃人，故多田之翁，拥膏腴动数百顷，乃讲求农学，耕耘、培壅、收获均参新法，用新机，瘠者皆腴，荒者皆熟，一人之力，足抵五十人之工，一亩之收，足抵五十亩之获。又广开水利，教民广植桑棉葡萄加非烟叶等树，于是农民亦大富，足以与工商相敌，而农具之精良甲于天下矣。由其田主皆富人，故于农业之中，亦能推陈出新，收长袖善舞之效也。法国不然，人有田亩，则诸子均分，与中国同，故法人之多田者，不过六百亩，少或数亩十数亩，无力购置机器，君民上下，专以兴水利、广种树为功。葡萄酿酒为国大利，国制生子者，必种葡萄两株，生女一株，违者有罚。人有葡萄三亩已足小康，五亩则中人以上之产矣。田少功勤，国亦大富。德意诸国，略与法同，国中聚集讲求，各有农学之会，则田主不富，不用新机，而亦可以自收大利者也。

中国于此，诚宜兼收并采，择善而从。如南北各省乡里之富人，有拥田数千亩数万亩者，宜劝令考求培壅、收获新法，购买机器，俾用力少而见功多，如伊尹之区田，亩收数十倍，则富者益富矣。如农民只有数亩数十亩之田，专植五谷，还清赋课，闭户啼饥，一有荒年，弃田逃徙，则宜仿法国之法，因地制宜，令各种有利之树，或畜牧之类，而又为之广开水道，多辟利源，则贫者亦富矣。惟天下农民大都愚拙，安常习故，不愿变通，又恐舍旧图新，利未形而害已见，此中外古今之通弊也。

宜将旧日农书，删繁就简，择其精要适用者，都为一卷。仍翻译各国农学，取其宜于中国凿凿可行者，亦汇为一编，颁布学官，散给生童，转教农人之识字者。至于水利，必先筹费，种树必须购秧，诚宜设立专官，认真经理，乃能创兴大利，救我兆民。此王道之真功，圣贤之实效也，而又何疑焉？

畜牧养民说

北方畜牧之利，见于经籍史传者，古矣。牛羊驼马之群，量以川谷鸡豚狗彘之畜，足于圈牢，自汉唐宋元以来，北方富人首言牧畜。本朝承平二百余载，孳生蕃息，益当盈溢，中原乃自咸丰同治间，粤捻横行，内外各边，踵以马贼。肃清以后，又复频年水旱，转徙流离，人不聊生，何有于物。泰西各国，每田百亩，必空数亩不耕不获，专殖青草，圈作牧场。中国旷土猥多，无须尔尔，但使得人经理，爱养蕃滋，则其利已不可胜计矣。

美国有三富人，其产业皆以数万万金计，其一曰铁国，乃铁路总商。美国铁路什八归其掌握，所谓富堪敌国者也。其二曰水国，乃太古洋行之旧主轮船商舶，运载遍于五洲，其富亦不可计量者也。其三曰土国，为纽约一埠之地主，富与相若，而发迹甚奇，年少之时，一无赖子耳，后忽发愤自立，积洋五元，尽买鸡雏于旷地，积秽生虫以饲之，和以腐渣，数月长大，向以洋五分购一雏，今每只售洋五角，于是五元资本化为五十元矣。改而畜豕，获利倍之，由是而牧羊，而牧牛，积资盈万。纽约一埠，三江会合，其时一荒野牧场也，某心计此，间日后将成商埠，乃以廉价购之，未及十年，各国商人麇集，果为美国第一大埠，人多地少，楼高五层，皆一人之业，日安坐而收亿万之租，所谓土国者是已。然某以牧牛之利，至广至丰，牛乳一宗，西人饮食必需之品，牛虽倒毙，筋皮骨角无一弃材，故于美国之西，广辟牧场，畜牛百万，所制牛乳，封以铁瓶，行销五洲，精美冠天下，今日子孙犹然世业。致富之道至奇亦至庸矣。可知万国通商，人贵自立，只须能制一物，能成一艺，能执一业，能创一法，风行一世者，即可立致巨富，创业成名，无贵贱大小，一也。

北方畜牧之饶，夙有师法，惟无多资本，则不能广置围场，非有智慧聪明，则不能推陈出新，振兴大利，如牧牛取乳之法，蒙古虽有酥酪，未甚讲求，不有铁瓶，何能寄远！比来外洋牛乳，华人颇多嗜者，并西人所用每岁入口值数百万金，皆在免税之列，诚能自设牧场，养牛取乳，即行销本国，获利亦甚丰矣。

天津出口之羊毛骆驼绒，价廉物贱，因不谙收储剪剔而然。西人运归本国，织造毡绒，售我重价，岁销大呢、羽毛洋毡、法兰绒等项，不下二千万金。即如鸡毛一物，西人盈捆购归，制成露水洋花，以销中国。华人之发，西人购去编作巨绳，为兵船系锚之缆，每绳值价千金,盖铁甲船身过重,铁锚亦数万觔,海浪掀天,无论何物,制绳一掣皆断,惟发绳为人身精血所化,其坚韧无与比伦。西人格物之精,华人心计之拙,举一二端而可见矣。

左文襄前任甘督,亦尝购买机器,仿织呢绒,然牧场未立,风气未开,万里甘凉,艰于转运,资本太重,不利行销,因创办之时,本未通盘筹划,故耳。苟于辽沈、山海关、天津等近海之处,筹集股本,设立围场,驼绒羊毛如法收剪,购机设厂,织造毡绒,务与俄英同其精美,中国食物既贱,人工更廉,又省数万里转运之费,较西洋货价必可减半销售,然后逐渐推行。兴造铁路,达于沿边、热河、口外、七厅、包头等处。蒙古素饶畜产,亦教以收剪之法,平价采买,以扩利源,此每岁溢出之二千万金,不数载而可以收复,所谓有人有土、有土有财者,此之谓也。

夫事无难易,得人则理,伊古已然。西国振兴工艺,至纺纱织布之机,人巧极而天工错,向亦谓中国断难兴办耳,乃不及十载,南省风行收回利权,岁千余万,况天津出口骆驼羊毛为数不少。九边内外,旷土素多,织造毡绒之机,即由织布纺纱而变者,料件更简,管理非难,苟能因地制宜,创兴大利,一二年间有可操券而获者。若之何?畏难苟安,日守困穷,而不思变计也。

拓充渔务说

佃渔之利,中国开创最先。山谷之间,江湖窎远,则筑塘建堰,蓄水养鱼,所畜鲭鲤鲢鳙等鱼,饲以青草,叠石为岛,水宜宽广,使鱼游泳往来。自春徂冬,鱼大至三四觔、二三觔不等,一人之力,岁收鱼利约百千、数十千不等,略视人功之勤惰以为差,此养鱼之利也。下游之地,逼近江河,则或钓或罾或网或罟或鸬鹚、竹簖、铁叉之类,取法甚多,逮鱼之船,随波上下,因时逐利,亦足以养妻子而赡室家，此取鱼之利也。至于沿海居民，素无恒业，则结队出海，风帆坚舶，网取海鱼。鱼之去来，自有风汛，值巨鱼大至，则结寮海壖，夜以继日，百计搜捕，必使盈舟满载，始相率扬帆以归，此捕海鱼之利也。中国人民工于射利，固已凌波蹈险，不畏艰难矣。

而有尚宜拓充者，一事焉，则捕鲸之利是已。西人言四海之外，惟北海独多大鱼，其余则否。故庄子鲲鹏之喻，独数北冥，穷发天池，夸其修广者，此也。鲲即鲸也，海上之鱼，惟鲸最巨，周身骨肉皆蕴脂油，西人捕之熬炼为烛，精莹皎洁，百倍光明，即今洋烛是已。鱼油坚凝，无须用蜡，闻近日越南、暹罗之蜡树，摧伐罕存，故蜡价贵至五倍。然则洋烛者，亦以补白蜡之穷也。法国通国之人，皆用洋烛，无用洋油者，恶其气味且易肇火灾。自余欧美亚三洲，大小数十国，无不喜用洋烛，入中国者，岁亦千万，行销之广，罕与比伦。于是各国捕鲸之船，遍于北海。法以纯钢为钩，以烧豚为饵，以人发为绳，百人驾舟逍遥海上，投饵于水，鲸鱼吞之不敢掣也，缓棹其舟，回翔转折以引之，及岸则以绳绕大石或山峰，环之数匝，尽百人之力，辅以起重机器，并力掣之而鱼上矣。得一鱼而数万金在其掌握。鱼之小者，亦不下数千金。故冒险趋利之人，以数百万计，争端屡起，辄碍邦交，乃划分海界，百里之内不许他国捕鲸，始信龙伯丈人，古记良非夸诞也。

中国自渤海以至朝鲜、东三省沿海之区，皆鲸鱼所萃，而不能捕捉，坐使他人窃我利权，以一物之微，每岁千万金钱流溢海外，斯亦拙者之明效矣。

宜仿其意，设立捕鲸公司，雇募英美之人指挥向导，先就渤海一带搜捕，渐达于朝鲜黄海之滨，援案订立约章，百里之间毋许他国鲸船阑入。设厂制烛，转运行销，利国利民，莫要于此，否则中国旧烛光明远逊，蜡价甚昂，洋烛行销日以增广，惟油与烛蠹我中原，每岁将以华银数千万计，欲不穷且敝也，得乎?

拘方之士，好为高谈，不知通变，则必有一物也足以代之，而后可或能严申禁令，永不使吾民购用也，而后可然。舍贵趋贱，人之常情，恐酷罚严威不能止矣。中国捕鱼旧法，亦有渔村蟹舍，间亦有陶朱、计然之术，何必万里行商哉!

卷二 矿书

维持矿政说

治天下之道二：曰富，曰教。富天下之政二：曰食，曰货。今天下之大患，非食不足也，货不足耳。闭关以前，货无所谓不足也；通商以后，始蹙蹙然，日忧不足耳。此其故有三焉，不可不察也。

当日风俗勤俭，粟布交易，邻境不相往来，囊无一文，不忧冻馁，日得百钱，群相夸美矣。今人情浮动，政俗奢淫，生人日用之资，增至倍蓰什佰而未已，此不足之故一也。

西人自通商以来，获利无算，常谓中国之大与海相若，无论运货若干，至埠总可销售，无论运金银若干，出洋从无窘象，此四十年前之说也。然邻之厚我之薄，彼之利我之害，川流海溢，其枯与涸可立而待，今已捉襟见肘矣，他日之窘，又将若何?此不足之故二也。

天下之金，三品金必贵于银，银必贵于铜。中国行用铜钱垂五千载，银矿少而金、铜矿多，当时本国转输铜钱已足，金不贵而银亦不贱也。今美国、墨西哥银矿大开，运入中国，易我黄金，中国之民贵银贱铜，虽有黄金不知宝惜，而外国通行以金为准，于是中国之铜贱银贱，而外国之金钱独贵。欲购洋货，非金不行，既不知自铸金钱，又不能不用洋货，此必困之道，所谓为渊殴〔驱〕鱼、为丛殴爵

〔驱雀〕者也。其不足之故三也。

守此而不变，再阅十载，彼之货皆贵，我之货皆贱；彼举国皆富人，我举国皆穷人。试思穷人听命于富人乎？抑富人听命于穷人乎？将使权势举无所施，愚智皆为彼用，不蹈印度、缅甸、越南之覆辙，其事不止，他日中国四万万众神明之胄，颠连困苦，奴虏终身，济济群公，何以自解于天下万世哉！

欲救此弊，必广铸钱文，欲广铸钱文，必大兴矿务。然而开矿之说，既有年矣，或主官，或主商，其说亦至不一矣。开十矿而获其一二，不得谓之无利也。官则止能得利，不能失利。假浪掷资本，再试无成，即日奏停，因噎废食矣。商既集资，必得利乃已也，则商办宜矣。沪上奸商，借矿为名，集资以供浪费，大信既失，招股遂难，即股集矣，矿成矣，而工人麕集，动虞滋事，奸商垄断，难服群情，非临以清正之员，不能息争止竞，则商办而官督宜矣。虽然，魏源尝言之矣。

开矿一事，大吏欲之而小官不愿也。督责虽严，而彼以无矿报，大吏无如何也。至于不肖官吏，藉查矿为名，日纵虎狼，需索骚扰而流弊益不堪问矣。欲除此弊，其法有四：

一曰一视听。滇铜岁采，圜法所关，各省矿产，一律封禁。今虽纵令开采，官民之意尚疑，疑扰民，疑受累，疑不能持久，疑无利可图，疑他人入室，积疑生畏，事必无成，或授意愚民，横相挠阻，彼民也又安知大局者？宜请颁明诏，晓以利害，咸使闻知，则视听专而趋向壹矣。

二曰明赏罚。小官之不愿开矿者，虑受开矿之害也，虑开矿之利不敌其害也，虑受其害而因以失其本有之利也，虑开之未必有利而不开固亦无害也，皆私也。宜仿盐务缉私之例，明定赏罚，境内一矿有效，予以升阶；多矿见功，擢以不次；弃矿不开者，撤；藉端扰累者，参。而后贤愚竞劝也。

三曰减税课。泰西之矿税二十而取一，中国旧制十分取二，较之赋税，特示严苛，意亦藉以封禁耳。官吏不敢议开，半由于此。上等矿产尚可勉支，稍次之矿，商民无利则弃之耳。今既锐意开采，宜改为二十分而取一，而金银铜三项必全数缴官，官照时价购之，以备铸钱之用。此亦西法也。

四曰设官司。矿有大效，必仿盐法，酌繁简以设官。创办之时，宜择矿苗最盛，如云南、四川、湖南、山西、东三省，各派大臣督办，拨给官本，自辟僚属，宽其衔勒，以责成功。以商为主，以官辅之，示以大公，持以大信，歆以大利，御以大权，而后利源可以尽辟也。此维持矿政之法也。一或不慎，艰阻随之矣。可不熟思而审处哉！

精究地学说

“沧海桑田之变易，高陵深谷之迁移”。此其说，华人创之，西人引而申之。泰西于是乎有地学。彼人开矿专倚矿师，较华人望气识苗，较有凭据。矿师之所学则地学耳。西人将地下土石各质，分为十三重，继改为九重，后又统以三重。三重者，近古、中古、太古是也。

地球土质，渐积渐高，掘地验之，确有层级。其所以积高之故，可分为水成石、火成石两门。盖地心奇热，乃烧化之流质，自古迄今未曾增减，掘地深十丈，以寒暑表验之，热增一度，愈深愈热，以至不可向迩，则地心之蕴火无疑也。考此火所从来，实出于日。日之体积，大于地球三百万倍，一团纯火，焚烧金铁之精，荡荡罡风，阳轮自转，爆出一星之火，游漾天空，则五星与地球也。月距地球最近，又地球之分体耳。地球甫成其热，与日相等，天风振荡，体质渐凉，则结薄膜一重，周于地面，此膜为至坚之石，无隙可乘，常因地震地动，陵谷变迁，间有升至地面者。各处火山之口，日喷流质，冷凝之后，皆铁与磺。可知地心皆含此质。彼以火成石，分为三类：曰熔结石、火化石、火山石。所谓太古一重者，其时尚未有物也。地球结膜，热气骤凉，乃化为水，地面皆海，山阜无多，间有高出水面者，则生绿苔青草，其内则生螺蛳蚌蛤之属，是为地球有生物之始，纯阳蒸郁，盛大蕃昌，草皆成树，高数十丈。海则有巨鱼飞鼍，陆则有异禽大兽，今掘地得骨，皆不知名。久而低者忽升，高者忽下，山原河海，屡经变迁，绝大树林沉埋地下，压而成煤，故能燃烧不息，海底所积珊瑚之树、微虫螺蚌之壳，由埤而高，延历数十万年，地气渐凉，土质渐厚，海水渐少，山野渐多，而人始生焉。故地球中层石质，皆海水荡潏而成。所称中古一重者，其时尚未始有人也。人之初生即饶智慧，维时怪禽恶兽，高大粗猛，磨牙食人，人乃巢居穴处以避之，合群聚族以防之，断木砺石作为弓矢刀斧之器以杀之。故近古最下一重掘出器物，类皆坚石所制，西人名曰石期。生人阅历益多，心思益巧，乃炼铜为兵器，而铸锡以焊之。铜兵既出，石兵不能敌，彼此攻夺，而杀运始开，掘出铜兵，即在石兵之上，知前人为其所逐也，西人名曰铜期。最上一重，已近地面，则皆系铁兵铁器。掘出各物，知当时殡葬宴会之礼与今日大同，人兽之骨亦与生者无异，西人名曰铁期，即所称近古一重者也。

考地球各质，惟煤铁为最多，其效用于人者，亦以煤铁为最要。他日器用必皆用铁，薪蒸必皆用煤，取之不穷，用之耐久。地上之物渐少，不得不取之地中耳。至于五金各质，本在太古火成石之内，为地心流质熔结而成，其蕴于地中，出于地上者，或因火山喷发，或因地震升腾，故同一地也不能处处皆有，即有矿金之处，亦复多寡不齐，厚薄不一，每见有熔结石、火化石、火山石之地，即知其必有矿金,因而觅之,十不失一。又将土石各质,分为金类、非金类两端。又于金类之中,分为轻金类、贵金类两种,皆以白金为小。釜用化学,入釜化分,凡金银各矿,必有他质杂之,如是则本质分开,而杂质之有用者,亦丝毫不能耗费。珍奇入贡而巨细兼收,皆以地学一门括全体而成大用,而其端实自中国开之。

西人化学精深,亦仿于道家之炉鼎。黄芽白雪,彼征诸实,我丽于虚,我以欺人,彼以富国。不龟手之药一也,或以封,或不免于绑〔洴〕澼纨,则所用之异也。所论地体之生成,地质之层累,其理皆古人已言之,西人心力精专,因得考求其实象。既兴矿务,当用矿师,欲识矿金,须明地学,慎毋强分轩轾,自窒利源,使宝气灵光终埋土壤,致他人先我而为之也。

开山伐石说

自共工氏头触不周,天柱折,地维缺,女娲氏炼五色石以补之。厥后神圣继生,文明大启,丰碑建绩,叠础承栾,螭陛雕阑,玉阶瑶砌,亭亭翁仲,矻矻桥梁,攻石之工,精美冠天下,末世涔绂乱离,日趋简陋,重以深山邃谷,采运艰难,近者既已空,远者莫能致,惟以粗犷滥恶之质充数滥竽,事少坚贞,人怀苟且,识者慨然于以觇世运焉,而不知采石一事,西人列为矿务之大宗,以其济用于生民者为尤巨也。

西人考火成之石,熔结一片,无隙可寻,不能采也。此外各石,约分三类。海底污泥细土与石灰抟合而成,所谓平好阿石,又曰泥石者,即中国之青石是也。海内有微虫,其细如尘,白如粉,多如恒河沙,积厚至百丈,又有红白珊瑚者,本为化生微虫之窠,既速且多,不可计算,南洋万岛大半皆珊瑚所成,日积月高,遂出水面,此等微虫结而为石,莹白坚致,加以雕琢,精好殊常,彼之所谓花刚石，华人名曰汉白玉，即中国之白石是也。海中螺蚌之壳，堆积如山，得热化分，参合铁锈沙泥，变为粗石，盖螺蚌之壳即石灰耳，西人谓之僵石，即中国之红石是也。此皆上古造化所成，供人采凿。至于地中地上，泥土各质，内含石灰，得水得热得光，均能化合坚凝，变而为石。海陆造化无息无休，成石之多不可计极。

西人考耶稣降生前三百年，当中国秦汉之时，罗马初兴建一神庙，其神座之白石取之巴比伦。日神庙中记述，巴比伦建此庙时，迄罗马已历三千载。埃及之北境石碑、石阙、石墓、石塔尤多，所刻虫鸟之文略同中国。西人工于琢石亦数千年于兹矣。欧洲之法国尤重石工，巨丽精坚，甲于诸国。自余英、俄、德、美、奥、意、西、比各大国，亦无不磨砻椎凿，人物花鸟，栩栩如生，虽复刻意求精，仍以坚朴耐久为主，不徒侈观，美夸后人也。盖诸国之文物声明，规模峻整，实于此见其大凡，而阛阓之崇闳，楼台之高耸，坚墙峻宇，皆以美石为基，历劫难、磨风霜不蚀，故礼拜堂之属，有矻然久历千年者。琢石既巨，用石益繁，其选石、采石、运石之方亦日加捷敏。西人考求作室之法，通风去湿，利益人生，他日全地球中皆将仿效，石之为用弥大弥长。

西人考中国石矿之多，石质之美，全球各国皆逊一筹，苟能精选佳材，设立巨厂，制以良工大匠，运以铁路轮舟，如入山太深，则修木路以相联接，专采花刚石之类，行销各洋，获利之丰，更仆难数，重峦大壑，皆化金银矣。至宝石一类，如金刚钻、碧霞犀、翡翠，白玉、水晶玛瑙及红绿蓝紫各宝石，凡有色有光者，西人既善搜求，华人亦勤采撷，然彼能见石辨质，认矿寻苗，华人不能也，是彼于识宝之中，兼寓采金之法，尤应精求其理者也。

分墒采煤说

中国石煤之用，其在隋唐之间，肇始于西南各省㉑；泰西各国用煤，后于中国约数百年。然中国至今以为煤乃石之可燃者耳。西人专门立学，将各国白煤、红煤、烟煤、泥煤之属细意考求，始知煤皆木质。古有大林，阅历沧桑，沉埋地下数千万载，坚黑成煤，亦有黑而未坚如红煤、烟煤之属，与木炭相近，木心之纹理，木之枝叶花果，均可辨认。煤为木化，确凿无疑。泥煤则俨然黑泥，西人以为水草所化。从地面至地下，煤多者九层，少者三层，向下一层，必较上层坚结，阅时之久暂为之也。每一层墒厚者丈余，薄者数尺；宽者千里或数百里，狭者数十丈或数丈不等。西人确知此理，故采煤之路，随所向而觅之，百不失一。

尝谓全球各国，文明日启，生齿日蕃，樵牧薪蒸，地面之草木万不敷生人之日用，幸地下蕴藏煤产，阅时数十万年，多者九重，宽者千里，以供薪爨，永无匮竭之时。比来机器大兴，用煤日广，如白煤红煤合炼铁冶金之用，烟煤一项为火轮舟车及各种机器之需，煤泥提炼煤油，以供灯火，行销各国为数尤多。英国蕞尔三岛，富甲寰瀛，其未得印度以前，徒倚煤铁二宗，纵横四海。人知金银之利，而不知煤之为物，为大地生人所必需者，其利益乃不可计算也。

西人之游历者，谓中国煤矿之富，地球万国无与比伦，湖南、山西，一省之煤，均可敌英国一国。英国煤利之富，每岁三万万金，以我偏隅，当彼全国，中国之富，讵可限量？惜乎！觅矿之法不精，采煤之法又拙，道途险远，转运艰难，以致奇宝瓌材，永弃于地，窑藏金玉而日叹饥寒，中国之贫，天所赋耶？抑人谋之不尽臧也。

诚使雇募工师，修筑铁路，仿开平之法，参用中西，如京西南房山地方，比邻晋省，煤产之富，煤质之佳，均中外所艳羡，只须将津卢铁路展长一段，既备轮车之用，复开大利之源，然后逐渐拓充，将山西合省之煤悉行开采，此一事也。鄂省创开铁政，用煤日多，湘中悬隔洞庭，风潮稽阻，民舟往来不便，须以轮舶拖驶，转运始灵，亦宜遣矿师，按壤寻求，遍开美利，此又一事也。然特举煤矿最多之省言之也。此外各省，何省无矿？何矿无煤？能筹转运之方，即有非常之利，惟在上下一心，官民合力，以辟此不竭之源耳。

英国煤矿章程最为美善，其防火、防病、防压、防闭、防水、防争诸法，皆各国所师。每一大煤矿，工人万数，搬移运载又数千人，不设立督理之官，严定防维之法，何以保全民命，隐杜祸萌？而国家税课之征，即于是乎出，虽廿分取一，已大益于度支。至于赡养穷民，尤以数百万计。居今日而言生财之道，惟求之于人，度之于地，幸勿因循苟且，诿之于天，则庶乎其可矣。

石油石盐说

石油即煤油，西人谓之柏油，出于泥煤之内，美俄两国出产最多，状如浑浊之泉，与油不类，而内含硫碱，便于燃灯。美人取之复加提炼，盛以洋铁之匣，护以松木之箱，万舳千艘，行销海外。华人贪其价廉，争相购买，每岁入口千余万金。俄国煤油矿在黑海之东岸，质稍清洁，矿质尤多，俄人以铁管引之，盛以巨舶，运销各国，不用箱匣，故取值更廉，颇夺美洲之利。贩俄油者，多系德人。此近年各口所以广设洋油池栈也。俄美两国之油销入中国，不胫而走，各埠风行，遂于洋药洋布之外，多一无穷之罅漏，民贫矣，国困矣，何以堪之！

中国台湾向出煤油之井，今则以川滇为最多，闻金沙江两岸，流泉滴沥，半系煤油，华人不知取用。四川盐井，熬盐所用之火井，即油井也。中国自有煤油，不知开采，而甘以白金二千万，岁畀诸异国之人,可谓智乎?

诚宜考求物产,纠集公司,测验何处油矿最多最佳,即行开采,此等油矿沸涌如泉,只有工资,并无成本。美油制造箱匣需洋一元,余则舟车转运之费而已。俄油载以巨舟,所费益寡,然自黑海运至中国,计程六万里而遥,彼均可以价廉要我重利。中国自有油矿,工资既廉,运脚又省,油价之贱,更当如何!此不可不急行设法,以塞漏卮而收权利者也。

抑犹有说者,俄美之油运售各国,销场盖寡,惟中国独多,岂各国皆自有煤油之矿哉?法国向用洋蜡,不喜煤油,自余英、德、奥、意诸邦以及俄、美本国,皆屏煤油不用,代以煤气电气之灯,运油之舟,售油之肆,均设厉禁,不许多储,因煤油内含硫磺,易肇回禄,害多利少,人皆恶之也。煤气电灯,价较煤油更廉,且可永无火患。俄美出油之地,自犹不用,而独以恶物蠹我中华,有是理乎?此时骤禁不用,则俄美必有闲言,且价较他油便宜一半,民间习用,何能强以所难?惟有广行煤电之灯,乃能暗减煤油之害,此又釜底抽薪之法,各国行之而效者,不可不急思补救者也。

至盐井一业,川人已辟利源,只须保护维持,代筹转运流通之法,则天地自然之利,仍能日出不穷。课税所关,良非细故,闻川省改行官运,财匮民贫,不急思所以整顿之,恐此项利源亦将阏塞,则铁道火车之议不可更迟矣。盐井之旁,必有火井,火井即油井,古所谓石油者也。盐井即古所谓石盐者也。阴阳变化,利益民生,上天爱人,至于此极。西人于二者皆称为矿,因其相类,故并论之如此。

披沙拣金说

中国采金,托始黄帝,通地球万国,无如中国之古者,合地球万国金矿计之，亦无如中国之多者。故太古黄金，动以镒计，或以斤计。自象〔佛〕教入中国，布施塑像之金箔，糜费如恒河沙，皆灰灭烟消，不堪复用，而中国地上之黄金尽矣。

然地下之黄金故在也。计金矿最多之地，如山东、奉天、吉林、黑龙江、蒙古、阿尔泰山、新疆南北路、青海、西藏、四川、云南各省部，皆经中外详探博访，灼见真知，而漠河及阿尔泰山，西人所称为东西金山者也。西藏一隅，产金最旺，西人名曰金穴。俄英两国，南窥北伺，皆思捷足先登，而中国方掩聪塞明，不以为意。漠河甫经开采，每人每日可得坯金六元，因办理非人，营私舞弊，大利所在，又将废于半途。自余各省金矿金沙，比比皆是，徒以官民隔膜，封禁綦严，税课太苛，无人顾问，天珍地宝，终听沉埋，强敌生心，司农仰屋，吁可慨也。尤虑者，各国通用之钱，一切以金为准，中国自有黄金，不以铸币，每年出口金砖金页，值银三千万两之多，国宝外流，真元内斫，奇赢贵贱，惟人所操，深患隐忧，未知何底矣。

宜通行天下，听民自开，所得之金，官以平价采买，而薄收其税，其金汇解藩司，铸钱行用。东西金山、西藏、四川、云南各处，则宜专派清正大员，督开金矿，参酌中外，明定章程，延订矿师，讲求地学。部定金钱式样，轻重与英镑同。自购机轮，与银钱一律开铸。十年之后，金矿全开，万万金钱，通行天下，乃可以藏富于国，藏富于民。盖今日之金页金砖，虽有定价，犹之货也，非富人不能藏庋，时价略贵，则出而求售，西人因得低昂其间。广为收买，铸成钱币，则作工食力之辈，人可收藏一二文，中国之黄金始不致全流外国，而日后无穷之隐患亦得以逐渐消弭。即如国债一端，金镑之低昂，为他日绝大关系，必采金自铸，则太阿之柄始不致永授他人。其补救于深微隐暗之中者，实非语言所罄也。

黄金之外，复有白金，较黄金贵至五倍，即古之所谓镠耳。西人考全地球中，惟俄美两国金矿有之，皆为结成之纯质，化学提炼，加热至五百度，则金石皆流，惟白金须加热至七百五十度，始成流质。故化学之釜，必以白金为之。近日电灯广行，灯头引电之丝，非白金不能受电火之销铄，需用日广，出产甚稀，价值所由日贵也。台湾金矿内有黑砂，熔之不流，击之不碎，华人以为弃物，倾之海中，西人取而验之，则白金是已。夫白金既为纯质，结成于金矿之中，则他省金矿情形与台湾相类者亦必不少，且精镠之名，流传邃古，古人固已知之，且取而用之矣。亦宜设立专门，考求矿产，毋使非常美质浪掷东流，为海外远人所窃笑也。

就银铸钱说

今日中国之银，何为而贱也？曰：以银多故。中国之银，何为而多也？曰：欧亚各国岁以银二千万两运入中国也。今日中国之金，何为而贵也？曰：以金少故。中国之金，何为而少也？曰：欧亚各国以银易金，运归其本国铸钱也。盖各国货易，通行铸金为镑，淘金采金者不得私卖，均聚而售之于国家。其国家鼓铸有所不足，则由各银行收买他国金条、金页、金砖之类以补之。美国、墨西哥所铸银钱，均运售于中国，岁约三千万元，所谓鹰洋是已。刻因金镑太昂，铸洋无利，而彼银产甚旺，不能不销，乃铸成百镑之银条，运入各口。

夫各国五金之矿，不能如中国之全，今既以金镑为衡，其本国金产无多，不得不买金以补铸，理固然也。美国、墨西哥银矿，开于有明嘉靖之时，产银之丰，天下第一，而用银之地，中国与印度为多，或银或洋，易我黄金，出入之间，隐操轻重，亦势所必然也。第今日中国，非无银之患、银少之患，有银而不铸钱，民不便用之患，且不自铸金钱以与银钱轻重相权之患。故当今日而铸金钱，则必广开金矿，总纳于官，而不许有抑勒偷漏之弊也。当今日而铸银钱，则宜就银铸钱，官商通计不足，则购之于银行，此入口之二千万两，先入之国家铸局不用，始售之于中国银号也。

夫中国之银矿，非不可开也。以目下情形论之，则中国之银矿，视他矿为独稀，而中国取银之法，又视他国为独拙，恐所得不偿所失，且必不敷铸钱，当银贱金贵之时，非策之上者也。盖银矿一也，有纯银矿，有夹铜银矿，即四川、云南所出，雍乾以前，铸钱之品，化分最难者也。有夹铅银矿，今贵州所出，铅多银少，不敌所费，只可舍银而取铅者也。此外，夹锡、夹锌、夹磺、夹汞、夹铁、夹锑等类。银矿含银多寡，取银难易，皆有精理，偶或疏失，资本全空。盖中国所能采者，纯银之矿耳。然中国纯银之矿，今天下所已知者甚少，固远不如金矿之多也。

夫天地一矿藏也，中外古今一钱币也，如贸贸然开矿，昧昧然铸钱，而不能熟审东西货币之源流、中外矿金之利弊，得一矿则震而惊之曰：银也！银也！持以与墨西哥、美国较不止，如涓流之于河海、土壤之于泰山耳。铸钱之事权轻重而已，今日中国之铜钱，轻之极矣，然而不能废也。莫妙于以重权之，俾轻重之间，两相调剂，而后重不终重，轻不终轻，重者可轻，轻者可重。非深识五洲万国之情实者，不足以均中外之势、持天下之平也。圜法变通之故详见下篇。

开矿禁铜说

圜法之行，必有禁令，此中外古今之通义也。盖时势迁变，贵贱低昂，国之强弱关焉，政之兴衰系焉，民之贫富，治乱由之，其发端也甚微，其积重也难返，其究也，遂将一成而不可变。禁之者，防之也，所以防其微也。又持之也，所以持其变也。故用金则金有禁,用银则银有禁,用铜则铜有禁,三品俱用则三品俱禁。非厉民也,愚贱无知,有何远识?过而不觉,习焉,若忘久,则上下四旁交受其弊。故钱法必有禁令者,所以持天下之平也。

中国用铜,请以铜论。乾嘉以前,滇矿极盛,而铜禁旋弛,始也富贵人用之,继也贫贱人效之,而铜器遂遍天下矣。道咸以后,用铜日多,而矿产渐竭,始也购铜以制器,继也毁钱以得铜,而私销私铸者又遍天下矣,未已也。云南之铜矿,西人名曰铜银矿,铜六而银四,相连极紧,熔之不脱,锤之不开,如天生地成,经百炼而依然莹白,惟以湿法分之,银与铜始离而为二。此其理,华人不知也,西人之精化学者知之,东洋中国人之学西法者知之。彼以洋一元,易中国铜钱千文,计六斤四两,合重一百两,提出铅二成,泥沙杂质一成,净存七十两,按银四铜六计之,可得净银廿八两,所余铜四十二两,铅廿两,仍可按时价出售也。合天下万国贸易校之,安有坐收五十倍之利如销化铜钱者?彼工于牟利者也。有如此非常大利,而欲禁钱之不毁,禁人之不贪,虽黄金满前,白刃在后,不可得已。所谓积重难返、一成而不可变者也。不有以讲明切究,变通而补救之,恐再阅二十载,中国之铜钱尽矣。

变通补救之法奈何?曰:广开铜矿,严申铜禁,合三品以兼权。今日滇铜矿苗将竭,新开各矿铜少砂多,而必欲责之于滇,是何异刻舟求剑也?闻四川会理州各属,毗连滇省,广有银铜之矿,督办唐炯,乃暗遣商人展转采买,以供京运,是何异掩耳盗铃也?湖南、江西两省,银铜之矿遍于地中,间有石裂山崩,铜矿涌出,土人因而挖取,地方官闻之,诧为奇祸,立即派兵驱逐巡守,藉口有明矿税,封禁綦严,是何异因噎废食也?去此三弊,而移唐炯于四川,另简贤员督办江西、湖南铜矿,则大利开矣。

外人购钱销钱,必有奸商为之主,而奸商所萃,必以铜铺为之媒。今宜严饬地方官,限期一月,铜铺一律闭歇,铜器一律缴官,民间旧有之铜器,限期三月,亦一律缴官,官按时价收买,以供鼓铸,官民不用铜器,无所妨也。铜铺之人,收入钱局,以供执事,然后严挟铜之禁,清出口之源,则奸谋塞矣。

旧有之钱,不必论矣。此后所开之矿,自应用西法提出,纹银别供鼓铸,而以净铜铸钱,轻重以八分为率,中无可欲,外有所慑,不再销矣。然后用未分之银铜矿,以机器铸当五当十之钱,外有边,中无孔,龙文国号,大小如两角五角之银钱,当五当十,准此折算。所铸银钱,大小、轻重、式样、花纹均依鄂粤之式,每枚定价,制钱一千文当五银;铜钱二百文当十银;铜钱一百文,其五角二角一角五分之银钱,准此折算。所铸金钱,大小轻重略仿英镑,而花纹式样如银钱,每一金钱值银钱十枚、制钱十千,银钱自五角以下,银铜钱自当十以下,准此折算。轻重相制,上下通行,廓然大公,整齐划一,不逐洋盘为长落,不随市价为转移,三品兼权,我行我法,则邦本固矣。

夫中国百产蕃昌,五行具备,无须仰给外人也。自通商以来,彼专以金镑炫我,出其余货,易我黄金,致中国黄金贵至三倍,而金荒矣。以银易钱,展转贩鬻,制钱日少,钱价日贵,而钱荒矣。金荒之弊国受之,钱荒之弊民受之。惟纹银较前稍多,然不铸银钱,行使不便,价值高下,成色参差,民受其愚,国承其弊,所最便者,蠹吏奸胥之侵渔盘剥耳。三十年前,隐患虽深,祸端未见也。至今日而上下困穷,四海嗷嗷然患寡患贫,交受其病,或迂拘固执,侈谈周孔之书,或震慑张皇,竞进富强之术。而寻源探本,则圜法之弊,一言蔽之矣;对证〔症〕用药,则整顿圜法之弊,一方括之矣。起弱扶羸,批郤导窾,圣人复起,不易斯言也。

大兴铁政说

西人之言天文者详矣。天学之不足，辅以地学；地学之不足，明以化学；化学之不足，考以光学；光学之不足，证以重学；重学之不足，通以电学。其言曰，日为纯火，所谓众阳之宗也。随日之行星，凡一百二十有九，皆日中爆出之微点耳。其间金、木、水、火、土五星及地球、天王、海王三星，凡八星为最大。水星最近日，而火星次之，金星次之，地球又次之，木星、土星、天王、海王又次之。水星、火星小于地球，金星之大与地球略等，而质体皆甚重。木星、土星、天王、海王，皆较地球大至数倍十数倍，而质体转轻于地球。此以重学参验而得之者。惟日体较地球大至三百万倍，究为何质，莫可名言。后以光学验之，日体之光色热度，与煅红之锰铁等，以他物拟之，皆不类也。因知太阳真火，焚烧铁精，流汁飞旋，溅为分体，此百二十九行星之所由来也。分体之后，仍为日之电力所摄，旋转天空，星之铁质多者，体重而距日近，星之铁质少者，体轻而距日远。各星与地球，又自有电力互相抵制，故能各成轨道，绕日而旋，不致摄入日中，以供烧料。电力者，两铁相磨则生吸铁力，即电气是也。

至于月者，又地球之分体，距地仅七百万里。西人窥以远镜，月中有火山三，喷吐不息，所含琉〔硫〕磺铁汁甚多，故以附庸地球，长存万古，缘距地太近，故电力益劲，而朝潮夕汐生焉。火星金星各有一月，木星则有四月。土星光环之外，另有八月，不为奇也。

西人既知日月五星地球皆为铁质，而以地学、化学、植物诸学，遍考地球上下动植飞潜山海土石水火之质，几无一物不具有铁质，秉有铁性，含有铁精，而铁之效用于人，万类千名，未能悉罄，乃至人与万物，凡有血气者，中必含铁，血气不足，亦惟铁能补之。可知体用同源，刚柔一贯。我明其理，彼识其名，昔丽于虚，今征诸实矣。故西人以为今日制器，所有草木诸物，质体不坚，时需更制，他日生齿蕃庶，需用日繁，地面所生，必将不给，惟地球既为铁质，凡宫室器用、生人必需之物，必皆将以铁为之，而后可以坚固长存，与天地同其悠久。而地上地下，无处无铁，无质非铁，亦足以供之矣。西士之言，虽多亿〔臆〕度，而近日工商竞利，机器盛行，铸炮至数十万斤，修路至数百万里，铁阑绕室，十层之楼阁高接云霄；铁甲镶船，万丈之风潮安如衽席。此外铁箱、铁箧、铁椅、铁床，盈天地之间，几触目而无非铁器。铁之为用亦大矣哉！

今中国铁矿之富甲于五洲，而采取未多，熔铸又拙，惟湖北铁政一局，规模宏远，人顾玩而忽之，偶有所需，事事求之外国，天下安有事事求人者而可以自立乎哉？言矿政者，当憬然悟矣。

广采群金说

泰西地学家，考金类之脉，皆热变所成。有因地震地动，地心之真火上腾而变者；有因火山喷发，所喷之流汁经过地面而成者。故各种金脉，多在裂缝之中，分塥分层，较然可辨。惟大地震动，火山涌流，古险而今夷，古多而今少，形势迁变，处处不同。然细意察之，遗迹宛存，自有一定之土石，先辨土石，以验矿金，如象罔求珠，百不失一，此泰西矿学所以精于中国也。

地产之金，共有四十余种，罕见者二十余种，余皆恒见而恒用之者。论其用，以铜锡为最先；论其产，以铁为最富；论其结成之候，以黄金白金为最迟。太古之人，砺石为兵，以御毒蛇猛兽。有智者出，采用铜锡，铸成利器，遂以称雄地上垂二千年，所谓蚩尤作五兵，圣帝明王因而用之，弗能废也。黄帝首山采铜制为钱币，太公九府广铸泉刀，嗣后五铢三铢、布货荚钱之类，沿用至今。银钱、铁钱、锡钱、贝钱、卢卑、菊花、骑马、王面之属，通行海外，而其法皆自黄帝开之允矣。中国万邦之首复哉！黄帝百王之首，千秋万古无异词焉。

锡之为器，虽亚银铜，而利用宜民，雕文镂采，陈之几席，亦堪媲美。敦槃则锡矿，宜开铅以入药和之铸钱。今市中白铜皆参铅，质体柔而韧，涨缩随心，故枪炮之弹，皆有铜子、钢子、铁子之不同，而内必含铅，刚柔相济，始不致挤裂炮管，爆炸伤人。铅固生人之物，亦杀人之具也，且其性柔善入，矿内常含贵金，而银为最富，则铅矿宜开。自余西人之所称为金类者，则汞也，锌也，铋也，锑也，钴也，镍也，锰也，铝也，钙也，钟也，或为照相之神方，或备医宗之妙药，或为制器尚象生长植物之要需，必有专家，乃窥秘钥。而铝之用为最广，其物为最奇，此物取之土中，大地之土，几无处无铝，美国化学家创得之，其色白，其质轻，华人呼为洋白铜者是已。金类之质，一经养〔氧〕气，剥蚀消磨，除金银外，皆含毒性，如铜则有绿也，铁则有锈也，铅锡则有屑与皮也，惟铝金不受消磨，不含毒质，饮食之器，镀铝一层，则积久收藏，毫无流弊，醒〔醇〕酴肥腻，入口如新，西人食器羹匙，大小轻重无不镀者。并有人推广此意，以镀枪子炮弹，能令伤人，入肉之后，不致溃烂成疮，取出铅丸，长合如故。其运售中国之马口铁皮，亦皆镀铝，故铁锈甚稀也。虽赝作镀银，亦藉以售其欺诈，而养人利物，实有莫大之功。

盖纯土之精作，甘以济世于五金，而外别擅全能，不可不知取用者也。至西人之所称非金类，为中国所知者，如磺也，硝也，砒也，雄黄也，硃砂也，石膏也，石灰也，硼砂也，石钟乳也。此外中国不知其名而确有大用者，尚数十品，皆杂于各矿之中，华人视若泥沙，一律弃掷，西人熟精格致，审其质，辨其性，尝其味，察其形，化而分之，提而炼之，取而裁之，配而合之，或用以入药，延年却病，卓著奇功，或制为滋培植物、长养动物之良方，遂能改变肥硗，增添种类。

每觅一新物，得一新法，必求其有利于物，有益于人，上养天地之和，下弥阴阳之憾，所谓朽腐化为神奇者也。虽未知与古圣王仰观俯察裁成辅相之心同异若何，大小若何，而尽屏虚无，归诸实用，较诸释氏末流之弊，致印度全国之人念佛谈空，积贫积弱，甘以身饲毒蛇猛兽而不辞者，其智愚贤不肖何如也？西藏遍地金矿，土番佞佛斋僧昏然悍然，不肯开采，今又将为印度续矣。可胜叹哉！

炼石陶砖说

西人所著有《炼石编》，即今塞门德土是已。旅顺船坞于海堧筑一堤，用塞门德土建造，费至百余万金。福建之船政局，湖北之铁政局，南北洋各省制造诸局，凡房屋高大求其任重而持久者，非铁房即塞门德土也。

此土初至中国，每桶值二三金，今涨至六七金而未已。夫铁房梁柱，细巧坚实，非绝大机器不能为，华人出重资以购之，犹可言也，若塞门德土，乃软韧泥土和以石灰铁洛匀拌而成，历六万里之舟车运来中国，彼此高下其手，皆获大利，一堤一屋之费，动报销数万数十万金，而犹日久因循，不知变计，他日水陆各炮台、工艺各局厂，中国将陆续添设，将使泰西无用之泥土，皆化成有用之金钱，恐不待台局告成，而中国之官民已困矣。然则炮台局厂遂可不设乎？不可也。国家不能不设防，民间不能不买货，设台局以固疆圉，制货物其钱犹在中国也。然则塞门德土遂能不用乎？不能也。此土较花刚石，坚密过之，宽广随心，天衣无缝，以筑堤岸，入水而愈坚，以修炮台，受弹而不裂，如山矻〔屹〕立，如铁铸成，盖天下之至坚而至久者，莫过于斯也。然则奈何？曰：自造之、自用之而已矣。

西人之至中国者，知大利所在，相率愚我，谓此土惟泰西所独而中国无之，继又谓开平煤矿之旁产有此土，惜其不多，他处皆未见也。黠哉西人！愚哉华人！彼妄言之，而我乃妄听之矣。《炼石编》谓此土为海底细泥，性软而韧，沧桑变易，浮而上升，每土三成，入以石灰七成，铁渣一成，拌之极匀，磨之极细，风吹日炙，不易干也。入水而杂质化分，未久即干结如石。煌煌六卷，精要只此数言，余皆作法耳。夫此海底软韧之泥，谓泰西有之而中国独无，其谁信之？东海扬尘，水变为陆，泰西之与中国同也。区区此土，天何靳于中国而独厚于泰西？可不问而知其伪矣。

德人甫入中华，思夺英法之利，而工程作法，向推比国为最精。宜延比、德二国熟精此事之人，于中国沿海沿江考察此土，何地有土，即设立炼石之厂，购集物料，用最新之法抟制而成，无论公私各项工程，先以自造之塞门德土为之，不足，始购之于外国。仍派人入厂学习，广设分厂，以给其求。此为泰西至粗之工，至贱之物，而夺我至大之利，操我至要之权，允宜即日仿行，不可以须臾或缓者也。西人造砖之法，参以机器，至简至速，一厂能兼十厂之事，一人能作廿人之工，资本无多，效法最易。惟外国所造皆系红砖，华人喜用青砖，略参中法，以水济之，亦非难事。

刻有德人在沪纠集公司，自运新机来华试办，他日工商各业，百废具兴，阛阓云连，急须营建。旧日烧砖之法，工费而价必昂。日本近在东瀛，牟利之心，无孔不入，万一抟泥运甓，夺我利权，或东西两洋，各运新机以入中国，就地取土，开厂造砖，以我之矛陷我之盾，此后中国物物皆资于外，事事仰给于人，虽倾东海以为钱，铸泰山以为币，有皇皇然日忧其不给者。当兹万国大通，时局一变，不筹一因应咸宜之法，而刻舟胶柱，困我中原，圣贤宜民利用之心，固如是乎？

取土制磁说

印度以西诸国，称中国曰支那，支那者，磁器之谓也。盖织丝成帛，陶土为磁，盈天下万国，未有先于中国者。有明之中叶，高丽国王李氏恭顺，中朝悯其贫窘，赐以景镇磁工百二十人，国王安置于松山，取土造磁，亦称精美。倭师平秀吉入犯平壤，全虏以归，于是日本之磁业大兴，而高丽之磁工竟绝。此项制磁工人，有播越而至吕宋者，西班牙人得其指授，遂传之于泰西，英法继兴，精工殊绝。制磁之土，西人名之曰高岭土，欧洲各国有之，坚好不如中国，其莹洁略同。惟亚美利驾南北二洲，皆无此土，其理有不可解者。故美国磁器入口，岁值三千万金，其精者，购之于欧洲，粗者，购之于日本。中国磁器之佳美者，亦贵重无伦，美国总统宴我使臣，所用杯盘二百余品，皆各国佳磁，而华磁尤多，谓中国乃磁器祖国。惜雨过天青之色，业已失传他国，仿之亦无佳者，知彼国考求之不遗余力矣。美公使之驻北京者，出万金购一康熙御窑之大鱼缸，以献其国君，虽精采殊常，而边阑已损，其不惜重价如此。

尝谓磁器之美者，必须日久太平，朝野丰富，人肯出价，工匠乃精益求精，故中国之磁，以嘉庆、道光两朝为最美。自洊经兵燹，工人星散，乱后虽经复业，而老者已死，少者失传，又无人提拨经营，出资襄助，年复一年，有日趋陋劣已耳。

英法诸国，机器盛行，其制磁仿自中朝，仍非手工不办，惟舂土、筛土、漂土之法参以机器，工省而事精。其调黝和色，琢磨绘画之功，亦精研化学，以故匀圆周正，百倍鲜明。盖制黝之方，即彼国烧造玻璃之所本也，西人刻意讲求，其效如此。而中国因循简陋，无意求工，每岁出洋之磁，虽值一百余万，大抵彩画粗笨，物贱价低，无关轻重。而英法磁器精好，销流海疆，日本仿造西磁，物多价廉，且浸淫以入我内地。利权日失，物产日窳，国运之所由日衰，风俗人情之所由日敝也。

而有尚可挽回者，各国制磁之土，实逊中朝，故色虽白而无光，热过度而必裂，失手堕地，则虚空粉碎，无一瓦全。华磁不论精粗，皆无此弊。苟得人提倡，多集资本，参以新法，运以精心，工匠失传则求之于外国，物料未细则碾之以机轮，务协今古之宜，而极中西之美，则利源虽竭，尚可重开耳。夫以区区一坯之土，而美洲全境无之，欧洲日本有之而仍不如中国。较其开辟之迟早，知中国神灵首出，化机鼓荡，酝酿深醇，断非海外小邦所能久夺权利。而惜乎迂拘锢蔽，自窒生机，天赋虽优，而人事终多未善也。盖一言制磁，而他业之类于磁者何限？他事之类于制磁者又何限？海内有心人所为拊膺而叹矣。

西人禀性畏寒，衣服不分冬夏，每交朔令则四面围炉，然炉座烟通，殊欠观美。近出新意，外护磁屏，陶器之用，日以增广。中国苟能细意熨帖，开拓利源，自立公司，行销海外，则以我无穷之泥土，易彼无算之金钱，天下安有更便于是者？必执不言多寡、不言有无之说，恐川流海溢，上下困穷，虽有圣贤，亦苦治生之无路矣。刻江西奏准仿办西磁，然定力精思，仍在得人而理。况中国制磁之高岭土无省无之，必须广探矿苗，派人至镇学习工艺，自制磁器，即不能尽夺西人之利，而已可稍遏洋货之流。西人化学家考此土为火造化所成，近于热变石，贵重与矿金相等，故沿边沿海泥沙斥卤之中，断无此土，惟腹地诸省，峻岳名峦，灵气郁蟠，必能钟孕。是又在中邦人士，讲求物产，随地留心，阐发幽光，肇兴美利，以保我圣域神区亿万年之富庶者也。此事应归工艺，因土质珍贵，西人列之矿金，故以殿《矿书》之末。

卷三 工书

劝工强国说

今之因循守旧者,深闭固拒,动称圣人,诚不解圣人之对哀公其《劝百工》一章,何以列于九经之内也。子夏曰:“百工居肆以成其事,君子学以致其道。”子曰:“工欲善其事,必先利其器。君子之居是邦也,事其大夫之贤者,友其士之仁者。”孟子曰:“大匠不为拙工改废绳墨,羿不为拙射变其彀率。”圣贤立言,谆谆以百工与士大夫相提并论,知古人艺进乎道,志凝于神,学者进德修业之心,与工师制器尚象之意,功分体用,义判精粗,本末稍殊,源流则一,此治国平天下之实功。故曰:“劝百工则财用足也。”

司马、孙子《兵法》,亦恒以节制与械用并举,诰诫而叮咛之。荀卿子之言兵曰:“械用不精,是以卒予敌也。”古圣王治军治国,其视百工之重如此,故古器流传今日,精坚浑朴,度越人寰。度,所谓月省月试,既禀,称事所为激扬而鼓舞之者,必有躬亲目验之方,而既禀所颁,略如俸糈,而决不如今日之夷诸贱隶,虽臧获,亦得而诃责之也。

老子曰:“形而上者谓之道,形而下者谓之器。”庄子扬波助焰,遽欲裂冠毁冕,剖斗折衡,盖因周末文胜之余,激为此说。秦倡君权,以愚黔首,焚书坑儒而外,销锋铸镰,化作金人,畏天下作为坚甲利兵以与之敌也。度其时,百工亦归禁锢,故陈涉等皆徒手执梃,并起而亡秦,天下之无工可知矣。汉兴,复师黄老,以清净为废弛,《西京赋》所艳称工用高曾之规矩。夫工艺之事与学术同,不进则退,不良则楛,断无中立。度《周礼·冬官》一册,《大学·格致》一篇,亦亡于秦汉之时,经传语焉不详,有其理无其法,而天下工师陋劣，器用朽窳，迁延颓废，以至于今，遂将俯首降心，终为外人所制。推原祸本，则工政之不修，工艺之失传，工匠之不能自给，实阶之厉也。

泰西诸国，百年以前亦与中国等耳。自法国王泰理曼创立一例，遍国中有能创一新法、得一新理、制一新器，实有益于国计民生者，准其进呈，考验得实，则给以文据，奖以金牌，准其专利若干年，不许他人仿效。于是蔀屋穷檐之士，日思夜作，心摹手追，倚此为致富之媒，成名之券，一时才贤辈出，法国之工艺遂冠欧洲。英、美、德、奥诸国，慕而效之。法王拿波仑第一，以枭杰之资，倚其士卒选练，器械精良，遂以胜德挫俄，纵横一世。各国知其不敌，故于劝工一事，尽力整顿，而欧洲之工艺骤兴。其时，德国有铜工克虏伯者，战后因事至法，见沙场伏尸，累累百万，皆德人也，旋拾一旧法之火绳枪，泣然曰："法人枪械，精利无敌，而我以此等窳钝之器敌之，哀哉，血肉之躯轻试弹雨枪林之惨死者！有知应亦同声称屈矣。"奋然诣法，投效于炮厂主人。主人喜其敏慧，引以见拿波仑。拿波仑深加礼遇，命与厂主另出新意，制一后门入子之枪，百计精思，迄不能就。而拿波仑自俄败还后，为英所擒，流锢于三厄那海岛矣。法国内乱，浩然而归，感于转蓬，豁然大悟，屡作屡毁，十载始成。于是入以后膛，十子连珠叠发，管内加来福之线，远度多至两倍，击力增至八分。献之德君，德君狂喜，礼之为上宾，锡以宝星，予以文凭，荣以子爵，拨给巨帑，招工广制，命推此意以造炮，益推山裂石，所向无复坚城。蓄锐十年，以与法战，德军百万，皆用此枪，法人国破王擒，赔费至华银十五万万两，一蹶几于不振。虽师武臣力，而取威定霸、胜败存亡之券，则操之于区区一铜工，呜呼伟矣！

今中国人士迂论高谈，动欲以弓矢刀矛为制胜杀敌之具，独不思此时后膛来福炮，重至十数万斤，击力能至三四十里以外，目力尚未及见，而我军百万，尸山血海，已化虫沙，排枪远击三里，连发不已，弹珠如雨，死者如麻，短箭长矛，如何抵敌？持此论者，以他人性命逞我意气，恣我谈锋，其不仁亦甚矣。莫妙于执持其人，使之挟矢操刀，驱当前敌，则死而无怨，免致贻害他人。此实哀词，非快论也。

西人自有给凭专利之制，非止兵械，精工而百废俱兴，遂以富甲寰瀛，方行海外，于是轮舟、轮车、电灯、电报，种种新法生焉。虽古法无传，然举通国之人，才力聪明之所萃，或无心暗合，或与古为新，鬼斧神工，不可思议，而其原，皆自给凭专利一法开之，所谓重赏之下必有勇夫耳。今通商诸国，无一国无此例，每年呈献新法给予文凭者，每国以三四千人计，穷思极巧，未艾方兴。而中国独掩聪塞明，自安简陋，即枪炮、轮机、电线之类，不能不用，亦购之于泰西，安步徐行，坐受外人之盘剥，天下之财力几何，恐虽周孔持筹，管商握算，亦断无倖全之理矣。

然转移而补救之，固亦匪难也，无他，劝工而已矣。劝工之法奈何？仿各国给凭专利而已矣。祸重于邱山，福成于反掌，天下之大，岂曰无人？一富一贫，一强一弱，一兴一废，一存一亡，而皆以劝工一言为旋乾转坤之枢纽，当国者于此宜何去而何从焉？

艺成于学说

中国之工艺，何以不如泰西也？曰学不学之分耳。中国之购机器开制造者有年矣，何以终不若泰西也？亦学不学之分耳。泰西之学，何所仿哉？仿于近百年来创行新法之人。创法之人，又何所仿哉？仿于五六强国喜新尚异、争名逐利之心。然而天下之人不以为非，且孜孜然慕而效之者何哉？以其有益于国也，有益于民也。效之者，有大益；不效之者，即有大损也。盖艺也，而进乎道矣。故曰：天也，一舟也，行止听乎风；一车也，迟速凭之马，五千年来未之有改耳。

有华忒者，缘茗壶之气冲盖有声，始悟热之有力，推之以击石，推之以运煤，推之以起重，而火轮新法，实始萌芽。父作之，子述之，不惮十反，以求其利弊，而轮舟之制遂成，献之英君，锡以世爵。然仅一小轮信船，藉以远通音问也。既而设学以教之，立厂以造之，而数十丈之巨舟，数千匹之马力，海天万里，绝迹飞行。继之以快舰巡船、雷艇铁甲，每一时行二百里，而轮舟之用始神。然而水道虽通，陆路仍虞梗阻也。复有人推广此意，创造轮车，嵌以钢条，垫以木板，车行其上，神速无伦，每一时行三百里。于是水陆联接，视万里如户庭，几几乎缩地之神方，补天之秘钥矣。

复悟金铁相摩生电之法，机轮磨荡，阴电阳电，生生不已，如环之无端，而电报作焉。其始也，迅寄一音，仅以妨〔防〕轮车之撞击耳。至今日而电线三匝，环绕全球。铁筒沉浸于海中，铜竿森立于地上，环地球十万里，通信不逾一时。推之于照夜之灯，则卓立云霄，光明如皎月；推之于传音之器，则悬隔山海，声息犹比邻。疑鬼疑神，胡天胡帝，而推原本始，则皆由茗壶热力之一事开之。由是以火蒸水，以水化气，以气行轮，以轮生电，驯至天下万事万物，皆入于机，皆出于机。物之细也入毫芒，力之大也摧山岳，上关国计，下益民生，四海风行，五洲响应。此岂泰西之智士所能为乎？然则孰为之？天为之也。天假手于西人，以成兹地球一统万国会同之法物也。环球十万里，大小数百国，非轮舟铁路，何以捷往来？非电线德律风，何以通文报？或卉衣木食，或穴处巢居，或饮血茹毛，或洼尊土鼓，将使冠裳栋宇，大启文明，非以一人作十人百人之工，何以给生民之日用也？

今各国呈奇效瑞，萃我中华，而中国二千年来工师失传已久，因循简陋，不思变通，转使海外小邦以器物之精良出而傲我，习远而忘近，骛虚而失实，得精而遗粗，皆不学之过也。天将以器归中国而以道行泰西，同轨同文，开万国同伦之大化，所谓凡有血气莫不尊亲者，此其时矣。取彼良工，同我郅治，昭以文物，获其王侯，孰重孰轻，为得为失，何去何从，必有能辨之者。

算学天学说

古之人，七岁学书数。非书何以记言？非数何以记事？秦汉以后，工师失职，书学羼杂而数学散亡，至有学贯天人而不辨马牛之多寡者。虽《周髀》、《九章》之属，遗文佚简，流传至今，而剩义单词，阙然不备。屡朝太初大统之历，窥天步日，亦有专家，世之人以其义蕴精深，望洋兴叹，才秀者不欲学，而畴人子弟未必皆颖特之人，袭谬承讹，浸多差失。元初乃参用回回之历，太史令郭守敬以中法范围之。有明中叶以还，西洋人利玛窦等挟仪器东来，精于推测，岁差日食，不爽毫芒，朝议列圣，窥天鉴地，乃不分畛域，采而行之，至今钦天监正仍用西洋新法，稍有歧误，应时改定，无复差讹。

我圣祖仁皇帝学贯天人，御制历象，考成数理，精蕴诸书，综括中西，权量今古，周详该备。海内向风，遂有王锡阐、梅文鼎、戴震、李善兰诸君，绝学经师，后先辉映，亦已极一时之盛矣。然而智者自智，愚者自愚，二千年来上下相承，视此为一家之学，谓历数深微，莫殚莫究，除颁朔授时而外，于民生国计无关也。而不知天下万事万物，何一不根于数？历算推步，特数学之一隅耳。自泰西各国通商，所有各色新器，各种新理，灵奇变化，疑于鬼神，揆厥本来，又何一不出于数？所谓范围天地而不过，曲成万物而不遗者，惟数学足以当之。

而中国学塾之中，既无传习，穷乡僻壤有毕生未见算书者，或有老师宿儒，鄙九数九章为经商贸易之事，至于勾股、开方、三角、八线、几何、代数之理，则尤瞠目结舌，诧为奇文。既已不能解之，则诋为无用，斥为玩物丧志，投诸水火已耳，甚矣！数学之失传而圣人之大用晦矣！今天下深通历算之士，竭毕生之心力博通中外而总括古今，析理虽精，不能致用，皤皤白首，精气销亡，其上者尚能闭户著书，或授徒自给，礼敬不周于里巷，姓名不上于朝廷。以极深之功、极苦之力、极难之事，而其成也终归于无用而已，何怪天下才俊之人灰心而短气哉？

夫数学者，初学之功而非耄学之事也，为众学之体又必兼通众学以施诸用也。故西人布算，专求简便，不欲用心于无用之地，以耗其神明。近日天文家，既知地动迎日之说，以推恒星日月五星各有行度，即各有伏留交会之时，万古疑团，一时尽破，由是合之于人事，验之于地产，征之于物理，真知实测，各新学由此而生，古圣玑衡功效，乃大著于天下。而各国官私学塾，习书之外，必兼习数，自有至浅至近之图样，至简至易之法门，俾垂髫舞象之年，皆知天地万物之公理，持筹握笔，布算无讹，然后就其资性之所近者，各授一学，如天文、地舆、化学、重学、光学之类，俾之致用，以成其材。夫书者，所以通天下之理也，体也；数者，所以周天下之事也，用也。而皆宜习之于童稚之年，而不宜累之于既冠成人之后也。

今中国之学，有体而无用，何怪泰西各国出其精坚巧捷之器，炫我以不识，傲我以不能，动辄以巨炮坚船虚声恫喝哉！总署同文馆及外间武备、方言各馆，自有泰西蒙学课程，诚宜翻译华文，由中国通才详加考定，必详必明，使童蒙俱解。然后著为令甲，下之各省学政，颁诸学宫，无论经馆蒙师，各给一本，岁科二试，文艺之外，必试算学一条，否者不取，则不及三载，天下风行，海澨山陬，咸通理数。然后推之于乡试会试，必于文武工商各学之中，专通一学，兼综中外，洞悉本原，而复以给凭专利之章，激发其志气，期以十年，中国人才，不飙举云兴突过泰西各国者，吾不信也。

苟见卵而求时夜，见弹而求鸮炙，不揣其本而齐其末，不原其始而要其终，恐再阅百年仍如今日，东西洋五六强国，将逞其利兵精舰，羁坚辔附，易路蹊田而夺牛矣。呜呼，可不惧哉！

化学重学说

天下自有化学，而万物之效用于人者，其功力始至广而至神。有动物化学焉，凡人身五官百体、脏腑筋骸之用，非气不生，非血不成，非磷不行，非脑不灵，非电不神，所由两地参天，配三才而立极，下至走兽飞禽、游鳞潜介、蜎蠉蠕动之属，含生负气，具有知觉，或竟无知觉而仅能运动者，皆审其性，考其生，别其气，究其理，定其名，博识参稽，致诸实用，始知无用有用，朽腐化为神奇。所谓动物化学者，源流医学，导生人性命之源，以咸臻寿考者也。

有植物化学焉，天下之百草、百木、百果、百蔬、百谷、百药以至水萍、苔藓、寄生菌耳之类，凡地面之所有者，皆辨其种类，剖其质体，审其性味，表其功能，知其何以生，何以长，何以养，何以蕃。其效用于人者，孰短孰长，孰巨孰细，孰利孰害，孰宜孰不宜，温带、寒带、热带之殊方，在水、在山、在陆之异地。所谓植物化学者，综于医学农学，切生人日用饮食起居之事，为古昔山虞泽虞之所掌者也。

有地产化学焉，凡水火之功用，雨露、雷电、冰霜、雾霰之所由来，地中所蕴沙石、煤土、金、银、铜、铁、锡、铅、锣、汞、铋、锑、铝、镍、钟、钙、硫磺、石膏、石灰、硼砂、砒霜、雄黄、硃砂、云母、钟乳，金类非金类各质，以及金刚、钻石、碧犀、翠玉、白玉、水晶、玛瑙、红蓝白绿紫黑各色宝石，无不识其矿，析其质，化其气，别其物，究其形，殊其称，异其用。所谓物产化学者，兼切于医学、农学、工学、商学，实则中国上古卝人之学而益加精备者也。

盖自有化学，而天地万物乃无遗性、无逸味、无隐情、无遁形矣。然而致用于人者，其得失仍参半也。何以言之？水所以载舟亦所以覆舟，火所以燔物亦所以毁物，不有以权衡而节制之，利未见而害已成矣。况今日铁路、轮舟、电线、火器之制，力摧山岳而重拟丘陵，非惟人力断不能胜，即龙象马牛亦艰〔难〕转运。于是乎有重学焉。有静重学，有动重学。即以水之静重言之，压水之铁柜，起重至百万斤，浮海之铁船，载重至二万吨。以水之动重言之，推水碓风磨之意，借瀑以运机轮，广柳条龙尾之车，引泉以登楼阁。至于蒸水作汽，即以气运机，细及于钟表刀针，大至于桥梁炮垒，或以借力，或以传力，或以压力，或以托力，或以涨力，或以缩力，或以牵引之力，或以磨擦之力，必使所出之力与所需之力，所施之力与所受之力，轻重咸相等，而后坚固持久，永无倾欹缺折伤人失事之虞。此重学所以可贵也。

泰西工艺之精，根之于化学，及其成也，裁之于重学。其铢铢而校，寸寸而度，出门合辙，不爽毫厘，推行而尽利也，又要之于算学。中国不明理数，非惟制造无其法，即经理亦无其人，乃商局轮船通行卅载，管轮驾驶仍用洋人，西学源流并无秘密，得人指授，何有神奇？岂华人学之而不能哉！亦能之而不学耳，故一言工艺而叹。西国之因事设学，以教民而养民者，其意美，其法良，深合于古圣王劝工之大典也。

光学电学说

光学兴而天下无难显之情，电学兴而天下有难通之理。泰西之学，阐原于数而成艺于工，其弊也，常泥于实。惟实也，始可以救老氏之虚静、释氏之空无，补谈心说性之偏，成爱物仁民之用。自有光学，而天下万物之大莫能载、小莫能破者，举无所遁其形神，而虚者皆实矣。自有电学，而天下万事之目不能见、耳不能闻者，别有难名之造化，而实者皆虚矣。此天之所以为天也，圣之所以为圣也。大哉孔子《中庸》一书，其前知之矣。

请言光学。西人之光学出于玻璃，而玻璃之始作也出于磁器之黝，黝之质即玻璃之质耳。西人既造玻璃，遂明折光之理而作近视老花之眼镜，因其光之凹凸而殊，万历时随鼻烟以入中国。此西法之最古者，今已无人不用矣。嗣又明回光之理而远镜作焉，即今千里镜是也。远镜之大者，二丈有余，遂可窥见月中之火山、火星之云气、土星之光环。火星金星各有一月，木星四月，土星八月，诸星距日之远近，质体之大小轻重不同，故各成轨道，同绕日轮。日亦自有轨道，七十余年而行一度，是生岁差，西人以远镜窥之，确知其所以然之故，而后千秋疑窦，一旦豁然，乃至山高海深，悬隔百十里之遥，宛如觌面，而天学、光学、重学之事成矣。嗣阐凸镜折光之理而作显微镜，其至精者，视原物大至五千倍，尘埃野马大若车轮，遂能察水中血中之微虫、人身脏腑筋络之细管，天下动植飞潜之物，五行百产之精，离娄象罔所不能穷者，而尽人能见之，始知万物始生，皆起于至微之质点，无论何物，皆此微点攒簇而成，而医学、矿学、化学之用显矣。复阐凹镜折光之理而作照相镜，于是天地有形有质之物，近而人身，远而星斗，大而山岳，细而微尘，数百十里之遥，鸟兽虫鱼草木人物之类，均可摄入一纸，真情实境，不爽毫芒。近更以电学参之，镜藏袖中，摄影揣形，不逾一瞬，纳须弥于芥子，雕棘刺以猕猴，而地学以植物动物各学之全体具矣。

盖自有光学，而天地有形之物，无论高庳远近、短长大小，瞭如指掌，遂以补生人目力之穷，种种奇器巧思，权舆于是，此工学之根原，所以范围天下之实物也。

西人之入中国者，见磁石引针，悟同类有相感之理，又在澳门因琥珀拾芥，知电气之所由生。嗣以醋与硫磺化合而生湿电，二物相击、金铁相摩而生干电。有阴电，有阳电，二电各有其极，电气之所到，万物不能阻之，五金之属，引电尤速，惟磁器、玻璃、丝棉可以隔电。于是就金铁引电、磁器隔电之意而电报生焉，所用皆湿电，故电线用铜丝或铁丝，托线之瓶必以磁罐，而此感彼应，万里如比邻矣。因阴电阳电各有其极之意而电灯作焉，所用皆干电，蒸水化汽，以运机轮，铜片铁片，两相磨荡，机轮转动之速率，每分钟时九百周，使所生之阴阳二电，欲即而离，间不容发，而因热生光，一灯抵万烛矣。复以耳之能听，因气感内膜凹凸而成，故声之入耳，自有迟速，乃作德律风留声器。英美隔海相距三万里，听乐人之曲调，抑扬抗坠，犹在一堂，留声器则其音闭置数十年，开管聆之，如亲謦欬。近更以电放鱼雷矣，以电行火车矣，以电运机器矣。西人谓各学之成，均有涯涘，惟电之效用于人，今甫得亿万万分之一，而能力之广大，已不可名言。

夫凡人托体于地，受命于天，取精于日。日之光热，性与电同，是一是二，莫能分辨。以电与日之相关者言之，发电报时，如天气晴明，则环地球一周，不逾晷刻，或值阴雨，间有迟延，知日光之能助电力也。天文家详考日体，十二年必有黑斑，其冬必大雪，次岁必大熟，而各电学师所藏收电蓄电之器，湿电必霉烂，干电必散亡，知电力之专倚日光也。以指南针考之，所指南方，终差一线，若近二极，则盘针不定，不能再辨方隅，知南北二极即电极也。赤道浑圆，地球绕日而转，每日自转一度，而电气随之，若电过盘针，其针亦累时不定，知电亦有东西二极也。因思地球绕日，即为日中之电力所摄而行，月绕地球，众行星绕日，均为电力所持，而地<球>与众行星、又各自有电力以相抵制，故亿万星辰自成轨道，永无参差凌犯之虞。一人之身体中之电力，必与外电之轻重多寡相等，起居行动始得自由，稍有偏枯，即成病惫。推之万物亦莫不然。

比来欧美各国，老师宿儒，皆归宗于电学，出各学最精之器，罄各家独得之奇，立学堂，开学会，刊学报，专考电与天地人物相关之理，思以卢牟六合，陶铸万伦，俾覆载生成，永无遗憾，与三古圣人参赞位〔化〕育之道，遥遥旷世，息息相通，盖亦西人炼气归神、由博返约之一候矣。他日千力万气，求而得之，始恍然于中国圣人固已先我而知之、先我而言之也。万国来同，万灵归命，君师合一，此其时矣。

夫光学者，工师之所由入圣而超凡也；电学者，工艺之所以登峰而造极也。而揆厥源流，皆出于中国。齗齗然曰"此西法也，此西人也"，屏之弃之，惟恐不速，而独于眼镜鼻烟最古之西法，转心然喜之，淡焉忘之，以二物相衡，则眼镜有用者也，鼻烟无用而有用者也。西法之有用者何限？而深恶痛绝，若将浼焉，与古圣贤之则天象地、察迩言而师万物者，其度量之相越岂不远哉？天将通之，人欲塞之；天将合之，人乃离之；天将福之，人自祸之；天将益之，人或损之。知新法之导源于古，知西法之归极于中，当亦可以废然返矣。

攻金之工说

乡曲细人见泰西之机器，纤者入毫发，大者若邱山；缅铁成梁，任重及千万斤以上；揉铜作线，通电至百万里而遥；钢甲为墙，金船渡海；百吨巨炮，地裂山崩；十仞高楼，花雕月镂。入织布纺纱各厂，则九天之上、九地之下，神工鬼斧，变动灵奇，几疑偃师幻人别有换日偷天之秘术矣。效其法而不能，求其故而不得，则概以奇技淫巧讥之斥之，而不知此皆古人所谓攻金之工耳。其用力少而见功多者，借水火二气之力耳。夫奇淫之辨，辨之于物之有益无益，与用心之仁与不仁而已矣。

西人验之天文，征诸地学，因地面陨星皆为铁质，试测日轮光热，与熔化之锰铁相同。大地浑圆，实日中爆出之分体，地心奇热，所燃烧者皆铁精也。谓生人日用所需，他日皆将用铁，而铁之质性可熔为象，可铸为刀，可抽为丝，可轧为片，淬水则刚，退火则柔，入药为补血之方，制炮即伤人之具，其用至广而至神。此攻铁之工，一也。

白金出产至少，而化学必需，电灯广行，金丝尤贵，黄金性柔而质韧，不为养〔氧〕气侵蚀，坚贞耐久，宜于铸钱，然练丝可抽千万丈之长，制器可历千百年之久，锤之成箔，每厚一寸，可薄至百万分之一分。万国通商，是为奇宝。此攻金之工，二也。

银不受蚀，与黄金同，惟质性过柔，必参之以铜始能锤炼。万历间，美国、墨西哥始开银矿，多如恒河沙数，取之不穷，举世之纹银遂贱，故于铸钱之外兼以制器，盘匜尊簋，厚薄随心，他日用之，将与铜等。此攻银之工，三也。

自黄帝采铜首山，铸为钱币，蚩尤五兵之制，易石而铜，迄今五千余年，刀改而钱不改，通商日久，笨重不灵，制器则养气所侵，易生铜绿，内含毒性，日久伤人，故欧西虽亦铸钱，仅行本国，若制饮食诸器，必以锡或铝、金镀之，使洁白如银，以免绿气化分之害，或以制粗重之物，与铁同功。中国之人，知其利而未知其弊，于铸钱铸器二事，皆须参用他金，始能子母相权，变通尽利，未可拘泥古制，自窒生机。此攻铜之工，四也。

至西人化学家所考求之金类非金类两种，名目繁多，金类惟铝、汞、锡、铅为用最广，非金类则硫磺、石英、石灰、石膏、砒霜之类，或熔造玻璃，或范成偶象，或炼为坚石，或制作刀圭，各有专门，均收大利，切于民用，为数綦多。西人谓金石二宗是二实一，因金孕于石，石必含金，未可截然分界也。此攻杂金之工，五也。

西人考金刚钻石为最古煤层之坚木所成，烧而化之，均为炭质，中含五色，莹净光明，其坚为天下第一，故磨琢最难，工费最巨，而获利亦最丰。各国均设有专工，立有巨厂，大者以为宝饰，价值连城，小者可划玻璃，可钻磁玉，可磨作显微镜，因其折光力大，且无晕差耳。此物中国西南各省均有之，因识者无人，弃同瓦砾。苟有专工采制，大利何可限量？此攻钻石之工，六也。

白玉、翠玉、碧霞玼、玛瑙、水晶及五色宝石之类，产于和阗、西藏、川、滇各省，循昆仑之四面皆有之。中国虽有玉工，然地学不精，搜采未广，人工所制，磨琢仍粗，大谷深山，古多封禁，地不爱宝，人顾私之，滇南宝井一区，复不察而畀诸异国。他日光辉积久，风气大开，宝气神光，腾天照海，中国究心工作，大利乃在掌中矣。此攻宝石之工，七也。

欧西古时，埃及、罗马等国多以花刚石制成梁柱，所刻字迹如古时虫鸟之文，至今三四千年，尚有巍然独存者，知太古良工传于中国也。以作桥梁、墙壁、街道等用，缜密坚牢。又有所称合子石者，入水益坚，历年久远。至于砺石、砚石、泥石、沙石、云石、纹石、桃花石、大理石、磨石、碑石、象石、浮石之属，亦复因宜施用，各有专工。铁路既通，便于转运，出我土石，易彼金银，使百万流民均有恒业，下全民命，上合天心。此攻石之工，八也。

以上八端，发凡起例，此外之可以考求物产、开辟行源、益民生而裨国计者，殆难悉数。自后儒兢兢以言利为戒，闳塞耳目，付之不见不闻。夫财利之有无，实系斯人之生命，虽有神圣不能徒手而救饿夫。惟人竞利则争，争则乱。义也者，所以剂天下之平也。非既有义焉，而天下遂可以无利也，其别公私而已矣。利而私之于一身，则小人之无忌惮矣；利而公之于天下，则君子之中庸矣。此上天赏罚之权，斯世斯民生死之关，而人禽之界也。

吾虑天下之口不言利者，其好利有甚于人也，且别有罔利之方，而举世所不及觉也。若然，则祸淫降殃之训，正为斯人矣。藉曰不然，亦杨朱为我之心，佛氏舍身之说，乡党自好者之所为，而决不足以语于古圣人修己、亲亲、仁民、爱物之大道也。古圣人盖日日言利，以公诸天下之人，而决不避言利之名，使天下有一夫稍失其利也。世无孔子，存其说以俟后之圣人。

攻木之工说

自轩辕氏鉴飞蓬以作车，刳木为舟，剡木为楫，而舟车之利遂遍天下。天下于是有攻木之工，大者为栋梁，小者为栏楯，几席以听政，棺椁以饰终，生人日用之资，皆于木乎是赖。孟子曰："梓匠轮舆，能与人规矩，不能使人巧。"如世所传之木牛，能运木鸢，能飞棘刺，猕猴云端，棼撩亦几几，人巧极而天工错矣。而其巧之百出而不穷，百思而不到，百变而不离其宗者，则莫妙于轮。西人窃我绪余而益加精巧，至于今日，水则轮舟也，陆则轮车也，大而枪炮，小而刀针，巨而室庐，细而钟表，以至有形有名之物，生光生力之原，磨电引电之器，无一不出于轮机。故谓西人工艺之精，其源必出于中国者，此也。

特西人刻意考求，进而益上，一器一名一物，必深究其长短精粗利弊之所由，然所乘马车精坚巧捷，隐与《三礼图》所绘古人车制相同，毂有曲衡，不损衢路。而今中国北方所乘，皆属衣车，古妇人女子之车也。南方单轮之车，古谓之手车，亦曰人力车与舆轿。逾岭皆蛮夷，中道路崎岖，所用决非三古遗规。近日西人创行轮车，一车可牵三十车，每车六轮，容三十人，日行二千余里，规模宏敞，捷速如神，彼此相衡，瞠乎其后。此车制之应变通者，一也。

自虞政不修，坚木日少，船制笨重，脆弱不任风涛，洋船尖利如梭，力能破浪，中国仍用方头之式，运掉不灵，逆流则倚风帆，顺水则凭篙橹，稍有触撞，立付波臣。而西人大小轮舟，江河络绎，制以楢木，运以汽机，坚固灵通，瞬息千里，较其巧拙，何啻天渊！此舟制之应变通者，二也。

中国房屋，大半架木而成，偶有火灾，延烧动以千百户计。西人作室，砖石为多，梁柱榱桴，皆藏壁内，舍宇不相联接，火政又复修明，虽值吴回，不为大患。中国桥梁，因石工过巨，皆以木为之，未及数年已多勘朽。西人或铁或石，动支数百余年，偶造木桥，亦必购集巨材，权量重力，使车马之驰驱无损舟樯之来往如常，绵历多年，屹然如故。此室屋桥梁之应变通者，三也。

木之坚者必重，而其轻者必脆，此理之常也。有不任燥而刨〔爆〕裂者，有不任湿而霉烂者，何木何器，何器何宜，称物而施事乃适用。西人讲求植物学，于木身之坚脆，木体之轻重，木性之燥湿，木理之疏密，木质之刚柔，产于何方，宜于何物，皆有一定不移之理，然后施以斤斧，转以机轮，长短方圆，自成规矩，故坚致而浑朴，不能勘败，不事华靡。华人雕琢虽工，而精坚远逊，工师不明其理，因仍窳陋，坐听外人夺我利权。此日用各器之应变通者，四也。

罗马者，泰西之名国也。其地今属意大利，有火山二，时时喷发磺精铁汁，烟雾弥漫，比于相距十里之地，掘获淹没之古城，人物宛然，历历可数，房屋器用，街衢道路，率与今日华制相同，街中石路一条，亦有单轮车辙。英国某山岩，人迹不到，有古船一，状如中国之船，约历千年，毫未伤损，知泰西古制取法中华，近百年来精益求精，变通尽利。而中国自秦汉以后不复留意考工，以致械用苦窳，尽亡古意耳。

夫道不变者也，器屡变者也。世人不察，动泥不变之道，以概屡变之器，嚣嚣然曰：何必西法，我自有尧舜禹汤文武周公孔子之道也。试问今之所用者，何一为尧舜禹汤文武周公孔子之器乎？是以贤智之士，权衡利害而校量重轻，与其因器以妨道，不若存道而参用其器。

织作之工说

尝见西人纺纱缫丝织布之机而叹观止矣。天工人巧至此，而穷世以奇技淫巧目之者，皆与于不仁之甚者也。天下必有此机，而九州万国之无衣者始得免号寒之惨也。噫，仁矣！当世惑于老庄之说，动曰有机事者必有机心。自黄帝垂裳，大启文明之治，蚕桑麻纻，何一不出于织机？使天下而无机，至今日犹草衣卉服耳。惟中国之机运于人，而西国之机动于气，以水火之力代手足之劳，出我之有余，补人之不足，彼此交易而利生焉。此人之情也，亦天之理也。

欧西织机，创于英国，略与轮舟铁路同时。英人秘之不传，他国擅入织厂与私授他人者，均有厉禁，而英人遂独擅利权。盖英吉利区区三岛地耳，其始也以煤铁富，其继也以洋药富，其终也以洋布洋纱富，而黄金布地，利冠全球矣。惟本国棉花不敷织造，初购之于印度，续购之于美洲，卒也购之于中国。美国之巧匠暗窃其法，参以新意，亦为纺织新机，其工巧与英等。嗣而法效之矣，德效之矣，俄、日、奥、意、比、瑞均效之矣。英人知秘之无可秘也，乃推之以缫丝，推之以织绸织缎，推之以织呢，推之以织绒、织羽毛、织毡、织毯、织各色细布、花布、苧布、麻布、蕉布、葛布、半丝半棉之布、半麻半毡之布，故其利不减而且日增，四海风行，执万商之牛耳。惟运脚极贱，定价极廉，冀中国、日本、朝鲜、越缅诸邦，不能仿效。又专用印度、美洲之木棉，丝长色白，谓必此花乃能受织机之力，华棉色黄丝短，不能为布，不可成纱，以为如此则利分于欧洲，犹可坐收亚洲之大利也。

日本自购织机，初亦购棉于美国，运费过贵，取值过昂，行销不畅。其时上海亦购织机开布局，彼此以中国之棉花试纺试织，机力不合，更改再三，所成之纱布乃一律精美，其光匀细密虽逊洋产，而温暖厚重过之。于是中国自纺自织，自用自销，而日本之布亦畅行于沿海各省。人工既贱，运脚无多，定价与彼同，而获利至二三分以上，视西国五厘之息几判天渊，彼乃悉华工之勤，华棉之美，欲自运机器至香港纺织行销，而先广购中国棉花运归本国，此亦中国商务一大转机矣。惟近日日本商约中有改造土货之说，若不急行设法，维持保护，自辟利源，正恐收利于桑榆者，又将失利于东隅，拒虎进狼，依然故我，岂计之得者哉！

中国之大，岂无明哲？利之所在，人所必趋。如南方之缫丝织绸，北方之织呢织绒织毡织毯织麻布苧布葛布各业，亦应一律振兴，借彼汽机，成吾文锦，不惟行销本国，并可贩运外洋，此水谷之真源，富强之上策，而衣被天下，覆帱苍生，其功德亦永无涯量矣。若夫衣襦冠履，中西服色不同，未必能裁制精工，恰合远人之用。然西人制造各物，皆考求体察，投我之所好而来。日本自开埠通商，讲求工艺，皆能精置西物，以廉价售与西人，我亦何妨反其道而行之，迎其机而导之，以隐收其利。

盖中国人工值廉费省，与西人同制一物，我之成本必贱，彼之成本必昂，此中国商务大兴之根本也。况今日裁缝机器沿海盛行，运以手工，巧捷无比，一日能作五日之事，一人能任五人之工，均可采而行之，以免费时旷日。直东草帽边一业，为西人夏日戴用之需，每岁出洋合银四百余万，天津、烟台两口，全恃此物稍抵洋货之来源。夫物至于草贱矣，以草编之为帽，其工亦至粗矣，徒以行销外洋，西人喜用，遂能岁入巨万，为北方土货出口之大宗，天下之草何限？天下之物类于草帽边者又何限？有志之士当奋然兴矣。

比闻区区微物，亦复作伪乱真，致招西人诟病。日本起而承其后，近年草帽出洋之数已与中国略同。沧海横流，人心不古，贪利忘害，自窒利源，不有清公精敏之才主持商务，以整齐而教导之，则他日之深患隐忧，正渺然未知何底矣。

饮食之工说

约载西人食用之物，照例免税，奇矣！天下之货，安有出于食与用之外者？初以为西人之所食所用，华人决不需之耳，又安知今日之华人专取西人之所嗜者而亦嗜之哉？请先言饮食之品：

一曰洋酒。中国之酿酒也，以粱秫，泰西之酿酒也，以苹果、葡萄。其酒有香冰〔槟〕、红酒、巴兰地、巴得醞皮酒各名目。华人初疑之，继而试之，终乃甘之，大餐酒馆遍于通商各埠，综计入口之酒，岁不下千万金。因西国酒税过昂，其价之贵无与为比，而华人不顾也。此洋酒之应自酿者，一也。

一曰洋糖。西人向用蔗糖，近乃制以萝卜，购中国蔗糖，恶其不净，以机提炼，重运来华，洁白晶莹，转夺华糖之利。然参入萝卜，味甘而淡矣，何如种蔗购机，力求精洁，以自辟利源。此洋糖之应自炼者，二也。

一曰牛乳。美国精制牛乳，盛以铁盒，不使通风，时历一年，途经万里，华人喜用，入口甚多。德奥诸国效之，获利不可计算。何地无牛？何牛无乳？自牧自收，如法装盒，价廉物美，即可杜彼来源。此牛乳之应自备者，三也。

一曰烟卷。烟叶之种，出于南洋，比来四海风行，无人不嗜，因内含碱性，足以涤秽清神也。西人初以吕宋烟卷入华，近则纸烟销行，更广鼻烟，售入中国，岁亦三百万金，总计之何翅千万？岂洋产之果胜于华哉！彼收烟叶，埋之地下，三年始出，制造销售，彼陈而我新，故觉彼优而此劣耳。此烟卷之应自造者，四也。

一曰鲜果。欧美两洲之果，种类无多，其鲜美远逊于华产，西人采摘，封以铁瓶，远道运售，非时可得，华人嗜食，销数日增，苟仿其道而行之，则华果之甘鲜必风行于万国。近惟广东荔枝间有仿造，其他则未闻也。此鲜果之应自贮者，五也。

一曰干鲊。西人嗜食野味，鸟如竹鸡、鹌鹑之属，兽如山羊、鹿肉之属，鳞介如鳖鱼、龙虾之属，每饭不忘，封以铁瓶，贻之远道。近日海疆市肆亦复甘之如饴，中国百产蕃昌，随所好而投之，何施不可？此干鲊之应自蓄者，六也。

一曰饼饵。西人饼饵，制造精洁，贮以铁盒或玻璃之瓶，华人嗜之，尤胜于彼，友朋投赠，视若珍奇，腹地通行，销售尤广，何妨自用机器碾面制糖，收彼洋瓶，敌以廉价。此饼饵之应自制者，七也。

咖啡一种，中国所无，质如红茶而味微苦，含碱较茶尤重，必入以白糖牛乳，始觉和平。然茶性较寒而咖啡性暖，久服能增气力长精神，西人嗜之与茶相等，华人嗜者又过于西人，再阅数十年，恐于洋药而外又多一无穷之罅漏。此物播种田中，每岁一获，中国土性适与相宜。法奥两国种之，遂为出口大宗之货物。此咖啡之应自种者，八也。

而中国饮食之品可以行销外洋者，除茶荈一物外，他无所闻，犹复采焙不精，捐税日重，西商抑勒，岁岁受亏，向值五千万金者，今通各省计之，止值一千余万。我之出口者如此，人之入口者如彼。凡此八节，就其大者言之，以外尚难枚举。综计每岁入口之数不下数千万金，载入约章，概经免税，每年海关总册，不列货价，不入税单，以为西商之所需，而不知皆华人之所嗜也。每岁入口出口，以货抵货，明短数千万金，此项之暗销中国者，又数千万金，岁以货价衡之，已亏至一万万金以外，而国家之借磅还磅，购船购炮者不与焉。嗟！我中邦不穷何待？既不能闭关绝市拒彼族以不来，又不能酷罚严刑禁吾民之不用，虽圣贤处此，除自造自用自收利权之外，亦将束手浩叹而无可如何，万不能忍与终古，坐待死亡，诿之于国运天心，谓可告无罪于天下后世也。噫！难矣。

器用之工说

自天清地黄，文明肇启，智慧日辟，嗜欲日多，而凡民之需用者日繁矣。天地万物之赜，五行百产之精，其芸芸焉，臻臻焉，总总焉，待用于人者，亦遂日以广矣。先王于此有开其源之法焉，如矿人虞人之所掌是也；有节其流之法焉，如山林泽梁之禁、尊卑等威之辨、天泽冠履之章是也。二者相权，遂以永永不敝。而所以成物而制用者，则莫亟于工。

中国通商以来，六十年矣。西人尝谓中国出口者皆系生货。生货者，材料土产是也。即以丝、茶、糖论之，丝则须重缫，茶则须加焙，糖则须改制，其他无论矣。西洋进口者皆系熟货。熟货者，货物是也。皆经工作所成，佳美精良，便于行用，不止纱布钟表诸大宗而已。凡日用所需各物，皆投吾所好，避吾所恶，或取携最便，或制造最精，或价值最廉，或外观最美，必使华人不能不用而后已。中国出口之生货，皆以箱计，以石计，以包计，以百斤千斤万斤计，取值至贱，获利至微，盈舟溢屋，捆载而去。西人入口之货则以件计，以匹计，以瓶计，以盒计，以尺寸铢两数目多寡计，一物之值，贵至万千，一船之载，总计至亿兆金钱而未已。以贱敌贵，以粗敌精，以拙敌巧，能乎？不能。此时能绝市闭关如前日乎？曰不能。内地通商，耳荧目炫，能禁民之不用洋货乎？曰不能。然则奈何？曰劝工而已矣。用物之名，盈千累万，略举数事，以概其余。

一曰玻璃。明之绿松为玻璃之滥觞，今日精益求精，遂成绝诣，其坚者如铁石，掷玻璃之盏，堕地无声，其大者若邱山，入玻璃之房，游鱼可数，中国人人喜用，行销已遍于寰区。粤东仿之，精粗迥别，而不知即制磁之黝所推而变者耳。诚宜自行设厂，精制出售，收回利权，何翅千万？此玻璃之工，一也。

二曰油蜡。俄美煤油广行中国，岁亦千余万金，近则参入鱼油制成洋蜡，价廉物美，光洁晶莹，取我之利又数百万，华人即不用蜡，亦皆用油，逐岁增多，有盈无绌。盐之为物，每人日食一钱，而积少成多，遂为国家岁入之巨款者，因天下无人不用者。以此例之，可为深虑。诚宜广采煤油，购机制蜡，工廉费省，必能永杜来源。此油蜡之工，二也。

三曰自来火。民非水火不生活，古人钻燧取火，随四季而转移，后人火石腰镰，取其便者。西人配制磷磺，蘸以松木，随时随地，一触即燃，每盒数文，便孰便于此者？日本初学西法，先造此物，贩售中邦，竟夺西人之利，通国有自来火厂数十家，每岁获利数百万，养男女穷民数十万人。今上海亦设厂数家，然所蘸磷磺仍须购之外国，虽经仿造，利息綦微，不知磺出土中，磷藏骨内，盈山遍壑，岂少松林？徒以化学不精，致使利权久踞，何如自行配制以收大利而养贫民？此自来火之工，三也。

四曰钟表。钟表为中国贵人达官所用，每岁入口二千万金。美国制以铜铁，镀以铝金，钟之贱者一元，表亦二三元而止，虽物窳易败，然无赖者趋之。此外寒暑、风雨、地平诸表，名目綦多，销行益广，此物仿造，固非易易，然堂堂上国，乃以不能不用者长仰给于外人乎？况今日钟表，皆制以机轮，规矩准绳，较然可睹，自应派人分赴各国学习制造，以济要需。此钟表之工，四也。

五曰胰皂。西人考物，含碱性惟水草为最多，故以腐草之汁，入以制蜡之油，稍加香药，制成洋皂，染以颜色，香艳无伦，万匣千箱，销售各省，中国旧日之胰皂几无过而问者，所谓朽腐化为神奇也。惟质性燥烈，皴剥皮肤，北省风高，尤非所便。中国皂角之树，外国所无，刮垢磨光，别饶润泽，宜参以水草之汁、皂荚之脂，如法制成，气香色艳，必可行销中外，自辟行源。牙粉为花刚石碎腐而成，比来洋制日精，入口益多，亦宜购机设厂，自制自售。此胰皂之工，五也。

六曰刀针。物至于刀针亦微甚矣，德国制之尤称精美。苏人有奚姓者，贫人也，有德商喜其朴诚，与立约为针，贩针至中国，由彼分销，未及五年，积赀六七十万，知此人垄断之丰，即知此物销行之广矣。至各种洋刀、铁器、洋伞之类，悉数难终，入口贩售，皆无厘税，涓涓不塞，遂成江河，皆宜设法造销，以前〔利〕民用。此刀针之工，六也。

七曰磁漆。中国为磁器祖国，华磁应销外洋，乃上下因循，不求精进，转使英法日本之磁器运入海疆，席地设肆，累累者皆外国磁也。乱后，西南各省漆树戕伐无存，漆价大贵，英法于印度、越南、缅甸，而日本则于国中，岁岁添栽漆树，采制有法，精美殊常，埋藏地中，三载用之，不燥不皴不裂。生人需用，二物实为大宗，不自制之、自种之，此后之漏卮未知所底矣。此磁漆之工，七也。

八曰药饵。西人考求医学，所制药水药散之类，或敷或服，皆注明治验，用药少而取效神。近日各国大药房风行内地，而中国药肆亦窃取其药，改用中国丸散名目，分运行销。此项药饵入口之时，西人谓之化学材料，照约免税，岁计亦不下千万金。诚宜精究西医，讲求化学，自行制运，免以仁民之术行其罔利之谋。至香水花露之属，蒸取百花之精，华人喜之，风行海内，彼国之花有香者少，中国地居温带，无花不香，诚仿蒸中国之花，以行之外国，则利源之巨何可胜言！此药饵之工，八也。

此八者，皆在洋药、洋布各大宗之外，与西人饮食之品，概免税厘，每岁入口所销，多至不可计算。苟能略征入口半税，所入何止千万金！故谓税司之忠于中国者，谬也。各口情形不同，其类于此者何限！甚至戏衣玩具，举用他人，西绿洋红，皆成巨款，笺纸签筒之文具，石印铅字之汽机，面粉、口脂、藤床、钢榻，种种洋物，触目皆然，中国虽强，安得不弱？中国虽富，安得不贫？天下有心人所为蒿目而忧、攘腕而起也。

军械之工说

泰西机器之兴，以军械为最后，而中国之仿而效之，又以军械为最先，其优劣难易之相悬也倜乎远矣。盖自英人华忒借水火二力创制新机，用以运煤，用以击石，用以起重，用以驶船，用以造轨行车，用以炼铁制器，而各种化学、重学、光学、热学、电学、天学、地学、植物、动物诸学相缘而并起，考求体察，逾近逾精。迨新式枪炮、鱼雷铁舰之兴，则物料充盈，一呼可集，汽机神捷，一击而成，聚千百厂之名材，制千万吨之利器。故自同治初元有南北花旗之战，而后有铁舰鱼雷，同治八年有普法之战，而后有后膛来福枪炮。而近日英国阿模士庄厂仍主前膛，讥克虏伯之后膛炮身太短，不能及远。上年中倭之役，北洋短炮过多，我之弹未及人，人之弹先及我，其利钝可见矣。

兵船之制，英人专主铁甲，德国专主快船。快则不能过坚，坚则不能过快，其大较也。上年大东沟之战，中国有铁舰，日本多快船，彼船来往如飞，我船转折太钝，幸船身坚固，尚能却敌还师，然而不能胜也。故西人近议铁舰如心，为提督座船，主三军之进退，必须坚定不摇，无铁舰是无心也，呜乎可？快船如手足，所以捍卫心膂、制服敌人，胜则追而败则殿，无快船是无手足也，又呜乎可？中倭之战日本幸而不败者，以中国快船太少耳。故定一军之制，铁舰一而足矣，多则二舰，而快船必须八号或十号，始能胜敌，始可自全。又因中国铁舰炮弹已空，经倭船环攻二时，竟无大损，而威海夜泊之际，鱼雷一发而定远遂沉，自余广甲广乙诸船，均以一雷轰碎，因广制水雷船以为铁舰快船之辅，又广制灭水雷船以保铁舰，捉鱼雷，增马力，添速率，每钟可行三十海里，合华里一百廿里，而祭云天马行驶如风矣。故经一次战事，则广一番异闻，变一种新法。

而中国福建船政局所用者，法国之旧法也；江南制造局所用者，英国之旧法也；北洋船坞海军机器各局所用者，英德两国之旧法也。如法配镶，绝无新得，每用一物一料，皆须购自外洋，西匠未必贤能，华工不求精进，见闻孤陋，材料不全，欲整顿而无方，欲考求而无地，不明各学之理，不知各器之源，安得不永落他人之后哉？

湖北枪厂为比利时最新之式，上海制造局所制快利枪亦称利用，即可广筹经费，多募工匠，专造此两种之枪，天下军营统归一律，免致枪弹不合，再蹈前日覆车。至如铁舰、快船、电灯、雷艇，中国断难遽造，仍须购自外洋，旧日局厂之工，大可无须再制。盖西人于军械一事，亦复得鱼忘筌，见月忘指，每变一新法，则旧法弃若弁髦也。中国于西人工艺制造诸事，百无一能，乃欲成西国最难之工，希西人最精之诣，是犹行远而不自迩、登高而不自卑也。多见其不知量矣。

十五年前，德相毕思马克之言曰，华人之至德者，必询何式之船最坚也，何项之枪炮最精利也。日本不然，专考化、重、光、电诸学及工艺商务之本原，回国之后，皆自能制造。夫军械之变，日出不穷，未及十年已成弃物，否亦斲朽不堪复用，中国其衰矣！日本之兴其未艾乎？于中倭胜败之原，十载以前洞若观火，虽非圣者，亦明矣哉！虽然，天下之大局，理势而已矣，中国孱弱如斯，无势何以言理？海军陆军者，所以振国威而张国势也。精枪利炮铁舰快船，又海陆二军之性命而制胜克敌之根原也。公法偶有战争，局外义无偏助，购之不可则自造之。当日左李诸公创兴船炮各局，亦不可谓非思深而虑远矣，所病者，中西学术本末迥殊，工艺源流高深难罄，遂以中人下驷敌彼骅骝，重以议论难调，度支屡绌，未能选上等英奇之质，窥西师制造之源，一片苦心付之流水矣。

然械用之成败利钝，亦非试验不明。海军之船，德主快而英主坚，相持十年，迄无定论。至中倭战后，乃悉坚之与快相倚而成，亦相因为用，而水雷鱼雷之猛烈，无烟火药之精良，电灯之照夜逾明，长炮之及远有准，欧美各国既已确知其故，将各竭其心思才力以变通尽利，舍旧而图新。

中国当此之时，诚宜借鉴前车，力图后效，拣派清忠正直、熟习化学制造之员，游历各国，博访良法，订购新船。仍选学生之熟悉西文而通古今、识大体者，分赴各大学堂，分门学习，暇则游历各厂，考证见闻，博访西国著名工师，籍而记之，期以五年，学成归国。然后就铁政已成之局，聘泰西上等之工<师>，分设船厂、炮厂、鱼雷电灯各厂，大兴制造，中西合力，精益求精。汉阳居天下之中，有事时无虞侵掠，每开一厂，必设一学堂，选天下聪颖诸生，中西并教，各厂各学特派大臣总理，日省月试，岁课其成，有能自出新意成一新法者，旌赏给凭，加以奖擢。以此为海陆诸军之根本，制造各器之会归，刻计十年，或当有济，即未必争雄各国，亦可聊固吾圉矣。

否则，有七年之病而不求三年之艾，或因噎而废食，或畏难而苟安，日月逝矣，时不我与，往者不谏，来者可追。夫谓华人之智不若西人，犹之可也，谓华人之明不如日本，岂理也哉！曷亦返其本矣。

制机之工说

洋货之来也，皆以机制，而后能夺我利权；则我之仿造洋货也，亦必以机制，而后能收回利权。若制以手工，决不能精美，不能捷速，不能整齐，欲持此以与机器争利，是犹驱跛者躄者竭蹶奔赴与骏马争先，其不绝膑折足也几希矣。惟物物皆须机制，而中国独不能制机，生利收利之机关转悬于他人之手，虽欧美两洲各国均能制造，虽欲自私自秘而不能，然偶有损伤，则修理无人也，偶有残缺，则添配无人也。即获利丰盈，欲加推广，又必函达外国先期制造，舟车七万里运载来华，速则半年，远须匝岁，此亦半年之利，固已为他人所有矣。况贸易赢绌，朝暮不同，万一迟之又久，机器虽来而情形已变，向之必能获利者，今已无利可图，则亦不得不四顾踌躇，别思变计。毫厘千里，移步换形，是中国不能制机，中国之工商即永不能力争先着也。

西国大小机器，大抵以铜镶配，以铁制成，各厂制一新机，则铜皮铁皮有作也，铜板铁板有作也，铜丝铁丝有作也，铜柱铁柱有作也，铜座铁座有作也，螺丝钉有作也，锅炉有作也，大如梁栋、细如针芒之物无不有作也。尺寸衡量，咄嗟可集，何处价贱，何处物精，长短重轻，一无差失，而其本厂亦物料充牣，堆叠如山，巨细何宜，精粗何适，既无窳物，亦无弃材，一钱不致虚糜，一物不教短缺。

中国各局厂既不能炼矿制物,一材一料皆须购自外洋,来货有稽延,需用有缓急,于是盈箱累捆,费千金万金以购之,而零星分散以用之,稍有不足则又急急增添,必使充溢有余而后已。此项铜铁之材料均畏潮湿,西人所谓养气者也,一为养气所蚀则铜生绿、铁生锈,收贮既已不慎,防卫又无其方,霉烂销亡,终成乌有。向也费千金万金以购之,收其用者不能及半,制物之价安得不什倍蓰于外洋?此其故。由于中国本无制机之厂,而机之不能自制,又由于中国本无制料之机,则一针一缕皆须仰给外人。故一言制机之机,而中西工艺之相悬,直不可以道里计也。

汉阳之铁政局其知之矣,自开矿,自运煤,自炼铁,自制物料,自辟利源,可谓知其本矣。然而经费不敷采办,则煤铁无来源;各省制造所用,仍专购于外洋,则材料无去路;所成之铁料,不就中国所急需之物镶造配合,制成机器,则商民上下无销场,虽费多金,终无大用,迁延日久,朽坏随之,可奈何?

虽然,无难也。今上海之制造局,已能自制缫丝机器矣。祥生、发昌诸铁厂,已能自制轮舟、轮车、机器及各种轧花、缝衣、造纸、印字之小机器矣。亦多有华人雇西人购机器,自设螺丝、铜皮、铁皮诸作矣。耳目渐熟,风气渐开,仿效渐易。

近年德国、比国之工师入中国谋生者渐众,其识矿、炼钢、制机之技与英法略同,而工价较廉,性情颇合志愿,不奢侈,苦服劳,事有终始。诚能由国家提款,以铁政局为根本,而于其旁附设各小厂,专制各种物料,造各种汽机,延德比诸国上等之工师,分投经理,长于何事即制何机,遍告海内工商,需用机器者均至局中购买,所定价值,务较外洋便宜十分之二,发给护照,沿途关卡一律蠲免税厘,并用西例,派人随往各地装配齐全,偶有损伤,代为修理。中国自开煤铁,自造机器,自行保险,自收运脚,虽复减价售卖,亦当必有赢余，即使仅够开销，只敷成本，而制机配料，为中国开辟利源之关键，振兴工艺之权舆，国家亦何惜数百万金以成此利国利民之盛举哉！况此数百万金者，旋制旋售，旋收旋放。开矿运煤、炼铁制机诸工作，为天地养无算穷民，为闾阎广无穷生业，为国家增无量税课，即为薄海内外塞无限漏卮。似创实因，似难实易，有利无害，日起有功，求己不求人，无用化有用，在一转移间而已矣。

治道之工说

泰西农学之兴也，始于种树开渠，而工商各业之兴也，始于治道。日本仿效西法，亦以修道路设巡捕为百为万事之始基，其言曰，用人行政，非财不成，财用所需，必出于税，税出于商，商非道路坦平，百货不能通达，故修道者，殖财之本也，即国家制用之原也。吏役之弊，日本当日亦染华风，国家欲下一恩诏，举一事，发一言，兴一利，除一弊，国君主之，下于政府，政府下于疆吏，疆吏下于监司，监司下于牧令，牧令下于吏役。一入吏役之手，则无论何等良法美意，无不借以为厉民生事、婪私索贿之端，其利万不能成，其害可立而待，是君民上下隔绝之故。以吏役一节为铜关铁纽，虽五丁神力，亘古难开，然而官之耳目在是焉，手足在是焉，不能去也，非去吏役而以巡捕代之，是上之泽终无由下逮于民，民之情亦终无由自达于上也。日本虽小国，然于亚洲积弊及所以变法之原，亦可谓肺腑通明、洞见症结矣。其强且富也，岂倖也哉？

今中国内外各省之道路茀不可行，京师首善之区，而街道之芜秽崎岖，遂为天下之最，霪雨十日，路绝行人，疾疫熏蒸，死者无算。各省会、府、厅、州、县亦莫不皆然。至于郊野川途，益加颠险，覆车折轴，雪没水淹，盗贼纵横，行人裹足，尤习见习闻之事，官不过问，民不敢言，天下病之，四夷腾笑，不知内外品官数溢二万，有何要政日昃不遑，坐听商民之困苦颠连而熟视居然无睹也。则虞政之不修而巡捕之不设焉，故也。

泰西百年以前，亦略如今日之中国。自法国以种树开渠治道，各设专官，各国仿之，街衢道路，一律精整，而农工商三业兴也勃焉。是不啻以道路一端为万国富强之根本也。西人治道亦有专工，法国郊原，初多土路，患泥潦之没胫没辙也，改用石路。然偶有破损，修改綦难，横亘区中，转为行旅之害，且以花刚石或科子石（即鹅卵石）砌筑街衢，入夜则车走雷声，惊人清梦，乃改用碎石筑路。以粗石击碎，大小如胡桃，日炙风吹，历一二载则石质益坚，取之垫路，其厚盈尺，铺以细土，压以重机，中高旁低，状如覆瓦，偶有霪雨，滂沱四陨，途路中间不能蓄水，碎石之性复能含吸水泉，故旱不扬尘而潦不留湿。两旁各有明沟，下有暗沟，虽大雨时行，而行人往来干洁如故。中为铁道，其外为车马奔驰之道，又其外为商旅步行之道，道侧则分行对植嘉树美木，清阴宜人，午日炎天，不知伏暑。复有洒水拾秽之车，时时泛扫飞尘，恶气涤荡无遗。巡捕植立道旁，预防水火盗贼、争竞斗殴、不测不虞之事，清明严整，遂至于斯。此岂海外小邦所能为乎？《诗》曰："周道如砥，其直如矢，君子所履，小人所视。"《书》曰："无偏无党，王道荡荡；无党无偏，王道平平；无反无侧，王道正直。"然后知彼人之新法，实中古之遗规，而决不可惜费惮劳，使圣神过化之名区，险阻崎嵚沦如化外也。

此项修路之费，无须另行筹措，皆取之房屋捐及往来车辆之捐。各处分设工务局以总其事，而敲石垫道之役，则专以轻罪之犯及无业之贫民任之，虽至愚极贱之人，亦能日得百文或数十文以糊其口，若稍有智慧得选充巡捕或洒扫之夫，则父母妻孥宽然俯仰，河润所被，及于亲邻。故泰西各国无一乞人，有乞人则拘以作工，此项道路之工，虽乞人亦优为之也。

中国水旱偏灾，流亡载道，即发赈驰粥，亦视若圈牢之养物，苟延性命于一时，何如任以能任之工，以成此能成之事乎？如一旦幡然变计，先之以京省，而渐及于城镇乡村，创之以街衢，而推广于郊原，道路如法垫以碎石，经费取之民捐，置捕梭巡，设官经理，则无穷盗贼皆化良民，百万孤穷陡饶生路。然后铺以铁路，驶以火车，使地中之矿金、地上之物产，皆得流通转运，贩鬻外洋，则中国富强可立而待。古人远矣，古籍不可详矣，道路沟渠，决关治忽，山林川泽，自有官司，读同文同轨之章，不能不釆然高望于虞夏商周之盛世也。

工艺养民说

今之论者，辄谓泰西各国土旷人稀，故以机器代人力，中国人稠地狭，民间技艺耑倚手工，若以机器为之，必夺贫民生业。又谓西人以机器制物，既速且多，行销中国，中国亦以机制物，何地可销？物贱价廉，终归无利。此井蛙夏虫之见，渊鱼丛爵〔雀〕之心，而贫中国、弱中国之大罪人也。持此论者，多士大夫，彼愚鲁之工人有何知识，以至通商六十载，坐听西人盘剥把持，工艺不兴，利源不辟，民生日蹙，国计日虚，驱他日之中国佣奴于洋人，驱今日之贫民俛而就饥冻死亡之地，皆此种之谬论谰言，阶之厉也。

窃尝仰体上天好生之心、古圣贤亲亲仁民爱物之意，留中国将来之人种，保朝廷未失之利权，不可以不办。英吉利区区三岛地耳，大不及中国一省，户口三千五百万有奇，英京伦敦，户口四百廿五万有奇，通商流寓他国他埠者均不在内，每方里有居民百廿人，通国地亩，每亩值华银二百两以上。法国之大如中国省半，户口四千万有奇。比利时之大如中国二府，居民二千六百万有奇。果人稀乎？抑地旷乎？彼国机器初兴，其手工之人亦欲竭手足之劳与之争利，心尽气绝，无可为生，乃改而入厂工作。其始也，月得工资三四元或五六元耳，入厂以后，技艺之高者，月得数十元、数百元，即至愚极钝者，亦可得七八元或十数元，向以数十数百人作工者，加至数千数万人而未止。骊之姬艾，封人之子也，晋国之始得之也，涕泣沾襟，及其与王同匡床食刍豢而后悔其泣也。以此例之，果失业乎？抑不失业乎？中国每年入口及免税之货，并计不下一万五千万金，皆西人机器之所成而华人之所用也。我而购机自造，即仅销中国，其利已不可胜穷。况中国工价既廉，费用又省，所成器物，价必倍贱于外洋。我之货而精于彼也，彼将喜而购之；我货之精与彼等也，彼亦必贪其价廉而购之。上海机器所缫之丝与法国里昂同价，货物未出，银款先来，专派人驻上海购之，惟恐不得。天下之货物患我之不能制造耳，患我所制之不合人用、不速不精耳。我不能禁吾民之用洋货，彼独能禁其民之用华货乎？以是言之，果有销路乎？抑无销路乎？若而人者深恶洋人，遂兼恶洋货，恶其以机器夺吾利，遂并机器而恶之，自以为中国之干城也，而不知倒行逆施，实暗保洋货之来源，暗绝华民之生路，不啻为泰西各国之人傅翼而使飞，扬汤而使沸也。噫！偵矣。

然往者不可谏，来者犹可追。中国之地大矣，其物博矣，无业之民多矣，苟一旦翻然变计，豁然大悟，以现在缫丝、炼钢、纺纱、织布诸局厂为之根，凡华洋所需各物，一律购机自制，或销本国，或运外洋，有业者改图，无业者有业。西国各镇埠工作大厂多至百家或数十家，每厂工作万人或数千人，少亦数百人。使中国各行省工厂大开，则千万穷民立可饱食暖衣，安室家而养妻子。向日之手工糊口者，亦各免艰难困苦、忧冻啼饥，咸得享豫大丰亨之福也。天下之功德，孰有如是之不可思议、不可限量者乎？

盖尝上下古今而深思其故矣。自黄帝以来，圣作明述，制器尚象，百业俱兴，以前民而利用亦越于今，盖五千有余岁矣。五百年而名世生，五千岁而大圣人出，然后六洲合一，万国大通，一手一足之劳，岂足以济四十万万众生民之日用？天乃假手西人，以阴阳水火之功能，发借力生光之妙理。人之目所不能见者，以机器见之；人之耳所不能闻者，以机器闻之；人之手所不能举者，以机器举之；人之足所不能及者，以机器及之；人之心思智慧千力万气所不能成者，以机器成之。所谓六合之外，圣人存而不论，六合之内，圣人论而不议。天地之大，虽圣人亦有所不知不能者，皆穷高极深，因端竟委，厘然井然，皓皓然凿凿然，确知其所由。然前圣人知其理而不明其数，后圣人通其数而并观其象，然后人与天地并立为三，参赞位〔化〕育之功，至是而始毫无遗憾也。

彼西人者，深思好学，各明一义，自附于老聃郯子之伦，万灵风雨，聚精会神，合而成一，大圣人之圣德神功，以膺此上下五千年之景运者也。故论圣之所以为大也，则博厚配地，高明配天，悠久无疆，虽罄竹帛以书之，不能穷其万一也。而要其实，则天道好生而已矣，地道养民而已矣，人道利用而已矣。

中国万邦之首，而今日生齿四万万，为开辟以来所未闻，天下之穷民以十分之一计之，已四千万，虽尧舜亦穷于施济矣。长此而不变，则惟有水火、瘟疫、刀兵、盗贼，草薙而擒猕之，成亘古伤心之浩劫已耳，而天不忍也，而天乃皇皇然思所以救之也。

救之之道二：曰居，曰行。非美澳三洲，东南洋万岛，旷古榛芜，使行者垦以为田，则万宝既成而万民不死矣。此启尾闾以泄之之法也。天下穷民谋食之路，惟机器工作厂为最丰，亦惟机器工作厂为最易，使居者制以为器，则外财可入而内患潜消矣。此开天庾以赈之之法也。然而海不可渡也，器不可成也，天复载以轮舟，教以工作，勤勤恳恳，保抱提携，父母爱子之心亦无所不至矣。今出洋谋生，共知其益，独设厂工作一事，相率非之，是犹忤逆之儿不解父母顾复生成之意，而逞其小慧私智，攘臂以与之争，可乎？不可乎？人所决不能知者，天知之；人所决不能救者，天救之。而若人独不肯救人，哆口以与天敌，能乎？不能乎？

今日本已立约改造土货矣。我终不开，人将开之，人即不开，天将命之，万不能听此数千万穷民潦倒饥寒而死也。此天之心也，亦天之道也。知天之所以为天，即知圣之所以为圣也。

卷四 商书

创立商部说

英吉利立国在蕞尔三岛间，四面际海而鹰瞵虎视，屡执牛耳于欧洲，西并美利坚，南兼印度，东南括澳大利亚，属地之广方二千万里，而遥挟其利炮坚船，遂以纵横四海者，何哉？商之力耳。英之得美洲也，以商会，后因加税激变，华盛顿率商会以叛英，相持八年，竟自立为国。英之得美也以商，美之拒英也亦以商。今美之北境巴拿大，犹然英土，美虽自立，然举国皆英商也。英之得印度也，亦以商会，初由商会派人代印度筦海关，所谓公班衙者也。印度土王兄弟争国，残害英商，商会举团练之兵，踞海关之饷，三战而入其阻，覆其军，灭国擒王，摧枯拉朽，而印度八百万方里之地、八千万户口之民，俯首而托他人之宇下矣。澳大利亚之地，大与中国相若，内皆沙漠，惟沿海膏腴，商会据之不费吹毛之力。自余缅甸各国，非洲一洲，南洋各岛，莫不发蒙振落，席卷而囊括之。商力之雄如此，商会之能灭人国也又如此。

今日本继兴，自命为东方之英国。西人谓赤道之下，日光所照,有热水一条,每日散流于南北黄道,而朝潮夕汐生焉。大西洋则英国当之,英之北境距赤道五十三度,与中国黑龙江等,而天时温暖,四序如春,多雾多雨多风,国富民殷,百物蕃庶者,皆赤道之热水为之也。太平洋之热水经台湾一隔,不入渤海而入东洋,而日本三岛当之,其热度亦胜于中国,比年仿效西法,农工商三业勃兴,遂乃割据台湾,凭陵上国,多置轮舶,广辟商途,骎骎乎国未可量已。

夫邻之厚我之薄也。中国辟埠通商垂六十载,既自以情形隔膜,将利权所在举而畀诸异国之人,频年海溢川流,岁出金钱万万,遂使廿一行省无一富商,内外穷民之失业无依者,尤如恒河之沙不可计算。然西人悬隔重洋六七万里,在彼终有所不便,在我亦犹可自全也。日本则近在肘腋之间,急起而窥我心腹,其心计之精刻与西人同,其性格之阴柔与西人异,西人之所能为者,彼优为之,西人之所不肯为者,彼亦决为之。始也财力未雄,不及西人之长袖善舞耳。今一朝战胜,举国宽然,数万万之金钱取之如寄。又得台湾一岛,各国之所垂涎而目为宝山金穴者,助其商力,蠹我中邦,更有行轮造货之约章,夺我之矛,陷我之盾,纵横内地,盘踞利权。譬人有痼疾,元气久伤,复纵使外风流入筋络,敲骨吸髓,亡魂丧精,虽躯壳仅存,岂有幸哉!

当此之际,既不能慎之于始,又不能拒之于外,则惟有振兴商务以与彼争。商之本在农,农事兴则百物蕃,而利源可浚也;商之源在矿,矿务开则五金旺,而财用可丰也;商之体用在工,工艺盛则万货殷阗,而转运流通可以周行四海也。虽然,中国之商力衰矣,中国之商情屈矣,中国之商业无人矣。中国官吏之薄待乎商,商之不信其上而疾苦终无由上诉也,亦已久矣。今贸贸然曰整顿商务,商人私心窃计曰,是殆将鱼肉我也;皇皇然曰纠集公司,商人目笑存之日，是固将诓骗我也；阳阳然号于众曰行驶轮舟、广设工厂，商人始而惊，继而疑，终而退，然自阻曰，我无资，我无力，且恐日后受累，毋宁让之外人也。盖商人习见官吏之袒媚洋商而摧折华商也，非一朝一夕之故，其所由来者渐矣。纵使再三敦勉，而有财者不能任事，能任事者未必有财，心志不齐，意见不合，互相猜忌，互相排挤，无识无才，自私自利，迟之又久，应者寥寥。遂有现任职官起而承其乏，则又把持垄断，专利侵权，虽便一己之私图，转绝众商之生路。噫！中国之情形，上下隔绝如此，欲一旦而言保商务，收利权，是犹进臧获之流，释囹圄之犯，突与之分庭抗礼，商榷朝章，其不颠倒失措也几何矣！盖官吏之积威，有以劫之也。

泰西各国皆设商部，另有商律专主护商，岂好为是纷纷然不惮烦哉！盖国用出于关税，关税出于商人，无商是无税也，无税是无国也。不立专官、定专律，则商情终抑而商务必不能兴。况中国积习相沿，好持崇本抑末之说，商之冤且不能白，商之气何以得扬？即如控欠一端，地方官以为钱债细故，置之不理已耳，若再三渎控，且将管押而罚其金。前此矿务诸公司亏闭卷逃，有股诸人控官不准，而此后招股一事，通国视为畏途，虽苦口婆心，无人肯应者，职此故耳。商律之法良意美，其他不必言，即以控欠不追、无罪受罚二事论之，中国商人之屈抑何如乎？

国家厘金、洋税、盐课三宗，岁入逾六千万，正供常额，大半出于各商，然则商之于国也，国之于商也，固已共戚同休，迥非昔比矣。不立商部，何以保商？不定商律，何以护商？不于各城各埠广设商务局、遍立商务学堂，何以激扬鼓舞、整齐教诲诸商？假使无商，何以有税？假使无税，何以济用？假使无用，何以为国？燃眉之急，切肤之灾，殆不得置之膜外矣。

刻总署议准各省设立商务局，选举商董，求通下情。然地方官吏大都一笑置之，即使实见施行，亦惟以一纸官文奉行故事，而于商人奚益也？而于商务奚裨也？盖中国之官商相去悬绝，不设专官以隶之，不设专律以防之，不定地方官吏之考成功罪以警之，而欲恤商情、振商务、保商权，是犹缘木求鱼，欲南辕而北其辙也，其必不可得已。

纠集公司说

商人之秘术二：一曰占先，二曰归总。所谓占先者，一埠焉，人未往我先往，一货焉，人未运我先运，一物焉，人未售我先售，前知亿中，合节同符，独争天下之先，不落他人之后，此泰西诸国所兢兢然心摹手追，而英人独称巨擘者也。归总者，公司也，总则制人，散则制于人，所谓长袖善舞、多财善贾者。二百年来英商之所以横行四海、独擅利权者也。西班牙、法兰西、德意志诸国亦尝出全力以与之争，然而不能胜也。公司一也，而有行有不行、有胜有不胜者，无他焉，公与不公而已矣。宁失信于天下，而决不能失信于同人；宁受亏于一身，而决不能亏及于同事。此英国商会之所以恢宏光大、冠绝万国之根原也。

中国道光以前，通商止粤东一口，茶叶之利已五千万金，而丝、糖、磁器各物不与焉。西人伏处澳门一埠，降心俯首，帖帖然听命于总商，所谓十三行者是已。厥后千金之堤溃于蚁穴，由是而五口而十三口，设关建埠，华商从散约解，势孤而力分，而彼国之公司其约束坚明、协以谋我者如故也。中国之商既散，而军兴以后，厘金关税复节节而稽之，铢铢而校之，天下设官数千，增司事巡丁数万贪狼猛虎，砺齿磨牙，皆敲商之骨而吸商之髓者也。外国之商，资本丰富，而除入口一正税、一子口税之外，任意畅行，三联税单充斥内地，偶有西商过埠，则丁役围护，官吏趋迎，即验即行，惟恐稍拂其意。噫！从爵〔雀〕渊鱼不自知其身之为鹯为獭已。持平之道，必使洋货一律征厘而后可，如无能为役，则必中国尽撤厘金而后可。然而皆不能也，此后中国之商人岂尚有生机去路乎哉！无已则创设公司，犹可维持补救于万一也。

请言内地公司之利。一物焉，运而售之于外，商之资本多者，除运脚食用外尚有赢余也，资本少则获利虽同，或所得不偿所费，何如选立商董，创设公司，则既省川资，以廉价而可收大利，此益于商者也。零星商贩，偷漏走私，故丁役多而设卡密。今合散为总，货物多则无从绕越，资本重则各顾身家，大可减卡裁丁，与民休息，而比较收数，视昔逾丰，此官之益也。

请言行销外国公司之利。今日丝茶二业受弊深矣，多由小商跌价争售，以致巨商受害，自有之货不能定价，转听命于外人，每岁受亏动数百万，我分而彼合，我散而彼整，我贫而彼富，我弱而彼强，虽他日工作遍地，物产塞途，仍将低首下心，默而听他人之把持抑勒已耳。诚能纠集资本，凡土产、矿金、制造诸物，各立公司，由商人公举明通公正之人主持其事，则贫者骤富，弱者骤强，不惟自擅利权，并可通行海国，华人之智力岂竟不若西人哉！

然而难矣，风气未开，积习未变，各牟其利，各怀其私。夫公司者，秉至公而司其事之谓也，其心其事，皆与此义相背而驰，我无以自信，亦不求见信于人，而欲天下人之信我焉，得乎？天下人之爱财一也，其自私自利同也。我取天下人之公财，以供我一人之自私自利焉，可乎？当日矿务公司聚数百万之金银，而以亏闭一言付之流水。今日电报轮船商局，每岁入赀数百万，股商仅收官息八厘，公积则虚有其名，余利则不能过问，人人知有二三分之息而仅得八厘，是不啻取大众之悭囊，以饱一二人之私橐也。此习不变，此弊不除，而欲纠股集资，冀中国商务之能兴、公司之能立也，虽良马生角，黄河再清，不可得矣。

即习变矣，弊除矣，而不立商部，译商律，开商局，设商学，将英美各国公司章程择要删繁，通行刊布，使商人传诵揣摩，以明其理，官吏维持保护，以考其成，岁刊征信录、帐目单以昭示天下，则猜嫌终不能泯，壅蔽终不能除，虽需之益殷，而去之弥远。虽然，君子之德，风也，小人之德，草也，所愿天下有清公谅直之人，或为官而爱养商人，或为商而总持局务，不营私，不嗜利，不欺人，不欺天，而惟懃懃焉以保全大局为心，矻矻然以富庶中邦为务，则一人善射，百夫决拾，转移风会，如响应声。然后出我最富之藏，取彼至精之法，合亿万人之财力，收六十载之利权，只须发沿海数省之菁英，而已可以奔走诸洋、纵横一世矣，忧贫患寡胡为哉！

考察商途说

天下之耳闻者虚也，而目见者实也。中外各国之土产若何，矿质若何，工艺制造若何，何者因何者创，何者后何者先，何路宜水，何路宜陆，道里之远近，山海之高深，价值之低昂，转运之难易，天时之寒暖，地利之险夷，人性之刚柔，物产之丰歉，应取何道而费可省，应用何法而利可兴，应作何整顿经营而贸易可旺，虽广搜图籍，遍访情形，终不若身亲阅历其间，然后灼见真知，绝无疑滞，此泰西游历之使所以不绝于中国之途也。人智而我愚，人明而我昧，人通而我塞，人密而我疏，而骤欲收利权、振商务，是犹聋者、瞽者、跛且瘫者，与耳目聪明、手足矫捷之勇士并驱争先，甫经伛偻循墙，而彼已先登拔帜矣。

论各国通行之法，自应于设立商部而后，遣廉明清正、熟悉商务之员分赴各国考察，中国何物可以行销外洋，外国何物中国可以自制；税则之制或重或轻，何者可以保商并能富国；转运之法或水或陆，何者可以收利并可恤民；何方之货物最多，何国之措施最善，然后荟萃诸法，参合其间，奏定章程，通行天下，君臣上下，一心一力，扩将来之商利，塞当日之漏卮，期以十年，天下其有豸乎？

虽然中国之地大矣，物博矣，地上地下未开之利源，南方北方未兴之工艺，千品万汇，诡状异形，禹不能名，契不能记，而泰西各国游历之使，类能知之，能言之，成竹在胸，无施不可。而我独闭耳塞目，不见不闻，欲询之官吏，而官吏催科折狱，日畏考成，安有余暇以营此不急之务也？欲责之商民，而商民抱布贸丝，日谋升斗，安有余力以费此无益之功也？天下虽大，人民虽众，考察此事者旷无一人。

必须特设专官，仿各国游历人员之例，宽筹经费，假以岁时，督过劝功，深探博访，以日记征其事实，以图说绘其情形，以各种仪表详其气候，证诸古籍，以衷其是，询诸士人，以求其真，参酌中外情形，以几其合，然后何源可辟，何利可兴，何路可通，何法可用，一切亲闻亲见，凿然可见诸施行。然后劝以功名，加以奖擢，熟于何地者，即任以何地之事，就其所习，用其所长，耳目既专，心志自一，并力一向，众志成城，而后商业可兴、商途可辟也。

暗于外情者，辄疑商部既立、商务局既开，徒费薪粮，一无事事，而不知今日中国之大患在于不知。人之情不知也，己之情亦不能知；人之地不知也，己之地亦不及知；人之物不知也，己之物亦不欲知。彼此不知，乃生隔膜，各私其意，各私其财，各私其力，以致天下人人皆私，事事皆私，物物皆私，终为他人箝制鞭箠而后已。此项考察游历之使，即商部商务局之爪牙，化天下之大私，成天下之大公，而富中国、强中国之神机妙用也。天下一千五百州县分而任之，即须一千余人，即择要经营，亦须多人始供驱策。况出洋游历者尤为迫不容缓之要图哉！噫！情势迁变，今昔不同，地利人功,不可限制。

泰西各国,每举一事,必先派游历之使考察于数载十数载以前,然后上下同心,据以为内治外交之券,随宜制变,合节应弦,不止商务一端而已。而其所用者,什九皆游历之员,以此为敷奏以言、明试以功之秘法,即拔十得五,人才已不可胜穷。天下事非熟悉情形者,决不足以济艰难而肩重远也。中国欲举一事,则上下束手浩叹于无才。夫人才不从天降,不从地涌,大都由学问而出,由阅历而成,不有以磨练而试验之不可得也。

今天下之人,半已知讲求商务矣。何如就此一事,广派贤员,以本国为经,出洋为纬,以本国为源,出洋为流,以本国为体,出洋为用,见闻可采,经费无多,统由商部大臣主持其事,则寰瀛一室,声息可闻,以辟商途,以兴地利,以养人才,外邦之虚实周知,内地之町畦渐化,一举而五善备焉矣。

急修铁路说

欲考天下万国之贫富,以铁路之多寡定之矣。英美二国铁路最多,国最富,商力最雄。德法俄奥次之。今中国之铁路,在天下各国为最少,中国之民生国计视天下各国为最贫,而中国北方数省舟楫不通之区,又较天下各国为最广。夫商务之要术,转运而已矣。有铁路则运道通而运费省,无铁路则运道塞而运费昂。一通一塞之间,商业之兴衰霄壤悬绝,束手待毙,自窒利源,甚矣!

夫当日之阻挠铁路如刘锡鸿者,皆阴袒西人,以锢我中国四万万商民之生路者也。自去岁中倭一役,成败利钝,较然可睹,廿载迂拘之议论渐化浮云,遂有商办卢汉铁路之议,而惜也中国之商情已阻也,中国之商力已衰也,中国疲敝之商人,未必能集此多资、和衷共济以修此二千五百里之长道也。时既迫不及待,事须速底于成，上无真知灼见之明，下无蹈厉发扬之气，正恐盈廷聚讼，筑室道谋，他日甫有规模，已有缓不及事之虑矣。

夫铁路一事，在中国为发轫之始，在泰西各国则通行已久，习见习闻，其利弊之所存，一比较而昭然若揭。尝合各国铁路而综计之，而知国中之干路官办为宜，如财力不足，或借款，或由外商承办，均无损于国家之大计也。英美多富商，铁路初兴，争先创造，英路之成最速，美路之线最长，什九商资，无烦论列。法国由巴赛至北境之干路，长二千余里，初招商股，应者无人，荏苒三年，复归官办。德国之干路，初由商人承办，国家觉有不便，出资购回。俄国铁路六万余里，官路五万余里，商路仅数千里耳。自余各国亦渐将干路购回，日本则干路全归官办。盖大利所存，理宜归国，且调兵运械，应变无方，商路究有不便也。此各国阅历而始知者。中国创行之始，商办难成，何如将干路各条一律官办，以免日后购回之多费周折也，则官办宜也。

泰西铁路，官息五厘，西人折息本廉至五厘，已为赢利也。而其旁之镇埠，商民大富，百业俱兴，获利之丰，不可计算。铁路之利在全局，不在一隅也。其官息止于五厘者，则始也购地，地亩之贵于中国也维倍；继也置料，物料之贵于中国也维倍；终也雇工，工价之贵于中国也又维倍。本巨费重，故收息较微，如织布纺纱，在西人亦五厘之息耳。中国仿之，获利至二三分以上，其明验矣。闻汇丰所借百兆投签购票者，至十倍之多。苟指铁路以借洋款，给以四厘之息，立可凑成巨款，以应急需，南北并工，刻期集事，则借款宜也。

奥国、意国、土国之干路，初由英美商人承办，定期二十载或三十载，一律交回，道路整齐，物料如故，商人既获大利，帖帖然无异词也。当彼承办之时，亦确守规条，并无滥取，稽查征税与本国商同,遇有大役大兵,运价仍须减半,外商经理得法,绰有盈余。或查明各国承办章程,招商办理,则南北干路计日可成。美国商人最为富,实于铁路一事计划最精,大可专任美人以成盛举,则由外商承办亦无不宜也。

要之,铁路为至急至要之图,而中国之修铁路又为至大至艰之事。向日因循坐误,迁延壅遏,以至于今,其发端愈迟,其成功当愈速,而其纠资集本乃愈难。苟不专任重臣,广借巨款,以五年之内先将干路造成,然后纵令四海商人开办枝路,俾南北各省消息灵通,以速戎机,以兴商利,恐工徒在室,寇敌在门,我甫猜防,人将攘夺矣。然一旦勃然发愤,鼓舞振兴,立商部以开利源,设铁路部以主持全局,疏节阔目以任之,细针密缕以稽之,人则参用华洋,事则兼权利弊,不挠众议,毋动浮言,则铁路即无形之甲兵、有形之壁垒,可以固国本于苞桑磐石者也。

遍驶轮舟说

天下之人鳃鳃然虑铁路轮舟夺小民之生业者,皆不知天者也。夫火轮、舟车、电报三事,天为之也。天假手于西人,以成此他日万国会同之法物也。顺天者存,逆天者亡,先天者兴,后天者废,天之智,奚不若人?天之仁,奚不若人?而能以好生之心为杀人之具乎?故小民之生业移而已矣,夺则未也。拘眉睫之见者,悄悄然疑之,皇皇然禁之,而吾民之生业乃真为他人所夺矣。且举中国四万万之人民物业,皆将见夺于他人矣。何则?彼富而我贫,彼强而我弱,故也。其所以一富一贫、一强一弱者,则轮舟铁路一行一不行焉,故也。拘儒目未见电报、铁路、轮舟,而肆口雌黄,逞其臆说,是何异目穷杯勺而疑渤澥之非真,日对培塿而斥泰山之不大也?其不为斥鷃鹪鹩所笑者几希矣。

今沿海商民渐知通变，而腹地各省闳塞如前，愚民听命于士大夫，而士大夫之排摈益甚。夫三事者，譬之弓矢刀矛，皆当日之利器耳，正用之则正，邪用之则邪，人得之则人胜，我得之则我胜，今恶敌人之胜我，遂并其弓矢刀矛而弃之，而徒手以与之搏，虽勇过孟贲，岂有幸哉？蚩尤叛诸侯而所作五兵，历三代圣帝明王不能废者，职此故耳。

且即以商务言之，负戴而行与舟车而载者，获利孰多？则必曰舟车运载之获利多也。知舟车之胜于负戴，则知轮舟铁路之胜于舟车矣。徒步而走与乘马而驰者，孰速？则必曰乘马者速也。知乘马之胜于徒步，则知轮舟铁路之速于乘马矣。然犹曰，人之货不能来，则我之货亦不必往，塞向墐户，诚无用轮舟铁路为也。今洋货通行，充斥内地，民间市肆，财力已空，则必将出我之货以抵之，亦自然之理也。人之货细而精，我之货粗而重，苟不以轮舟铁路载之，则旷日稽时，车烦马殆，虽竭蹶抵埠而运脚已昂，能获几何之利也？然必又曰，中国之内地，固无货可销外洋也。斯言也，不知通商以后之情形，亦无庸深责者也。一草帽之贱，出洋至四百万金；一狗皮牛皮之贱，出洋至九百万金。凡一丝一缕之微，地上地下之物，华人之所用者，彼必需之，华人之所弃者，彼仍取之，如前所言，土产、矿金、工作三事，患我无货，不患不销，患我之不能运售，不患彼之不能收买，此则统筹中外、横览古今而可以确知其故者也。

今中国沿海及长江，轮舶之利已与各国共之矣。自余若江苏之太湖、吴淞江、苏州河，扬州之里下河，浙江之钱塘江、余姚江，安徽之淮河、巢湖、新安江，江西之鄱湖、赣江、邗江，湖南之洞庭、湘江、沅江，湖北之汉江，贵州之盘江、牂牁江，四川之岷江、大渡河，云南之澜沧江、潞江、滇池、洱海，广西之左江、右江，广东之东江、西江，福建之闽江，北方之黄河、白河，其可以行驶轮舟者何限？而商民不知购造，官吏不知变通，掩聪塞明，坐听他人之盘剥。通商开埠以来六十有余载矣，既不能闭关绝市，又不能发愤为雄，既不能禁洋货以不来，又不能禁华民之不用，如虎狼载道，门户洞开，徒束缚家人之手足筋骸，以恣其吞噬，中国尚可谓有人乎？

今日本商约中，已有内河行轮之说，嗣后泰西各国皆将群起效尤，帆影轮声，不十载将遍行于内地，吾不知持迂执之论者与华民何仇，而必欲百折千磨锢绝其生路也，与西人又何亲，而必欲千方百计让彼以先鞭也。噫！天生此辈，驱雀驱鱼，祸首罪魁，听之万世。

广通邮电说

商务之要术无他，通而已矣。销路之或畅或滞，货价之或低或昂，转运之或难或易，一知之，一不知之，则知者胜矣，不知者败矣，知者赢矣，不知者绌矣，知者安矣，不知者危矣。英人当未有轮电之前，先于遍国中广修平路，设立驰马之车，一昼夜驰六百里，随地换马，绝迹飞行，专用以递商人之信件，商民或有急事，亦出重值附载以去，行之未久而举国之商务骤兴，自以为至神至速矣。及火轮舟出，而河海可通之路均改用小轮以递之，所谓邮船者也。当林文忠督粤时，西人只有邮船，尚无大商轮、兵船、铁甲也，然日行千里，较之马车六百里，捷速已多矣。及火轮车出，则一日夜二千里，加足火力可三千里，而旧日之轮舟又瞠乎其后，且穷边大漠，无水之地，任意通行。于是递信之法，水则轮舟，陆则轮车，而四海周流，更无疑滞矣。

然轮车创设之时，初皆单轨，此来彼往，撞击堪虞，关系千人之生命，时已得电气通信之法，乃于铁路之侧竖立电线之竿，此处开车，先行电达，然仅用之于轮车也。嗣推而广之，遍通于本国，以铁筒贮线，沉之海底，以达于比、西、法、德诸邦，渡大西洋海而至美利坚，过地中海、苏彝士河、红海、南洋而抵印度以及乎中国、日本，已环绕地球一周矣。继而各国均知其利，争相仿效，遍其国中，以达境外。光绪廿年，各电局总计电线之长远已可以环绕地球一百周，而仍岁岁加增未有止境。于是全球万国，上而国势、军情、政务、朝章之大，下而闾阎、日用、农工、艺术、交涉、贸易之微，一线飞传，五洲响应，环地球十万里，由此达彼不越二时，尚有德律风传声之机，由英之伦敦达美之纽约，相距三万里而遥，彼此倾谈，宛如觌面，噫！可谓神矣。

而其关系之至大至要而至繁者，则尤在商务。中国及各国各埠，一物之缺也，一货之多也，一金银市价之长落也，一舟车运载之通塞低昂也，本埠尚未周知，而密电风传，万商云集。中国之人，掩耳塞目，非惟不及知，亦不能知，非惟不能知，亦不欲知，成败盈亏，付之命运，不能尽人事而妄欲贪天功，遂致利权举授他人，贸易无不亏折，是犹明者瞽者，捷足争先，明者振臂长驱，瞽者不知趋避，有落坑堕堑已耳。此关不破而欲振工艺、兴商业、策富强，其必无望矣。

泰西各国，知电报邮政系商务之盛衰、国势之安危强弱也，又虑商人之自利自私，贪近利而忘远害也。创办之始，有官电有商电，其邮政局有统于海关者，亦多有商人自设者，现均由其国家派员经理，陆续收回，商民有要事则由电传，而电报之收资，其价倍廉于昔也，商民有信函则粘帖凭纸，水由轮舟，陆由轮车，统归邮政局寄送，并由瑞士京城公议一最廉之价值，五洲万国无复参差，其所以便利商民者至周至备。而各国邮政电局之入款，乃仍岁岁增多，综计度支溢数千万。天下事固有价贵而销滞、价贱而收数转丰，谚所谓"多中取利"，此也。

中国虽有电局，而本国尚未通行，报费所需，依然昂贵，虽以较外国尚觉稍廉，然中国日用所需皆廉于泰西十倍，则此价在泰西廉而在中国乃甚贵也。且繁盛之乡则商收其费，荒僻之处则官垫其资，众商并无大利，而一二人独专其利也。此何说也？邮政之设，甫有端倪，然不平不均，恐仍蹈电局之覆辙，天下之良法美意不得清公正直之人以行之，终归无济耳。虽然中国之大患在于不知，尤在于不行，行之而有弊，犹愈于不行也。弊虽中于隐微，而君民上下之显收其利者，已至大而至远也。由衰而盛，由塞而通，由昧而明，由散而聚，通商惠工之枢纽，塞漏卮、兴物产之本源，其必自广通邮电始。

大兴商埠说

自黄帝日中为市，首山铸铜，太公因之有九府圜法，管子立阛阓、作女闾府、海官山，以通天下之货。今之论者，以霸术斥之，若黄帝太公独非王道乎？夫商务之兴衰，钱币之轻重，隐视万国九州之广狭以为差。

太古之时，居民浑浑噩噩，老死不相往来，偶有所需，粟布交易而止矣。三代以下，土地日广，生齿日蕃，民用日增，则货殖日重，陶朱、计然之术遍行于寰区。汉世桓宽《盐铁》之书，文学大夫诘难百端而不能相胜。人情之所便，天意之所通，万古圣王之所不可禁也。然西通波印，东抵倭韩，往日商途，际海而止。明永乐时，乃始遣宝船载瑰货出南洋达西洋，以收番舶珠犀之利。自是而后，泰西巨贾络绎来华，而澳门，而台湾，而香港，而沿海沿江各口，华人之出洋经商、佣工谋食者，亦不下数百万人。

英人利擅六洲，多财善贾，君臣上下，并力一意，专以通商辟埠为要图，每于山陬海澨、荒凉寂寞之区创兴廛市，未及数月而街衢洞达，楼阁崇闳，百货骈阗，万商云集，重以电灯煤气，彻夜通明，电报轮车，终朝飞达，洁清整肃，如入化城，所谓天下之商贾皆欲藏于其市，天下之行旅皆欲出于其途者也。而其旁之中国城镇转复崎岖，芜秽如沸如羹，盗贼横行，荆榛载路。税差衙役，冤辱平人，萠绺打降，欺压良懦。以此例彼，显判天渊。中人之家及富商大贾无不挈资携眷适彼乐土，廇附他人。其留者，多困苦颠连，不能自给。相形见绌，奈之何哉！故西人商埠之制，整齐严肃，决为三古遗规，而不容执后世因循苟且之为强行轩轾也。

今中国果确知受病之所在，决计开物成务，通商而惠工，则此商埠者，固中国五行百产之菁英所出焉、藏焉。交易流通，以与天下万国之商民相见者也。苟其街道之垫隘如故，舍宇之埤陋如故，水泉之碱涩污秽如故，捕务之不修、盗贼之不禁也如故，游匪蠹役之敲诈讹索也如故，则货物阗溢而远人不来，虽欲通之乃反塞之矣。且中国动言圣道，以上种种积弊，岂圣王之盛治所宜有乎？简陋因循，殆非所以昭示万国，欲申而禁之，廓而清之，亦不过一纸官文，奉行故事而已。其所以积渐颓靡以至于此极者，非伊朝夕矣。

惟有仿恰克图买卖圈及江海各埠租界之式，凡轮舟、铁路、电报所通之地，及中国土产、矿金、工艺所萃之区，一律由官提款购买民田，自辟市埠，开衢建屋，而岁课其租金，一切详细章程，均仿西人工务局成法。现在各埠租界之侧，亦一律清厘隙地，兴造楼房，正其名曰“华市”，以便华商居止贸易，且免西人托名影射，占地益宽，如近日上海租界，地基蔓延至百里以外。彼以重值饵我愚民，流弊深微，未知所底。使皆由中国自辟商埠，则此疆彼界，虽欲尺寸侵越而不能。今通商之地日益多，占地之谋日益甚，非自辟“华市”以清其限，则官司隔膜，无可稽查，以利诱民，何求不得？然此犹患之小者也。

中国自行建埠，而岁月取租，由内之商部、外之商政局经理其事，仿《周礼》司市之制，货物出入有数可稽，即可改征落地税银，而尽撤天下厘金以苏民困，按月按季所征之租课，除设捕修道诸费外，仍可成裘集腋，上济度支，东西两洋各国，岁需皆倚此为大宗之入款，则商贾通而民不为病，厘捐撤而国不患贫。复古时关市之征，改后世权宜之制，开渠垫道，养无算之闲民，殖货通财，辟无涯之利赖，此则益国便民之大者。有能揽持全局，爱养黎元，读三代以前之书，知四海以外之事者乎？愿得与之上下今古借箸而一筹之也。

仿设巡捕说

巡捕之制，实仿古之虞人、秦汉之游徼。晋宋以后，一变而为弓兵差役，又复吝其工资，宽其衔勒，贱其行业，绝其出身，凡亲民治事之官，皆倚为耳目爪牙之用。噫！天下有蠹役，天下无好官矣，天下之干役多，天下之良民少矣。除暴则不足，扰民则有余；索贿则争先，逐贼则居后。盖自有差役，而末世之规为所以终不古若也。自官吏重用差役，而堂堂中国周回万里之疆土，四万万众之人民，所以见凌于海外小邦，俯而受他人之抑勒也。盖差役不去，则官民隔膜，上下之气永不能通，有臣亿万，惟亿万心，横览古今，安有全理？然骤去差役，则官府上下治事何人？若辈积习已深，即使予以出身，优以工食，警以刑诛，动以赏赐，而鸱鸮之性亦难遽化祥禽，且积威所加，民之畏之也甚矣，民之疑之也亦深矣。彼不索贿，民将予之，彼不生事，民终危之，以此求治不可得已。

惟先于通商建埠之处仿设巡捕，正其名曰“游巡”或曰“巡勇”。今中国通商各埠之巡捕，宁波、福建则全用华人，上海、汉口则什九华人，而管以数西人数十印度人，行之数十年，毫无流弊，徒以工资优裕，法度详明，遂能事事认真，人人自爱，勤能奋勉，迥异寻常。然则谓良法之决不能行，华人之决不可用者，谬也。即如上海一埠，每一街口立一巡捕，车马繁盛之处酌量加增，一日夜分六班，每班管二时，许人携一角、一灯、一木棍，遇有盗贼，力不能制，角声一响，相率应援，巨盗凶匪，立时擒获。凡巡捕应办之事一百三十余条，巨细皆备，别有禁令，愈琐屑愈严明。必觅保人，方能充捕，入局之始，先将禁令章程读之烂熟，方准充当，否则摈之。充捕三年，谨密无过，则派充暗捕，不穿号衣，游行街巷之间，察访事件，虽小窃之案，无不获贼追赃，多有隔省凶徒自投罗网者。巡捕工资，每月八元，而暗捕而捕头其工资有递升至数十元以上者。有功必赏，有罪必惩，无瞻徇，无容隐，无宽假，无稽留，故人乐为用。其工费虽极优裕，皆取于旅居租界之人车捐、房捐、轻罪之罚款，以本地之银，供本地之用，刊单登报，涓滴归公，无滥无私，敷用为度，故人乐输将。巡捕下班无事，则捕头率之以习武事，战阵之分合，步伐之止齐，枪炮之准头，刀兵之击刺，申明号令，以辅西商团练之兵。上海有巡捕四千余人，领以西商练队，俨有十营精锐，自成一军，足以保卫闾阎，销弭祸变矣。

故西人他种新法，或未能尽善，或中外情形不同，推而行之，尚须参酌，而惟巡捕一端，暗合古者虞人、游徼之制，可谓精祥周密，毫发无疵，大用之则大效，小用之则小效。此英吉利所以东擢印度、西并美洲，属地遍于全球，威棱震于四海。欧美各国，一律仿行。日本初效西法，赞叹称扬，推为西国富强之第一策者也。

诚使创开商埠，仿设巡捕，只须译抄办法，调用华人，赏罚严明，始终一辙，所需经费，酌取房捐车捐已无不足。商埠既设，然后推行于内地各省、府、州、县，将旧日差役之弊一洗而空之。上欲举一事也，交巡捕以下于民，则利无不兴、弊无不去矣；下欲陈一言也，付巡捕以达于上，则泽无不究、情无不通矣。无事则安良治盗，居民无桴鼓之惊；有事则御侮同仇，海宇有金汤之固。且以上海而论，需巡捕四千人，则一城一镇之间，各须壮健者千人以充此役，综计一省即数万人，而经费不出公家，贫窭均有生路。虽差役裁撤之后，果其束身自爱，亦堪改业承充，其利益之在国计民生者，实无涯量也。丰亨豫大，厥以商务为权舆；严肃清明，当以巡捕为嚆矢。世有深明大略之君子，当不河汉斯言矣。

修举火政说

夫子曰："民非水火不生活"，知水火之为用至切也。又曰："昏莫叩人之门户，求水火，无不与者。"知水火之为物至多也。又曰："水火，吾见蹈而死者矣。"知水火之为利至繁而为害亦至巨也。民之饮水，殆出性生。自燧人火食以来，二气之功能长留天壤，水则饮河凿井，无往不宜，火则春夏秋冬分取之榆柳各木，四时变化，意主更新。西域崇拜火神，各寺之长明灯有历数千百年而不灭者，则西域之火又以旧为奇，而要之，习俗相沿，均无所谓新法也。

自英人华忒悟炼水化气、以气托物之理，而火轮之机器盛行。厥后化学肇兴，考求益密，于是因火井之理而悟煤气之可燃，各于镇埠之旁掘地燃煤，逼其气以入铁管，由总管达于分管，埋之地下，至燃灯处所，窍地而升罩，以玻璃分行列植，引以一星之火，则寒星万点，彻夜光明，闭其管则倏灭，凡街灯、壁灯、挂灯及一切定而不动之灯，均可以煤气燃之，害少于油而价廉于蜡。此煤气灯之利用者一也。

然煤灯火色白而微黄，久燃之尚有烟煤气味也。嗣悟磨电生光之理，改而用电气之灯，磨电汽机，相距数里，以铁管引至其处，长竿高揭，明彻街衢，朗朗如月，其光力可抵四百枝烛光，然闪烁晶莹，宜于远而不宜于近也。嗣而接以分管，引以白金之丝，一点灵光，炯然朗照。由是煤灯电灯相参并用，而繁星万点，如游不夜城矣。此电灯之利用者二也。

二法之妙，皆在价廉费省，且可永绝火灾。盖煤油性挟硝磺，大为各国之害，而取值最贱，任何种油蜡不能比之。惟煤气电气之灯，其价又较煤油更贱，而置之有定地，燃之有定时，所用者光，所通者气，碎玻璃之罩则气散光销，使大地通行，天下永无火患矣。故煤灯电灯之用，其利益实不可形容，天假手西人以救此煤油之大害也。

而电灯之利，则西人推之以照海口，其光力之大，可抵四千枝烛光，照见二百里之外，一星替月，使海船知趋避之方，而物业人民无虞覆溺矣。推之以照兵船，而凹镜回光闪闪，如电船有电灯二，以分照两面，则十里之内，虽纤鳞跃水，飞鸟掠波，稍有风纹，纤悉皆现，因得预防水雷鱼雷之轰炸，从而捞以铁网，击以快炮，捉以灭雷之船，而当日凿沉偷劫诸方，更无敢轻于尝试矣，其妙有如此者。

至于防火之法，则水龙之制逾变逾精，其喷力之高可及三十丈，皮管数十副，取水之远可及十里之遥。水会之资，皆商人报效，救火之役，亦商人自愿承充。局中高筑望楼，四面俱见，日夜派人瞭望，毋间须臾，违者有重罚。有火鸣钟，南北东西辨以钟声之多寡，警钟一报，水会中人易衣易帽，驾水龙以出，不得逾八分钟，车到火场不得逾二刻，风驰电掣，辟易行人，不趋避者碾死勿论。救火之时，各司其事，执皮管者觅水，筦机器者吸水，执龙头者喷水，飞空万瀑，若决江河，自余驾软梯者、持钩盾者、执斧凿者，需用之物必备必精，分投上房，拆断火路，故失火之处罕有延烧至数十家者。更有管救人者，持灭火之药水，穿耐火之衣襦，突焰冲烟，专救妇孺之惊迷而不能出者。每见救火之会，智仁勇义，四德俱全，严肃清明，万善胥备，未尝不叹西人之强盛有由也。

然而僻巷间街，取水太远，或水不足用，则其愿力犹有所穷也。西人因水平之理，悟引泉之法，相距数里或十数里，如有深谷高山、名泉洁水，则因岩就壑，砌池以蓄之，若有江河溪涧，则开渠以引之，或其地本无山泉，河水又复不洁，则掘地作井，汲水入池，滤以细砂，数池相续，而污者洁、浑者清矣。然后量以地平之仪，知蓄水之池与镇埠用水之地高下若何，其池低而镇埠高也，则造一水塔，高十余丈，汲水入塔，然后承以铁管，引入镇埠之间，其池高而镇埠低也，则引之而已矣。铁管埋之地中，引入城内，随意高下，皆与蓄水之池塔相平。水之性本平也，用之者或以塔，或以管，或以箱，随人收放，按月取资，较雇人挑水，价廉其半。亦可于街衢间置立小水塔，每月收资若干，包与水夫挑售取利。而合城合镇合埠，日食之水清洁无伦，自达官贵人、富商巨贾，下至贫苦食力之民，一律可以汲饮，旧日井泉咸涩，止供浣濯之需，所以却病清神，免夭伤而臻寿考者，其功德永无涯涘也。利益之大，尤在救火一端，无论用水若干，均不费钱文，不烦挑汲，大街小衖，各有水管，套以皮条，如万丈泉源，用之不竭，而火政之全体大用始全。

都中如太和门、祈年殿、户部各处，叠遘火灾，民间回禄之殃，指不胜屈，皆以救火无具，汲水无方，糜费金钱何止千万！重以路灯已废，井水不洁，秽恶不除，以致盗贼横行，瘟疫相续，各省府州县积弊尤深。诚于新开商埠之中仿行火政，然后因宜制变，渐及于都会各区，则商务勃兴可立而待。此三古圣王恫瘝保抱爱民如子之盛心，天假手西人以出之，一仁一不仁，如判黑白，而决不可以意见参之，横生訾议者已。

商改税则说

税则者，商务盛衰之根本也。均是物也，我之税重而人之税轻，则我之成本昂而人之成本贱矣。其价均也，则人之获利多而我之获利少矣；其价不均也，则人之货销路畅而我之货销路滞矣。此亦自然之理，必然之情，不得不然之势也。

英国向有保业之法，虑他国之物夺本国商民之利，乃禁其入口，重税以困之，如中国丝、茶、白糖、瓷器四宗，皆值百抽百。本国出口之货，征税至轻，或有竟不征税者，如印度之烟土、茶叶，海关均不征税，欲畅其销路，俾本国商人之获利多也。嗣各国訾其不公，本国英伦三岛乃改为进出一律，惟烟酒不在此例。然此外之值百抽十抽数十者仍累累也。印度之茶，日兴月盛，已较中国多至一半有余，而至今仍不征税也。美国进口之丝茶，值百而抽六十，出口棉花、洋布，税数甚微。自余俄、德、法、奥、日、意诸邦，均于本国出口之货，或轻税，或免税，以保利权，于他国入口之货，虽不禁之，而收税终较本国为重。如某货来自某国，入口过多，虑本国商民日久失利，则于一年前知照各国，谓本国于某货将加抽若干之税，出货之国不敢不从，即使所加过多，只能饬商人不运不售，不能阻其加税。盖收税一事，凡有国者自主之权，即使小若弹丸，弱为藩属，苟尚能保其位号，即不应听命他人，此万国人情天理之当然，即一国国计民生之所系，而决不容以势力横相侵夺者也。

惟天下万国，亦从未有以税则一事列入约章者。盖税则者，一国之私权也；约章则譬如合同，互议互商，各执一纸，两国之公权也。中国甫议通商，情形隔膜，误将税则载入约章，由是私化为公，能自主者不能自主，英人阴谋相劫，盛气相凌，太阿倒持六十余载，中国之受亏也深矣，英人之攘利也亦至巨矣。英人议论辄谓华人因循猜忌，不信外人，致通好多年而彼此邦交仍难浃洽。请即以税则一事论之，英人之欺天欺圣，以欺我中国四万万之人民也固已至矣，尽矣，蔑以加矣。天下事无平不陂，无往不复，英人既以洋药之毒鸩我华民，又以收税之章欺我中国，转将禁奴琐事，欲倡公义于人间，是犹持一钩之轻金赎万钧之重罪也。上天无私，满者倾之，亏者益之，必将有以持天下之平而弥生民之憾也，无烦再计决矣。

日本通商后于中国，其约章受弊与中国同，近与英人续订约章，改为分别征税，税则之轻重始得自由。中国同系亚洲，大可援照办理，然后将出口丝茶各物，比年亏折太甚者，略减税厘，中国之商情，庶能渐有起色乎？至西人食用之品，照约免税，而洋酒各物遂成绝大漏卮，无税无厘，通行江海各埠，综计入口成数，每岁不下数千万金，物美价廉，尽夺华民之生计，尤宜择其害民最巨、销数最多者，仿洋药之例，重征其税，以杜来源。而入口出口之金银，亦当照各国章程通行征税。综计中国入口洋货，英居十分之七，各国共得其三，英从而各国安有不从者？英人自命与中国邦交最深，理宜共戚同休，保亚洲之大局，中国安而亚洲安、欧洲安、美洲安，英国之商务全局亦随之而安。否则，地主倾危，未有旅客尚能安居乐业者。况眈眈逐逐，疑之、嫉之、犄之、角之、思袗其臂而夺之者，固大有人在乎？

中国昏昏然六十余载，大梦未醒而国计已空，民生已蹙，今欲兴商务而不先改税则，是犹救溺者不援其手，治病者不究其源，虽心力交疲，终归无济耳。自有可改之会，可为之时，失此不图，后将奚及天下？盖有知之而不能行者矣，未有不知而能行者。此又夙夜抚膺，叩首默祷，天心牖我华人耳目聪明，勿仍如前日之无闻无见也。

博物开会说

太史公《货殖传》曰:“太上任之,其次教诲之,其次整齐之,其次利导之。”盖商人牟利之心无孔不入,其操奇计赢,因利乘便,先知逆测之窾要,父且不能传之子,徒且不能受之师,无中外古今一也。苟官为经理,或加以限制,或侵其事权,必将掣肘多方,弊端百出,欲振兴商务而商务益衰。所谓太上任之者,诚千古之要言妙道也。

然泰西诸国商务大兴,其所以教诲整齐而利导之者,实有其法。盖恐商人愚暗,自私自利,受制他人不能复规远大也。整齐之法,则公司而已矣,商律而已矣,商会而已矣。利导之法,则游历也,减税也,开埠也,行轮也,修道也,建官也,设兵也,给文凭也,助经费也,商力所不足者官辅之,商情所不愿者官通之,商之计虑所不能及者官成之,西国之性命于商也若此。至于教诲之法,则日报学堂而外,赛会一事,实扩充商务之本原,所以浚发心思,开明耳目,使商人之智慧日增,而商货之流通日广者,胥是道也。泰西各国,君民上下,皆亟亟焉视赛会为要图,筹集巨金购买隙地,大兴土木,广致珍奇,如英京伦敦、法京巴厘及西班牙、比利时、瑞士诸邦,均屡举不一,举经一次赛会,则其国工商技艺各业勃兴,若丝业、茶业、糖业、矿业尚有专会,皆所以考求物产,利便民生,鼓舞商情,裨益国计,其所见至远而用意至深。

惟美国百年大会,规模尤为闳远,中国亦以物入赛,且派员游历纪载,以扩见闻。惜拨款无多,备物过少,逼窄褊小,贻笑远人。而磁漆木器诸工,西人争相购买。维时日本通商各国仅十余年,器物既精,占地复广,西人称其工艺必将远胜中华。盖工业商业之盛衰,即以觇国势之强弱耳。光绪十九年,美国希加高城设立四百年博物大会，则已穷奢极丽，备宇宙之大观，集资一千万元，购地七千余亩，建房修道诸费三百余万元。综计十五院，一曰农务院，凡百谷、百草、饼饵、糖蜜、瓜芋、牛乳、鱼、肉、烟、茶、酒、浆、农器、粪田之物皆是也。二曰种植院，凡种树、种果、种花、种菜、种葡萄、种桑、种茶、种蔗诸法皆是也。三曰六畜院，凡牧畜、马牛、驴骡、绵羊、山羊、橐驼、犬豕、猫兔、家禽、野禽、野畜之类皆是也。四曰渔务院，凡咸水、淡水养鱼、捕鱼、钓鱼、腌鱼、贮鱼诸器皆是也。五曰矿产院，凡矿石、地学、煤、铁、金、银、铜、锡、铝、锌、镍、钴、锑、铋、钟、汞、颜料、各石各宝石、分矿、炼矿诸器具皆是也。六曰机器院，凡发力、传力、灭火、纺织、印书、照相、木工、石工、泥工各机器皆是也。七曰运务院，凡铁路、街道、各车、各船、马驼、人力、运人运物之法皆是也。八曰工艺院，凡化学、药饵、油漆、器皿、玻璃、象牙、雕刻、佩饰、钟表、丝绸、衣服、彩绣、象皮、灯烛、刀锁诸物皆是也。九曰电务院，凡电气、吸铁、量电、发电、增电、通电、电灯、电报、电镀、金银各器皆是也。十曰文艺院，凡文字、音乐、图画、刻石、模金各事皆是也。十一曰艺学院，凡卫生、医术、学校、书籍、测候、工程、商务皆是也。十二曰人事院，凡古今中外房屋、服饰、器物、神佛、军械、战具、猎器皆是也。十三曰女工院，凡各式花边、绣作、针黹等物皆是也。十四曰邮政院，凡各国日报、电音、传声、留声诸器皆是也。十五曰政治院，凡本国各国交涉、战争、工商、治法、民情、政俗皆是也。全地球中，天地所生动植飞潜及古今中外手工机器所成诸物，无不搜罗荟萃于一堂，因得而考其良窳，第其高下，别其精粗美恶，粘帖价目，合用者即购而归。游观者多至三千万人，皆知天下之大，万物之赜，各国人民风土物业之若何，因而扩其见闻，增其识力，益其技能，知本国之所出何者可以行销，他国之所成何者可以仿造。而所收游资多至二千万元，川资旅寓之费不与焉，本国利也，他国之以物往赛者亦利也，其益于天下万国之物产人工者，尤有无形之大利也。惟中国之物较前会尤稀，由美署派人往观，尤非慎重邦交之意，实不足以示四方而观万国也。

日本先于其国中举行丝茶、农桑、矿务各小会，十年以后亦拟举行大会，颉颃泰西，故其工艺商务之兴，如潮骤长，十年前出口之货仅值三千万元，今岁增至二万万元，而国帑充盈，百废俱举，其收效有如此者。

中国举行大会，骤难集此巨金，况物产无多，未堪比赛，独不可如日本之举行织布、纺纱、开矿诸会，以立之基乎？今各省风俗，赛会迎神，糜费无艺，伤人肇事，时有所闻。赛会之名同而实则异。何如严禁神会，由官主持，开场造屋，饬沿江沿海各埠，各运货物比赛销售，则风气渐开，亦免陋俗相沿，作无益以害有益矣。

中国此时工艺未兴，而土产各物万汇千名，可以行销外国者何限？诚能派人游历，设法仿行，则通商惠工，其富强可翘足待，斯即黄帝日中为市之意，有益于利用宜民、博物多识者，实非言思拟议，所穷不止，商羊萍实，共骇神奇，海赋山经，徒增炫丽而已。必执崇本抑末之言，苦相诘难，则必希风太古，老死不相往来，或尽屏远人，仍如前日之闭关绝市焉，斯可矣。

保险集资说

男子弧矢四方，远适异国，水则有覆溺风涛之险也，陆则有车翻马逸、盗贼劫掠之险也，然此就寻常行旅言之耳。至于巨贾富商，挟赀运货，水则连樯接舳，陆则结驷联骑，稍有疏虞，一蹶多难复振，然此犹就昔日之水程陆道言之耳。至于今日，水则轮舟，陆则轮车，电掣风驰，日行千里，其速固不可思议，偶有蹉跌，其险亦不可限量，即有救生救命之圈，而资本千万金全归乌有，一商受亏，群商失色，于本国商务大有所妨。

遂有智者，纠集巨资创立保险行，以保轮船轮车之险，譬有万金之货，至行保险，按五厘计算，纳费五百金，无事则费此五百金已耳，万一有事，保险行须照偿万金，此商履险如夷，有此万金资本，仍可大张旗鼓，卷土重来。然遇险者一，而不遇险者固盈千累百也，偿者一，而不偿者千百，固仍坐收非常之大利也。始而附舟附车之货物保险也，既而客亦保险矣，载客之轮舟轮车亦保险矣。始而保道途之险也，既而各工作厂资本太重，工人千百，虑肇火灾，亦从而保险矣，既而市肆之殷商保险矣，既而居家之富户保险矣，既而官司之廨署保险矣，既而一器一物、一房一车、一马一犬之属，凡私心爱赏欲购而不易得者，皆估价而保险矣。保险之物日益繁，保险之利日益广，保险之公司亦日益多，而其保人寿险之法，尤有合于先王恤老济贫、衷此茕独之意，使之自相补助、自相扶持，其功德所保全为尤大也。泰西作苦食力之民，有年老者，有多疾者，有家累太重者，每日所得之工价，稍有赢余，亦烟酒流连，徒供浪费已耳，一遘死亡之惨，则囊无余积，妻子不免饥寒。乃有保险之行，使之按月五厘估值而保险，一有意外，照数赔偿，一二百金之资，取之宫中而皆备，不惟衣衾棺椁绰绰有余，而妻子亦得借其余资存放息金，或作小贸易以餬其口，此则法良意美，俨《周礼》睦姻任恤之遗风，不啻将众人之资代为存积，以恤此一人之忧患者也。然保险之时，年老多疾者必由医生诊视，三年之内可保无虞，方能投保。则又因资本所系，仍须有利可图，虽仁术仁心，亦必求其可继者也。其关系至巨者，则尤在水险、火险及货物道途之险。

中国商局，轮船保险之费，岁需数十万金，刻已立仁济和保险公司，自保水险，以收溢利。惟各处纺纱、缫丝、织布诸局厂岁岁增多，资本各数十万金，工人以数百千计，欲不保险则人命物业跬步堪虞，且前此织布局灾，未经保险，事后之论，咸归咎于总理之非人。中国既无保险之行，而各工厂又亟需保险之事，于是每厂每岁数万金之保费唾手而让之外人。购数万包之棉花则需保险也，成数万包之纱布则又需保险也。百金成本，先耗五金，是不啻于海关而外预纳一西人出口之税矣。此时纱布定价綦昂，业此者皆有二三分之息，故相率因循，不能自觉耳。万一纱布陡落，而保险如常，其亏损何可胜道！且沿江沿海数十厂，每厂数万金，每年即数百万金，而必让西人以独专其利也，何为也哉？中国官商隔膜，商与商又隔膜，以致自相携贰，听命他人。故一言商务之赢亏，而不能痛恨太息于华人之不通外情、不顾大局者，此也。

诚由官设立商政局，选举公正绅董，纠资集股，自立保险公司，只收华人保险之费，每岁亦数千百万金，开诚布公，通力合作，保众人之物业，收各埠之利权，即此保险一端，而华商之大势成，中国之全局振矣。至外国保险多设分行，每行资本至多百万，所保者不过十万金，如一工作厂资本五十万，则五家分保之。虑掷巨资，致成孤注，且常派人至厂查察，偶有不慎及引火诸物，必再四丁宁诰诫，愿彼此永保平安。其居民铺户保险数千金数百金，亦必访查明确，仍与水会联络一气，以免延烧太广，受损过多。其精详缜密之规条，尤不可不考求仿办者也。

酌增领事说

各国领事之在中国者，威权无限，俨然治民治事之官也，实则护商之官耳。故其国商务少者，或以商人充之，或竟不设领事。惟法国领事职兼护教，动辄称兵要挟，杌陧多端。中外刑律不同，交涉案情必须会审，领事之权利遂推广于治民，太阿倒持，实碍中朝体制。英复增派一副刑司驻沪，有罪者援情，准律始定，爰书固缘，明慎用刑，亦虑领事之不谙法律耳。英人通商各国，其领事无兼辖民情者，惟属地如印度、巴拿大、澳大利亚之类，始派刑司，而香港、上海亦然，是俨然以属地视之矣。

日本初约与中国同，此次换约之时已经更正。中国向于日本设理事官，专管中倭词讼，而转不关商务，情形隔膜，一变而尽失其本来。今商约将成，此官亦撤，名实久丧，无庸更爱其羊矣。中国创立香港、西贡、新加坡领事，屡议始成，而香港一埠终无成说，因外国创设领事，皆先试办一年，某公必欲三年，故竟作罢论也。华人之在外埠者，统归西官管辖，虽设领事，亦苦事权不属，受制于人。然领事以护商为职，不理民词，此西国之通例也。护商之事，不在铢铢而校之、寸寸而度之也，在平日通达外事，联络商情，潜收中国之利权，隐系远人之观听，苟得明通公正之才，以久任此职，则上维国体，下顺民心，其补救于深微隐暗之中者，实非一二端所能罄也。

且华人之出洋者，其苦累也深矣，其拘囚屈辱也亦甚矣。始也，由于匪徒串通洋商，诓诱乡人之愚拙者，名曰"猪仔"，至澳门左近拘入洋船，载至南洋各埠，售之于垦地之西人，虑其私逃，羁以铁索，朝牵而出，暮牵而入，少惰则加以鞭挞，贱之如奴隶，役之如马牛，猖语狰声，食不果腹。其载运出洋也，数百人闭置一舱，昏闷而死者已三之一，抵埠以后饥饿疾病鞭箠而死者又三之一，仅延残喘者不及一成。其稍有技能，作工勤奋，能得主人之欢心者，因而积渐致富，不过千百中之一二耳。然挟资而去，既忧异族之羁留，出险而归，复苦同乡之讹索，控诸地方官吏，复从而鱼肉之。当九死一生之际幸脱虎口，而博蝇头，乃转棘地荆天，欲生无路，此可为寒心酸鼻者已。而其所以致此者，则因出口之际，既已不及稽查，抵埠之时，复苦无人管辖，以致进退不得，去住两难。而各埠情形不同，有巨贾殷商自设轮船行栈者，有仅有小康之户自食其力者，有全系工役仰食于人者。论者欲设领事，辄以就地筹款为辞，冀括彼私财以充公用，而兵船不至，威望不孚，华民受亏，毫无挽救，操守不谨，中外所轻。更有各省赈捐，敛财海外，比年常驻新加坡者，至有十三局之多，乞贷卑猥，益为远人所笑。嗟乎，天下事尚可言哉！

虽然，东南洋数百万华民，固中国之苍生赤子也。西人开埠，必招华民，华民既多，其埠之兴可立而待，否则荒凉寂寞，太古荆榛。如英美之新旧金山、墨西哥、巴西、秘鲁、古巴各埠，袤延至西贡、缅甸、印度、锡兰及西人新辟之非洲、南洋万岛，开辟之始，皆广招华民，华民工作勤、食用省、薪俸廉，百产蕃昌，陡成富庶，然后其本国及他国之工人从而嫉妒之、残害之、驱逐之。天下之不平，孰有过于是者？然而逐者自逐，新辟之埠仍不能不招也。

诚派熟习情形、深明大略之人，周历各埠，经营擘画，定立保护华商华工章程，派一大臣驻扎新加坡，主持其事，澳门、香港、汕头、厦门四处专设领事，华工出洋，将往何埠，与其国立约给凭，订立年限，仍声明日后去留自便，不得有擅行驱逐伤害等情，否则向其国家索赔巨款。华商出洋则给凭不立约，亦须照会各国保护维持，如西商在中国之例，均不得向本人擅索规费，则每年出洋之民可以确知其数，而其源清矣。东南洋各洲各岛，须查悉华民若干，或贫或富，为工为商，何国所属，有约无约，其埠之华民满万人以上者，一埠设一领事，否则数埠总设一领事，国家筹给薪俸，必优必丰，统归新加坡大臣管辖，平日职守专以抚字工商、保全人命物业为主，争竞斗殴琐事，不与外人争判断之权。新加坡须拨万金设立中西大学堂，以教聪颖子弟，各埠商民有家业子孙因而失学者，准领事禀明该管大臣，奏闻请款为倡，再由本地捐集经费，设立学堂，果有明达之才，由大学堂考验得实，保送来京，听候录用。因宜制变，除旧布新，恤其艰危，开其知识，则其流亦洁矣。

夫人才者，万事之根本也，学堂者，又人才之根本也。说者动谓中国之于南洋权势久失，虽糜巨款，无补时艰。不知南洋各岛在有明嘉靖以前本朝贡之国耳，中叶以后，明人弃之，然后西人得而取之，蹊田夺牛，倚为外府，精神命脉，皆在此间。其取之者，人才也；其弃之者，无人才也。西人既驱策华民尽除榛莽，种植、开矿之利，擅绝寰区，乃转迫逐摧残，竟忘开创艰难之自，有其功者不得食，其报华民之勤且愿也，人之所悲亦天之所悯也。

以设官开其始，以立学考其成，不争旦夕之功，不惜度支之费，而惟以潜移默化收效将来，使数百万之华民智慧渐开，才能渐出，则有人有土，有土有财，吾知天之所以报之者，将必有在矣。否则自弃其地，自弃其民，有明之覆车未远矣。彼西人坚忍沉鸷，无利不搜，独不可以待南洋者待中国乎？又岂不可以用南洋之华民者用中国之华民乎？此海内有心人所为惄然忧、悚然惧也。

多制兵船说

今能禁外国之人此后不通中国乎？不能也。今能禁中国之人此后不通外洋乎？不能也。所以行之者，轮船也；所以护之者，兵船也。行者譬之足也，护之者譬之手也。今外洋入中国之船，每岁数千百艘，而中国公私上下无一船行驶外洋，是人有手足我无手足也。或解之曰：中国百物具备，无庸仰给外人，不通商固无碍也，彼欲通商则听其来焉可矣，何必往？是大不然，彼欲通商，非必物物皆有所缺也，趋利而已矣。趋利则必争，以无手足者与有手足者争，彼胜乎？抑我胜乎？或又曰：我安坐而食之，固宽然有余也，何必争？正惟安坐而食宽然有余，而彼之争乃愈亟也，必将彼有余我无余，彼得食我不得食，而争仍未已也。况五六大国水陆沓至，皆以中国为鱼肉，群起而争，而我徒以不争应之，彼之争遂可以已乎？不可也。

虽然，手足定于天者也，而轮船兵船成于人者也。泰西各国，百年以前皆用夹板船、帆船，行程一年，始达中国，虽有若无，付之荒忽，不足畏也。自机器行轮六七万里之遥，刻期一月，而我本国江湖之险，民船往返动阅数旬，人之利便如彼，我之淹滞如此，讵可以当日之吴下阿蒙相待乎？彼嘉庆道光以前蝼伏澳门，帖帖听命，自有轮舶兵船以后，其飞扬跋扈何如哉！且彼之手足亦非与生俱来者，由通国之人上下一心，讲求格致，以臻兹巧捷者也。彼可成，我宁不可成？彼可有，我宁不可有？彼为其创，我为其因，彼之成之也难，我之成之也易。可购者不止一国，能造者不止一人，我之受累受亏者不止一事，而仍深闭固拒、尽人侵夺，转以无手无足自豪，此何说也？

往者不可追矣。此后而果欲阜民财、丰国用、振商务、收利权，则轮船固须广行，兵船亦必须多制也。今之论者，辄因中日交兵，海军失事，借口于兵船之无用，中国之无人。谓中国无人固也，谓兵船无用则非也。上年大东沟之役，两国调集兵轮，各出全力以相搏，雷轰电击，破釜沉舟，西人谓自英法海战以来，罕有如是之奋不顾身，将性命鸿毛轻于一掷者。若平日护商兵船散泊海中，借张声势，不常备战，安有危机？不过按期会操，练习枪炮，以壮己民之胆气，系外国之观瞻而已，可以隐杜侵陵、潜消事变矣。前此中国海军游驶新加坡，中国商民所由瞻望旌旗而欢声雷动者也。

惟海中道路沉礁暗线，艰险殊多，英国分驻各埠之兵轮自保护商民外，专以考察海图为要务，日省月试，岁课其成，皆以日记绘图考其殿最，万一有事，则全地球之海道，孰远孰近，孰险孰夷，通国之人一览瞭然，更无疑滞，实有益于行程之迟速、战事之短长、兵机之利钝。因商轮来往只行常道,万不能周回遍历,尽悉其浅深曲折之所由然也。

中国南北洋海军兴复万难再缓，内地通商各处，亦宜各驻兵轮,方免彼族动辄称兵，要求无厌，一通一塞受制于人。至护商兵轮,应先以南洋为主,每驻一领事,至少须驻一船,此项薪粮可由商人捐助。当日新加坡庇能各埠,本有捐置兵轮之说也,惟管轮驾驶必须得人,操演测量必有图说,此则各国所同者。英法俄美各国之兵轮与商轮无大区别,恒有平日运货载客，络绎往来，有事时改作兵轮,即为国家备战者。因轮船久泊,锈涩苔粘,转须修整,于暇时收取水脚,津帖弁兵，不惟熟悉海程，并可无须另给养船之费耳。中国事事隔膜,各省官轮或购或造,迨竣功以后,体制尊严,寄泊江海之间,除载送官绅,终岁不一开驶,而薪粮糜费动数千金,商轮则自擅利权,亦不上济国家之急,官自官,商自商,无益而有损矣。

嗣后守口巡阅兵轮，大可仿照各国章程办理，而国家稍加津贴,即可任意往来。闻南洋华商已自有轮舶多艘，行驶各埠，惟虑华官需索,转倚英人旗帜为护符。诚能开诚布公，酌补公费，发给军械,假以管带装弁各头衔,无事则海天转运,俨然商部之章旗,有事则舰队联翩,高列海军之位号,声威远震,与有荣施,必有愿为公家出力者。惟船非坚固,战时仍充运船,如被敌舰击沉,仍须查明,抚恤赔缴,此于济用之中,仍寓恤商之意者也。

创开银行说

商财不能积也，通而已矣。商人之资本太少也，则欲购何货,遵何道,趋何利,虽能亿中,力不从心,不得不让人以先着矣。商人之资本而太多也,则操奇计赢,长袖善舞,然或时会未至,或倚托无人,仍不得箧而藏之,以俟机遇,彼善权子母者,已觉虚费息金矣。

况天下事善贾者未必多财，多财者不皆善贾，不有周转流通之地，则两全无策，必至两妨。西商之银行，所以通其邮而握其要者也。

中国自汉武时，以白璧为上币，黄金为中币，白鹿皮一，值钱四十万，实为钞票之滥觞。有宋南渡以还，与北朝通市，所用交子会子与今之汇票何殊？元人遂专以宝钞通行天下，方其盛也，上下信实，适用反过于钱，末流作伪益多，钞价益贱，再变三变，始尽失其本来。自明迄今，悬为厉禁。然土地日广，生齿日蕃，而矿产不开，海内之金银万不敷生人之日用，故今日各省钱肆所出钱筹钱票流布民间，虽亏闭频闻，仍趋之若鹜也，钱少故耳。晋商汇号，海内风行，无论千金万金，一纸轻赍，取之如寄，而各省报解京协各饷运银之鞘，官司押运，兵役护送，犹时有水火盗贼、伤人失事之虞。比来东南海疆所解饷银，均陆续改为汇兑，地广人众，上下便之，故也。然此就中国言之也。

今日万国通商，水陆程途皆逾数万里，轮舟铁路，绝迹飞行，溟海风涛，艰险百倍，地益广，人益众，用益繁，则取携益不便。假使交易皆用现银，何能九万里往来厘然若指诸其掌乎？夫不兴商务则万方之文轨不同，不设银行则四海之舟车不便，道途艰阻，何如取之宫中？行李戒严，何如汇之他埠？万无一失，得手应心，天意之所开，人情之所欲，地势之所不得不然，有莫之为而为，莫之致而致者矣。

西人于通商各埠广开银行。银行之最要者六事：曰钞票也，汇票也，股票也，存款也，押款也，借款也。所出钞票自五元至百元为度，另存钞本，随时取银，诚实无欺，以昭大信。钞由机制，款式精工，虽有神奸不能伪造。人皆不用银而用钞，不存银而存钞，而一千万金得二千万金之用矣，其便一也。挟巨资以行万里，轻蹈不测之渊，稍补微资，易为汇票，周历万国，不携一文，既可刻期，从无失事，其便二也。中国公司之不易集者，无银行耳。有银行则股本之银皆存行，生息千万百万，如取如携，登高一呼，四方响应，其便三也。人有金银，无论多寡，可存银行生息，随时取用者月息三厘，存三月者四厘，存五月以上者五厘，乃至三元五元均可存放，有母必有子，既便富民，尤便贫民，是银行不啻为众人营运也，其便四也。人有产业，如房屋地亩之类，留之则无利，售之则无人，至银行估价押银，自作贸易获利，而后仍可赎回，略如中国之典肆，惟典肆所典者物，而银行所押者业耳，化板为活，化滞为灵，则败落之家均有谋生之路，而商务益兴矣，其便五也。国家有大工役大政事急须筹款，民间赋税无可再加，常年度支不能节省，则银行为之筹借国债，借票一出，购者纷来，不及浃旬，已溢其量，取之不禁，用之不竭，每举一事，弹指即成，其便六也。

中国既无银行，又不思急行创立，故上欲筹饷则人易我难，下欲经商则人通我塞。譬之一身，他人则百脉贯通，血脉周流，精神焕发，无论登高履险，无难色无戚容，我则手足惰窳，筋络痿痹，血多之处，积而成痈疽，血少之方，枯而为瘫痪，不和不活，不均不平，如以病夫敌壮夫，岂能与之絜长而校短哉！故中国自问，此后而果能不与通商则亦已耳，通商而不设银行，是犹涉水而无梁，乘马而无辔，登山而无屐，遇飘风急雨而无寸椽片瓦以栖身，则断断乎其不可矣。

银行创于法兰西，始事之人亦过于铺张，以致亏倒。嗣后各国讲求整顿，章程益美善无疵，有官银行，有商银行，有有限者，有无限者。诚宜取长弃短，参酌中外情形，定立规条，得人而理，不可轻心大意。有始无终，致为远人所笑。提官款以开风气，辟矿产以裕本原，发钞票铸金钱以收利权，循名覈实，体立用行，于通商惠工之真源、怀远招携之实效，思过半矣。

通用金镑说

裹粮以适千里，载十斤粟与十千钱孰便？则必曰钱便也。携铜钱十千与银钱十元孰便？则必曰银钱便也。携银钱十元与金钱一元孰便？则必曰银钱便、金钱尤便也。虽然，此犹千里数千里之遥耳，若远而至万里数万里，则舟车屡易，行李多虞，携银钱至数千元、数万元、数十万元、数百万元，其累重与铜钱等。水有风涛之险，火有回禄之殃，盗贼有掠货伤人之惨，金钱则以一值十万，一有事银钱须十人担负而逃者，金钱则可以一人荷之而逸，其便利何如乎？

古之时民情浑朴，九州画井，地限中原，粟布交易而可矣。屡朝拓地日广，民用日繁，乃采铜铸钱以通贸易，虽有黄金，仅贵者赠问之仪，不为币也。嗣后钱法世轻世重，黄金渐少，白金渐多。唐宋以来，遂开银冶，至有明嘉靖之世，西人探获美国、墨西哥银矿之旺，冠绝寰瀛，遂由粤海通市之区浸淫内地，维时中国之银二两易黄金一两，金不贵而银亦不贱也。而地丁钱粮改折银两上兑，中国之需银日多，外国之来银日广，彼以银易货，我以货得银，尚无所谓亏损也。

英人商务兴于国初，其本国出金素多，又得新旧金山两金穴，乃用金以笼天下之利，广铸金钱，名之曰“镑”。金钱一值小银钱二十，所谓先令者也。乾隆时，美人自立为国，然举国皆英人，其用金镑如故，而美、墨二国金渐少银益多。专用银者独中国，印度岁岁载银入口，易我之货与金，由是中国金日贵，物日贵，而银独日贱，旧有之铜钱亦随之而贱。

二贵二贱，是生四弊。黄金者，国之宝也。彼不惜购以重值，中国富商贵人争售之，以要目前之利，而举国无盖藏，设有不虞，何以备之？是贫中国之富人也，弊一。饮食日用各物，生人之所必需，今使之无一不贵，怀宝啼饥而万姓无安乐，铤而走险，何以御之？是贫中国之穷人也，弊二。内外各官之廉俸，自有明以迄本朝，本无所为不足，银贵故也。今使之陡贱至十余倍，而贵至将相封疆，贱而兵勇吏役，旧有之俸薪工食，皆不足以餬口而养身，上既不能议增，不得不取之于下，贪官蠹吏，接迹于时，虽有刑诛，不能复禁，是坏中国之吏治也，弊三。四裔诸国，向不铸钱，惟中国独有，得钱则珍如拱璧耳。今各国皆有钱，其金钱一文较铜钱贵至一万二千倍，华钱之太贱，可知钱既贱矣，而又太重，且内含银质，概目以铜，中国之私铸者因其重也，以一文化两文，犹倍利耳。外国之私销者因其有银也，以汞引之，每铜钱一千，可提银数两、十数两、廿余两不等，遂有数十倍之利，而安可以严法禁之？故中国之铜钱不尽不止，是绝中国之民生也，弊四。

中国此后果自问能闭关绝市，则不铸金钱我行我法焉亦可矣。如不能禁西商入口，又不能禁华货出洋，则彼之钱皆贵，我之钱皆贱，非彼富而我贫乎？彼之物皆贱，我之物皆贵，非彼通而我塞乎？彼富我贫，则日仰人之鼻息，而中国无富商矣。彼通我塞，则日予彼以奇赢，而中国且将无贫商矣。通商六七十载，轮舶飞行，而印度、越南、缅甸诸邦，无一商运货自通中国者，利权一授他人，则贫苦艰难、永作终身之奴隶耳。呜呼，可胜叹哉！

欲收利权，欲兴商务，非自铸金钱不可。金钱之轻重，非仿用英镑不可。英国出金最多，故欲以金钱为准。比来美国银矿大旺，故欲参用银准，而英尼之。何则？金多之国利用金，银多之国利用银，故也。英之尼之者，亦所以固守利权也。中国产金最多，产银最少，而自明以降，官民上下通用纹银，固已不识外情，受人盘剥矣。各省金银诸矿，相沿至今，一律封禁，又且不知内事，启彼觊觎矣。泰西各国咸谓金价太昂，金产太少，不敷全地球万国通商之用，惟中国金矿闭置未开，必须开中国之金，始足给生民之欲。故英之窥川藏也，金也；法之窥滇桂也，金也；俄之窥东省也，金也；日之窥高丽、台湾也，金也。蕴利生孽，有齿焚身，中国以此区区，将为众射之的，何如速开金矿，自铸金钱，使天下利权仍归于己乎？

宜购铸钱机器专铸金钱，饬各省矿金一律归官采买，鼓铸私售者，重治其罪。民间旧有金器，亦按时价收之。所铸之钱，款式用龙文，分两同英镑，金钱一抵银钱十，永著为例，各省关均颁一分，成色一律，而中国通行矣。各国均赠一分，并知照各金银之会，成色一律，而外国通行矣。如是，则四弊可除，乃兴四利：

金页金砖，惟巨富者始得藏之耳。铸以为钱，则贫苦食力之民亦思人庋一二枚，以防意外，则国宝不流，而一弊除。彼之持我贵贱者以金镑耳，今我自有金镑，又能广辟利源，中西之货，贵贱相等，则民用可足，而二弊除。京官之俸，以银一两折金银一，外官之廉俸、旗绿兵勇之俸饷、吏役人等之工食，均以银二两折金钱一，裁额而加俸，则贪吏皆成廉吏，而三弊除。中国既自铸金钱，又复广铸银钱及当五当十之银铜钱，以贵权贱，以大权小，以少权多，即使旧钱尽销，而已敷周转，则无钱忽变有钱，而四弊除。海关进出口税，皆以英镑金钱通用，中人西人买货卖货，亦以英镑金钱通用，皆免以镑折银，暗受亏损，利一。国家购船购炮，拨还洋款，或他日息借洋款，皆可以金钱抵英镑，免致买镑卖镑出入参差，利二。中国金钱轻重与英美之金镑同，中国银钱轻重与美墨之银圆同，则彼之金镑银圆均可通行于中国，中国大开地利以货易之，则彼钱皆我钱也，利三。中国产金之富，久为各国垂涎，今金矿自开，金钱自铸，权操于我，利溥于人，则边隙渐销，戎心渐息，民生日富，国势日强，利四。

此一事者，不止为商务言之，而其利益于商务固无穷也。且必自有金钱，而后可言商务也。使当十年以前，早明于中外权衡之故，出我之美利以利四海之人，则百废俱兴，已成天下第一富国，而惜乎觉悟之已迟也！门户已开，藩篱皆撤，人将下手，我始留心，及今而为之，其难有十倍于当日者。然及今而不为之，则亦更无能为之日矣，印度、越南、朝鲜、缅甸，其前车也。

畅行日报说

泰西各国之兴，仅百年耳。其内治外交，何遽能若是之严肃清明？君民一体也。应之者曰：合众人之心以为心，则理无不明；合众人之力以为力，则事无不举。且利无不兴，弊无不去也。其所以致此之由，则始于日报而成于议院。议院之制，各国不同。若日报，则万国风行，均视为宣上德、达下情、察地形、开民智、尽物理之第一事，而各国之君光荣安富，国用益饶，国势益振，而国体益尊，隐与古人建铎悬鞀、陈诗采风之意合，而益加精备，乃挟其火器、电报、火轮、舟车，遂以纵横六区、凭陵上国者，岂有他哉？上下一心故也。

然其关系之大者，则尤在商务。游历之使，所以辟商途也，一地图一日记，各报争先快睹，举国风行，心力目光毕注于是，前者死，后者继，虽千艰万苦，无一还心，天下有不可成之事哉？此日报之功一也。

条约之章，所以保商务也。约章登报，愚智瞭然，何者照约，何者违约，何者为约中之利，何者为约外之意，销何货，遵何道，工制之，商运之，亿中先知，寻声赴响，天下有不可收之利哉？此日报之功二也。

天下通商各埠，市情之长落，物价之低昂，五金百货之多寡利钝，或函或电，人之报中，操奇计赢，若辨黑白，以明者敌瞽者，天下有不可估之便宜哉？此日报之功三也。

探一新地也，得一新法也，成一新器也，制一新物也，著一新书也，不过潜德幽光，孤芳自赏耳。一登报而心得之精微流传四海，彼此互相印证，聪明智力，日进无疆，天下有不可通之学问哉？此日报之功四也。

此其大略也。日报之有益于国计民生者，更仆而难以悉数。中国沿海沿江各埠，虽有报馆，而推行未广，且多异国之人，不免桀犬吠尧，各为其主。然而赈捐则绘图帖说，使观者怦然动，而各省多义民，冤狱则据事直书，使阅者惧〔惧〕然惊，而地方少酷吏。各国之情伪，可以参稽互证，而耳目渐开；各埠之工商，可以弃短取长，而聪明渐浚。中国因循守旧，无见无闻，犹恃此报章一隙之明，以稍通症结，否则川流海溢，暗退潜消，使天下之人艰难困苦，无疾而终，不自知其何以奄然忽毙也。噫！天生西人以贫中国、弱中国，如蠹之蛀，如蚕之食，如鲸之吞，如蚊虻蠼虱之专嗜人血，而中国独宴然高卧，深入黑甜，呼之而不闻也，撼之而不觉也，惊之聒之而褎如充耳也，方且窃窃然疑之，憧憧然恶之，不以为爱我，而以为扰人，不以为有功，而以为有罪。中国之沉冥如此，昏惑如此，颠倒如此，奈之何哉！圣人之生不远矣。

虽然，泰西诸国之报，固亦各有主名也。有官报，有民报，有农报，有矿报，有工报，有商报，有政务报，有教务报，有学会报，有天文报，有地理报，有物产报，有海军报，有陆军报，有电务报，有商务报，又于商务之中，分立蚕桑、丝茶、钢铁、金银、价值各专报。有一日报，有三日报，有七日报，有月报，有季报，有岁报。其立报之始，皆后于中国之京报，日加推广，获益良多。

中国国故朝章，庶人不议，然既欲振兴商务，何妨准各省分立商报，以开耳目而收利权。其农功、矿务、工艺三端，又商务之本原，出我之物曲人官，以与海内外诸邦相抵制者也。国之所立者，政；政之所举者，用；用之所需者，财；财之所入者，税；税之所出者，商。今天下商税六千万金，不能保商，何以立国？以贫商敌富商，以小商敌大商，以愚商敌智商，不败何待？不贫何待？比年各省无一巨商，而小民之生机日以穷蹙者，职此故耳。商部商政局所以维持其源，而商报一端又所以导万商之智虑心思而日规深远者也。

今商力衰矣，民力竭矣，海内之精神命脉只有此数，虽官清吏洁，百计取盈，犹不能供漏卮塞沧海。况力除中饱，其大害仍中于民，非为天下开一线生机，广一分利赖，决不足以支持危局也。立商局以振之，开商报以通之，而后商务兴，商税旺，丰亨豫大，其大利仍归于国家，此天下所为祷祀以求，亦操券而可获者也。

分建学堂说

欧洲各国之人环历地球，区天下人种类为四：欧洲英、法、德、俄诸国，自命曰白人，以亚西亚洲之中国、日本、蒙古、朝鲜、越南、暹罗、缅甸诸国为黄人，以阿美利驾南北两洲之土番为红人，阿非利加洲、印度、南洋万岛巫来由种族为黑人。欧人探地而西，通商于南北美洲，而红人均为所逐矣，今美利坚、巴西、秘鲁等国皆欧人也，非美洲旧日之君长也。继也航海而东，通商于南洋万岛，而黑人均为所吞矣，如爪哇、渤尼、苏门答腊诸国，见于有明朝贡典录者，今已无一存焉。继也通商于亚西亚洲，英灭印度，法殄越南，英夷缅甸，今暹罗、朝鲜亦岌岌矣，仅存者中国、蒙古、日本耳。终也通商于阿非利加洲，五六年间将非洲国土十余分割净尽，无敢抗颜行者。始之诱之也以商，继之服之也则以兵，兵之所以必胜者，火器也，轮舟也，轮车也，电报也。

西人自谓其种实出于印度，而印度之婆罗门种实出于中华。黄帝暮年，巡狩昆仑，弓剑桥山，留此神明之胄，即《山海经》之“白民”是已。婆罗门者，白民之转音也。则知黄种白种，中西本出一源，更无容同类相残，强分轩轾矣。如日本三岛，实即海外之三神山，秦始皇遣徐福率童男女三千人入海，遂据地而君之。倭者，徐福之切音也。今乃数典忘祖，自诧天生，抑知其始祖天皇皆在汉兴以后乎？

彼西人亦人耳，非有牛首蛇身之异表也，非有补天缩地之奇能也，而所过拉朽摧枯，鲸吞蚕食，自中国、日本、土耳其、波斯、阿富汗数国尚能自立外，自余苟非欧人种族，皆不能自守其宗社，自有其土地，自保其人民，麦秀禾油，家亡国破。呜呼，惨矣！

西人之治兵与商也，如腹背之相倚，兵以护商，商亦为兵，故其开疆拓土之初，大半由于商会。商会之所以能举大事者，一曰财，二曰人。其财力之富，萃于公司，数千万金，咄嗟立办，每举一事、辟一地，以必得为期，不得不已。其人才之众多则皆出于商学，灭印度之阿苏飞，乃商学中一少年司笔札者，而深明大略，文武兼资，遂能万众一心，擒其王而灭其国，拓数万里之土地，收八十兆之人民，谈笑指挥，不逾数月，可不谓嵬伟绝特矣乎？而固无他谬巧也，亦非别有神奇也，一言以蔽之曰，学而已矣。西人于通商辟埠之区皆安家业，长子孙，设商学。其学之浅者，本国语言文字、外国语言文字、算数会计而已矣；其深者则天文地舆、测量绘画、文事武备、光重化电诸学，无不循序渐进，深思力索，务底于成，略视其天资之高下以为断，此总学也。至日后专习何业，则又分设学堂，如轮船公司，则有管轮学堂也，驾驶学堂也，必由管轮学堂考验给凭，而后汽机之利弊周知，始可以为大副矣，必由驾驶学堂考验给凭，而后海道之情形熟悉，始可以充船主矣。轮车则有铁路学堂也，电报则有电报学堂也，丝业则有蚕桑学堂也，制茶、制糖、制磁、制酒、制一切食用各物，无不有学堂，开煤炼钢则有煤铁学堂也，纺纱织布则有织作学堂也。每创一业必立学堂，是以造诣宏深，人才辈出，凡一材一艺之微，万事万物之赜，无不考求整顿，精益求精，遂能创开大利之源，尽夺华民之业。而外国轮舟、轮车、电报、火器以及机器制作之属，入中国者永须用西人管理，华人瞠目直视，束手而无可如何。轮船商局之开二十有余载矣，各船船主大副仍用西人，岁费薪资六十余万，局中每岁赢利亦不过数十万金，是名曰收回利权，而此项利权实永与西人共之，而无日可以收复者也。欲径将西人辞退，改用华人，则全船数十万之金资，数百人之性命，又谁敢操刀学制轻试波臣？西人驾之，固亦间有失事者，而华人之失事，则若早在意中而不必期之意外者也。日本通商后于中国，仿行西法仅三十年，今其国兵轮商轮皆自行管驾，遍历五洲，无一西人羼杂，即此一事论之，其优劣巧拙之相去远矣。无他，一学一不学故也。

今中国商业资本数十万数百万或数千万金者，自宜各提公积倡立学堂，如丝业则宜设蚕桑学堂，茶业则宜设制茶学堂，轮船江海通行，关系尤巨，宜设管轮、驾驶两学堂，自余纺纱织布、炼钢开煤以及铁道电报，中西制造各事，每创一业，开一厂，设一局，均应附设一学堂，或独立创兴，或数家合办，学成后入船入厂，习练有成。愚拙者为工人，聪颖者为总管。嗣后，无论扩充何事，推广何业，分布何地，制造何工，需用何人，取之宫中而皆备，华人工价，一切皆廉，即使上等英资，不甘小就，工值与西人相等，而所赢之利终在中华，免致守候稽延，且所订合同，动以十年五年相挟。天下事固未有不学而能者，亦即未有学而不能者。谓华人不若西人，妄也；谓华人不若倭人，则断无是理。不过人皆学而我独不学，因循颓废，听客所为耳。噫，中国之受害也深矣！华民之受困也亦剧矣！

古之时，财不在上则在下，否则饱于中，今则不在于内，而流溢于外。为节流之策者，徒欲以磨针削杵，搜括贪囊，实则血已腾，肉已飞，今亦仅存皮骨耳。无论散碎零星，无济于事，彼官吏亦人耳。又谁能枵腹从公，概责以毁家纾难者。大吏之耳目见闻，有所不及，敲骨吸髓，其害仍中于民，农也，矿也，工也，商也，皆取我地上地下本有之物，制之售之，以收外泄之利源，而还之中国者也。其事似难而实易，其效似迟而实速，其功似远而实近，其义似浅而实深，其法似杂取泰西，而皆我三古圣王因利而利，有德有人，有土有财之正道，而非举通国之人，讲求整顿，纳之于学，不为功夫，天下滔滔，大抵皆中人耳。惟有利而后能知义，亦惟有义而后可以获利。圣人立身行义，舍生取义，而治国平天下之经，不讳言利，且日亟亟焉谋所以利之者，圣人之仁也，即圣人之义也。

盖为天下之中人计也，公其利于天下，薄其利于万民，即以食其利于国家，享其利于百世。故天下之工于言利者，莫圣人若也。因益恶夫后世之贤人君子，不以中人望天下，而以上智责天下，使天下之人既不能为上智，又不敢为中人，乃日皇皇然趋利避害，狗苟蝇营，举世政敝俗偷，甘溺于下流之归而不自恤也。噫！世无圣人，斯言谁信？愿仰而质诸好生无上至诚不息之天心。

译 著

重译富国策*

叙

英人斯密德，著《富国策》一书，西国通人，珍之如拱璧。李提摩太译述《泰西新史》，推原英国富强之本，托始于是书。因忆十五年前，曾见总署同文馆所译《富国策》，词旨庸陋，平平焉无奇也。续因学堂议起，译抄欧美各国课程，由小学以入中学大学，其条贯综汇之处，皆以《富国策》为归，犹总学也。此外，天学、地学、化重光电诸学，犹分学也。因思西人析理颇精，岂有五六大国，千万生徒，所心维口诵，勤勤然奉为指南者，而顾肤浅不足观若是。

适有友人自南方来，熟精西国语言文字，下榻寓邸。退食之暇，晨夕剧谈，因及泰西各学，友人言欧美各国，以富强为本，权利为归，其得力实在《富国策》一书，阐明其理，而以格致各学辅之，遂以纵横四海。《富国策》，洵天下奇文也。其言与李提摩太同。旋假得西人《富国策》原文，与同文馆所译华文，彼此参校，始知原文闳肆博辨，文品在管墨之间，而译者弃菁英，存糟粕，名言精理，百无

---

* 本译著录自《时务报》第十五、十六、十九、二十三、二十五册，署名通正斋生。其首刊之第十五册，时为光绪二十二年十一月二十一日(1896年12月25日)。据1898年1月陈炽致汪康年书云："瓤有褱中居士(两说用此)及通正斋生(《富国策》用之)二号，请择用，即改曰《重订富国策》可矣。"此书译述者当属陈炽无疑。英人斯密德著《富国策》一书，分三卷十五章，八万多字。首译者为汪凤藻，时为1880年，次年有乐善堂聚珍版本，唯"斯密德"音译为"法思德"。故陈炽译述之曰"重译"。《时务报》连载未完，而于丙申年一至三十册合订本后，附书目八种，其第七种即《重译富国策》。今遍寻未着，大概时务报馆后因故未出。为窥《富国策》全貌，编者在本未完之译著后，附汪氏译著之目录，以备参考。

一存。盖西士既不甚达华文，华人又不甚通西事。虽经觌面，如隔浓雾十重，以故破碎阘茸，以至于斯极也。盖译人之工拙，文笔之良窳，中外古今，关系甚巨。中国所传佛经三藏，义蕴精深，岂皆大慈氏原文哉！实隋唐以来，通人才士，假椽笔以张之耳。然说性谈空，何益于天地民物。今西方佛国，一殄于天方，再灭于蒙古，三并于英吉利。庄严七宝，千余年来，早属他人矣。

中国人士，初沦于清净，再惑于虚无，三古遗规，扫地几尽。《富国策》以公化私，以实救虚，以真破伪，真回生起死之良方也。三十年来，徒以译者不工，上智通才，弃如敝屣，又何效法之足云！中国伊古以来，圣作明述，政教所贻，尽美尽善，惟此寻常日用，保富生财之道，经秦火而尽失其传，虽有管墨诸书，具存规制，或又以霸术屏之，以兼爱疑之，圣道益高，圣心愈晦，此堂堂大国，所以日趋贫弱，受侮外人也。爰即原本，倩友口授，以笔写之，虽未必吻合原文，亦庶乎可供观览矣。

天下事知之非艰，行之维难。西人即知即行，勇猛精进，故能坐致富强。加以读佛经之法读之，以谈性理之法谈之，吾知其必不合也。然西人法制之善，虽多暗合古人，惜未有天生圣人，偕之大道，故保富之法，仍属偏而未备，驳而不纯，所谓知进而不知退，知存而不知亡，知得而不知丧者。先天而天弗违，后天而奉天时，知进退存亡，而不失其正者，其惟圣人乎？光绪丙申小阳月，通正斋生译述，叙次讫。

目　　次

总论 角逐 田限 工价

附：汪凤藻译《富国策》目录。

卷一 生财

一 总论

天下万事万物，莫不有理，浅者见浅，深者见深，浅人不可以语深，犹深人之不可以语浅也。富国之学，以美利利天下。欲天下人人能知之能行之，则必自浅者始矣。

斯密德者，英人也。首创是学，名之曰邦国财用论。言富国也，实言富民也。盖财用者，人生衣食之源，民苟无财，国安得用。故民财者，国用之本也。夫财在天地之间，其途亦至广矣。凡人之所食所用，有无多寡，盈虚缓急，或足或不足，彼此交易而退者，皆得谓之财。天空之气，生人呼吸之所需也，得之则生，不得则死，其可宝贵，孰大于是。然取之不禁，用之不竭，人非不足，我非有余。不可交易者，非财也。水之为物，无地无之，无人不用，宜水亦非财。然而通都大邑，地狭人稠，雨水不足以供用，则必借人力以运之，而水亦财矣。英国安威耳山，名泉所出，一渠之水，贱与天空气等，及运至伦敦，遗地十余里。而纽利佛自来水公司，遂倚为致富之源。故天下之财，无定者也，视天下之用与不用而已，视所用之有无多寡盈虚缓急而已。贫富之不齐，非独国与国然也，即一国之中，今与昔亦异。英人昔日之贫，与今之土番等。地犹是地，民犹是民，以今较昔，若判天渊者，何哉？英所倚以致富而保富者，煤铁也，纺织也，工艺物产也。昔有是财而不知用，不能用。故蹙蹙然千岁食贫耳。乃数千年间，风气大开，贫者骤富，则昔之英民愚，而今之英民智也。造物生财，不囿方隅，本无限量，而取财用财理财之道，则视其国之教养以为盛衰，无中外古今，一也。有富国，有贫国，有不贫不富之国。厥初生民，猎兽而食，一变而为游牧，再变而为耕稼，而教以兴，而政以立，声明文物，彪炳寰区，所谓富国者也。蛮夷之俗，佃渔为生，沙漠之民，游牧为业，或草衣木食，或毳幕毡裘，荒忽往来，自生自灭，所谓贫国者也。东方诸国，立长以治，聚族而居，遗俗流风，最为近古，特安常习故，不知变通，地产虽丰，人力未尽，所谓不贫不富之国者也。此其中各有其所以然之故焉，不可不察也。天下事不进则退，富国求进不已，故能日臻富强，贫国日退者也，不贫不富之国，不求进亦不欲退，终亦归于日退而后已。

宇宙生成之物，固无久而不敝者。夫国亦犹是耳。钱币者，计数者也。校量物价之贵贱，以懋迁有无者也。而百年以前，觇国之贫富者，辄以金银之多寡为衡，谬矣。夫钱币可以笼万物，而万物亦可以制钱币。人见钱币之贵，遂谓万物莫贵于钱币。金银之外，无所谓财，乃至理财制用，内治外交，上下沾沾然日为积金之计，抑知财之所以生，与国之所以富者，在是而不在是也。苟务得之，乃反失之，此既聚之，彼或散之，将欲取之，必固与之，不有通人，安知道妙，此《富国策》一书所由不能不作也。

二　三要

生财之道三：曰天时，曰地利，曰人功。天事隐而难明也。请先言地利。

地上之利，则五谷百果鸟兽草木，及飞潜动植诸物是已。地中之利，则五金煤铁药石诸产是已。地上之生长者无穷，地中之蕴藏者无穷，而出以供天下人之取携者有限，此所谓自然之机，不竭之源也。然地利虽富，取材致用，则全恃乎人。如煤产于山，天生利薮，不有人力采而运之，其利将终弃于地，即采之运之，仅恃人力，而手足之力，必有所穷，则取者半而弃者亦半也。机器之用兴，而后山川之蕴出，其制虽巧，非铜铁不能成，则地利之与人功，交相需也，亦交相济也。虽然，以物制物，物必有自来，以工作工，工不能无食，所以筹之于先，积之于素，固有在地利人功之外者，则资本其尤要矣。夫资本不从天降，不由地出，一言以蔽之曰：撙节之所余，非谓有所余，即有所得，有所节，即有所成也。地利之所生，或经数十百人，而始能供用；人功之所出，或阅数千百器，而始可观成。譬之农夫服田力穑，自耕耘播种，以至有秋，必经数月之久。此数月中，岂能枵腹而待新各之登乎？所恃以延生养命者，固旧岁之所余。撙之节之，以济今年之用者也。农夫则然，推之于工，推之于商，亦何莫不然。然天下之人，往往明于农而暗于工与商者，则何也？夫地利者，生财之道也。人功者，取财之道也。而资本者，节财之道也。是之谓三要。

三　人功

一纱一布，物至微矣。然而种棉者，美国也，纺纱织布者，英国也；购而服之者，印度、中国、日本诸国也。计其道里，已环地球一周。其棉之在美国也，始而耕，继而种，终而获。而轧子，而打包，而舟车运载，由内地以至海口，美国人功之劳费，已不可胜计矣。其由美至英，隔三万里之海程，不能径渡，英人于是乎造舟以迎之。初用帆，后用轮，万舶千艘，连樯入口，又必有担负之人夫，堆积之行栈，舟车运载，由海口以达内地，入织布纺纱各厂，汽机一动，万轴玲珑。工徒千人，往来如蚁，经十五器而成纱，经廿四器而成布，而成包，而成捆。舟车运载，又由内地以出海滨，载以轮船，入地中海，穿苏伊士河，四万里而至印度，又二万里而至中国日本。则英国人功之劳费，又当何如也。区区纱布之微，其功繁且巨如此，此外之百货百物可知矣。功虽至繁,费虽至巨,而上下孳孳然,并力一心,未尝厌倦者,则亿万生民度日谋生之所系也。然而,人功之生财,有可见者,有不可见者,有相关者,有若不相关者。万物生于天,出于地,聚于人,成于众, 人之不能生物,犹天地之不能聚物也。谷之与麦,天所生, 地所出, 种之获之,舂之磨之,炊之煮之,成饭成饼,以充饥而果腹者,人也。若农若工若商,此生财之显然可见者耳。钱镈以耕,釜甑以爨,农有所不能为,则助农以耕者,皆生财者也。饥必思食,寒必得衣,工有所不能致,则助工以作者,皆生财者也。道路往还,舟车转运,商有所不能兼,则助商以通者,皆生财者也。不宁惟是,彼修道之兵夫,巡街之捕役,听讼之官吏,守埠之兵船,乃至轮舟火车邮政电报银行之属,及各种格致化学重学光学电学地学之类,皆所以补农工商之不及,兴大利,除大害,以永保此农工商各业,以坐收大利于无穷也,此生财之功。若相关若不相关,若可见而若不可见者也。即如乡里之蒙师,不知者以为糜则实甚,妨工实甚。若谓蒙师亦生财者,其谁信之。及出而就农工商各业,则知书识字者,较之不知书识字者,所得之工价必较丰,则所生之财在人身矣;所成之物料必较精,其取价必较昂,则所生之财在器物矣。

今日通商万国,机器盛行,无论大贾巨商,皆须通达古今中外人情政俗之大凡,始能独操胜算。即下至小负贩,一材一艺,若非通晓书算,几于跬步不行,智慧聪明,非师不开,非学不出。然则劳力者生财之末节,而劳心者生财之本原也。且人之所以成大功立大业者,恃此精神意气耳。苟惟是潦倒颓唐,则万念俱灰,即万事瓦裂。西国七日安息,蹴踘放鹰,花草园林,供人游憩,隐以陶熔志气,涵养心神,使举国之人,俯仰宽然,皆得有生之乐,而后可以课其勤惰,责其功能,所谓劳之而不怨也。此事无端糜费,似有害于生财，而固亦生财之大本矣。独是糜费则同，而有益与无益不同。天下不能无游民，游民不能无浪费。如东方诸国，修筑寺观，赛会迎神，僧道之流，敛钱肥己，不耕而食，不织而衣，所费者皆农工商勤苦之所生，而不能自生一物，以裨世用，则于生财一道，有害无利，有过无功，实国与民之蠹也。而作为有益之人，亦往往有无益之浪费，如一身之服物，戚友之应酬，婚丧则奢侈相高，玩好则珍奇是尚，校其究竟，无益于己，并无益于人。徒以习俗相沿，性情偏嗜，负累滋甚，欲罢不能，所谓久则难变耳。欲富国者，审之于劳力劳心之大小，辨之于有益无益之异同，于生财之大道，思过半矣。

四　资本

资本者，蓄积之谓也，而非金银钱币之谓。凡预储于平日，以为生财之具者，皆是也。执农人而问之曰："尔有资本若干？"则以若干金对，非必皆金银也。综其田产器物之属，都为此数耳。盖必如是而后可为良农也。新谷既登，今岁之所入，备明岁之所出，不能不售也。用之于有益，则资本矣；用之于无益，则非资本矣。

或曰，售谷易金以供耗费，此金不已为人之资本乎？不知好此无益者，耗费也，作此无益者，亦耗费也，皆非资本也。譬以千金制一服，百金设一筵，食尽则空，衣敝则弃，用者售者，均浪费耳。假移此千金百金者，出而就农工商各业，则朝夕孳生之财产，什伯倍蓰而不可胜穷，而所费之佣值，所役之工人，复有无算贫民，藉奔走以谋衣食。是用者售者、均有大益也。故资本者，撙节之余，彼此均利之谓，非藏而不用，与用而不当之谓。能孳生者，谓之资本，不能孳生者，即不得谓之资本。其大较也。故用财之道有三，既能养民，又能生物，勤于农工商之本业者，上也；虽能养人，不能生物，用于筑亭凿沼土木诸工者，次也；既不能生物，又不能养人，费于衣食玩好之具者，下也。

或曰，国趋节俭，如财源壅滞何？毋宁示之以奢，使钱币流通，小民亦得各谋生计乎！夫所谓撙节者，非惜财聚财如守财虏也。乃用财于有用之地，则财产益增，流通益广，生计益宽，而贫贱之民，皆得以节其劳而纾其力，是故田器牲畜者，农之资本也；机器工食者，工之资本也；金银钱币者，商之资本也。皆通也，非塞也，皆蓄也，非藏也。资本有二：曰暂本，曰常本。暂本为目前计，消耗易，筹措易，孳生亦易，而收效则速而小。常本为持久计，消耗难，筹措难，孳生亦较难，而收效则大而长。如农之耕耘培壅，暂本也，开渠建堰，则常本也；工之禀饩，暂本也，机器则常本也，商之货物，暂本也，行栈舟车，则常本也。暂本之外，应有常本，以备意外之事，不时之需，异日推广拓充之用。而人知暂本，不知常本者，识力有大小，心计有浅深耳。夫暂本之改为常本也，莫大于手工之改为机器，舟楫之改为轮舟，车马之改为铁路矣。将改之时，感虑工商失业，乃消耗虽巨，弥补益丰，富国富民，均倚此为生财之大本。而当其始也，则明智者犹窃窃然疑之，皇皇然虑之，然后知天地之理。

日出不穷，规规一隅，安知大局，一知一不知，一改一不改，其不敌也决矣。天下事知则真知，改则竟改，若如中国吴淞铁路，购赴台湾，听其霉烂。江河虽广，轮舟有准行有不准行。机器厂听人设立，而自不设立，则偏枯瞀乱，百弊丛生，不改固不能，改亦终无所利也。此之谓不知本。

五　分合

地利、人功、资本，生财之三要。然孳生之力，则有多寡大小之分。英国有数郡，物产至富。昔也沦为泽国，荡若邱墟，后以智巧转移硗田变为沃壤，此地利之因时而异者也。犹是刈稻粱也，英人一日之作，抵俄人者三；犹是造铁路也，英人一日之工，抵法人者二。体性之强弱，技艺之工拙系焉，此人功之因地而异者也。地利有所遏，以机器开之，人力有所穷，时日之多费，道里之险艰，以机器通之速之。此资本之分，因地因时而异者也。美洲密息比江滨，一片平原，产麦丰富，运欧售卖，费重利微。瑞士诸山，多产大杉，空谷朽株，无人过问。自轮舟铁路通行，而二物皆售重价矣。澳大里亚之草旧，牧羊蕃息，皮贵而肉贱，犹弃物也。逮开矿工徒云集雾萃，而肉价顿昂，则地利因人而分也。

人功之善者，曰勤与巧，性情专一，各国皆不如英。勤赋于天，而巧关于学。同一腴田美产，在苏格兰之南鄙，较英吉利值价尤多者，因苏人好学故耳。农人读书识书，则智巧所出，耕获倍丰，田价之贵，贵由佃户。农犹如此，工商可知，则人功因学而分也。综计英国一岁所生之物，几冠地球，使非机器盛行，虽合倾国之力为之，不能及半。所用之器愈巧，所获之利愈丰，以我之有余，补人之不足，亦以人之有余，补我之不足，即以机器之有余，补地利人功之不足，则资本因器而分也。针之为物至微也，一针之工，凡历八十手而成器，铸钢以为线，截线以合度，锐其首，穿其鼻，利其锋，磨之砺之，整齐而束缚之，使以一身兼众役，虽至巧者，仅日成二十针。今分而任之，而每日每人可成五千针，加速至二百余倍，则加利亦二百余倍矣。此其故有三：用志不纷，熟则生巧，一也；不易器，不旷时，二也；各以私智创新机，事半功倍，三也。且工之精粗不等，则其工价亦不等，系针扎针之役，儿女子优为之，而钢线针锋，非良工不能制造。每日工价，自六钱递减，以至五分，使以一人为之，精粗并骛，即一人能抵十人之力，其针价犹当四倍于今。举一针而其他可知矣。此分职之妙也。

机器代人工作，而每一机器，必有专司之人，纺织棉花，经二十四器而成布。美国造船机器，铁工木工，分人司理，程工迅速，阅日而成。然则机器所长，在精与速，而所以能精能速者，则其用在分也。能分之而不能合之，不可也。有同合，有异合。同业相济，以多人合作，如造一路，开一矿，建一桥，并力一心，众擎易举，所谓同合者也。异业相济，不相谋而适相成，如种棉纺纱织布制衣，经历多工，始堪服用，一事不备，功废半途，所谓异合者也。然则生财之理，备于分合，而能分能合之道，莫要于通商。英人遍游天下，垦荒辟土，一人之产，不给多田，尽地利也；修道浚渠，先开互市，通人功也；创立商埠，轮舟铁路，络绎纵横，厚资本也。每得一地，不数年而骤臻富庶者，职此故耳。新金山金矿大开，趋之若骛，人疑矿利虽厚，垦业将衰，乃未几而百物殷阗，农事亦益加兴盛。散内地之金，以来天下之货。而维多利亚一郡，遂颉颃欧亚名都，其骤兴也若彼。印度，古之大国也，徒以民习游惰，道路不通，转运艰阻，此郡之米，不能救彼郡之饥。英人得之数十年，惟沿海之区，尚产棉花罂粟，其腹地荒凉芜秽，如亘古未经开辟者然，其难兴也若此。同为英属，同是英人，岂厚于澳而薄于印哉？抑拙于治印而工于治澳哉？三要不全而分合之势异也。

（译者按：此书作于数十年前。今印度铁路四通，转运灵便，北印度茶利突过中华。中印度棉花颉颃美国，盖即用此书之说，竭力经营，臻兹繁盛。以今观之，岂澳洲所能及哉！甚矣，地利人功不可不求进步也！）

六　多寡

生财之法，有聚散，有大小，有迟速，而出财之多寡因之。机器者，宜聚而不宜散也，宜大而不宜小也，宜速而不宜迟也，宜多而不宜寡也。如纺织一业，昔用人工，散处群分，不相统一，自机器兴而散者聚，迟者速，寡者多，纱锭多则成纱愈速，织机速则出布愈多，纱布愈多则获利愈厚，较之昔日人功劳逸，天壤相悬。所虑者设局购机，资本大巨，非多财善贾者，不能相与有成耳。

或曰：设一局而置纱锭十万，织机千张，固需资本百万矣。今我以一局分作两局，则止需五十万金，以一局分作十局，则每局止需十万金，不亦轻而易举乎？不知一机之力，本可以制十万锭，御千机。今分两局以制之，则两机仅得一机之用，而购两机之价，必倍于一机，管两局之工，必浮于一局，自余转运诸费，因缘而增，所出之纱布，仅仅与一局相等，则设一局而可以获利者，设两局或反以失利，况分作十局，糜费愈大，利息愈微，亏折愈甚。故一自人力变而机器，则规划之道，移步换形，而散之不如聚，小之不如大，迟之不如速，寡之不如多也决矣。虽然，制造之多寡，又必视销售之畅滞以为衡。一物焉，限于时，限于地，限于人，制者多，售者寡，则货壅而工停，工食既已虚糜，机器复虞绣坏，较当日人工作厂，资本愈大，收拾将愈难。若而人者，亦可谓拙于用大矣。况法以新为贵，而物以罕见珍，心计能工，不关资本，每有寻常一业，多财者所不屑为，斯人或以少许微资，自出新意，争先扼要，亦能获利无穷者若是乎？小固可以敌大，而寡亦可以胜多乎？是固然矣，然是偶也，非常也，是奇也，非正也。

夫以机器代人工，天下古今之变局也。则散不如聚，小不如大，迟不如速，寡不如多，亦即天下古今之公理也。一国之内，巨富者能有几人，出多资以兴制造者，能有几局。资少则徒存奢望，无力经营，可奈何？则公司尚焉。公司者，合众人之资本以为资本者也。构群材以成大厦，全家荫庇，不忧风雨之漂摇。假人握一椽，则相将露处矣。聚巨石以造桥梁，举国往来，无复江河之艰阻。假人携一甓，则病涉徒嗟矣。故公司者，公其利之谓也。或曰，既立公司，则必有司其事者，如司公司之事者难得其人何？为公不如其为私也，为人不如其为己也。寖至知有己而不知有人也，知有私而不知有公也。工不勤也，费不节也，谋不忠也，心不齐一也，数不清析也，皆公司用人之弊，可奈何？是必严定章程，以箝制之也；厚给薪俸，以鼓舞之也；责成保人，以维系之也；设立商部，以董劝之也；表章信义，以风示之也；刊刻帐单，以查覈之也。此数事者，皆利于合而不利于分，宜于通而不宜于塞。上假国家之权力，下维商贾之利源，而后廓然大公，人知自爱，使其爱名之心重于爱利，能成其名即能享其利，苟不能自保其名即亦不能自全其利。视人之事如己之事，视己之财犹人之财，此欧美各国之公司所以既富且强、纵横四海也。

工商类然，而农事之盈亏多寡，亦何莫不然。比来机器盛行，一农之所耕，多至二三千亩，使耕田过少，不能尽各机之力，则所费巨而收效转微。盖百器俱新，则百业因之俱变也。所幸轮舟铁路，万国通行，转运之程途，亦随之而俱变。互相挹注，如环无端，何货多而滞，将争购之，不崇朝而贵矣。何货缺而昂，将争赴之，不崇朝而贱矣。五行百产，不能皆备，此有所盈，彼有所绌。截长补短，以有易无，此际转移，有莫之为而为，莫之致而致者矣。故曰天也。

七　损益

生财三要，既各极其能事矣，其事遂可以已乎？未已也。农田无遗利，地利尽矣。然人数日增，不足以养欲给求也，则宜益其地。工作无遗力，人功勤矣。然出货有限，不足以操奇计赢也，则宜益其人。子母无遗策，资本丰矣。然财力未充，不足以任重致远也，则宜益其本。

以一国之地利计之，有已垦者，必有未垦者。硗确沮洳，耕不偿费，则弃之耳。英国挪佛一郡，荒瘠难耕，旋审其地所宜，广种萝卜，并植草牧羊，获利之丰，无异膏腴沃壤。则土宜不可不审也。撒里司白里平原，土性硗薄，肥以海岛鸟粪，而亩收十倍。岁卜有秋，则培壅不可不讲也。伊里岛田卑湿，后用开沟填石之法，土脉自干，其积潦过深者，复以机器竭其水，遂举国上腴。此水利不可不修也。英国三岛，地狭人稠，属地如加拿大、澳大利亚等处，皆系草田，尚多荒弃，乃移民以实其地，而人满土满二患皆除矣。地利之厚薄，地实限之。故近城市之腴田，其价必贵于乡僻，城市人多而谷少，乡僻人少而谷多也。夫物多则贱，少则贵。谷贱则有损于农，谷贵则有损于国。金之与谷，二者恒相胜，惟有道者，能裒多益寡，剂有余不足，而使之平。于是有积储之法，有转运之法。然积储之法，功拙而效微，惟转运一端，用力深而收效远。故泰西各国，于浚河修道，最所究心，车马帆樯，往来如织。近创兴轮舟铁路，益复风驰电骛，神速无伦。盖此有所盈，彼有所绌，前或患寡，后或患多，损己之有余，以益人之不足，即损人之有余，以益己之不足，有余者不以价贱而损，不足者亦不以价贵而损，是彼此均益也。

英国近年生齿增多数百万人，而谷麦之价，反贱于前者，转运流通，外粮之入境者广耳。故英人广制轮舟铁路，不啻为本国骤增无数膏腴。出货以易金，出金以易谷，于本国有益无损也，此增益地利之说也。

人功之增益，有二道焉：一曰人数不增而功效增；一曰人数增而功效亦增。其一则机器之用，上章言之详矣。其二则加工加价是已。前二十年间，洋布销售骤广，英国各纺织局，增募多工，扩充此业，习织业者，固趋之若鹜，习他业者，亦舍旧图新。他埠英民，复归而谋食，利之所在，天下归之。此工人之数，所以骤益也。说者谓工人既增，则工价必贱，恐获利仍属无多。不知工增则出货速，所出之数，不足敌所销之数，则需工愈众，仍不能不加价招来，而国中穷民，倚所获工资，皆得早成婚聚，乃至箕裘弓冶，妇人孺子，亦可以工作谋生。以英国近事论之，商业既兴，工业逾盛，宏开地利，益广人功，利息厚则资本丰，资本丰则工价长，工价长则食用广，生齿蕃，种地之农夫，亦坐享工商之大利。本国之谷麦，不足供用，轮舟海舶，挽运他邦之食物，以应其求。是一业兴而百业环收其益也。此增益人功之说也。

至于增益资本，必以节俭为先。节俭之说，亦有二：图匮于丰，蓄财以贻孙子，一也；积小高大，创业以致富强，二也。由前之说，斤斤自守者能之，诲盗厚亡，非良策矣。由后之说，则非国家之政教方新，民庶之聪明日益，不能使人知远虑。俗改奢淫，百年前南美洲有巴拉乖国，草昧初开，人无心计。耶稣教士，给以籽种，教之耕耘，其人乃怀其籽种，炊而食之，彼亦知种之数月，可以百倍丰收。而竟不能稍待者，愚且贪耳。然天下之人，或见浅，或见深，知其一不知其二，察于毫末而暗于丘山者，比比然矣。人笑巴人之贪也愚也，而利害当前，其贪其愚，乃有更甚于巴人者。

夫微物如鸟，亦解营巢，微虫如蜂，能知酿蜜，岂觍然人面反逊昆虫！而言之易，知之难，知之易，行之难，则政教之所关非小也。昔印度重征盐糖二税，周年统计所得，反少于前，盐税增则漏私者多，糖税增则嗜食者寡也。故国家欲富其资本，莫如以厚利予民。英国积本之丰，甲于天下，若俄若土若澳若美若南美洲诸国，莫不称贷于英。外如加拿大之铁路、印度之浚河屯田筑路诸大工，悉借英本为之。美洲五金各矿，半皆英商承办。英人之资本，其迁流挹注于他国者，悉数难穷，每岁约居全地球十分之七，国家无论有何要需，数万万镑金钱，但一截留，咄嗟可得。英国区区三岛地，岂天雨金，地布金，人擅点金之术哉？国尚轻微，而人知节用，所为保业保富，以厚利予民，而增益其资本者，固自有其道也。是故国家之贫富，资本之多寡，决以利息之厚薄为权。法国地利人功，均与英埒，而资本之增益较少者，重税困之耳。印度人功地利有余，而资本不足，筹印度者，必先广借资本，以开地利、聚人功，此东方诸国太抵皆然，非独印度也。惟印度洊经寇乱，人难自保，得财者皆埋之地中，非日久太平，不敢出而营利。英属西印度群岛，则地利资本皆足，而所少者独系人功。因英国禁贩黑奴，欧人不耐炎热，华工不知其地故也。美国地利实胜于英，惟资本人功，视英略绌。然其国例保业保富，以厚利予民者，较英殆有过之，数十年后，富甲全球者，其惟美国乎？此增益资本之说也。

夫此有所益，彼有所损，此有所损，彼有所益，天下之常理也。惟善用其道者，乃能使彼此均益，而彼此均无所损。故有始损而终益者，小损而大益者，显损而阴益者，是有公理，非天下之至明者不能洞悉本原，此富国所以有专学也。

卷二　用财

一　总论

盈天下皆生财之人，即盈天下皆用财之人，而盈天下用财之人，不必皆生财之人，其生财用财之差等，亦正难言矣。同一工也，工价何以有低昂？同一商也，利息何以有厚薄？同一农也，田租之多寡何以随时随地而不同？非综揽前规，得其实据，不能贯天下消息盈虚之理，而曲剂其平。

夫用财之道无他，均而已矣，分而已矣。分之云者，必人己之分定，人乃得各保其产业，产业可以保，而后财用可以分。西律虽多,大半为保业保商而设,即分财富国之原也。然律例有因时而异者,如英人昔贩黑奴,今禁黑奴是也。有因地而异者,如英国田产皆归宗子,法国田产诸子均分,欧洲田产属于民,印度田产属于国是也。是故生财之道,天定之,用财之道,则人定之。盖未成之财,天生财物济以人功,美恶精粗,略随原质,人不能违天也;已成之财,法由人立,宽严缓急,家国之兴衰系焉,天亦不能违人也。故分财保富之道,莫妙于听民自便。所谓太上任之者,惟英国准今酌古,毅然举行。此外,东西两洋,大小诸国,则各有相沿旧制,以束缚驰骤其民。收利之多寡既殊,受弊之浅深亦异,非博考而详说之,未易知其究竟也。

至均财一说,固天下之美名。然持此义者多矣。而古往今来,闻其语未见其人者,非分则决不能均耳。盖财之不均,由于人有私产,私产愈多,国家愈富,而民间之贫富,愈不能均,此天下古今之常理也。诚使英国勃然发愤,遍籍民间之财产,按户口而均分之。吾知不及数年,仍归于贫富悬殊而后已。盖人之聪明材力,各各不同,其强而明者,业广于精勤,其愚而柔者,家倾于怠逸,清斯濯缨,浊斯濯足矣,自取之也。

昔者英人温氏,尝创均富之说矣。其法令若干家联为一气,通力合作,扶持友助,如一家人,计利均分,更无厚薄,然不合而强合之,恐其弊有更甚于未合者,又安得人人如温氏者而均之也!法人傅氏,变通其意,以二千人为一邑,每邑受地方九里,制为恒产,世世相传,或劳心,或劳力,或供资本,如合股经商者然,所有财物,无分老弱,各给以衣食之需,其余利则由邑长与邑人公议,区为三等,以酬出资出力之人,同力而作,异室而居,各竭辛劳,各知撙节,此与英国济贫之法略同。然斯人生计所关,邑长岂能干预,既分三等,必肇争端,数年后生齿渐蕃,地力何以自给?是均财之法,终不可行，而贫富之不均，亦有国者之大患也。

故富国策则以分财为均富之法，使各保其私产，即可以分济贫人，则取为我者，不得诮其迂，主兼爱者，不得讥其忍，维持补救，以人力济天事之穷，而国计民生，交资其益，其所秉者尤公，所全者尤大，所见者尤远也。

二 角逐

分财之道，所谓太上任之者，无他焉，则角逐是已。夫角逐之义，事近分争，而富国策取之，转自诩为良法美意者，何哉？此其中有至理焉，不可以不辨。夫欲分天下之财者，必先知利之所由生，财之所从出。地利也，人功也，资本也，三也，而实一也。当生利之初，已具分财之义，而分财之义，不过适持生利之平，非移也，非夺也，无太过，无不及，不可以虚言为据，请以实事为徵。如英国田租，分为三事，地主之所应得者，地租也；佃人之所应得者，工资也；租户之所应得者，利息也。所得之多寡，各无一定之限，则地有厚薄，工有勤惰，息有低昂故也。英国则地租贵而工价贱，澳大利亚则地租贱而工价昂，土满人满，移步换形，各随其地而变。况地租、工资、利息，截然判为三事者，惟英国为然，出地者不筹本也，出本者不作工也，出工者又无资与地也，则一判为三。若法义等国，则诸子均分，无多恒产，种田工本，皆出一人，则三合为一。印度田亩皆属于国，富民租田，而后另筹资本，转租于人，是三事又并为二。五方风气，不能强同，欲比而同之，则民间必有所不便，与太上任之之道，相去远矣。然此就地利言之耳。

至于天时之寒暑不同，人民之灵蠢不同，物产之多寡不同，时价之贵贱不同，年岁之丰歉不同，风俗人事之盛衰今昔不同，莫患乎为国理财，而为民分财者。不能顺民之所欲，去民之所恶，乃预定一格而强同之,或拘守一格而永同之,则四民日受拘挛,如坐囹圄,如被桎梏。其始也,受害者尚复无多耳。自其外观之,亦似熙熙攘攘,尚有升平景象耳。而实则生计日艰,生机日蹙,局天蹐地,几几无一利可图,则不知生财之道莫妙于听民角逐,而在上者无一善于分财之人故也。

至于角逐之道,实由好胜贪得之一念而生,必其国政日益修,民生日加勤敏,而后角逐之风乃愈甚,角逐之事乃愈多。英国之所以上下一心,方行四海者,此耳。无识之士,方以为此道贪私鄙吝,有害贫民,而不知相制相维,非惟无害,而且有大益也。盖市贩争售,则百物之价贱;公司争利,则佣工之俸优;国债争借,则取息愈轻;工厂争开,则制物益美;善堂争设,则举国无穷人;学校争兴,则一时多智士。略举数事以概之,其道之有益无益,亦可不烦言而解矣。第彼此角逐,实由彼此相争,亦由于彼此贪利,而争胜之心,与嗜利之心,皆与生俱来,与年俱长者也。惟英人知此心之大可用也,因而任之,听其角逐,而智能竞奋,机巧竞新,物价竞廉,工作竞美,行销竞广,转运竞通,厂肆竞增,公司竞设,闾阎竞富,财币竞丰,乃至赛奇会开,与全地球万国六洲,互相角逐,而其盛皆自好胜之一念开之,亦皆由君相之善为分财者,听民角逐之一法成之。然而,欧洲诸国能之,而他国不能者,其蔽有二:一曰拘于法,一曰囿于俗。

三 田限

伊古兴王崛起,恒以土地分赐元勋。今英国犹有赐田,皆若人之祖宗,受诸维廉第一者也。故其地以力得之,即以力守之,军徒兴发,无所不供,而田租何论焉?自国法大定,痛抑豪强,举国之人,始得各有其产,而征租之事起焉。土脉有肥硗,租价有贵贱,转轮有远近，脚价有低昂，英人梨氏，定为田限，以比较之，而角逐之法生焉。

梨氏之言曰：田何以有限，以最下下则之田为限也。有地焉，土脉最硗，出路又僻，耕此田者，仅偿工本，所出之租，价必极微，所谓下下则也。准此以为限，以递推而上之，入息之多寡，即以判租价之低昂。息寡而租昂，则佃工将舍之而去，息多而租贱，则地主将另觅他人。盖人各有心，地各有利，不能过绌，不能过赢，畸重畸轻，即有紾其臂而夺之者，此即所谓角逐耳。然角逐之中，必有所限，使其田硗瘠，竟不可耕，乃至不敷工本，或工本之外，一无所余，虽有良农，安能耕此石田？更付租息，充类至尽，则弃之矣。故梨氏之说，角逐之根源，实天下至当不易之大道也。

或谓英国创兴农学，培壅有法，机械盛行，尝有下下则之田变为上则者，则梨氏之说非矣。而不知肥瘠可变，以下下则为田限之说不可变也。不特此也，地租之贵贱，或因银利之高下而分，或因粮价之低昂而异，或因工力之精粗而判，或因今昔户口之增多减少而殊，各有其所以然之故。纷纭错杂，莫有不齐。而于角逐之说无碍者，则田限一法，实已探其原而握其要耳。譬之地球绕日，轨道椭圆，实则大小行星，皆有摄力，牵撼地球，出入于椭圆道之内外。惟其差甚微，可以不计。天文家以椭圆立法推之，已能密合矣。此梨氏田限之说也。

四　工价

工价之贵贱，随资本为消长者也。人工少而资本多，则工价贵矣；人工多而资本少，则工价贱矣。顾天下之患，恒患于人工太多，资本太少，所求者众，所应者稀。比户穷民，何以自活？则开辟地利之法，又所以分布人工而增益资本者也。

英国比年商务之盛，增至倍蓰什百千万而未穷，而工人之困苦，仍如前日，岂竟一无所增哉？百物俱昂，所入仍不敷所出者耳。夫一机器之力，可以抵千百人之工，而一机器所成之功，犹不止抵千百人所出之货，向用手工需百人者，今用机器仅需一二人，则此一二人，已抵百人之工，即此一二人，应得百人之值。而顾不能者，手工之资本少，机器之资本多，此资本固日日有息，与时俱长者也。工可百倍，工价不能百倍，虽增至数倍或十数倍，而食物之贵于前者亦然，此工人之所由穷困也。是故工人之穷，由于食物之贵；食物之贵，由于生齿之蕃；生齿之蕃，由于婚嫁之早；婚嫁之早，由于谋生之易；谋生之易，由于工价之增。循环倚伏，互为始终，虽曰天数，岂非人事哉！

然生齿蕃庶，其在天者难知也，其在人者可知也。六洲之表，四海之滨，有旷土焉，亘古荒凉，未经开垦，地利未辟，人力未施，徙民以实之，以羡补不足。穷民数百万，皆得以耕种谋生，即以彼地之粮，转济国中之食，则移粟移民之事起，而土满人满之患除，粮价渐平，工价渐贵，广谋生之路，即以惠本国之民，则徙民出洋，实保国分财之大道矣。特是工价贵贱之故，万有不齐，约而举之，约有五类：

一曰托业有苦乐。挖煤之工，受价反优于巧匠，以其事甚劳，其地甚险，吐纳浊气，呼吸死生，使工价不优，谁肯为之者？木工之勤，过于煤矿，而工价较煤工大减者，苦乐相悬耳。

二曰学艺有难易。艺愈精巧，从学之费愈多，往往绵历岁年，不得工价。故收效愈缓，愿望愈奢。及学之既成，则声价自高，遂称专门绝技。如航海所用之时辰表，精准细密，皆系手工，环游地球一周，不差累黍。英国工匠，能制者，十人中不获一人。殆天授非人力，则定价以酬其巧者，亦不得寻常工艺例之矣。

三曰工作有久暂。砖工木工石工之属，风雨霜雪，不能作工，且一室已成，难乎为继，非若他工按日而作，即按日得钱。故砖木工价，亦常稍优，预为他日赋闲坐食之地耳。

四曰责任有重轻。金工银工、珠宝钻石等工，所攻治者，皆贵重之品，其人不可托，则日夕监督，所费益多，求可托之人，即不能吝稍高之值矣。

五曰成功有可必不可必。屠龙之技，学成而无所用之。如医术刑名之类，致精者能有几人？果能剖析毫芒，保全人物，则所以酬其劳而养其体者，自当超越等伦矣。

此五事者，举一以概其余，而工价贵贱之故，或以劳心而异，或以托业而殊，其决不能一律也。理也，亦势也。特是同一工也，有在彼国甚贱，而在此国甚贵者；同一国也，有在此地甚贱，而在彼地甚贵者，劳逸既异，苦乐迥殊，或事蓄有余，或饥寒不免。如英国约克县佃工，每礼拜得小银钱十六七圆，威尔笃色县之佃工，每礼拜仅得小银钱十一二圆。同此力耕，县殊至此，在国家分财保民之盛意，岂不欲使之均匀普遍，各得其平哉！即彼两邑之民，亦何不可迁徙往来，图此更高之工价哉？然而乡愚无识，远道难行，山川间之，资斧不给，则不均之患，皆由道途之艰阻而生。修理道路一端，亦分财之要术矣。西国先修平路，后修铁路，水有轮船，陆有轮车，晨夕飞驰，商民皆便，转轮挹注，远近相均，以较当日，何啻霄壤！说者谓，道途修整，转运流通，独有益于商务耳。岂知有关系于工价均不均之故。所以爱养贫民者，固有如是之大且远哉！谋国者幸勿以细故而忽之也。

附：汪凤藻译法思德《富国策》目录

文　录

为文韫山题屏*

吴匏庵《赤壁诗》云:“西飞孤鹤记河洋,有客吹箫扬世昌,当日赋成谁与注,数行石刻意曾藏。”世昌,绵州道士，与东坡同游赤壁口。谓客有吹箫者即其人也。家瑶

里坑陈氏四修谱序**

谱牒之兴,兆于西汉,而氏族始严，所以别宗支、序昭穆,意至渥也。及源远而流既长,或迁徙靡定,则又各为支谱,就其所迁之地之人而纪之。盖以省跋涉之艰难、舟车之费而已。而传之已久,其世次遂不可及而考,至有同宗如路人者,亦立法之弊也。邑里坑陈氏兴，予族址相错,里闬相望也。瑞俗，凡同姓者相见之简牍、之往来,其称谓皆以宗冠之,余亦习焉。

今岁春,里坑族人重定其谱,而乞序于余。以《源流考》者一卷来,始知其出于西昌唐末,评事公避杨行密之乱,徙柳溪,孟坚公由柳溪徙兴国,绍崖公偕弟侄等,始徙瑞金,支派全族小异,而其源则鲜不同者,盖天下生以矣。其间治乱兴废之故,水旱兵燹、流移转徙之勒,虽国史亦仅存者,或来之稗官野<史>,以补一代之文,况区区

---

* 本条屏为江西社科院文士丹家所藏。条屏落款署“家瑶”,无年月。文氏高曾祖韫山(晚清书法家,好收藏，江西萍乡人,与文廷式之父年龄相若,亦素相善)收藏并为之编号为“家瑶直页三”。家瑶，陈炽之别名,其与文韫山之关系未见史载。文体为行草，似陈炽手笔。今酌加题名。署名“家瑶”,当属陈炽早期作也。约作于1875年乞假南返途中。

** 本文录自《里坑陈氏四修族谱》, 1878年修。

谱系之细，又重以迁地既多，支谱之各建而一一求其吻合也难矣。里坑族人，世务本业，笃宗宜，无游荡之民。其先，智水公者，实擅陶朱计然之术，而里人盛传其祖有多力如乌获孟贲者，其事不雅驯，为荐绅先生所不道。顾吾谓评事公之流泽长矣。他日有崛起田间，云奋猋举，一代伟人者，岂惟此闾同姓之光乎！将于此行卜之矣。三修之叙为从叔高祖所撰，寥寥不甚析，余因序其与予族之同异，并慨支谱之不能无弊也，如此书于简首而归之。

时皇清光绪四年岁在著雍摄提格律中姑洗之月

族末家瑶次亮甫　顿首拜撰

《尊闻居士集》跋*

乡先生罗有高《尊闻居士集》若干卷，刻于苏州彭氏，刺吏韩公聪甫重镌。按，先生字台山，江西瑞金人。乾隆中，以古文名世，行事杂见汪大绅墓铭，恽子居传中不具论。先生遭家不造不获，已而逃于禅僧，服儒冠类，佯狂玩世者。晚岁登楼，纵火自燔，不死。越十日死。死后三十年，孙某改葬，其柩舍利累累满焉，果所谓生有自来者欤？

其为文得力庄、史，渟涘演漾，不可涯涘，近代所希有也。先生所居曰密溪，山水奇秀，甲一邑，去余居七十里而近。每至邑，必道密溪，望凤凰山顶云气，郁然徘徊，久之不能去。太史公所谓"高山仰止，景行行止，虽不能至，心向往之"者，非耶？

刻将竣，复搜遗文得若干首，邮附之。余惟先生生贡水上游，闽粤之边界，地假矣。而是集实刻于其友长洲彭季子。今刺吏韩公亦仁和人，何先生文字之缘皆在吴越也？而公政事余闲，汲汲

* 本文录自《尊闻居士集》，光绪辛巳年(1881)重镌本。

焉表章先哲，其用心为尤不可及云。

辛巳仲夏邑后学陈家瑶谨跋

三江既入义*

《禹贡》三江之说，诸儒聚讼，大半惑于三江口之说。三江口之名，始见《吴越春秋》，后庾仲初《扬都赋》注始实指其地，以为江入海处，陆氏《释文》既引《史记》韦昭注，又据《吴地记》附载三江口之说，张守节《史记正义》亦然。诸家因《禹贡》三江与震泽连文，皆就吴越近地，以求三江，不知吴越之水，去海甚近，其水道半由三代之后疏凿而成，且与大江经流相去，若风马牛之不及，况扬州之水，毕汇于江，江不入海，是无扬州矣。岂止震泽不能底定哉！

若言三江，而大江不在内，未可信也。郭璞知言江不可舍大江，因以浙松合岷江，目为三江，其义较广大矣。归熙甫《三江论》主之。但《禹贡》水名，本不相借，江一而已。北江中江，均由大江分合，而被以江名，与浙松何与乎！以此当三江之二，亦非《禹贡》命名之义也。即云会稽之会诸侯，当在尊定即位之后，不得以此附会三江。自蔡氏集传，力主庾仲初三江口之说，且据毛氏《禹贡指南》，力攻苏氏。窃以为，苏氏之说，虽冥心独创，实以暗合古人，但不善持论，而以味别为言，殊不足为典要。毛氏攻之，亦不能远溯原始。盖谓三江近在吴越者，误实始于班固。《汉志》于会稽吴县下云，南江在南，东入海；毗陵下云，北江在北，东入海；丹阳芜湖下云，中江出西南，东至阳羡入海，独不思中江、北江名已详于《禹贡》

* 本文录自元和少逸顾厚焜鉴定《新政应试必读》第六种卷六，光绪壬寅(1902)秋求己斋石印本。此篇考辨性的文章，未带政治色彩，疑为陈炽早期作。选入《应试必读》，又疑为1882年乡试中举之试卷，俟考。

乎?《禹贡》系中江于导江条下,系北江于导漾条下,如班志所言,则丹阳芜湖之中江,不足见为江水之分,毗陵之北江,何以定为汉水之所独乎?此德清胡氏之言,真可以穷支说矣。然苏氏以南江、北江、中江为三江,实为近古。毛氏又言《禹贡》无南江之名,不免牵合。

夫三江之名,缺一尚不可训,并三者之名无之,反得为确解乎?若指三江口之名为三江,独不为附会乎?蜀亦有三江口,豫章亦有三江口,果可影射乎?按《初学记》江类引郑注云,左合汉为北江,会彭蠡为南江,岷江居中,则为中江,故书称东为中江者。明岷江至彭蠡与南合,始得称中江,此正相传古义,苏氏偶未之见,遂自为创获耳。且细核班志与苏说,均属以疑致误,自生藤葛,班氏明知古称三江,有南北中之分,但疑既合之后,不可复名为三,反求诸下流而强合之,故名存实舛,苏氏妙悟,暗与古合,亦疑既合之后不可名三,遂创为味别之说。故理得而词迂,综之合观诸说而论则必以苏说为近古,而书义亦于是乎在。

宁都州城内白溪陈氏俊卿翁祠堂记*

州署之南,有地曰黉门第。我白溪陈氏,于康熙中,以重金购得,建屋三十余椽,为族中赴试士人寓舍,授餐适馆,咸有如归之乐焉。维时天下全盛,物力丰富,州中各先达,文章勋业,彬彬蔚蔚,彪炳寰区,吾族诸公,虽复采藻掇芹,科名未显,然制行均有本末,为学具有渊源,与其时阀阅缙绅,投赠往来,推襟送抱,识与不识,称为望族长者。车辙不绝于门,斯地其总贯会归也。

咸丰季年,发逆倡乱,由闽粤窜扰江西,州城屡陷于贼,楚人

* 本文录自《瑞林白溪陈氏十一修族谱》第一册,1922年编修。

一炬，寓亦替焉。众贼退，议修复，而兵火之后，百室荡然，欲合众志以成城，议论纷纭，道谋终溃。赶试者散居市村，贩夫贩妇，秽杂难堪，族伯廷书愍然忧之，乃纠集同宗，倡建祠之议，每牌一座，出钱三十缗，凡书牌百五十余座。按昭穆次序，位置寝室九级中间。集资四千余缗，创始于同治丁卯七月，竣工于己巳十月。规模略备，修饰之费，小有不足，则议书合牌，以六名同列一牌，位置两边，每名五缗，复集资六百余缗，始得迄事。为堂为室，井然秩然，以妥先灵，以处试士，并以余资购祠前巷外隙地一方，南至蔡姓墙垣，左至店房后墙，右至三皇宫墙，北即本祠。数年之内，祠宇告成，而廷书之心力亦几瘁矣！

祠成后，族叔鼎元、武闱，膺乡荐。炽父子先后举于乡，舍弟亦得乙酉拔贡。族中继起者，跄跄济济，尚不乏人。咸谓山川之灵，待时而发，廷书之创建此祠，为万世子孙计者至深且远也。

光绪壬辰之夏，合族修谱，炽适以奉讳南归，宗人属为祠记，载之谱谍，以垂久远。炽维盛衰之理至深且微矣，我族自宋元以来，户口蕃滋，萃居此土，迄本朝康雍之际，名贤辈出，富厚殷实，而科第无闻，大抵乐善好修，代有隐德。至今日，乃始垂绅搢笏，经文纬武，通籍于朝。前人耘之，后人获之，福善之报，固昭昭不爽哉！

惟愿我后嗣子孙，为善读书，勿忝先绪，其服官于外者，亦时时以忠君爱国、利人济物为心，接踵朝绅，本支百世，岂惟宁都一州而已！虽与盈天下诸名门甲族比隆焉，可也。此则炽今日作记之时所企予望之者，亦即与诸先辈当日购寓建祠之意适相吻合也夫。

时皇清光绪壬辰七月谷旦族孙陈炽记

瑞金合邑宾兴谱序*

古圣王之治天下也，道二：曰教曰养而已矣。《易》曰："大烹养贤"；《诗》曰："周王寿考，遐不作人"；《礼》曰："忠信重禄，所以劝士也"。故有学校、党庠之设以教之，即有匪颁饩廪俸禄之给以养之。一时髦士吉人，济济锵锵，为国桢干，所以食养士之报者，延长矣。

《周礼》教民三物，而宾兴之，而六行统之，以孝友睦，期任恤明乎！天下之大，人材之众，虽以帝王之力，尚有所穷，以通有无，以均贫寡，则其乐有者益广而成就者益多也。我朝造士之方，媲隆三代。各郡县设学馆以训多士，建书院以教成材，平居有廪饩之资，北上予舟车之费，恩至明，谊至美，法至良矣。

瑞金僻远，距省千里，京且五千里。<兵>燹以后，户口凋敝，十室九空，应院试者数百人，试秋闱者仅二三十人，试南宫者一二人而已。虽有聪颖之弟，多苦于束脩之不继，负籍之无资，万里君门，瞻望弗及，文教之衰，争讼之所由日夥也。

辛巳之夏，邑先达钟小溪、杨云樵、谢磻溪诸先生，约集同人，倡立宾兴之会，惟时筹项难措，乃拨桥局田产四百石以为之基，旋广劝捐输，共成美举，合词呈请州县各学道各宪立案准行，学师之修脯出于师〔斯〕，乡、会试公车之费出于斯。贫士欢然，无忧行李。数年之内，集款两万有奇。爰建祠以祀义士，修谱以征信史。

壬辰九月之望，予奉讳南返，复商之邑绅钟浦生、杨少庚诸君子，集议续筹款项，以附益之，购地设典权之，因以为悠久之计。此后犁然秩然，得人而理，虽百世，忽〔勿〕忘忽〔勿〕坠，可知也。

夫瑞金界闽粤，丛山刺天，土最瘠，民最贫，距都省水陆程途最

* 本文录自瑞金县瑞林《启文堂谱》第二本第十五号。署名陈炽。内言壬辰九月南返事，当写于1892年10月略后。

远，则宾兴之设，为瑞金为最急而筹款亦最难。斯事自始创以迄于今，炽皆左右其间，参与末议，不自以其成，且成而如是之速且丰也，则瑞民好义乐善之风有足多者。《传》有之曰："十步之内，必有芳草；十室之内，必有忠信。"瑞金为贡水发源之区，齐云连峰，铜钵诸山，峥嵘霄汉，地气之磅礴，终郁积而未发也。自宋元以来，盖八百余岁矣。咸同而后，楚南中兴，诸将相皆秉南岳之正气，挺生辈出，遂以挽回气数而旋转乾坤。瑞金，僻小邑耳，他日飙举云兴，笃生贡〔贤〕豪，以应运会，所为脊天人之属望，系中外之安危者，以视湘南诸巨公。

舜何人，予何人，有志者事竟成，有为者亦若是耳。同里诸君共勉之哉！梨枣既竣，爰备述始事之艰，成事之不易，与邑人之所忻然慰、翟然望者。书之以为叙！

陈长者墓志铭*

先君丱角交数人，长者陈公为理，其一也。长者家与予家里闬相接。深山大谷中，辟平畴花竹翳如清溪，爽住两人者，欢如昆弟，几无一日不相往来，有无相通，缓急相济，盖数十年如一日云。辛卯，长者卒，先君亦于是冬弃养。呜呼，痛哉！死生亦大矣，抑何巧合若此！哲嗣明诱与余兄弟笃，世好无闲言，以状来乞墓志，虽在衰绖，曷敢辞。

谨按，长者讳为理，字贵明，世为智乡之理〔里〕坑人，穷居贫剌，祖遗薄田，自食其力，中年后寖以饶裕，而长者神貌古朴，终其身结束为农夫。晚始入资，诰为九品，岁时伏腊，公终不肯冠带，布

* 本文录自《里坑陈氏五修族谱》，1915年修。据文末陈炽职衔及陈长者卒于辛卯年，次年九月陈炽南返至家，知是文作于1892年10月略后。

衣草屦，泊如也。性和厚朴，诚与人，无诳言，亦生平无愠色，亲知朋旧，惟与先君子为神交，尔汝忘形，相视莫逆，平居足迹，未履城阈，服田力穑，寡过未身，不岐不求，毋固毋我，不为非礼，人亦未尝以非礼干之。嗟呼，世衰道徵〔微〕，嗜欲日淡，而天机日浅，如公者，其可谓盛德君子矣。

长者耻不知书，属其少子于先君督课，特为严切，应童试，不利，乃拔例入贡，成至立英，英方兴未艾之报施，固不爽哉！

公卒时，年七十九，嘉庆癸酉年六月初十日戌时生，光绪十七年正月十一日午时殁。娶罗氏，生子一女一；继娶吴氏，生子女一；续娶蔡氏，未生子女；再娶宋氏，子三。明谂幼亡孙五人。葬于本处李山排亥山，巳向，迁葬于横背枫树窝岼上壬山，丙向兼子午。

铭曰：黄农已远，世变日新。翳惟长者，今之古人。情真貌朴，元气浑沦。无多知己，独好先君。严如宾友，亲如弟昆。子与子晰，举世畴伦。知来岁往，恍若有神。溪深抱玉，山高厚云。千秋万岁，永固幽圉。愿如孔李，奕世情亲。含光蕴曜，宜尔子孙。

诰授中宪大夫前军机处行走户部四川司员外郎宗世愚侄　陈炽顿首拜撰

《盛世危言》序*

香山郑陶斋观察著《危言》五卷，吴瀚涛大令以视余。读既竟爰，缀言于简端曰：西人之通中国也，天为之也，天与中国以复古之机，维新之治，大一统之端倪也。识微见远之君子，观于火器、轮舟、电报、铁路四事而知之矣。

自黄帝以来至于秦，封建之天下一变为郡县之天下，相距约二

* 本文录自《盛世危言》光绪二十年（1894）五卷本。

千余年。王迹熄而孔子生，祖龙死而罗马出。故三代以上之为治也。家塾、党庠、学校遍天下，惟恐其民之不智，而始皇愚之；通商惠工，沟洫遍天下，惟恐其民之不富，而始皇贫之；建輶设铎，惟恐下情之不通，而始皇窒之；遗艰投大，惟恐君威之过侈，而始皇怙之。风气本强也而弱之，民情本安也而危之。盖自焚书坑儒而后，古圣王之遗制荡然无存。不有孔氏之书，则万世之人心几乎息矣。《书》曰："天佑下民，作之君，作之师。"黄帝作之君者也，孔子作之师者也。顾形而上者谓之道，形而下者谓之器，空文垂训，道可传而器不可传，古先王制作之精深，器存而道亦寓焉。洎古籍放失，黔首颛蒙，作者何师！圣人弗起，我中国之君民因陋就简，溯秦并天下以迄于今，盖亦二千有余岁矣。虽然，圣人之心，天之心也；圣人之道，天之道也；圣人之器，亦天之器也。天地之生久矣，一治一乱，乱极于七国之季，而承之以秦，天亦若无如何者。既生孔子以正人心，达天道矣。维道之中有器焉，不可使之散佚而无所守也。秦政酷烈熏烁，中国无所可容。彼罗马列国之君民，乃起而承其乏焉，其声明文物之所启，亦自东而之西。有器以范之，故无一艺之不精；无道以维之，故无百年而不乱，分余闰位，迄今亦二千余年，将以还之中国也。

然道远则不能自通，力弱则无以自振，天因其人之深思好学，益假手于彼，以大显宜民利用之神功。轮舟以行水也，铁路以行陆也，电报以速邮传，火器以抗威棱，而后风发雾萃，七万里如户庭。中国乃闭关绝市而不能，习故安常而不可。是故矿产、化学，卝人之职也；机轮、制造，考工之书也；几何、天算，太史之官也；方药、刀圭，灵台之掌也。倚商立国，《洪范》八政之遗也；籍民为兵，《管子》连乡之制也。议员得庶人在官之意，而民隐悉闻；书院有书升论秀之风，而人才辈出。罪人罚锾，实始《吕刑》；公法睦邻，犹秉《周礼》。气球炮垒，即输攻墨守之成规；和约使臣，乃历聘会盟之已事。用人则乡举而里选，理财则为疾而用舒，巡捕皆惊夜之鸡人，水师亦横江之练甲。宫室宏侈，如瞻夏屋之遗；涂径平夷，克举虞人之职。所微异者，银行以兴商务，赋税不取农民，斯由列国属土之多，道里相距之远，因时而制变者也，无足异也。

至于传教之师，用夏变夷之嚆矢；民主之制，犯上作乱之滥觞。他日我孔子之教将大行于西，而西人之所以终底灭亡者，端兆于此。此外，良法美意，无一非古制之转徙迁流而仅存于西域者。故尊中国而薄外夷可也，尊中国之今人而薄中国之古人不可也；以西法为西法，辟而辟之可也，知西法固中国古法，鄙而弃之不可也。执人而语之曰：尔秦人也，所行秦法也，无不怫然怒；语人曰：尔古人也，所行者古之道也，无不色然喜。今日日思复古，而于古意之尚存于西者，转深闭固拒，畏而恶之，譬家有明月之珠，遗之道路，拾而得之者不私不秘，举而归诸我，我乃按剑疾视，拒之而不受也，智乎？不智乎？

方今万国通商五十余载，见闻日广，光气大开，顺天者存，逆天者亡，天与不取，反受其咎。此其意，贤者知之矣，不肖者不知也；少壮者知之矣，衰老者不知也；瞻言百里者知之矣，局守一隅者不知也。我恶西人，我思古道，礼失求野，择善而从，以渐复我虞夏商周之盛轨。揆情审势，日暮之间耳。故曰：西人之通中国也，天为之也，天与我以复古之机，维新之治，大一统之端倪也。

曩拟作《庸书》内外篇，博考旁征，发明此义，簿书鲜暇，卒卒未果。陶斋观察资兼人之禀，负经世之才，综贯中西，权量今古，所著《盛世危言》，淹雅翔实，先得我心。世有此书，而余亦可以无作矣。

乃今圣明在上，宏揽群才。异日假以斧柯，扬历中外，坐而言者起而行，闭户造车，出门合辙，方之古人，抑何多让？第其间有本末先后之序焉，如良医之治疾，大匠之程材，所为条理井然，铢两悉称，积习丕变，而民听不疑者，当别有在，愿与观察大令沈几审变，及天下有心人共证之尔。

癸巳七月瑞金陈炽叙

上善后事宜疏*

一、阜财裕国。中国旧法，以节流为主，裁额兵也，撤河防也，改漕折也，汰冗员也，节浮费也，定章服也，禁糜费金银铜三品也，皆可毅然行之而决无流弊者也；新法以开源为主，设商部也，行钞法也，开矿政也，铸银钱也，垦荒田也，种树也，修铁路也，广轮舟也，征烟酒税也，立书信馆也，收牌费房屋捐也。二者兼营，使行之不倦，五年之后，百姓当岁增二十万万金之生计，国家当岁益二万万金之度支，既富且强，可以操券。

日本，东瀛小国耳，其疆域不及中国江南一省，十年前出口之货三千万元，仅及中国三分之一。自用西法，广开利源，去岁出口之货三万万余元，已加中国之半，其明效大验有如此者。

一、分途育才。昔日本资遣出洋学生与中国年分相等，惟中国废于半途，彼则锲而不舍，前后出洋者至二千余人之多，故行政用人，左宜右有，遂致堂堂大国受制小夷，则一学一不学也。今宜请旨饬各省学政，拣选聪颖诸生，年在二十岁以内，通今古，识大体，身体壮实，自愿出洋者，丰其资给，遣送来京，先在总署同文馆中学习各国语言文字，随出使大臣分赴各国大学堂，分门学习。每岁以

* 本文录自《皇朝经世文三编》卷二十四，陈忠倚辑，光绪戊戌三月宝文书局石印。据文内所言“去岁中倭构衅”、“今辽左虽还而朝鲜已失”等，可知该文撰述于1895年11月8日订立《交收辽南条约》之后的一、二个月内，即1895年11月或12月。

百人为额，期以十年，学成而归，赏给举人，一体会试，即不中者，亦因材器使，任以事权，此一途也。

中国通商各埠，一律提款建立书院，延聘中西宿儒，分门教习，每堂至少以三百人为额。先须考验，华文通达者，乃准入学，经费半给于官，半取于民，必优必丰，无遗无滥。学成之后，赏给秀才，一体乡试，考验之后，即试而不中，亦予文凭，俾得作为正途，各谋生计，然后逐渐推广，遍设于内地各城，此又一途也。

惟是，育才甚难，而中国此时需才甚急，迟之又久，安能悬缺待人？宜于通商各埠设立翻书局，专翻西国士农工商兵刑政治一切有用诸书，译以华文，颁行天下学宫、书院，使天下读书明理之士皆得通知海外之情形。而出使各馆翻译随员，除日行之公事外，亦专以翻译西书，定其劳绩之殿最。不及三载，而西文书籍皆译华文，天下之通习华文者，皆得熟知西事矣。此又一途也。

一、改制边防。今辽左虽还，而朝鲜已失，神京腹背陡觉单寒，应专设一大臣常驻旅顺，而金复、海益、摩天岭等处，均宿重兵，威海一隅，仍隶海军提督，与旅顺互相援引，以固渤海之防，此应改者一也，

热河为京师左辅，东三省后援，应选知兵重臣，以劲兵驻扎其地，务农讲武，教练边民，山海关、唐山、大沽、小站，均驻兵兴屯，增筑堡垒，仍展筑火轮车路，以捷往来，此应改者二也。

东三省孤悬在外，倭南俄北，窥伺甚虞，应拣大臣，添拣三万劲兵驻扎适中之地，屯田开矿，增辟利源，修筑铁路，与旅顺联络一气，有事时呼应始灵，此应改者三也。

山东登莱各府，万山重叠，然北之莱州，距京甚近，南之胶州，直抵运河，应添一提督驻扎烟台，而胶、莱分设两镇以顾海军之后，而固山左之防，此应改者四也。

台湾属倭，则东南海防亦为一变，似宜以福建兼隶粤督，南洋兼辖浙江，而海州、崇明、舟山、香山等处均设总镇，此应改者五也。

然欲水陆合力，永保无虞，则北洋、中洋、南洋三枝海军总须添设，北洋之威海、旅顺，中洋之吴淞、舟山，南洋之马江、箱馆，均可建船坞、筑炮台、驻兵舶。俄人西伯利亚铁路成，日本终须与我并力，英人顾全大局，亦必联中、日以拒之，苟一意自强，期以十年，不患不作东方之盟主，虽割地赔费，无伤也。

一、筑路通商。人情习近而忘远，非独中国为然也。西人铁路初兴，亦复众谤群疑，交相阻格。及路成而百业俱兴，硗确之区变为饶富，土货日出，商路日通，上下四旁，交受其益，于是向之疑且谤者，涣然释然，哳哑然自笑其无谓焉。

今之中国，可以异是，而言铁路于今日，尤有不可不开，且不能不急开者。环中国四面皆我强敌，皆有铁路、轮船，声东击西，朝发夕至，独中国株守旧法，顽钝不灵。之一城，攻城者以健马往来，忽南忽北，而守城者以徒步应之，势常不及，必四面皆有名将、劲兵而后可。一或疏虞而全城瓦解矣。今西北东北则俄之铁路来矣；西南之西藏、云南、广西则英法之铁路至矣。西人之言曰：俄人之铁路专主用兵，美国之铁路专主通商，惟英法德三国之铁路则通商与用兵俱便。俄人眈眈虎视，其意可知，西伯利亚铁路一成，西北安有宁日？又西人借款以修铁路，各国皆踊一应之，利息既廉，即可以铁路作抵项，而最不愿借款用兵，使有用之金银变为无用之弹丸火药，一有利而无害，一有害而无利，故也。中国此时帑藏空竭，商务不通，应请乾断，毅然决计，创修铁路，如虑巨款难筹，可将微息贷诸英德，以造之路为抵，每年入息，逐渐归偿，以汉口至京为干路，而分一枝以达汴梁、至清江浦，分一枝通陕甘，以入四川，京城则东接东三省，西抵山西，大致不过二十万镑，而各路以成，以后骨节灵通，毫无关滞，无事则通商，有事则用兵，使万里中原顿成殷富，四方外患，不敢凭陵，我国家载无疆之休，即基于此。去岁中倭构衅，征兵转饷，困顿艰难，使当日铁路早成，何至着着让人，坐受其弊，彼妄相挠阻者，亦可以憬然悟矣。

中日之战六国皆失算论*

自中日开衅以来，日本着着争先，中国处处落后，败坏决裂，不可收拾，寖至船沉师熸，割地偿金，中国之失算，不待言矣。天下万国皆知之矣。虽有巧言者，不能为中国讳也。

虽然，中国失矣，而日本亦未为得也。当其蓄锐十年，赴机一瞥，潜师入境，先发制人，使当平壤还师，据有高丽全境，勒兵索费，中国亦不敢不偿，然而，大局无伤也。三国之师未出也，徐而挟持高丽，除旧布新，开矿通商，务农殖货，设险以守国，经武以整边。比及五年，蔚然一北藩重镇矣。乃进而不止，涉险劳师，必欲使中国一败涂地而后已。夫蜂虿有毒，而况大国堂堂，重以地大人众，宁能使之一无可恃乎？即果不能战不能守，有代为战代为守者矣。日人虽得朝鲜，民心不服，剪发肇乱，拱手让人。俄罗斯不费一粟，不折一兵，指顾而收一国，是日本欲纾其祸，而今反促之也。譬犹鲜果在树，向也风雨漂摇，未能损也。今摘而堕焉，则人争取之，而强者得之矣。昔与病夫为邻，呻吟可厌，今与强梁为伍，叱咤生风，日本之为得为失，愚者知之矣。

英国汲汲以通商为务，据亚洲之利权，执东洋之牛耳。盖六七十年于兹矣。其窥我中国者无不至，其要我中国者无不从。虽不

* 本文录自《时务报》第十册，光绪二十二年十月初一日（1896年11月5日）刊。

能共苦同甘，固亦当见危而救也。且救中国者，即所以救英商也。而乃明欺中国，阴袒东洋，外若联交，内实携贰，皇皇然号于众曰：我英一国之兵力，不足以制日人也。试问平壤已失，鸭绿已渡，大东沟已战之时，英以一纸书分致两国，迫令停战议和，有不从者，与天下共击之，谁敢不帖然听命者！而乃徘徊隐忍，坐视危亡。三国之师，起而议其后，而英吉利六十年之颜面全失，太平洋三万里之隐患方长。英国之失算，更有在中日两国之上者。英人屡年以来，经武整军，如不欲战，恐自此以后，虽欲不战而不能已。

德意志国势骤盛，商务骤兴，然环顾全球，皆他人已成之局也。英人既失法欢，思联德援，乃与德连镳并辔，以猎利于东南洋，度英人之委心相从，绝甘分少者，非一事矣。岂惟英国，中国、日本亦从而媚之。故德国之骤富骤强者，德人之能欤？亦未始非中英日三邦之力也。英人挟德，出而劝和，此人心天理之公，抑亦报施当然之道矣。乃英倡之而德拒之，若顿忘昔之交者，及俄法蹶起，德转追随其后，敬执鞭弭，既有怨于英倭，复无恩于中国，抟沙作饼，弃好从仇，义利两忘，首尾衡决，德意志尚可谓有人乎？其拒英也，失算也；其附俄也，亦失算也；其又将去俄而就英也，盖无一而非失算也。堂堂大国，举动如此，吁可危矣。

法欲报德，乃结俄援，遂不得不助俄以收揽利权，开辟新地，其深谋秘计，非局外所窥。然要而言之，则法之所得者，虚也；俄之所得者，实也；法之所得者，小也；俄之所得者，大也；法之所为者，目前之私怨也；俄之所为者，百世之良图也。中国有死于虎者，其鬼为伥，转为虎役，引虎趋利避害，磨牙以食人，虎则饱矣，伥何为者！又有养水鸟者，倚以取鱼，缚而项而纵于水，得鱼则挤而出之，终日劳劳，饲以小鱼数尾而已，人则智矣，鸟何为者！今移欧祸乎？此法之失算，已在十载以前，今殆将不可救药者也。

若夫美利坚国，别处一洲，其国例不侵人地，亦不欲人侵其地。自南北花旗战后，修文偃武，通工惠商，欧洲各国，方汲汲然筹饷增兵，制船造炮，而美独不筹一饷，不增一兵，不制一船，不造一炮，乃至护商守口，无一铁舰快船，上下酣熙，举国大富，则力无所用，智勇无所施，几如世外桃源，翛然自得矣。中日之战，美既不能劝和，自应守局外之例，两不偏助，乃日人缺饷，美慨然以四百万镑借之，遂使旌旆飞扬，再接再厉。中国不能自立，俄法出师而不平，索辽南，收东省，据朝鲜如拾地芥，是此四百万镑金钱，不啻日本之鸩汤狂药也，即以美国言之，亦岂计之得者哉！美之西邻，惟中与日，美在中国，害则独避，而利则均沾。日本虽强，亦安能越水陆五万里而攻其国。今以助日之故，北俄南法，联臂而入东洋，譬如万里沧溟，风平浪息，忽纵长鲸万丈，奋鬣扬鬐，日月无光，风云变色，舟师估客，惴惴失魂，而美亦不得不重整军容，添筹国债，朝不保夕，与各国之强邻密迩者同。然而武备久弛，工徒星散，不勤远略，素少将材，即发奋十年，未必能敌欧洲强国也，而况乎议院之人心至难齐一也。易安而危，易夷而险，易易而难，美国之算，为得乎？为失乎？美人当自知之矣。

夫中国之议论，固西人所鄙夷，而以为不屑道者。然中日之事，让无可让，不得已而出于战，则中国之失算，乃应敌之师，虽失而未为全失也。独怪彼五国者，既强既富，岂少通人智士、深明大略之重臣？乃纵鲸鲵入渊，虎兕出柙，任听俄人高视阔步、拊天下之背而扼其吭。俄之势全，而万国皆缺，俄之力合，而万国皆分，俄之谋坚，而万国皆脆，可战可守，可东可西，可进可退，自有此战，而并吞六合之形势遂成。呜呼，岂非天哉！自今以后，各国之君臣，苟各私其国，各私其民，各私其财与力，则亦惟有束手待毙，听俄人择肥而噬已耳。苟欲自存其宗社，自全其土地，自保其人民，则为中国计，当自富自强，急谋而自立，得人则治，惟断乃成，而无如痿躄之病夫，非有人扶，不能自起也。为彼五国计，则宜蠲除宿忿，重订新交。中国贫，则助之以财；中国弱，则济之以力。华人之性怯，不宜过猛以遏其机；华人之性缓，不宜过急以摧其气。华人好学，则牖之以新报新书；华人多疑，则示之以大公大信。必使䜣合无间，形迹两忘，不数年而矿产出，农事兴，工艺精，商务振。轮舟铁路，遍达于中区；陆师海军，争雄于外国。则六合清朗，天宇无尘，万国通商，周流四海，潜鳞不动，飞鸟无惊，春台熙熙，重睹尧天之日月，岂非全地球六洲万国生民之福哉！然而难矣。

俄人国势酷类强秦论*

天道善变者也，地道不变者也，人道应变者也，乃有地隔数万里，时阅数千年，人分数十种，而运会所值，形势所成，一东一西，若合符节者，何也？岂天道亦穷于变乎？盖始而终，终而复始者，天运也；盛而衰，衰而复盛者，地运也；合而分，分而复合者，国运也。然则天也、地也、人也，亦运而已矣。

中国之与欧洲各国交涉也，自俄罗斯始。而先有南怀仁、利玛窦等挟仪器东来，以天算见重中国。道光之季，五口通商，各国出利炮坚船以兵威相胁。当时之智士，即知泰西各国不足为患，为害中国者，独俄罗斯。至以俄比战国之秦，中外明哲无异辞者。通商六十年，与中国为难者，英、法、日本而已，德、美、俄、奥无闻焉，几疑昔日之言不验矣。然英法为难者，因越缅壤土毗连也；日本则同洲邻敌之国也；德美奥义无相连之属地，自商务教案外，他无所争。

* 本文录自《时务报》第十八册，光绪二十三年正月二十一日（1897年2月22日）刊，署名瑶林馆主。查宜今室主人所辑《皇朝经济文新编》等书，此文皆改署名为陈炽。另外，公认而确知为陈炽所撰的《续富国策》，也署名为瑶林馆主。由此可知署名瑶林馆主者，皆陈炽之作。

惟俄人接壤比邻，自黑龙江以迄西藏，长至三万余里，而敦槃玉帛，从未以细故失利，岂俄人之情敦信义、笃邦交，果异于欧洲诸国哉？黑海之战，英法诸国助土攻俄，后乃限禁俄船，不许出君士坦丁海峡，锐气既挫，蓄养需时，西顾方劳，东封遂缓，犹之五国摈秦之举，秦兵不敢出函谷关者十五年也。此其类秦者一也。

西向不得志，始决计改道而东，然中亚细亚诸部落皆土耳其之属国，劲悍好斗，骑队尤所擅长，后顾增忧，岂遑远略！土倚英援，不能灭土。惟有渐剪其羽翼，以自固其藩篱，得寸则俄之寸也，得尺则俄之尺也，得其地不足以富，得其人则足以强，此俄所以西扼波斯，南侵阿富汗，东抵中国新疆，尽收敖罕基发诸回部，以扫除东道，犹之秦人闭关谢客，灭国五十，遂霸西戎，且取蜀以为外府也。此其类秦者二也。

秦并六国之时，大势既成，灭国夺地，惟利是视，无理可言，故各国斥以虎狼，詈以无道。而当其始，固卑礼厚帑甘言以事人者也。以东帝奉齐，以兄弟约楚，交欢赵魏，结好韩燕。俄人欧亚联交，措词各极其微妙，使欧亚各国之君相阴入玄中。此其类秦者三也。

秦地北邻胡貉，西界戎羌，南连庸蜀，皆有沙漠山谷之阻，东面以争中原，如虎负峙，莫敢撄其锋者。俄地背负北海，雄握两洲，南向以临天下，攻人则易，人之攻之也则难。此其类秦者四也。

秦自孝公以来，继体之君，皆阴狠沈鸷，祖孙父子，一德一心，休兵息民，坐致强大，不与山东诸国争王争霸，以自竭其力，自弊其财。俄自大彼得至今，家法相传，坚忍如一，兼弱攻昧，取乱侮亡，见利则趋，见害则避，外如迟缓，内实坚完。此其类秦者五也。

秦民好武，小戎驷铁，女子知兵，怯于私斗而勇于公战。俄人地处极北，本古时用武之区，举国皆兵，尽人乐战。此其类秦者六也。

战国时，天下诸侯奢靡，相尚子女玉帛，士气久衰，惟秦僻处西陲，举国惟知耕战。俄人无多商务，国饶，米麦贩运欧洲，有事之时，不必仰求于外。此其类秦者七也。

秦自商君著令表章信义，法制严明。俄王彼得，游历欧洲，仿行新法，齐整划一，无复拘挛，虽国人意气飞扬，亦有私党，而奉公守法，上下无二心。此其类秦者八也。

韩最近秦，为各国之屏蔽，韩不灭，不能窥中原，韩即灭，即各国俱非秦敌矣。今亚洲之高丽，欧洲之土耳其，即东西两韩也。此其类秦者九也。

秦所畏者，各国之合纵耳，使各国不相猜忌，合力保韩，秦人虽强，安能越境而攻他国？乃各国弃韩不保，转以献媚于秦，自因小嫌，互相攻击，致韩地尽为秦割，六国先后灭亡。夫英法助土，保大局也。今日本目前之利，不知联中以保高已〔丽〕，纵令俄人虎兕出柙矣。法人结俄以仇英德，犹秦欲灭魏，先与赵和，秦将破燕，先止齐援，而齐赵信之，唇亡齿寒，行将自及矣。此其类秦者十也。

夫俄之与秦遥遥旷世，而君臣上下定谋设策，其相类至于如此，岂《战国》一书，亦如鸡林贾人流传海外哉？非也。地势使然，而人事不得不然，即天运亦若有不期然而然者。而幸也，祸机虽萌，祸端尚伏。泰西各国君相，不乏雄才大略之才，使均如当日助土拒俄，同心御侮，则东海西海，自当永保太平耳。无知法蹶普兴，全局一变，奥义联合，尚可支持，然大势已将岌岌矣。自中败于日，高丽附俄，英人袖手旁观，甘让俄人已先著大东洋，情势危险异常，遂与当日六国弃韩如出一辙。

夫前事之不忘，后事之师也，前车之已覆，后车之鉴也。欧洲各国，前无所师，其不知鉴焉，宜矣。独怪中国通人智士，知哀六国而不知情事之相同，知畏强秦而转引虎狼以自卫，甚矣哉！其愚不可及也。彼日本者，当日同文之国也，《国策》一书，岂其未见？而甘为戎首，招彼强邻，衽席未安，屏藩已失，正恐他日祸机所发，患气所乘，与中国只有后先，并无彼此，沉迷不返，覆辙相寻，今与古，如一丘之貉耳。呜呼，岂非天哉！

贵私贵虚论*

《吕氏春秋》曰："老子贵柔，孔子贵公，墨子贵兼，庄子贵齐，列子贵虚，商子贵私。"嗟乎，私与虚也，何可贵之有？而居然指此为教人之圭臬乎？

然中国自秦汉以还二千年来，心法相传，实坐二者之病，以至今日陵夷破裂、受侮外人也。请言贵私之病。

天生民而立之君，使司牧之。君者，群也，所以公天下也。后世人君有天下则私天下，有一国则私一国。为之官吏者，有一省则私一省，有一郡则私一郡，有一邑则私一邑。一若上天，私授福命，应为人君，小民之性命身家皆其私产，使聚敛之、鱼肉之、驱策之，而民不敢有私怨者。此犯上作乱之事所以阅数十年、百年而辄一见也。其贤者自矜安静，催科折狱，以无事为能，至于教养之、存安之、富庶之，古人所为视民之事如己之事者，彼以为小民之私事也，我而强干预之，此何为者？且我之私计在积财帛以遗子孙，日日经营，刻无暇晷，而兼顾他人之私以误己之私，非天下之至愚孰肯出此？其或水旱疾疫、死丧累累，直等之草木荣枯、自生自灭已耳。自余治一职则私一职，任一事则私一事，管一局则私一局，各怀意见，各分畛域，各恃人才，能美其名曰因公、为公、急公，而实有一牢不

* 本文录自《时务报》第十八册，光绪二十三年正月二十一日（1897年2月22日）刊，署名"瑙林馆主"。

可破之私意，结私党，用私人，积私财，置私产，皆假公以济其私，天下皆私也。忽有一不私者出焉，则群相骇愕，疑之、畏之、忌之、恶之、诬之、谤之、排之、击之，其黠者亟翻然舍己而从之，其愚者则困苦颠连而死耳。哀哉，天下皆私，岂容一人而独公哉！

彼民之从上也，如形附景，如音应声，亦遂各私其心，各私其财，各私其力，父子不相见，兄弟不相亲，妻子不相合，朋友不相信，强者并弱，智者并愚，富者并贫，恶者并善。上之视下也如犬马，下之视上也如路人；上之视下也如土芥，下之视上也如寇仇。寖至盈天下四万万人，各怀其私，各行其私，各是其私，而中国四万万私人，遂成四万万私国，任听他人欺凌狎侮，鞭笞捶扑，而俯首帖耳无可如何矣！皆在上者贵私之一念误之也，皆商君贵私之一言成之也。岂及身车裂遂足以蔽其辜乎？

请言贵虚之弊。黄老之学，空谈元理，以虚无为旨，以清净为宗，其言曰，人之大患为我有身，我如无身，更有何患？身且不有，何有身外之物？寖至蔑圣弃智，剖斗折衡。晋人清谈风流，放诞天下皆高人，刘越石以劲骑蹂之，而中原文献尽矣。比老氏贵虚之弊，祸及于六朝也。梁武舍身同泰，佛氏承之，刹宇楼台，遍于南北。隋唐以后，其焰益张，使天下之财罄于布施、建寺，天下之力尽于膜拜、唪经。厥后藩镇相寻，踵以夷狄杀戮，死亡之惨，百人中仅活一人，此佛氏贵虚之弊，衅钟于五季也。

之二氏者，皆引天下人心于幽昧虚渺、昏蒙之域，而敲牙截角、剪翼绊蹄以待虎狼之吞噬。君相之贵虚者，喜其易制，不能为我患也，因而用之。于是乎万事皆虚，舍身则实矣。既不能自保其生，即无由自脱于死矣。哀哉，天道好生，而二氏之教乃务闭锢拘絷而死之，是诚何心哉！

自宋以后，理学昌明。然说性谈心，仍落二氏之窠臼，于古圣王之大经大法所为保民而养民者，毫不能考其究竟，定厥指归，而日龂龂于王霸之分，斥智勇功名而不用，其托体愈尊，其惑世愈甚，大弊仍失于虚。夫虚者，弱之根也。辽金之后，踵以元兵一统中原，宋社遂屋，贵虚之有益无益，足以保民与否，守国与否，其效可睹矣。迁流至于今日，人心陷溺，难可挽回。天下皆虚也，即天下不知有实也。其在上则封爵虚、官职虚、俸禄虚、科目虚，文试之时文试帖虚也，武试之弓箭刀石虚也，当官之文移奏报虚也，示民之条教号令虚也。其在下则风俗虚也，章服虚也，婚丧礼制虚也，星命卜相虚也，各种纷华奢侈无名之费用虚也，乃至各种学问各种教化，几乎无一不虚。于古人保民养民之大经大法，实足以赞天地之化育者，盖渐减净尽，百无一存焉者矣。

嗟乎！中国地大物博人稠，而君民上下以虚相蒙，以私相遁，至于此极，而忽有他人焉，以甚公之政治法律出而临之，以甚实之精兵利械入而摧之，危乎！危乎！拉朽摧枯，安有全理！虽然，天下事盈虚消息，剥复相寻，无平不陂，无往不复，阳极则阴生，阴极而阳生，此天地始终之公理也。私之极矣，将成大公，虚之极矣，将归至实，欲大有为者，曷亦返其本矣！

美德宜力保大局说*

美利坚别处一洲，自成风气。农工商业，富甲寰区。有利则趋，有害则避。自南北花旗一战，不见兵革者，垂数十年。国中富人，有铁国、水国、土国、油国之号。铁国者，铁路公司也；水国者，轮船公司也；土国者，纽约地主人也；油国者，煤油公司也。其富皆

* 本文录自《知新报》第二十册，光绪二十三年五月初一日（1897年5月31日）刊。

可以敌国。故天下商务之利，总于英伦，而天下第一等富人，乃莫多于美国。其所以丰亨豫大，寖昌寖炽，以至于斯极者，亦以欧亚通商，坐收东西两洋之大利耳。

若英、俄两争并亚洲，则亚洲之商局坏。所争者商务，已同归于尽，尚得谓一无损伤乎？况美国养兵素少，不及万人，虽曰训练民兵，有事时可征调至数百万。然承平日久，民不知兵，大抵有名无实。至于海中兵舶，绝少坚船，海口炮台，皆为旧式，欲重行制造，岂一朝一夕所能成？近日报章，谓美国新制电气炮，能击敌于七里之内。有此利器，可保无虞。无论滨临两洋，海疆万里，无此若干电炮，密布如林，即使有之，而兵凶战危，利器必须亲试，其果能攻坚击远，却退敌人与否，尚未可知也。况美本英人美洲，北境之加拿大，又为英属地，必谓龙争虎斗。只在太平、印度两洋，美国独能事外萧然，不与于一十九周之难，恐未必然矣。美，富人也，富人不能战，不敢战，亦不欲战，彼之能战、敢战、欲战者，皆富不如美者耳。譬比邻两家，均属大富，有盗劫西邻者，预嘱东邻之富人曰："吾将劫西邻，尔其高卧，勿动亦勿言，吾不劫汝也。"东邻信之，不告西邻，亦不设备。及盗至，先劫西邻，见东邻无备，并劫之而去。使东邻早告西邻，同心预备，盗至无所得，或彼此均可保全。而无如贪利之心，与避害之心，有以蛊其神，而惑其志也。

欧洲之德国，骤兴于二十年间，联合南北诸邦，一战胜法，索兵费至八万万镑，割其地，掳其王，由是而共主之势成，欧洲之局定，暗用管子之制，设立武备院，籍民为兵，多至四百余万。天下称陆师之精强者，首推德人。而且后膛快枪、陆路快炮、克虏伯厂之名号，震耀人寰，既富既强，商务大兴，流通四海。英美而外，罕与比伦。

惟法人报复之心，深入骨髓，乃以同族之故，阴联奥意，共保太平。若合三国民兵，其数可及千万。或者左提右挈，同心御侮，横亘欧洲，可保数十年无事乎？而不然也。俄与法联，其兵数多逾千万，而且意属新造，非常之助衂，大损声名。奥虽旧邦，两族之人民，未能融洽，他日有事，如击常山之蛇，首尾悬绝，不能相应。一国有失，全军胆寒。且德人比岁以来，汲汲以兴制造、振工商为事，正恐军容虽整，锐意渐衰，宿将凋零，名臣放弃，未必如前十余年之□厉风发、一往无前矣。德国海口无多，水师素少，自胜法还师而后，锐意通商，始增筹海军铁舰快船，辅以巨炮。论者谓新法具备，亦堪海上争雄。然以德奥意三国之海军，较之俄法，尚觉瞠乎其后。故论三国之情势，自守则有余，攻人则不足。若美则自守亦恐不足，无论攻人也，而其足以动人觊觎，有事时将牵率者，则美人之巨富，海外无双，德国之富加于昔时者，亦将百倍。夫金银钱币之为物，天下无事，则患其少，天下有乱，则患其多。此中外古今之常理也。

为美、德计，若自谓泰然无患，旁观袖手，坐视诸强国日肆并吞，一经变更，便有轻重，兵锋所及，震荡乾坤，虽美人亦自入风轮，听其飘转，而何论于四面受敌之德国也。宜及此时，牖户绸缪，自立于不败之地，以待事变之来，所谓猛虎在山，藜藿不采者。二国之君臣，当能自谋之。而吾所谓力保大局者，则犹有说。譬如楼观连延，高大坚固，固天下至精至丽之巨工也。其中忽有一梁一柱，因他故蠹朽，势若倾颓，不亟思保护而维持之，则无数金碧楼台，将牵掣而同时俱倒。然而此梁此柱易之不得也，去之不能也，听之不可也，则必有道焉。扶之翼之，左之右之，胶之固之，襄之助之，使下增其力，而上减其重，此梁此柱，可以长存，即此室亦长留天壤耳。若谓梁摧柱折，于我无干，他日已摧已折之时，而始悔辨之不早焉。非天下之至愚，其孰能与于是。此乃重学之至浅者，虽拙工筑室，亦知之矣。然天下有大重焉。恒有天下国家，亿万万苍生，忽然不察，淡淡若忘，风雨忽来，横遭忽厌者，抑独何哉！

英日宜竭力保中说*

观于朝鲜之事，英其衰矣，日本之锐亦挫矣。说者谓方今俄与法合，英与日联，大东洋黄海之间，水陆将有非常大战。华人之愚者，以为鹬蚌相持，渔人得利也。其智者则曰：此战以争中国，则战后之结局，所取偿者，皆在中国矣。群虎扑羊，万鸟争粟，中国之瓜分豆剖无疑也。

或又曰，英日不敢战也。俄人，虎也，傅之以法，翼虎而飞，两强交欢，左提右挈，区区英日，东西三岛，何足以当之？有俯首息喙、知难而退已耳。或又曰，不然，俄人陆师之多且强，天下无敌，然今时战事，赴机迅速，不能不专重水师。俄人之水师，倚法人为助也固也。欧洲各国，皆立海军，守口护商，能战者少。俄法之海军，在当日固屡挫于英者也。大东沟之战，日本又新胜中国。夫海上风涛，全船托命，屡败则胆怯，屡胜则气张，此自然之理。英人制船造炮，处心积虑者八十年，日本制船造炮，处心积虑者三十年，意亦欲海上争雄，保全商局耳。苟因循不断，则新船将朽、快炮将窳。西伯利〈亚〉之铁路成，太平洋之全局失，非惟日本亡在旦夕，即英人亦岂能永执商权哉？此又深窥英日之心，决不能不出于一战者也。

或又曰，俄英两大如不得已而出于战，则法必助俄，而日必助英，俄法之陆师当胜，而英日之陆师当败，英日之水师当胜，而俄法之水师当败，欧亚非三洲，无处不战，即互有胜败，兵连祸结，宁有已时！中国晏然坐受其弊，胜者固割地而去，败者亦攘臂而争，逐鹿

---

* 本文录自《知新报》第二十三册，光绪二十三年六月初一日（1897年6月30日）刊。

中原，未知死于谁手，然英俄法日四国存亡，胜负之机亦至难言矣。以神速论，则英日当先胜；以持久论，则俄法当后胜；以机器论，则英日当始胜；以地形论，则俄法当终胜。千端万绪，移步换形，微乎危乎，虽有圣智不能及已。而吾有一言可以决之者，则俄法可胜可败，英日则可胜而不可败也。

英人商务，纵横六洲，散碎零星，不相联属。日本继起，而所辟商埠，亦骎骎遍海东西。俄人地跨三洲，蝉连一片，其商务所至，皆其土地也。法自马达加斯加、越南两地外，商务无多，即此两地，亦赖法京筹款接济，他日战争蹂躏，俄法无所顾恋，英日则所损实多，此金注瓦注之说。英日之可胜不可败者，一也。

法王拿波仑第一，雄豪盖世，欧人莫敢撄锋。俄人自弃王京，举国东徙，遂能转败为胜，使拿波仑欲归无路，走死穷荒。法京巴黎受困于德人者七阅月，及议和赔款，不及三载，兴盛如初，是俄法之可胜可败，已有明效。英日均以三岛，峙立海中，垂二千年，未被兵革。然四面距海，战易守难，食用所需，转输非便，设彼以轻师诱敌，而重兵径袭其腹心，则全局所争，登时瓦解，此上驷下驷之说。英日之可胜不可败者，又一也。

夫兵，凶事也；战，危事也。未思进先思退，未思得先思丧，未思存先思亡，必先自立于不败之地，而后可以胜敌。日人天性轻锐，甫效西法，骤胜而骄，狃于华人之易与也，曰，吾取中国之土地，犹反手耳。不有高丽之前车乎？华人虽柔弱，究不若高人之易制也。不又有台湾之已事乎？若英人则深算老谋，百战百胜，不中则不发，于此有二弊焉。以其百战百胜也，庞然自大，生鄙夷一切之心，以其不中不发也。泰然自安，有千金坐不垂堂之意。然今日之时何时也，今日之事何事也。无论日人势成骑虎，将束手以待危亡，即英人全局所关，亦岂能安坐而听其瓦裂？且数十年来，孜孜汲汲，合通国之全力，以营此海军者，何为也哉！是英日可胜不可败。而时势所迫，又万万不能不出于一战，吾知英日之君臣其早作夜思、忘餐废寝而无可如何者，用心亦几碎矣。

虽视中国如无物乎？而正惟无物也，实天下之大物，必争之佳物，万难安顿之奇物，非美洲比也，亦非非洲比也。吾为英日计，或扑而破之，剖而分之，挈而趋之，负而逃之，虽有小喜，终贻大患，而况乎其决不能均也。惟英人化其矜心，日本戢其骄气，保全此物，勿使损伤，护以珍笼，装以锦匣，有欲盗者则驱之，有欲窃者则防之，即间有自腐者，亦分别而去之，因其所已及，而因以推诸所未及，因其所已能，而因以达诸所未能。惟一以天心为心，至公至诚，至信至实，使之感发渐染，自得其保生护命之权，此际机缄，有非语言所能罄者，在英日两国之通人自领之耳。

夫保中与战俄孰易，不必智者而后知。或谓保中必战俄，固也。吾谓保中之道有不必尽出于战俄者，势耶理耶？义耶利耶？今耶昔耶？得耶失耶？愿与两国君臣通惟全局，措箸而一筹之。

矿务琐言*

今天下竞言矿务矣，西人凡称金石皆为矿，某为元质，某为杂质，名目数百种，只供化学之考证，无关日用之必需。中国则向称金银铜铁铅锡各种为矿。查矿字，右从广，左从金，又从石，言其出产甚广，石内有金，而石多金少，采择宜精，非谓矿为难得也。煤为炭质，系洪荒时草木腐烂，积压所成。其中杂有他物，西人亦谓之矿，实与最多、极贱、利用便民之铁相辅而行。

---

* 本文录自《皇朝经济文新编·矿务新论》卷一，宜今室主人辑，光绪二十七年五月（1901年6月）上海宜今室石印。

讵今之设立公司、集股开矿者，多不究心于煤铁，动称某处金银铜铅锡矿，开之可获利若干倍，惟先需本银若干万，以买机器、聘矿师，其请示集股时，辄许报效国家若干成，并许揽家红股若干成。似有得诀后点石成金，便发猛财情状，及宕延太久，不得已一试炉火，成本亏折，经手人已先得利，而洋矿师亦饱载归矣。公司善骗，矿师尤善骗，而出卖股分票者，又复转相诱骗。遂至开矿成一大骗局。诸如此类，几若方士之炼黄白以求神仙。国家以报效为急，公揽家藉红股以图利，恰入骗局，先开漏卮。不知方士果能成仙，亦不奔走于秦皇汉武之庭矣；矿师若能骤富，亦不远违其天主耶稣之国矣。今试以洋矿师所称佳矿，可得利若干倍者，请该矿师稍待数年，勿收薪水，亦勿经手买机器，俟炼化得利重酬之。有能承认者乎？恐洋矿师爽然失、废然返矣。若遂从此因噎废食，则又不可。

今将兴其利，必先破其迷，勿仅袭其名，必先求其实。凡货物贱者用处较多，贵者用处较少，亦贱者取法较易，贵者取法较难。而开矿必先其贱而多者、易者，后其贵而少者、难者。就日用而论，金银犹锦绣珍羞也，铜锡犹油盐酱醋也，煤铁犹布帛菽粟也。黄金为生成净质而无矿，多在花岗石中，结成颗粒，石烂则散布于沙，遍地球皆有之产，均不多。金山最旺，中国有淘沙得金获利者，贪开金矿，无不亏本。银少净质而有矿，多杂于铜铅锡各矿之中。墨西哥出银最多，中国虽有杂质银矿，而提净常不敷本，矿色似银者得银愈少，惟产煤铁为最富。铁以瑞典、俄罗斯磁石铁矿木炭所炼为最良，每百分矿，或能生铁七十分，而矿难挖煤，不便，成本较重，铁少，行于中土。英吉利各矿均出，要以煤铁为大宗，所产泥铁矿每百分铁至多不过得生铁五十分，得精铁三十五分而止，不及瑞、俄之磁石铁矿远甚。只因泥铁矿与煤层相间而生，煤质甚佳，开挖甚易，值价甚贱，参用石灰各项，可代木炭入冶炉，炼矿成铁，虽不及木炭出铁之良，而一经贝色麻西门士马丁各项机炉炼化铸造，自然去杂质而得精华，成本较轻，运销自畅，利似在铁其实煤。英国富强，原本于此。然则天下之大利在煤铁可知已。曾文正谓中国惟开煤铁最有把握，实为确论。今宜指破贪开金银之弊，而就资本专精于煤铁，旁及于铜铅锡各种，而勿以为常。又必先将何项用机器，何项可不用机器，界限分明，勿再拉杂混言，始可以通矿学，并可以杜骗局。

查中国各省南北直向之山，凡水层石中，均有矿煤与铁相间而生，大山为斜磄，小山为立磄，平地以下为平磄，仍销〔稍〕带斜，有内联外联、上联下联、正联陪联之分。盖山为地中石骨，斜趋而上，矿即随山势绵延千里，则矿苗亦千里，而同一脉，惟山有断续闪跌整碎，而矿之磄口高低，层次厚薄，过峡多少，成分轻重，质性老嫩，亦因之而递变。矿有开口有闭口，平进者为硐，直下者为井。两山之间，必有川，小者为沟，山则斜上尖而斜下宽，沟则斜上宽而斜下尖。沟宽处则两山石岩遥遥对峙，矿苗不见于山背，而常见于山沟之岩脚，是为开口。循矿磄，平水而进，渐入佳境，此无待于机器开山吸水者也。沟尖极则两山石岩层层合缝，矿苗已入于山腹，而须凿低处为水眼，是为闭口。循山麓，穿硐而进，左右平行，此可用机器开山，而仍无待于机器吸水者也。惟寻视矿苗甚佳，插入平地以下甚深，或须开井直下数十百丈而始见矿，见矿后，四通八达，取资无尽，然水不出，风不通，人力难施，工程太大，非山沟闭口可比。此有待于机器开井吸水开风者也。似此形势，五大部洲皆然。上帝板板，别无活相，造物虽巧，竟不若世情之善变也。至挖矿则无论开口闭口，中法西法，均用人力錾凿，无用机器。挖矿者缘矿磄在各石层夹缝中，低仅容人，高则惧压机器无处安置也。或谓矿在山之浅处，薄而劣；矿在地之深处，厚而佳。不知山腹地心之矿，即由山沟岩脚之矿，自上斜下，同此一脉。有上薄而下厚者，亦有上厚而下薄者，层次有定，厚薄无定。而矿质之美恶，又不专系于厚薄，或浅处而取之获利，或深处求之而亏者。总之，开矿先其易者，后其难者。由上开下，自然之理。如必舍山内开口之矿，专开地中闭口之矿，而曰吾西法也，不过图经手买机器耳，其得利者几人哉！

至于炼矿成铁之冶炉，所需烧料，木炭为上，焦煤次之，生煤又次之。其法先于冶炉附近砌有石窗，用一輪生煤，夹一轮铁矿，堆积封顶，如烧石灰煅，一昼夜闭熄，谓之曰煅矿。其似矿非矿者，性不耐烧，经煤火即变色，毁碎择而出之，但以煅过精矿掷冶炉中，每加一轮木灰〔炭〕，即夹一轮铁矿，炭厚而矿薄。矿经炭炼，一昼夜化为铁水，由炉底泻出，结为生铁钣，陆续泻铁水，即陆续加矿炭。炭有碱性，既不结滞，又无渣滓，铁水不至停流，即炭质混入铁中，而重经煅炼，即本性不存。故冶炉以用木炭为上，中西自古皆然。嗣因木炭价贵，西法改用焦煤化铁，不清参以石灰，如用石膏点豆腐。化为铁水，放出结钣，与木炭同功，或煤质杂，即焦煤参灰，而亦分铁不清，若煤质浮，即生煤参灰，而亦出铁可用，均以天然造化，无需机器，即用机器以代人力，拉风箱，加矿煤各项，在西国则为省费，在中国则反加增，以各项皆人力之所优为，中法可以仿行西法者矣。惟冶炉化出生铁以后，所有炼生成熟，炼铁成钢，及制造重大器具，则有许多非中法人力所能成者，必用西法、机器以济之。凡冶炉内，煤与铁合而为一，用煤多而必取其精；冶炉外，煤与铁分而为二，用煤少而不嫌其杂。至于各项机器，只于锅炉下烧足生煤，蒸水为汽以运动之，若非冶炉之需上等焦煤也。故机器可置于水陆通衢，而冶炉则必就煤就灰，并就铁矿出产之所，以省运费。姑就英吉利炼泥铁矿法最便宜者计之，每中等冶炉，一日夜需加煅过铁矿三十吨，烧过石灰七八吨，不过出生铁十五六吨而止。炉加大则各项亦加多，均以此递推而得。

今湖北汉阳铁政局，仿西法置头等冶炉二座，大冶铁矿佳而煤质杂，兴国江夏之煤，亦不合用。运费均重，购外煤则成本更高。姑将矿价煤价灰价运到冶炉，从轻计算，每煅过净矿一吨，至少价银八两；每炼过焦煤一吨，至少值银九两；每烧过石灰一吨，至少值银三两，计六吨生煤，始能炼三吨焦煤。合三吨焦煤，两吨净矿，半吨石灰，以成一吨生铁钣，加以薪工各项，约费本银五十两。而中国每上等生铁一吨，不过值银三十二三两，如每日冶炉，化出生铁一百吨，将亏本银二十两，是冶炉多煽一日，即多亏本一日。彼徒计出铁之多寡，而不计成本之轻重者，皆洋匠以西法炫人误之也。如此，则汉阳决无可开之冶炉，无冶炉即无生铁，将何以炼生成熟，又何以炼铁成钢？则原费数百万金，购置熟铁厂、钢轨厂、制造厂、贝色麻钢厂、西门士马丁精钢厂，并各项机器，不将概归无用乎？势必兴修铁路，仍取资于洋铁而后可。不与创开铁政局本意相刺谬乎？无已，计惟有广兴矿务，听民间遍开冶炉以济之。

查湖北荆襄上游之郧施等处，界连川陕；入湖南之衡宝辰沅等处，路通云贵；其四川之夔绥忠西等处，尤多山深林密、矿净煤佳，士人视开矿作农工商贾据铁冶为恒产。掌炉者曰，老客近来，仍用古法，以木炭入冶炉，不搀石灰，炼矿成铁甚精，有以焦煤试人〔入〕冶炉者，搀灰则化，不搀灰则滞，老客泥古而不敢用，厂商重本而不轻试，致木炭用多而贵，每运百斤到厂，值钱三四百文。焦煤无用而贱，每炼百斤在山，值钱不到一百文，而冶炉煽出生铁，又复苦无销路。该冶炉有上中下三等，与西法形式同而大小不同。每上等冶炉，一日夜给出生铁七八千斤；每中等冶炉，一日夜约出生铁四五千斤；每下等冶炉，一日夜约出生铁二三千斤。每生铁钣一百斤，值银不到二两，每毛铁一百斤，值银仅一两零。每熟铁铜条一百斤，则值银四五两不等。缘生铁钣，系由冶炉自然流出，毛铁则搀有冶炉所出之铁钞，故比洋来生铁较贱。此外，则由人力千锤百炼而成，故比机器所成之熟钢条较贵。即此可悟汉阳铁政局，亏本只在冶炉生铁厂，获利当在炼生成熟、炼铁成钢之各机器厂。若奏明派员设分局于上游各处，官督商办，听民开矿，因山就灰，近水开炉，刊示章程，渐仿西法，改用焦煤代木炭入冶炉，搀石灰以点化之，本习其事，徐会其通，既得其传，终神其用，因势利导，风气大开，一转移间，冶炉更多，成本更低，铁价更贱。官为采买，或先期而予钱，或后期而取值，多方相济，委曲相通，化官为商，脱尽宦场陋习。仍恐报销尚多糜费，则选有家资声望者为局员，先发官本若干，议定铁价若干，如式交盘，包运到局，陆续交铁，再陆续领银，始终只欠官本若干，以资周转。随后结算，盈亏不与铁政局相涉。在商贾各有可图之利，而分局亦有自主之权。利所在则人自趋，权既专则事易办。应奏明凡熟铁钢条出境，仍完厘税，其生铁出境概免之。如此，则上游各处，冶炉贪运生铁出水，循江汉沅湘顺流而下。上游如此，下游如江西、安徽等省，亦可照办酌加，运费交到汉阳，即再贵亦不过每墩生铁，价银三十二三两而止。决不至如官局生铁，底本至贱，亦每墩价银五十两之多。盖官局向运烧煤三墩，铁矿两墩，石灰半墩，约共五六墩，送到汉冶炉炼化，始得一吨生铁钣者。此则就各出产处，开炉炼化，运作一吨生铁钣到局，铁原无耗，即运道稍远，而运一吨之与运五六吨，所省孰多，余可类推。彼时铁政局购买各路生铁，以供各机器厂，炼生成熟，炼铁成钢，及铸造各项之用。每年收得生铁数十万吨，即以之徐开铁路而有余。若铁路开到河北，另开支路，运晋铁下太行，而铁更不可胜用矣。

大冶、兴国、江夏各处之煤，虽不可入冶炉，仍可以供轮船火车机器厂之用，其有余者，售作民间炊爨煤利，比铁利更大，何必浪掷之于冶炉，徒费无益。盖以冶炉因山就炭，炼矿成铁归之民，仍用中法；而以机器炼生成熟、炼铁成钢归之官，参用西法。可因其利而不受其害，去其粗而但得其精。是以民厂济官局之穷，又以机器济人力之穷。庶不至徒托空言，而办理稍有把握。凡成大事者，固不惜小费，而理大财、筹巨款者，必先通盘澈算，铢积寸累，而后可以有成。试办或误于阔疏，积久终归于细密，因病求药，得水穷源，自有药到病除、源远水长之日，矿务何独不然。

湖北汉阳铁政局，先开风气，规模宏远，原非为逐锱铢起见，只因焦煤价贵，冶炉无利，遂贻议者口实，甚欲改弦而更张之，不思设法而补救之，吁可惜已。昔曾文正创立湘军规制，奉行久而多改，李忠武始终守之。尝言立法者，但求大段完好，行法者当于小处弥缝，文正亟称之，故湘军终平天下。今铁政局各项均完好，只须于冶炉弥缝其阙，广兴矿务，杜塞漏卮，修造铁路，根基其在是矣。

纵谈至此，忽有识时务者，皆洋矿师，睨予而笑曰："华铁性脆质杂，中法炼本不佳，即用西法炼过，亦不合用，吾惯经手外洋，买机器已承办钢轨铁斫久矣。子休矣，勿琐琐多言！予闻之，悚然而退！"

论病论药说*

喻氏云，治病先论病是也。病既能论矣，自然能论药。当问病时，必将望、问、闻、切四端，悉心领会。先论其病起于何因，见为何症，其本病在何经，其标病在何处，表里虚实，详审不差，然后立方用药。又论其药之寒热温凉，君臣佐使，或用成方，或宗成方，而加减之，变通之。论病如此，则不十全，断无治坏之理。古人之名医

---

* 本文录自《皇朝经济文新编·西医》。

不过如是，今之为医者当亦不外如是。若不论病，何由立方？复不能论药，何由愈病？然论病难而论药易，何也？论病之法，非熟识《灵素》诸书，精明医理，而于望、问、闻、切四端毫无把握，不能论也。即洞悉《内经》，非细心临症，亦不能论。纵言浮谈，似是而非，论与不论等耳。至于药入何经，治何病，载明《本草》，一阅即知。间有《本草》误注者，亦可参合方书而悟之。论病则深而难精，论药则浅而易准也。但欲责难精者之未精，局外原无从置喙，试与言易准者之未准，局中究无从强争，有如郁金入心与包络，兼入肺经。治血气诸病，实开里郁，乃有寒热，初起而因胸腹闷寒胀痛，始则煎用，继则磨汁，或胸腹稍效而表邪内陷，每至昏迷莫救，青蒿入少阳、厥阴，血分治骨蒸、劳热，并不表散，乃有身热不解，用以清化，即引邪入里，贻祸不浅。

麻黄、细辛，共知为表散峻味，尚不轻用。凡遇时邪身热，不问何经何症，动用柴葛解饥法，或以为寒重，兼用桂附，或以为暑重，兼用薷豉，更或杂以利下诸味，轻则六一散，重则槟榔丸，岂知柴胡为少阳经表药，葛根为阳明经提药。若时邪不在本经，误服柴胡，则风动厥逆；误服葛根，则气喘痰涌，甚至兼用夹杂，尤属变端百出，危险一时。若此等药性，看过《本草》无不知者，患在临用而不论耳。惟石膏，甘辛而淡，其性甚寒，为足阳明经，主药兼入肺与三焦，专治上炎实火，只能止汗，不能发汗，而《本草》谓辛其能解饥发汗，其说疑似不可从也。如果能发汗，何以伤寒治〔致〕身，热无汗症？如麻杏甘石汤、桂枝石膏汤，必合大表散药而用石膏。可见用石膏者，不过藉以清热，非藉以发汗，况桂枝石膏汤专治身热、大汗之风疟，更可悟石膏非汗药矣。倘温邪瘅疟，但热无汗，误服桂枝石膏汤，鲜不为害。白茅根微甘辛凉，入心肺胃三经，表散气血郁热，治小儿痘疹身热及大人时邪鼻衄等症，而《本草》与《沈尊生》诸书，谓其甘寒与芦根同，误也。香附通行十二经，为女科要药，时诊以女人多郁气，气通则郁解，故服香附尤效，非宜于女人，不宜于男子。特男子以气为主，不若女人以血为主，其气不可过散，且李士材以女人气实而血未大虚者，方宜于香附，否则损气而燥血，愈致其疾。然则治女子之气，不可多用香附，况治男子之气，何可多用香附乎？若此等药性，不得尽信《本草》，须多阅方书及试用经验而领会之。尤有奇者，治藜藿则一味攻消，治膏粱则全投补益，抑知用而当砒霜，不以救人，用而不当参茸，无不害人。俗谓头痛救头，足痛救足，请医之未通者。愚谓苟如是对症用药，即良医也，较之时医之乱投郁金柴葛等味，不知表里上下者，实高出几倍。特患头痛而以足药救之，不能论病论药耳。

夫论病论药，在临症时，而其所以能论者，不在临症而在未临之先。是必多看方书，温习参考，分审其一定之理，又在已临症之后，俟复诊其病情，进退愈否，务思其所用之药，行之久而临症渐有所准，行之又久而临症一无或误，庶几可以获利，可以成名，是所祷祀以求者，勿訾斯言为臆说。幸甚！幸甚！

血去无咎说*

《易》言："血去惕出无咎"，向以谓特罕，譬而喻于实事，或未当焉。去年刘佛卿部郎为言血症无死法，心窃异之，未及谈询，匆匆话别，常以为憾。今观海上种榆山人胡君悦彭之论，吐血而得其说矣。

山人之论，曰万物生成之道，惟阴与阳。非阳无以生，非阴无以成，阳生阴长，而人理备焉。夫阴阳者，血气也。人有此身即有

* 本文录自《皇朝经济文新编·西医》。

此血气，故血旺则形充，血衰则形壤，目得血而能视，耳得血而能听，手得血而能活，足得血而能步。血之为物，不其宝乎！夫血虽主于心，藏于肝，布于肺，根于肾，灌溉一身，以入血脉而营四末，然亦后天水谷所化，则血何由而生，气何由而立？是故治血独重脾胃，往往有诸血症经年不愈者，皆以胃药收功，因脾胃为生化之源，能统摄其血也。血性属阴，常与阳气并行而不悖。气一妄动，则血逆于上；气不妄动，则血融于中。非气之妄动，实因外邪失治，逼其六经之火，火动则气升，而血亦随之以出矣。

《内经》曰："喜伤心，怒伤肝，思伤脾，悲伤肺，恐伤肾，凡此皆能动火而致血。"又曰："起居不节，用力过度，则络脉伤，阳络伤则血外溢，阴络<伤>则血内溢。"又曰："大怒则形气绝而血越于上，使人薄厥。"又曰："怒则气逆，甚则呕血，此皆内伤七情动血之病也。"由此观之，不独外来之邪皆能及胃而吐血，即五志之火亦何莫不然。盖阳明为十二经之海，多气多血，故也。惟血既有形，其色可察，故古人有验血之法，如吐在水碗内，浮者，肺血也；沉者，汗血也；半浮半沉者，心血也。愚谓新血色鲜，宿血色黑，实热则红，虚火则淡，挟风则带青，挟寒则带黯，火极似水则带紫而黑，水极似火则带滑而绛。蓄之于上，其人喜忘；蓄之于下，其人喜狂。气虚血脱，急当补气；火邪血涌，急以碱降。血因气逆上，壅横不循道者，宜用行之降之之法；血因阳虚寒，滞火不归源者，宜用温之养之之法。血热宜凉之、泻之，血涩宜通之、利之。审证切当，而对症之药投之，自无不愈之理。

至论吐血之脉，不下百余家，兹择其精核者而言之。《内经》曰："脉至而搏、血衄身热者，死。"《难经》曰："病若吐血衄、脉当沉细、反浮大而牢者，死。"《金匮》曰："吐血咳逆、上气脉数、身热不得卧者，死。"《脉经》曰："脉得诸涩濡弱，为亡血。"《脉诀》曰："诸症失血，皆见芤脉，脉贵沉细，浮大难治。”《正传》曰：“芤为失血，涩为少血。”《丹溪》曰：“吐血脉滑，数者难治，又吐唾血，脉细弱者，生，实大者，死。”《东垣》曰：“身热脉大难治，身凉脉静易治。”此皆因血之虚实、病之新久而见某脉为顺、某脉为逆之言也。然而既有其脉，岂无其症？今粗举血症共知之名，约略而言之：有伤酒伤食而吐血者，有咳伤肺络而吐血者，有劳瘵而吐血者，有劳心而吐血者，有肺痿而吐血者，有气郁而吐血者，有心热而吐血者，有坠跌瘀滞而吐血者，有六营之邪伤其营分而吐血者。若夫咯血之症，痰中咯出血疙瘩，肺热肺损，皆有之咳血者。血由咳嗽而出，有先红而后痰者，属阴虚火动，有先痰而后红者，属火热刑金痰。涎血者，痰中带有红丝红点，皆由悒郁不畅，脾家积热所致；呕血者，血从口涌而出，多至成盆盈碗，此由大怒伤肝，气逆血涌所致；唾血者，鲜血随唾而出，虽属肾亏，或有心肺郁热，亦能致此。观夫血症之名，既繁且剧，难以悉数。是在临症者神而明之，若一一引典，毫无发挥，徒受抄袭之诮，亦曷贵乎血之有论者。

近代治血，惟缪仲淳为最，以其善用降气之法。盖气为血之帅，气降则火降，火降则气不上升，血随气行，无溢出七窍之患矣。今之治吐血者，大患有三：一则喜用寒凉。盖寒则血凝，不能循经入络，久必瘀，如蛊胀、痈痕、噎嗝、麻痹等症，皆败血之为患。二则喜用辛热。盖辛热最易伤阴，阴伤则血愈损，如骨蒸、潮热、痨瘵、咳嗽、形神憔悴、五心烦燥等症，皆阴阳之见症也。三则喜用草药单方。要知草药每多苦寒恶劣之性，最易尅伐元气，若实症而幸中之，以为神丹稀世之宝，若虚症而误服之，能不伤人乎？

今沪北为万国会萃之区，池酒肉林之所，吐血之症，日见其多，治不如法，每多不起者，何也？半由于医者不明之由，半由于病者误服单方之故。三十年目见甚多，为治亦不少用，敢笔之于书，以备留心斯事者之采择焉。

请开艺学科说*

同治初年，总理各国事务衙门初设同文馆，因制造机器火器，必须讲求天文算学，议添设一科，招取翰林院编修、检讨、庶吉士并五品以下由进士出身京外各官，考试录取，延聘西人在馆教习，并定章程六条，奏准施行。

嗣以御史张盛藻谓：朝廷命官，必用科甲正途者，为其读孔孟之书，学尧舜之道，明体达用，规模宏远也，何必令其习为机巧，专明制造轮船、洋枪之理乎！臣以为，设立专馆，只宜责成钦天监衙门考取年少颖悟之天文生、算学生送馆学习，俾西法与中法互相考验。至轮船洋枪，则宜令工部遴选精巧工匠或军营武弁之有心计者，令其专心演习，传受其法，不必用科甲正途者员肄业其事，以养士气而专责成云云。于是前议不行，但招满举人、恩拔副岁优贡生考试录取，虽不乏聪明颖悟之士赴考充选，然一经选取之后，未必刻意研求，仍不过视为兼管之业，所以然者，廪气未能优给保举，但属虚衔，应取之生，身在馆中而心不专一，或仍注重时文，以冀正途出身，或得一途半解，即希出外谋事，以故专心致志艺也，而通于道者，实罕其人。设馆二十年，外有广东、上海方言馆调选之生，前后百余人，其中不乏卓卓之士，而实能精深天算、研究机器火器之学、神明变法者，屈指可数，不足以敷各省制造局调遣。故至今仍须雇用洋匠，糜费巨资，而向外洋购船械，犹不免受欺，此则国自强者所宜急思变计者也。

夫学，非专习不经心，非专用不锐事，非专科不重我。本朝沿

* 本文录自《皇朝经济文新编·工艺》。

前明旧制，文以制艺取士，武以弓石量才，此外别无专科。然康熙乾隆朝，特两开博学科，而硕士鸿儒联裾而起，可知典重而人不肯轻视，而人才于是辈出，是于中外一家，实启数百年未有之局也。

世运由静变动，人事由略致祥〔详〕，将来日出其奇，所当酌改旧制，以范驰趋者必不少，而如天算制器之法，则尤为今日至急之务。盖其端已开三四十年，往者循其端而尚未竟其绪，是以步人后尘者不能出人头地，及兹不振，势将岌岌其危，此潘少司成所以有特开艺学科之请也。

夫以天下之人，不乏精思奇巧之士，习其性之所近，以专名而名家，诚使宏开特科，号召招致，度必有挟尺持寸载规怀矩奔走求显于世者，然后仿古时百工居肆之意，荟萃智巧之士，参究西法，穷源竟委，翻陈出新，事事必突过其前，毋若学步之孩，常欲藉提挈，如是行之十年，必有宏效大验，以破中国数千百年未泄之奇，而他邦之人，咸欲慕而不敢侮慢矣。

日本，海中岛国，土地之大，人民之多，财物之富，万不能如中国，乃维新以来，一洗积弱，西人不敢侮慢，恒从而叹服之，而我中国则事事为其愚弄，时时受其要挟。所以然者，无人焉以破其独得之秘，而欲仰仗于彼耳。诚如少司成之奏，实力奉行，国运之隆，有不蒸蒸日上哉！

电气利于园圃*

昔讲究电学之人，初不料电气果能有实用于农家也。但由近来查验之中，究得此质几乎无所不能。奥国耕犁，使用电气，业经派吞脱（凡新制一物，禀请政府存案，准其专利若干年，英语谓之派

* 本文录自《皇朝经济文新编·电报》。

吞脱)在案。至耘草耙、收禾车及割禾打禾机器之使用电气者,均得见于美国赛会场中,其器之用法经验,颇称合意,现有田地,专备试验之用。其耕耙肥润之各法,以及散种后复盖以土,又去蔓及打禾收禾所需工程,几无不借用电气之力,而收用电力,尤以在浜上设一水轮,使浪转轮生电为最省,需费亦较少,精益求精,将来耕田必以电气为本而后止。

耕地用电气其最足观者,为滋补木草之法。此法虽尚无实效可收,而据试用电气耕地之处,具报名情,其所费苦工,当亦不致虚耗。夫田园谓之电气田园,固属新奇,而其新奇将来必因其有实用而益彰。数年前,有欧洲格致家以电滋补草木,而试其效,雷母司曲勒母在沸兰,司班乃夫在南俄罗斯,又塞黎在法国,分别讲究此道,用电通于所散之种子及所栽之草木之土地并及草木土上。

精技艺以致富说*

泰西之学,技艺与文学并重于国,无轩轾之分、贵贱之别。故朝廷取士,凡技艺之中有能自出心思、标新领异、自成一家、为他人之所不能为者,国家予以文凭,准其专利若干年,自五年至二十年、三十年不等。有年满之后,加恩展限数年者,此时国家为保护,不准他人仿效,至年数已届其期,始准他人如法制造,其例如此,用是智巧聪明之士,无不孤诣冥心,孑孑独造,而人才辈出,日进靡穷。且有一器一物也,务求其成,守愚公移山之志,历世相继,父以诏子,子以诏孙,至再至三,改造仿制,虽虚縻〔糜〕巨费以贫其家弗顾也。更有乞之同辈,请之朝廷,助其资财,以竟全功,务底于精纯无憾而后已。故其国运昌明,所造之物精而且良。周武则猛锐难

* 本文录自《皇朝经济文新编·工艺》。

当，行商则无往不利，兵强国富，职是之由。

中国向崇文德，鄙艺术为小道，贱新学为小道，偶有矫异自立欲有举动者，旁观拘执之人纵不为之阻挠，亦必加以讪笑，以为妄人多事，自作聪明，尚未睹其成，先料其败，功不能见，祸即随之。故怀才之流不敢轻于一试，国之所以不振，业之所以不精也。通海以来，兵防吃紧，南北洋各创机器，雇工制造，凡枪炮、药弹、汽机、船只、靡不从新创制，精益求精，较道咸之朝有蒸蒸日上之势。然惟广虽宏，局中往往延请西匠，彼为我用，我实为彼用也。

愚以为，技艺一项，自以制造兵火之类。为类甚多，枪炮之外，莫要于雷，有曰行雷者，有曰伏雷者。伏雷利守，所设之处，宜多设标浮，以为疑兵之计；行雷宜攻，直趋敌舟，一发敌命。更有鱼雷一种，箭雷、索雷等名，鱼雷形长，以铜为质，以棉花药为腹，尾有螺轮，中腹蓄气，机轮自行。箭雷，天津水师学堂曾经制造，索雷则拖于船尾，两种皆不及鱼雷之良。枪以毛瑟哈乞思益为最，炮以克虏伯，远攻以马塔霍思，近击火药以白药、棉花药为最烈。以上各器，中国已大半能制造，但不甚精耳。至于辨矿材作器用，煅钢铁，印花布以及一切日用之微，中国风气方开，皆不能及试。观日本一国自开化后，事事效法泰西，其国人倘有志自强。宜多设各种技艺学堂，实事求是，一洗官场习气，始得日臻上理，与各大国争衡。倘复泄沓成风，不求真际，事事仰给于人，非特民间日用之物尽用西制，每年金币虚掷重洋，不复能返，即使军器可以自备，然人新我旧，人良我楛，一旦事起，疆场不徒受其绐，且受其害矣。

是宜选曾经出洋之干员，切实不浮，督率心思灵敏、智虑精巧者，尽心学习，或仿其制而为之，或新其法而广之，富强之基，端在于是。

总之，制器尚象利用，本出于前民，《几何》作为冉子，而中国失其书，西人习之，遂精算术；自鸣钟创于僧人，而中国失其法，西人习之遂精。制造火车，本唐一行水激铜轮自转之法，今则火蒸汽运，名曰汽车。炮本虞允文遗制，当时败敌有霹雳之名。凡西人所精者，中国皆先有其说，今愚俗之见少多怪，往往震惊西人之巧，岂真西人之智远出于华人上哉？特中国不重技艺之学，人巧而吾自安于拙，人智而我自安于愚耳。今宜一反其道而行之，上以制器为能，下以技巧为重，人一己百，人十己千，务求驾平，西人良法美意，仿效不穷，新机巧制，搜求靡已，务在我能师其所长，而夺其所恃。如是，技艺安得不日精，而富强之术安见不能与泰西并驾齐驱也哉？

古今工程异同说*

今夫制造之功，以算学为体，以化学为用。非点线面体以相求，无以深明底蕴；非形色气质之分合，无以判析毫芒。此皆制造家所宜讲者也。

我中国古时制造，莫详于《考工记》一书，其《攻木之工》曰："轮人、舆人、弓人、庐人、匠人、车人、梓人，而木之利乃普。"《攻金之工》曰："筑氏、冶氏、凫氏、栗氏、段氏、桃氏，而金之用以兴。"攻皮则函人、鲍人、韗人、韦氏、裘氏，所以饬犀革之材；设色则画缋染人、筐人、㡛人，所以昭彰施之美；而且刮摩则玉人、楖人、雕人、磬氏、矢人，乃见切磋琢磨之效；至于砖埴则陶人、旊人，并戒髻垦薜暴之为。是《考工记》固开制造之先声矣。

顾古今风气不同，古之工作不求其速，但求其精，故多以人力；今之工作既欲其精，又欲其速，于是求以算学之法，核以化学之功，

* 本文录自《皇朝经济文编》卷九十二，求自强斋主人辑，1901年秋慎记书庄石印。

所由机器风行，制造日盛也。且机器制造，尤莫要于钢船、钢炮。斯二者，固非参算学、化学不能精也。

请先言船。船有宜于古而不宜于今，宜于海而不宜于江，宜于外洋而不宜于内港者，核以算法，则制造钢船行于海洋者，大宜七千二百八十墩，阔宜五十九英尺，长宜三百零八英尺，吃水深宜三十英尺，钢甲厚宜二十英寸，始能出奇制胜，远涉风波。行于江及内港者，则大宜二千二百墩，阔宜二十八英尺，长宜二百四十英尺，吃水深宜十英尺，钢甲厚宜十八英寸，始能进退裕如，不虞胶滞。然衡中国形势，造船宁小而无大。盖为思启封疆计，则钢船欲其大，大则陷阵摧锋，声威自觉百倍。而为保守海口计，则钢船欲其小，小则左冲右突，操纵可以自如。今中国幅员甚大，原无兼并之心，但使保护城池，令敌人不越雷池一步则已足矣，又何赖乎船大？且造小钢船，其利有六：钢甲大船，动需巨款，小者可省数倍，是以一大船之费能分制小船数艘。船只既多，布置自密，其利一；船小则入水浅，凡大船不能到处，小船皆攸往咸宜，其利二；胜可乘势进攻，败可退守内港，敌船吃水深者，不能追踪而入，是我可进可退而敌不能也，其利三；小船既多，分防设伏，一与敌遇则夹击夹攻，更番进战，敌计猝无所施，足为声东击西之计，其利四；大船之炮能击远不能击多，以数小船围攻则可百发百中，敌船必受大创，其利五；中国海港纷歧，节节设防，需费甚巨，若稍疏忽，又恐意外之虞，此防海所以难也。如造小钢船耗费无几，造成后分遣各处，攻击已捷，驾驶复灵，足以保山河巩固，其利六。有此六利，则钢船宜小不宜大，可知其船须置活钢炮台，台以少为贵，盖多则所置之炮小力不足，以及远势不足以攻坚，少则可置大炮，猛烈异常，足以一当十，以十当百。故首尾各置一台可矣。略大之钢船，尤宜配以雷艇。昔意大里〔利〕条里由兵舰内有船坞，专藏雷艇。俄土之战，俄人议造雷艇置于康士但丁舰中，旁用曲架，加以挺簧，不论波浪如何，可以收起放落，决不损伤，又有树胶管运，大锅之汽，入于悬雷艇之锅中，立可行驶神速，于土战大得其益。可见配用雷艇，尤为制胜之方也。至于材料何以精纯，钢铁何以坚固，行驶何以神速而无弊，形式何以粗细而合宜，则又赖化学之功。是宜在制造时悉心讲究矣。钢船之宜参酌尽善也如此。

次言炮。制炮之术全在炼钢，须以算学之理核药弹大小而定，钢质厚薄，其药膛炮管之大小、长短，分寸之间悉赖勾股核算，方能配合得宜，要皆以膛口空径为则，假令一炮约定膛口空径为一寸，则口边应厚五分，炮墙近耳处七分五厘，近尾处应厚一寸，耳之长及耳之圆径俱应一寸，比例相生，作为定率推步，是以无炸裂等弊。至于钢料，又非化炼极纯不能得其要也。且造炮之要有二：一曰命中之远，一曰击力之大，而尤要在击力。倘击力不大，则不能致远，不能透坚，虽命中亦属无济。故各国近造钢炮，务求其大，务极其坚。其炮之最佳者有二：如英阿姆斯脱郎所造巨炮，重八十吨，长二十七尺，口径六尺，炮膛十六尺，炮弹一千六百磅，每次施放火药须三百磅，其质皆用纯钢，虽钢甲厚者亦可击穿。前岁德国克虏伯又造新式钢炮，重三百三十五吨，长四十尺，炮腰径最大处长六尺半，圆围十九尺四寸，炮弹长四尺，容火药七百磅，远可及十一英里，约中国三十三里，诚可谓愈出愈精矣。惟此炮难用于船，以其过重也。为防守海口计，则多置此炮于炮台，实足寒敌人之胆。故中国欲造钢炮于船中用者，宜多造阿姆斯脱郎之八十吨；于口岸用者，宜多造克虏伯之三百三十五吨炮。钢炮之宜舍短取长也又如此。

方今各省船局、制造局所造船炮日精，去岁上海制造局又设炼钢厂，用希门慈之法提炼纯钢，较洋产有胜而无不及。诚使择船炮之精者，推广仿制，杜强邻之窥伺，即保海宇于澄清，岂非自强切要图哉！

条 陈

铸银条陈*

呈为敬陈管见仰恳据情代奏事:

窃维夏书《禹贡》,惟金三品。三品者何?金银铜也。周兴,以珠玉为上币,黄金为中币,刀布为下币,恐上币太贵,下币太贱,乃高下其中币,以制上下之用。故曰:黄金者,用之量也。盖天下之财币,惟贵能制贱,惟重能制轻,非三品兼权,不足济生人之日用。

三代以前,圣神相继,自黄帝以下,莫盛于成周,而文武当日理财,实以黄金为准,遂以车书一轨,九译来庭,固由德化之覃敷,亦制驭之得其道耳。明初纹银之贵与黄金等,故俸饷地丁,概以纹银出入,岁仅三百余万,而民间仍用铜钱,即以贵制贱,以重制轻之义也。万历以后,美国银矿大开,运入中国。本朝沿明旧制,仍用纹银,年复一年,度支渐以不敷,俸饷皆难自给,上既病国,下复病官病民,何则?纹银之价日贱日轻,不足以制物价之贵重也。英吉利既得新旧金山,自铸金钱,名之曰镑。每镑重二钱二分五厘,持以与各国通商,无能敌者。盖暗合周法,得贵贱重轻相制之道,故能纵横四海,独擅利权。各国隐受其亏,不能不谋自立。美洲分国,亦铸金钱,式与英等。嗣而法效之矣,德效之矣,俄效之矣,奥

* 本文录自《时务报》第十二册,光绪二十二年十月二十一日(1896年11月25日)刊,署名"京师来稿"。查麦仲华、宜今室主人等所辑经世文编,本文皆署名陈炽。时陈炽负责《时务报》在京师的捐款收集和报纸推销工作,故署此名。另查中国第一历史档案馆随手档光卷目,内有"五月初六日章京陈炽呈一件条陈"。就目前所知,陈炽除光绪二十一年十一月二十九日上呈《茶务条陈》外,仅此一篇《铸银条陈》,故本文疑为1895年5月29日以前所撰。

日意比效之矣。今日本亦效之矣。其与英镑同者十之七八，不同者十之二三，盖人贵我贱，人重我轻，必为人制；我贵人贱，我重人轻，必为制人；人贵我亦贵，人重我亦重，则虽不能制人，而亦可以自立。此必然之理也。各国制度不必仿英，而不能不仿英之铸钱者，非有金钱，一通商即为人所制也。

今各国皆有金钱，而中国独不用不铸，受害之巨，悉数难终，约略言之，厥有四弊：一曰国债。中国前时所借银债尚少，然拨还期近，镑价必抬以十成计之，辄亏至二三成以上，今岁拨三千万，岁亏二成，即多出银数百万两。至于购炮购船，一切海防之费，无一物不买镑，既无一事不受亏，若自铸金银钱，入之金银之会，以镑还镑，彼自无辞，一也。二曰商务。通商各口，买卖货物，均须以镑合银，彼有千镑之金钱，即可作万金之贸易，我轻而彼重，即彼富而我贫。中国之汇号、银号、典肆、钱庄，无不仰洋商之鼻息，以金镑易纹银易，以纹银易金镑难。是彼以一金镑奔走华洋，华人已暗听指挥，相率入牢笼之内，而平日出入亏累，所不必言。六十年来，中国商务所以永无起色，驯至今日，海疆各埠，无一富商，即偶有之，亦必倚洋商通缓急者，职此故也。自铸金钱，通用金镑，彼此之势，始可持平，二也。中国创开银行以后，将与洋行通往来乎？抑不通往来乎？如通往来，必须金可通，银可通，票亦可通，方无窒碍，否则买镑卖镑，必致受亏，亦与国债相等。如不通往来，其局面仅一汇票庄、官钱局耳。况国家万一忽有急需，岂能自坚其说，则千日积之，一朝散之，反聚敛中国之现银，以输之外国矣。惟铸用金银钱，银行钞票亦以金银钱为数，则四通八达，若网在纲，三也。中国既开金矿，又不禁金出洋，是为授人利器。既不铸金钱，又不用金镑，是为自窒来源。今日银贱于金三十余倍，铜钱贱于金钱一万余倍。他日将金收尽，低昂其价值，以盘算中国之银，则中国银根立时短绌，市面立见摇动，生人养命之源悬于人手。盖贵能御贱，重能御轻，而轻断不能御重，贱断不能御贵，此一定之理。虽圣王复起，无可如何也。惟铸用金银钱，则大局挽回在此一举，四也。

或曰：中国官民上下所通用者，银耳，只须银多，何患金少。此在通商以前可也，通商以后则不可；此后不通商可也，此后仍通商则不可。何以言之？今综计天下厘金、关税、盐课税，出于内地之商者，约二千余万两，岁有所短。各海关洋税、药厘税，出于海疆各商者，亦二千余万两，岁有所增。是海疆之贸易已与内地相等，内地可以银计，海口必以镑计，内地之现银少，海口之现银多，频年海溢川流，彼已将利权操之掌握，此后金银价值高下由人，尚能保此银之长在中国乎？惟金银并用，乃可轻重相权，且金钱轻便，所值较多，人可收藏一二文，以防不测，是铸用金钱即藏富于民之上策也。

或又曰：中国金矿甫开，奈黄金不敷鼓铸何？而无虑也！各国之铸钱者，非皆自有金矿也，按时价购金铸钱，已能敷用。况中国从古至今，称黄金最多之国，只须广开金矿，并由银行金店按市价买金，断无不足。现在情形可考而知者，海关出口黄金之数，岁值银三千七百万两，计重一百余万两。按照英镑之重，可铸金钱七百万元。漠河一处出金，岁亦在十万两内外。此外吉林、奉天、四川、云南等处，岁岁增多。外国铸钱之机，皆金银并铸，惟钢模不同，金重于银一倍，金钱虽小而分两转多也。故金多则铸金钱，金少则铸银钱，从无停机待铸之患。

总之，铸金钱所以御外，铸银钱所以安内。多铸一金钱，即外国免一分盘剥；多铸一银钱，即内地免一分拮据。而以贵贱轻重之理及现在情势言之，则铸银钱犹缓而铸金钱乃弥急也。

请言自铸金钱之利。天下各国所用之金，惟中国赤金系十成足色，标金则九八也。各国所用器饰钱币之金，自六成至九六而止，无能及标金者，因炼金无须化学，愈锻愈纯，故中国独居上上耳。各国铸钱之金，大略以八四为率，因成色低，则行用不便，成色高则资本太多。当日英镑通行，即系八四。他国仿英而铸，亦以八四为衡本，不必十成足色也。汇丰、马加利等银行，专做中国金银交易，运金出口，并无税厘。以彼八四之金钱抵我十成之金价，是每百万两显亏十六万两矣。今我取以铸钱，则每金百万两即可净赢十六万两，合纹银五百万两，其利之大如此。故铸铜钱仅敷成而已，铸银钱为国大利，铸金钱则大利之尤。此项利源，理宜归国，并应奏定程式颁行，以重其事，则源源运铸，美利开矣。

请言通用外国金镑金钱之利。英镑盛行，而后各国相率铸钱，此国之金钱不得通行于彼国，出入亏折仍属不便于民。惟中国自道光以来，外国之银钱销流于海疆内地，中国行所无事亦竟无弊端。盖天下之钱，本供天下之用，天无私覆，地无私载，日月无私照，则钱币之流行天壤者亦然。此天下之公义也。银钱如此，金钱可知。今自铸金银钱，而外国之金银钱与中国分两成色相同者，均准通用，则彼钱皆我钱也，在我振兴商务，以货易之而已。夫天下万事万物，各有一至当不易之道，无中外古今，一也。自开辟以来五千余年，天下铸钱之多，莫多于今日者，各国钱法之乱，亦莫乱于今日者。而有不多不乱者存，于何验之？验于天下人之便不便而已矣。便不便于何验之？验于通行之广不广而已矣。

今英国之金镑通行已遍地球，美国、墨西哥鹰洋所行，亦占地球之大半。粤、鄂仿铸，分两相同，得其要矣。中国铜钱虽仅行本国，而以御小物，畸零分算，大益民生。此三者，皆天下之至便。贵贱轻重，适得其权衡度量之所宜，然固圜法中至当不易之大道也。然天道后起者胜，利弊之故，历久而始明。中国当此之时，会逢其适，实富贫强弱之一大转机。

天佑国家，时不可失。应请宸断毅然，厘定圜法，饬下英美出使大臣，购买鼓铸金银钱机器一副来京，即于京师设立钱局。机器之大小以每月能铸金钱百万元、银钱三百万元为度。明降谕旨，定圜法为三品，金钱为上品，成色轻重同英镑，而龙文款式如银钱。每金钱一枚，权纹银七两，银钱十枚，铜钱十千。外国金镑金钱与中国分两成色相同者，亦准通用。银钱为中品，成色分两款式，均照粤、鄂奏定之章，每银钱一枚，权纹银七钱，铜钱一千，五角小银钱二枚，二角小银钱五枚，一角小银钱十枚，五分小银钱二十枚。外国银钱与中国分两成色相同者，均准通用。铜钱为下品，各省照旧鼓铸，轻重以七分为率。适敷其成本而止，出入一律概以钱钞各半为衡。明定火耗公费章程，由内外官吏自行酌定，请旨遵行，以资津贴，布告中外，咸使闻知。嗣后有阻挠圜法，挑剔留难者，以违旨论。

京师钱局及粤、鄂各省铸银钱局，并请皇上准今酌古，赏锡嘉名，以著一朝济变之经，开万世同文之轨，提纲挈领，操矩持衡，万化之原，权舆于此。伊古以来，安有堂堂大国亿万人民而日鳃鳃然患寡患贫者？徒以钞币未定，民用不敷，物重钱轻，致成贫弱。以自铸金钱立其本，以参用钞票畅其流，以广铸银钱铜钱宏其用，以开矿务农通商惠工诸事收其利而保其权。若网在纲，如金受范，远师夏后，继美周京，然而不强不富者，未之有也。管蠡之见，是否有当，伏乞据情代奏，请旨施行，无任悚惶激切待命之至。

茶务条陈*

户部员外郎陈炽呈为条陈茶政恳请代奏事:

窃维中国之茶务，昔盛而今衰，以出口多寡之数较之，而了然可睹矣。嘉庆、道光以前，每岁出口之茶，约值银五千余万两。其时通商仅广东一口，各省茶商均须贩运粤东，由总商与西人定价。总商气焰熏灼，不惟华商趋承，恐后即西商亦惟命是从，所谓十三行者是已。然而，商务日兴，税收日旺，茶叶出口之数日益增多，此极盛之时也。既而诸行倒闭，五口通商，各省之茶分由各口贩卖。中国种茶之地，运茶之商，其数日增，而中国出口之茶，所值之数乃日少。至光绪二十年，出口总数仅值二千二百余万金，较之嘉道以前顿减大半，税厘各项亦随之而减。

昔则茶少而值多，今则茶多而所值反少者，其故有三：一则印度、日本之仿种太多也。英国当日销中国之茶，岁约三千余万，恐利源外溢，锐意收回，遂于印度亚山地方，以重价雇募中国茶师，教土人以栽种制焙之法。绵亘二千里，茶树成林，近复推广于锡兰一岛，参用新机制焙，无论制茶多少，色香味一律无殊。出口之时，不征税钞，专以贱值与中国争衡。上年出口之数，较中国多至一半。泰西自俄罗斯外，英、法、德、意、比诸国，皆销印度之茶，无复饮中国茶者，以其价廉而物美也。当日美国销茶尤广，自日本广行仿种，亦减收口税，以机器制成，美国之利尽为所夺。佥谓守此不变，再逾十年，中国茶叶必至无一箱出口而后已。此其攘夺利权者，一也。

---

* 本文录自中国第一历史档案馆军机档，光绪廿一年十一月二十九日(1896年1月13日)呈奏件。

一则中国皆散商，洋商之抑勒太甚也。今中国之茶，止销俄国，购茶者皆俄商，即有英德各国商人，皆与俄商办运者耳。自各口通商而后，中国富商大贾尚能顾全大局，力与维持。惟千金、数百金之小商，资本无多，只求速卖．于是搀杂伪质，跌价争售之事起。洋商欺其愚懦，因而始则放价，继则故意挑剔，低盘割镑之弊生，每以一人掣动全局。今年茶叶万不能留至明年，洋商不买即无销路，资本半由揭借，至期不得不还，遂相率以至贱之价哀求洋商购买，而折阅难堪矣！然应交之捐厘税课如故也。因而倾家败产，亏闭卷逃，无所不有，彼此视为畏途。通十年计之，几无一年获利者，通十人计之，几无一人获利者。茶市败坏至于此极，尚忍言哉！此其把持商务者，二也。

一则山户与商人互相忌嫉，动辄抬价居奇也。茶自谷雨抽芽，采摘制焙而成，为时不过半月，粤商当日入山采买，知其急欲求售，勒价联帮，在所不免，山户日久知商人以贱价买之而高价卖之也，遂故抬其价，任意居奇。山户固不能不售，商人携银入山亦复不能不买，比年遂多以高价买之山户，以贱价卖之洋商者。山户偶然获利而茶商无一不亏，他日必至有货不能售，或皆洋商自行入山采买而后已。此局一定，除一子口半税外，捐厘尽付东流矣。此其败坏市面者，三也。

盖茶务之江河日下，至于今日，譬之敝衣破屋，自上至下，自表至里，皆黪朽败坏，补救无从，似此绝大利源。惟有如秋空浮云，听其自生自灭而已矣。

虽然，当无可设法之中有四法焉，可以嘘枯吹生，使万象顿回春意者，则在当局洞悉本原，一维持保护之而已。请质言之。

一曰参用机器。印茶浓厚，略如云南之普洱茶，然色味虽酿而馨香远逊。西医之考求饮食各品者，咸谓华茶性味和平，于人身有益无损。印茶燥烈，利少害多，虽积习难变，然此一语者，即华茶由衰复盛之机也。惟印度、日本之茶虽居次等，而机器制焙，清洁无伦。中国制茶之时，最畏阴雨，若连雨十日，茶芽将老，不能不摘，叶含水气，则以火烘之，甚则烟气熏人，色香俱变，且人工炒焙，不能无优劣粗细之殊，洋商于百箱中检出一箱劣茶，余均以劣茶定价。欲整顿一律，则时日迫促，天时既不能定，人力实不能齐，此必穷之道也。惟参用机器，烘焙制炒，火候均匀，物皆精美，虽欲藉口挑剔，其道无由，而一人可作十人之工，所出之茶亦愈广矣。且西商载茶回国，船行赤道之下，天气蒸郁，时阅二旬，茶之稍次者，往往霉变。西人喜用印茶者，由印度至泰西，计时减十日，则霉变亦稍稀也。近日俄商在汉口、九江以机压茶末，制作茶砖，如古者龙团凤团之类，运至英法各国，群喜购用，视若珍奇，因砖茶坚实，可收数年，虽由赤道径行，色香味丝毫不变也。茶末为中国下乘，视同弃物，而西国珍之，俄国利之，设以佳茶制造，西人之贵重何如此？由华茶性质本佳，亦中国收回利权之枢纽也。宜令各关道酌提款项，选募中外茶师各一人，密赴印度考验制茶之法，购买机器，入山制造。压砖机器，浔汉已有十家，亦先购一分入山，以佳茶试办，仿小龙团旧式，精益求精，试办有成，然后酌提官款，以为之倡，令富商大贾广集公司，多购机器，遍置出茶之地，驯至华茶皆机器所制，则性质之美过于彼，制焙之精同于彼，而茶商、山户一气呵成，当日勒价抬价诸弊端亦不禁而自绝矣！

二曰准设小轮。华茶之美者，以安徽之婺源、江西之宁州、福建之武彝、湖南北之羊楼峒等处为大宗，而婺源、宁州茶船，均须渡鄱阳，湖南北之茶，大半须渡洞庭，往往茶市届期，阻风一二十日，后到之货多受西商抑勒，亏折不支，亦有日久茶味已变者。四省茶商，屡请自置小轮，在湖拖带，以免逗留，而地方官辄以无据之言，横相挠阻。其实捐厘一切，已在山内征收，出茶卖茶，均有定地，何从偷越！徒苦商民而已。宜准令各商，在鄱阳、洞庭两湖，置轮拖带，或由官设立，酌收其资。惟四省茶船将及万号，每湖必有小轮船十艘，梭织往来，然后茶市不致后期，行旅咸占利涉，保我商贾即所以保此捐厘耳。由武彝至厦门，水陆程途亦多艰险，如能修一铁路，则运费日省，商务日兴，其所以俱非浅鲜也。

三曰创立公栈。西商雇轮挟资，买茶中国，决无空回之理。华商之茶，固不能不卖，彼西商亦不能不买也。而西商之敢于抑勒者，皆由中国散商太多，跌价抢售之故。欲合散为总，向非官为联络，增立引票，不为功。然目之诸商，皆无远虑，况官商隔膜已久，骤兴此议，不以为体恤之，而以为鱼肉之也。日后假手吏胥，则鱼肉亦意中事耳。上年，湘抚吴大澂备悉商艰，拟集商股为总行，西商抑勒，即由总行购买，自运外洋，而不知其诸多窒碍也。众商禀覆，请抽小费，立公栈，散商各图自便，议亦无成，由官不悉商情，不能主持定议。夫此公栈之说，即潜移默转，合散为总之根也。今日茶商，运茶至埠，中国茶栈皆逼窄，不能容，惟洋行高大宽深，可以堆放，各就其素曾交易者，运而入之，货已入行，价仍未定，嗣后欲移售他处，百倍艰难，如有小商同在一行，以贱价先卖，则不得不吞声忍气，苟且成交，暗受西商之抑勒矣。其故由于中国茶栈无地可容，故先入行再行议价，种种不便，从此而生。宜令汉江关道晓谕栈商，设立公栈，务极宽广，可容数十万箱，每埠酌借官款十万金，即能成事。卖茶之后，按箱扣还，令茶船至埠之时，皆运存公栈，不准一箱先入洋行，议价时可东可西，由吾操纵，散商抢售不顾大局者，公栈得而罚之，则割盘割镑、放价勒价诸弊端，皆不去而自去，然后九江、上海、厦门等处，仿照办理，华商气象为之一新，大局有转移之望矣！

四曰暂减捐厘。西人喜用印茶者，岂不知印茶之不若华茶哉！贪其价廉耳。印茶之廉，由于参用机器者，半由于不征税钞者，亦半华茶则税钞不能议减，捐厘方且议增，是驱之用印茶也。刻华茶销路已减其半，及今不急思补救，日后将无一茶商，既已无，商税从何出？前赫德条陈其事，请减税厘，各督抚关道仅顾目前，动以款项支绌为言，置诸膜外。夫税厘之短绌，由于商务之积疲。商务日兴则税收日旺，天下事固有多取之而不足，寡取之而转见有余者，莫切于今日之茶务矣。今出口税及子口半税，关系洋息，未敢轻议减收。至于内地厘金及各项山捐、箱捐、善堂捐，外销款项，均请一律暂减三成，俟他日茶务复元，再行规复，由部定议，请员饬行。要之捐厘减一分，华商多一分之生气，即增一分之利源，洋商买一分之便宜，即广一分之销路，果使日渐振兴，每岁仍销至五千余万两，即不必规复旧额，而已多收一半之捐银矣。明为恤商，暗实裕国，亦何苦刻舟求剑，病商病国，为丛殴爵〔驱雀〕，为渊敺〔驱〕鱼，致中国茶利尽为印茶所夺哉！

此四者，如能本末并举，则华茶销路必年广一年。期以十年，不复道光以前之旧额者，无是理也。即有一二端见诸施行，当此积疲积困、水深火热之时，亦必有成效之可见。惜中国官商情形隔膜，动以崇本抑末之说，视商人之盈亏成败漠然，不加喜戚于其心，持此以与泰西各国通商，如下驷驽骀追踪骐骥，必使中国盈天下无一富商，所有利权皆归彼族，上下交困，仰人鼻息以为生，如今日之缅甸、暹罗、越南诸国。兴言及此，其可忧可惧可危者，又岂仅茶务一端而已！管蠡之见，是否有当，谨缮具条陈，伏乞据情代奏，无任悚惶待命之至，谨呈。

书 信

上李鸿章书*

户部山东司七品京官陈炽顿首之书：

大人阁下：

窃炽闻近日朝鲜内乱，王妃被戕，国王不知所在，北洋电报催马道建忠迅速回津，谓朝鲜之事非彼不可。以炽观之，此次朝鲜之乱久在意中，欲仍以马建忠当之，恐不惟无益，而反有其损也。炽之友有王某及徐某者，向随吴筱轩军门驻其地，客岁领饷来京与炽言曰：高丽之乱不旋踵矣，王妃淫秽，国王暴戾，其国之臣与民皆不服也。大院君之事，中国兵行诡道，其力虽屈，而其志不挠，国人称大院君曰太公，有谈及太公，虽肩挑负贩之细民无不痛哭流涕者。兼通商事属创始，朝鲜土产无多，财尽民穷，祸将立见。又曰：马建忠驻朝鲜两月余耳，日索歌妓数人侍酒，朝鲜人以诱禽大院君之故恨之，以狎妓之故鄙之，幸马道即行，吴公留驻，否则，乱未可平也。王、徐二君皆非妄语者，而其言如此，故此次之乱有六征焉：

---

* 题目为编者酌加。录自中国第一历史档案馆军机处档正片。该书信末注有“光绪廿一年正月”，字体与正文殊异，疑是收信者收到该信时所注日期，抑或后人所加。且档馆附页有注谓“按朝鲜闵妃被杀在光绪廿一年十月间，此件不应是该年正月的，经考证，可能是十一月份”云云。原署日期与档馆注语皆误。考信内明言“此时法夷之难未平”、“南顾方殷”等，应为光绪十一年(1885)所写。又考朝鲜历史，光绪八年即有内乱，在中国的帮助下，闵妃为首的后党诱执首要大院君，送交中国天津关押，派马建忠襄理其海关商务。至光绪十年底，朝鲜新党在日本的支持下，占王宫、杀后党。此时误传闵妃被杀极有可能。诸多史实与信中所涉颇合。且笺首自称职衔曰“户部山东司七品京官”亦显与光绪廿一年之正五品户部郎中之职相违。据此而疑该书信写于光绪十一年正月(1885年2月)。另据内容和史事，该信为进陈李鸿章所写。

思大院君之德，一也；恶王妃之淫乱，二也；不愿通商，三也；中国有法夷之事，四也；吴筱帅既卒，断其后者，威望不足以镇之，五也；朝鲜今岁大荒，饥民乘乱而起，六也。

炽闻前月间大院君卒于保定，此信若确，朝鲜民思之愈切，痛之愈深，则其恨马建忠亦愈甚。蜂虿有毒，况大国乎？万一反戈相向，奋臂当车，即无意外之虞，已失字小之义，况俄人垂涎于北，倭人伺隙于南，虎视眈眈，蓄心已久，皆思因利乘便，抗我颜行，彼知力不能敌我，或乃引寇入室，反颜事仇，忘我国家二百年卵翼之恩，而肆志以图一逞，内忧外患迭起循生。此时法夷之难未平，转饷之劳已极，将无可选，兵不能分，南顾方殷，东隅又失，其事尚堪问乎？炽传闻耳食，不得其详。合肥相国成竹在胸，当已别操胜算。惟炽区区之意，窃谓怀柔小国之道，终以收人心为本，如大院君尚在，应即请旨立以为君，申之以约束，责以招抚，威福自我，彼亦无所恨焉。如果已亡，宜请旨加恩而盛礼送归其国，迅速调兵定乱，择贤者而立之，庶可以安集众心，一劳永逸，若仍倚马道，以权谲再图侥幸，恐惊弓之鸟，防备已周，能藩之瓶，猜嫌转甚，构乱稍久，敌国从而生心，虽有智者，将无以善其后也。一隅之见，是否有当，伏祈钧鉴。

陈炽谨肃

上陈宝箴书*

右铭年伯大人阁下：

叩送行旌，倏已匝月，闻津门小住，刚趁最后一轮，同人闻之，甚相快慰。近向吾复接南电，得悉署藩之讯，尤为忭跃，即谂台祺笃祜勋祉延绥，翘首南云，亮符私颂。

* 本文录自唐楧《笔花阁文章》。此书末署“腊月望日”，无年份。据书云“侄于十一月中补授浙江司主事，即少云之缺，腊月初六，枢垣例保以员外郎，无论题选咨留即补。”知是书发于光绪十六年腊月望日，即1891年1月24日。

前存各件，于台从启行之次日，城内外均即分致完竣，同直诸君，属代为叩谢，计方伯一座，指日当可真除，预贺预贺。惟子寿先生清节宏猷，未获大竟其用，为可惜耳！然吴人于其去也，讴思不辍，咸谓客岁水灾，非公不活，三代之直，犹在人心，公亦可以无憾矣！

读香帅铁厂奏稿，精思伟论，真经世大文。然闻俄人西伯利<亚>铁路已归类美国包办，期以四年，必成。近得东边奭召南观察良书，谓东省千里平原，隘口岐出，实非铁路不能守，而今始知之，惟望速成，以消边衅。召南固素持非毁铁跌之议者也。近日醇贤亲王，虽经薨逝，然海军铁路二者，尚无违言，惟望铁轨早成，俾得早竟全功，或可豫弭隐患耳。

然侄近日私意于朝鲜一事，转愿俄人速发，其祸犹轻，一者宿将劲兵，仍然不少，全力搏象，胜负固未可知。再者，中国通商税则，受亏太多，俄人有事东方，英人必以水师挠之，然水师必资陆兵之助，日本无能为役，必将求助于中朝，我则慨然许之，而以改税则一事要之，英人当无不从者，英从而各国亦无不从。中国商务，英实居十分之七也。如当国诸公，果有胆略，只须以万人东渡，夷朝鲜而郡县之，俄人布置未定，苟无责言则亦已耳，如有违辞，即与之背城一决，是即决疣溃痈之妙策，而惜乎曾惠敏公屡发之而不能用也。然其中固亦有天焉，而非可以人力为之者矣。俄储夙未来华，此次东来，用心实不可测，其灭土之属国，此策亦屡行之矣。虑患防微，未审当事者何以处此，若以皮毛论，只见俄使日哓哓然争迎款之礼节耳，鳞羽有便，尚希时赐教言，以开耳目。实君、竹香、镐仲诸君子，至良乡办赈，开米厂二，就食者近二万人，而集款近止四千，实难为继，不知鄂中有无闲款可提，或求老伯鼎力广为劝募，玉成此举，不然，行且折足绝膑矣。奈何！奈何！芸阁日昨来电，属先为销假，将于正月上浣北来，常熟、高阳再三劝驾，机会固不可失也。知关垂注，并以奉闻。

侄于十一月中补授浙江司主事，即少云之缺，腊月初六，枢垣例保，以员外郎无论题选咨留即补。比因醇贤亲王之事，驾驻西苑，尚未还宫，冰沍严寒，同人多有病者。侄入直亦几无日不病。今年光景，年终稍可敷衍，惟宿债毫未能还耳。知念并及。

岘庄师谢折，此时尚未到京，同人多为盼望，刻莘垞丁忧，子密年伯升官，均已出缺（抄注：'缺'字原已去，旁改作'班'），侄素受岘师之知，一切当为料理，知师素与许堂有旧，许亦师门，诸事均可随时道达，俟其谢折到时，当以电相闻。刻湘电已通，并求转电，再望于过鄂时，费心一为道达是幸。由百川通接香帅四十金，函信未来，不知何故？若云年终例赐，何以电汇来京？只好暂存，以须后命耳。

伯严同年曾否到鄂？有徐君绩臣者，新与订交，实一时佳士，素日随宦鄂中，原籍京口，年少多才，困穷可念，未审幕府中能以廿金位置之否？芗垣痕迹，闻已消除，久羁五马，亦非良策。许堂深相器赏，拟缓缓为一题及，或有机会，亦未可知。仍求格外关垂嘘植，不胜感祷！抗尘走俗，愆谬日滋，惟乞勿吝教诲裁成，俾得稍免陨越，是幸！

手肃敬请勋安，惟求赐鉴不备。

年小侄陈炽顿首

腊月望日

致汪康年书(四封)

一*

穰卿仁兄大人阁下:

连日畅谈,甚快。重译《富国策》,尚未卒业,皆系草稿,今倩友人录出叙文一篇,总论一篇,祈附刻报中。大约不过廿余篇,如日刻两篇,十余次可毕。此书在西国最有名。译文只求雅驯,不欲艰涩,以救时也。然中西文字,详略繁简之间,费心费手,较撰述尤难,惟教之是幸。手泐,顺颂著安。

弟炽顿首　二十日

二**

穰卿仁兄大人阁下:

日昨失迓,甚歉。另纸呈览。中国君权太重,都中一事不办,外间遂欲办一事而不能,自上上下下无一不揣摩迎合也。家母肿病已愈,拟不俟假满即日北行,明岁无论如何乞一郡以给甘旨。吾兄鸿才雅度,倾服之至,日内尚拟走谈。馆中能添用写字人否?示复。再,把晤多次,窃见兄应酬过于烦苦,心神受困,宜加节养,并服天王补心丹。手此,敬颂著安。

弟炽顿首　二十六

---

* 本书录自《汪穰卿先生师友手札》。此书末署“二十日”,无年月。据“连日畅谈……祈附刻报中”云云,查重译《富国策》之文,自光绪二十二年十一月二十一日《时务报》第十五册起连载,又考知是年十月陈炽乞假南归留上海。则推断此书应发于光绪二十二年十月二十日(1896年11月24日)。

** 出处同上。据第一书题注,此书应发于光绪二十二年十月二十六日(1896年11月30日)。

三*

穰卿仁兄大人阁下：

示悉。味余信收到。所言美国新金山设立兴华一节，见之他报内。从强学会封禁，立言恐招忌恨，非本报所译。弟引此以证议院民权之不可再说耳。然亦指篇首论说，译西报亦不忘也。宜催卓如速来，弟明作一函促之，惟又须赴宁耳。此请台安。

弟名心顿首　初九

四**

示悉。曩有褒中居士（两说用此）及通正斋生（《富国策》用之）二号，请择用，即改曰《重订富国策》可矣。卓如不来，何意？昨得长素函，亦绝不提回沪之说。公度事可疑可诧，渠至都即讲民权，弟已规之，大约不能从耳。江裕无房舱，十三日行。余晤罄。此颂午安。

弟名心顿首　初九

* 录自《汪穰卿先生师友手札》。据汤志钧先生考证，此书确为陈炽所作。书言"从强学会封禁"可知该书发于1896年1月以后。书又规汪康年云"民权之不可再说耳"，宜属获睹汪氏《中国参用民权之利益》之后，而汪文刊于《时务报》第九册，时为光绪二十二年九月十一日，而书落款署"初九"，故疑是书应发于光绪二十二年十月（1896年11月）以后。姑以此年月为准。

** 出处同上。据汤志钧先生考证，此书确为陈炽所作。书云"卓如不来，何意？"考梁启超两入京师，首为乙未（1895）会试，二为戊戌（1898）二月，此书应发于1895年至1898年3月间。书又云"公度事可疑可诧，渠至都即讲民权。"又考黄遵宪两入京师，首为1897年10月，二为1898年6月，据此又知此书应发于1897年10月以后。书再云"昨得长素函，亦绝不提回沪之说"。再考陈炽得长素函，时为光绪二十三年十二月初八日，故此书应发于得函之次日，即十二月初九日（1898年1月1日）。

论农会书*

昨谈甚快，此事鄙见有数事贡诸左右者。

中国古时，自有农学，当以中学为主，西学辅之，不必浮慕虚名，徒多縻费，一也。此事当以寻觅荒地，种植畜牧，兴利为主，办有成效，风气自开，二也。果木之利，大于蔬菜，倍于谷麦，如能专辟果园，广种有利之物，如加非、棉花、红罗卜、甘蔗等，则一业已足致富矣，三也。沿湖沿江沿海，涨滩沙地甚多，如能觅得无主之地，相度土宜，商酌办法，筹划经费，绘图贴说，出报著书，俾中外官民皆知自有可兴之利，合力为之，收效尤远，四也。水利一事，为农学之根，大举修浚，自须官力，若引泉开井，蓄雨水之类，均可以民力为之，五也。畜牧大利，宜于北方，然如养牛畜豕、牧羊养鱼之法，则南方亦宜之，其利与种植相等，六也。英国地狭人稠，仰给于外，故欲以化学变土性，以机器代人工，中国旷土猥多，自应取膏腴而弃硗确，如造糖、造酒、取牛乳、收贮果品之类，自应参用西法机器，始能精洁，此外犁锄之属，中国人工甚贱，何必以此夺之，七也。弟意初办之时，总以择地试办，兴一大利为主，不必以出报为主，既得此地，应种何物，应兴何利，应费资本若干，出报招股兴办，一有成效，信从必多，若止办报馆，恐集资非易，八也。

以上各节，弟因乐观成效，故直言之，惟祈采纳。天下事经一次讲求，终有一番效验耳。

* 本文录自《农学报》第九册，光绪二十三年八月上（1897年9月）刊。

诗　录 附联语及赋

褒春林屋诗*

绍古辞

崇兰生幽谷，托荫嘉树林。弱植坐自惜，孤芳谁见寻。春阳正窈窕，微馨袭衣襟。虽蒙葑菲采，犹为萧艾侵。华年逝不再，俯仰从浮湛。中夜汎瑶瑟，所惜无知音。离析遂永久，幽独难处心，丝泪毁罗袂，浪浪安可任。

如何有所思，乃在大海北。遗之无明簪，感叹安终极。青绳尔何求，营营间白黑。故人在泥滓，独处无颜色。迴照知何时，婉晚日将夕。高云不离山，凤凰不他食。感此旧意长，未忍新恩逼。上山见靡芜，道远长太息。

少小富文史，六艺资藻缋。弱冠读阴符，论议绝时辈。小丑昔跳梁，群龙起阛阓。杖策驱风尘，天骄坠云外。甘泉朝奏捷，承明夕封拜。卓荦天人姿，五鼎不为泰。亦或蹈危机，拔剑慷以慨。一死谢知己，大义炳千载。嗟我生不辰，未与功名会。抱膝且长吟，絺衣荔为带。

四顾忽不乐，驱马登高冈。浮云黮大野，寒日无晶光。黄鹄濡六翮，掩抑不得翔。亭亭山上竹，孤生一何长。烈风四面来，独立多忧伤。乾坤托大义，人生固有常。

---

* 本诗集原载提四印斋匧书之一：《四子诗录》，木刻本，光绪辛巳（1881）仲冬陶福祖为该书作叙。四子即新建勒深之、瑞金陈炽、丰城欧阳熙、新建陶福祝。内录陈炽诗七十九首。

恩义不可持，虚名果无益。离居曾几时，春草黯已碧。佳人不在兹，采此欲安适。中夜抚长剑，明镫耿虚壁。暗尘生清琴，余芳歇兰席。星河在天半，可望不可即。一为猛虎行，哀响悽心魄。

拟明远春日行

春气动，愁人心。花濯濯，影芳林。林中鸟，扬嘉音。酌清酒，弹素琴。理桂櫂，凌烟浔。

微风起，波淫淫。折杨柳，歌汉阴。入清墀，褰翠帏。整衿带，待君归。君不归，妾何为？

冰溪行为徐烈妇作有序

妇吴氏，浙人，遭寇乱，随父寓广信，以贫故，鬻诸富室。及长，主欲媵之，妇不可。胁之，愤投水，遇救免。主怒，贱值嫁于徐生。生贫，鬻画浙中，岁癸酉，客死嘉禾，赴至，从容托女夫弟，中夜自经死。越二载，张公少云令玉山为征诗，禓扬之，且闻诸大吏，请于朝，旌焉。

浮萍飘絮无根蒂，妾念家山君客死。天摧地折两鸳鸯，绝命君前斯已矣。但求醉饱多欢娱，悠悠当世人尽夫。尔独何为守穷贱，手皲足瘃伤肌肤？冰溪流水磷磷石，中有血痕千载碧。君归茹苦妾元甘，君死偷生妾何益，人生恶死无足奇，此身昔已尝冯夷。况妾有女亡男儿，觍然持户将奚为？吁嗟乎，妾行妾志名何有，谁以微躯博不朽。贤哉，令君意乃厚！

忆剡曲寄家兰舲

曾逐樵风入剡溪，四围山木子规啼。登临有约愁风雨，身世无端感雪泥。三载羁愁成契阔，兼旬离衷惜分携。薜萝在眼重回首，春树云多日又西。

如此溪山坐付人，赏心无几一伤神。天涯芳草经长别，老圃繁花不当春。比岁离忧心绪恶，故人风绩口碑新。戴公宅畔娥江水，可有扁舟未了因。

初别家作

欲别翻成喜，饥驱不自繇。朝寒留短髩，春雪上征裘。远道应牵梦，清吟未抵愁。高飞鸿雁影，何处稻粱谋。

留别胡铁庚

离迷风雨仲春寒，重采靡芜恋故欢。并世隐怜知己少，见君真觉古人难。瑶琴有曲秋谁和，匣剑无声夜自看。惭愧华年流水去，天涯相忆路漫漫。

发赣州

离思不可极，江湖春水生。高云坐超忽，寒雨入平明。独客尚南去，双流方北行。梅花五岭远，辛苦越乡情。

微雨坐池上小亭

雨气倏无际，翛然生夕阴。春萍缘水碧，城树得烟深。偶会濠濮意，非无江海心。方舟何处所，愁绝坐难任。

留别郝七延龄

握手笑相视，君犹见古人。夜寒劳慰藉，别苦一逡巡。秋气来疏雨，蛮花惜老春。啼鹃尔何怨，凄断欲沾巾。

合乐调商吕，同声自昔难。天高鸿雁苦，秋至脊令寒。阅世怜青眼，论交重古欢。成连去不远，海上一寻看。

出虎门洋有感

岂有珊瑚贡，空余豺虎邻？开关自延敌，谋国彼何人？海气秋闻警，星芒夜不春。杞忧何太亟，天末有微臣。

江　行

万里复归客，三年负此心。夜潮随月满，江水及秋深。慷慨成孤激，悲歌有短吟。头颅遂如许，莫使二毛侵。

建昌道中雨

零雨挟风急，凄其征路寒。烟芜浩不极，云气莽无端。飘泊怜江海，羁栖损凤鸾。相招是仙侣，行路莫嗟难。

偶作呈元侠

远忆将向益，孤飞病未能。诗心缘事减，酒过逐年增，未老已如此，长贫自可憎。生平知己泪，悽绝夜窗灯。

九日瓜步夜宿忆元侠

沧波南望海云凉，遥夜羁鸿又北翔。客路相思满江水，秋情今日是重阳。山川高啸客吾辈，琴剑分携怅异乡。惟有青天半轮月，孤辉能照两人床。

吴门秋感

寥落天涯尚滞淫，江湖谁识远游心。尺书岭海经年别，霜信吴趋一夜深。独雁随云渡胥水，万雅如叶扑秋林。夜寒白月清于水，忍听凄凄越客吟。

苏门留别蒋二公颇

秋色章门初，诵君直屡诗。凤凰扬清声，众鸟无容仪。一时数酒人，各有千古期。瞻望怅弗及，引领长相思。

相思不能忘，翻然下江水。寻古姑胥城，握手色乍喜。高歌时激越，华言互恢诡。时辈何足云，愿言眷予美。

予美倾城姿，抱璞世希识。超超冠古才，老作诸侯客。授我瑶华篇，秋气浩以积。俯仰私自怜，低回长太息。

太息将何为，君子贵待时。椟中径寸珠，光采常陆离。暗投亮非策，真赏终有期。歧路将素丝，恻恻同怀悲。

怀悲安可任，伤秋更伤别。浮云互相逾，一往不复接。相欢期未终，相望心逾咽。吴波日夜深，莫令音信绝。

别金公稚

之子生民秀，更资贤父兄。闲为郢中唱，时见骚人情。说剑意何限，弹棋心不平。吴门一为别，惆怅赋西征。

寄林若木

昔读直屡作，君如鹤在阴。阖闾城下路，岁晚一相寻。秀采时时露，清言款款深。剧怜风雨夜，三共对床吟。

酬欧阳元斋

长剑不得意，萧然归旧林。故人惠思我，见枉瑶华音。岁莫此为别，前期行可寻。西山夜雪满，独立知君心。

古　意

入世重知己，实与生命俱。春华耀姿首，自许秦罗敷。琅玕结杂佩，徂绣飘华裾。耳后径寸珰，光采月不如。邂逅遘君子，愿托千金躯。拳拳鄙薄心，金石夫岂殊！千秋孤与孽，触事多忧虞。蛾眉妾敢矜，众女何区区。弱质终自惜，深爱亮不渝。混混长江水，万古天南隅。犹有受恩身，颜色方敷腴。永得充佩袆，以为他日需。

豫章以舍弟别

思劳之竹，生有骈枝；陇头流水，分离无时。昔俱垂髫，督尔勤惰；挞之不怨，曰兄爱我。雪屋深灯，伊吾对读；心魄相感，岂曰手足。鸿雁之影，乘春远飞；赖尔承志，亲颜悦怡。尔躯孱瘦，亦复多病；药饵稍间，益勤温凊。同兹罔极，俾尔独劳；骨月衔感，宁唯漆胶。

长河之水，去家十里；游子出门，惘惘行李。尔之送我，必于河干；临歧相视，珍重加餐。冉冉停云，荒荒落月；每缘思尔，惆怅明发，章门握手，颜色如初；促坐深语，明灯照余。征驹在门，又分南北；江波无际，黯黯秋色。别尔远去。含情未申；祝尔康晏，长欢二人。

庚辰元日偶述

往者已不谏，来者仍可追。不缘今日是，焉识昨日非。伊余秉微尚，逐物乃迁移。轻薄好远游，遂为世网羁。秋蓬顺风去，飘转何时归。忧来失华发，愁至缁素衣。江湖多稻粱，鸣雁常苦饥。春阳照阑闼，故物皆光辉。惠风扇微寒，居子时有思。知命固不辱，乐天奚复疑。卓哉素位言，古人真我师。

代淮南王篇

淮南王，好神仙，出入高下凌紫烟。凌紫烟，掇瑶草，先天而生后天老。蓬莱方丈高切云，流云有情长忆君。长忆君，君不见，千年梦中识君面。东乌西兔速飞电，愿得因之托方便。

拟补李尤九曲歌

年岁晚莫时既斜，安得力士翻日车。美人窈窕颜如花，欲往不往天路遐。腰间雄剑名莫耶，陆刿犀象水蛟鼍。持以赠君心匪佗，长愿四海无惊波。斥晏啾啾一何多，凤鸾饥疲虞网罗。昆仑瑶圃琪树华，仙夫诜诜隔流沙。西流之水东流河，一飞一鸣君谓何？

效遗山论詩绝句十首

骚雅流波世未隤，飘蓬采葛有余哀。应刘浪播当时誉，谁及陈思八斗才。

憔悴陈留避戈禽，穷涂恸哭此何心？咏怀婉约骚人意，屈宋千年有嗣音。

自诡韩亡掩贰臣，柴桑终始晋遗民。论诗一种开山手，几许残膏丐后人。

逸气高才近古难，莫凭片羽测修翰。参军奇服无人识，一席端宜位建安。

才笔青莲冠四唐，尚沿风格事齐梁。长歌自足空千古，大海回波紫电光。

诗圣千秋论不磨，朱弦唱叹感人多。真金毕竟披沙得，奈此村龙吠影何？

古意沦亡庆历中，苦抛心力事雕虫。平生不解尊元白，可怪扬波尚未穷。

嫫母先施骨总殊，挦撦千载笑侏儒。美人芳草三闾意，变格樊南绝代无。

狡狯神通骇世人，苏门真惜少功臣。横流沧海今谁挽，莫纵狂炎更益薪。

萧槭关河元左丞，宋州落日涕沾膺。绝胜头白西湖老，优孟孤忠学杜陵。

送钟莆生北上

携手城南隅，北风吹袂寒；未惜风吹寒，款我同心言。弱龄谬知爱，非薄君所叹；中更申婚姻，相喻金石坚。苕亭双梧桐，并立龙门颠；交枝舞丹凤，接叶栖文鸾。和鸣中宫商，比翼相飞翻；愿得仪虞廷，谐入清庙弦。

寂处苦无悰，远游亦何乐；君有京华行，俯仰殊龙蠖。短翮困长风，差池不相薄；峨峨金马门，承明事如昨。当宣夜求衣，群贤竟腾跃；君其奋笔锋，一轸匡时略。清霜肃高天，四望何辽廓；伫为负弩驱，无忘衣绣诺。

逆旅竹数竿风韵瑯然感而有作

作客年年岁莫情，闲身驰逐竟何名。修篁尽日西风里，半是清声半苦声。

红　梅

十日新阳暖，临春亦自开；居然避风雪，忍使没蒿莱。艳色已知重，繁忧仍未裁；空山断来往，为尔重裴回。

感 事

河伯笑海若，小大固殊科。杂县眩钟鼓，雅音岂不和？性质阂闻见，俯仰成山河。深识迈当世，薄俗常见呵。邈哉怀古心，太息竟如何？

徙薪不及早，爝火能燎原。羝羊亦解触，乃自撤其藩。族类既以殊，祸害安忍言？饥蛟宅深浦，水族无安澜。猛虎在灌林，百兽多忧患。前谋已无及，后虑宁复论。当断不能断，揖盗徒开门。

食货生之源，易穷久乃变。金玉炫耳目，始觉菽粟贱。逐末竞锥刀，举世互相煽。海客多奇淫，大利遂私擅。桑孔术亦工，何由救瞑眩。节流岂无策，睫远谁能见？哀哉涸辙鱼，恻矣巢堂燕。

乾坤托大义，振古亘自今。谁欤戴发齿，而忍怀佗心。黄金尔何物，能使聪者瘖。胡越殊风会，欢爱同裳衾。祸机伏肘腋，一发谁可禁？人心遂如面，咫尺成商参。好音伊可怀，亨鱼溉釜鬵。恻恻匪风诗，寄慨一何深？

壮志周八区，一身苦颠蹶。求荣或多涂，老大意转拙。鸿雁飞嗷嗷，无由解饥渴。出门竟何往，江湖莽辽阔。以凿投枘中，所谓动乖剌。独居转多思，清镜悲蓬发。忍令绝世姿，朱华坐消歇。生才果何意？造物非言说。惟有区区私，衰荣不能夺。

辛巳初春感事咏春草

野烧经年断，东风忽满林。采芳空有路，轻别尔何心。幽意孰堪谅，佳期难重寻。沅湘今咫尺，肠断碧波深。

湘江春望

麦风凄切子规声，僻县繁花眼暂明；留滞何缘识天意，飘零今已悔狂名。春寒十日仍披袂，夜雨双流半入城；谁踵嘉名旧湘水，芙蓉愁煞涉江情。

明唐藩刘妃墓在汀州西门外

澥棠枝下三更血，杜宇悲秋啼夜月；冬青无树表思陵，万古君臣死同穴。福王去后唐王来，崎岖岭海情更哀；将骄卒惰饷源竭，苍天只手知难回。

北兵飞骑如云疾，宫车夜半仓黄出；高天厚地孰相容，灵弦更断湘妃瑟。何处珠襦并玉棺，只余坏土掩荒寒；承平百载遗民尽，犹抚残碑一泫澜。

重见歌者芙窗有感即席书赠

四年前见如花貌，绿酒清尊奈晓何；今日相逢齐一哭，故人零落已无多。

无恙亭亭玉雪身，梅花香里记前尘；一杯合酹琴江水，赖汝轻舠送远人。

往邑城途次口占

沿溪窈窕千竹林，白沙如雪波深深；何人倚棹莫讴发，不是寻常山水音。

仰华山高如画图，山门阒寂无人呼；云中问讯旧鸡犬，佳处茅庵留得无。

溪流转处丛木青，瘦梅一树相伶俜；山人晓起忘朝莫，晴日满山门尚扃。

答李啸峰

春阳入虚林，闲窗蔚深绿。岁莫一携手，遽判千里目。故人远相忆，风义抑何笃。遗我瑶华音，愿言过金玉。离居遂以久，芳草满山曲。

繁文虽闲陈，清言无与续。鬓发乱不理，岂曰无膏沐？飘飘西来风，亭亭孤生竹。庶几同岁寒，前修相为勖。

自邑中归里途次有作

寮历高云雁一声，孤行无那暮秋情。新霜古木初飞叶，斜日寒花半出城。牢落生涯仍恋客，艰难天意未休兵。请缨尚轸终军志，肯信穷愁送此生。

八月十三夜旅宿见月

素彩已堪掬，寒轮仍未圆。犹褰茕独意，自破沧浪天。欲折桂枝去，泪盈明镜前。君其畜光影，期予三五年。

赠吴子静

季子能书画，句吴夙擅名。清贫应未减，薄宦竟难成。入世才何补，逢秋感易生。维扬旧游处，北望若为情。（子静有扬州一觉图，故调之。）

归舟漫与

穷冬草树惨无色，时有霁雪明前峰。冻云渺渺见鸿雁，寒波瑟瑟凋芙蓉。百忧纷集坐难遣，万里独归何所容？愁心欲赋忽已暝，远林月上闻清钟。

喜周大简可魏二菘园至

霜林坠叶与云深，秋晚幽居肯见寻。一夕绸缪今古意，两年乖阔弟兄心。壮里偶触还高啸，大业无多付短吟。北望浮云连广野，山川如此莫登临。

舟行即事示钟子乾

寒日忽西漏，轻风吹棹歌；岸长微见树，江浅不生波。霁景从堪惜，离忧亦未多；群飞沙际鸟，水宿意如何？

闻竹香丈南旋却寄

几日南来信，闻君拂袖归。何当苦京洛，应自恋庭闱。黄阁期先辟，青云莫倦飞。无因奉颜色，春思亦沾衣。

意气销难尽，愆尤积愈深。良知久寥落，短鬓忽侵寻。远志归仍在，幽忧近稍禁。明年下春水，能否待治任。

久雨新晴

积雨晦山容，凝寒郁春气。溜溜檐响繁，寂寂岩扃闷。久矣苦昏垫，何由慰屏弃。新阳生远林，江山骇初霁。流云吐奇华，微风荡清吹。逍遥步林莽，豁达放心意。寡欲昔所希，幽栖今足慰。永念依方言，无隳日新志。

林　居

林居事幽屏，烦虑忽已蠲。披寻剟多暇，光景方流连。居侧饶隙地，缭以周迴垣。呼童莳杂木，差次无陌阡。春来一以长，蔼蔼西窗前。长蕉对萧洒，稚竹相便娟。辛夷将木兰，窈窕如比肩。侵晨微雨过，新翠披疏烟。凉风适何来，荡此高日暄。独往成久立，胜概谁与言。

遥山日清深，苍翠纷在目。落照翻夕岚，窅窅不可掬。鬖然黕以黑，如发试新沐。远烟非所期，荡漾与之宿。衡门镇相对，长林更迴属。盈盈心眼间，积此万重绿。巾袜恣萧散，尘壒谢羁束。延眺穷朝昏，寂历心自足。眷彼城市人，南风热方酷。

寄星田

闲门寂寂春草生，桃华开遍无人行。碧云日莫莽迴合，尺书不至天无情。前溪昨夜水新绿，双鲤迢迢入空曲。为语故人曷归来，山中桂树纷盈瞩。

闻李子佩秋将往豫章寄赠

尊酒高秋别，孤飞形影单。谁持一尺素，远慰平生欢。落木风初劲，繁霜岁正寒。思君不可见，清泪空阑干。

良知旷离索，久矣叹孤吟。独为郢中唱，翛然尘外音。若若一明月，落落双南金。琼玖已难报，况当离别心。

仙云一片影，来往白茅峰。美人在云际，窈窕多好容。明将下山去，江畔采芙蓉。羽翼怅乖隔，愧尔双飞龙。（闻偕周子鞠如同行，亦佳士也。）

石城道中

万叶脱已尽，一花开正然。娟娟净竹色，皎皎明霜天。暖日尚堪煦，孤云如自怜。相期保此意，毋为迟莫迁。

早 行

旅宿苦长夜，披衣殊未涯。浓霜不可掬，高日知相期。天宇自清迥,仆夫方怨咨。行行勉努力,前路更无歧。

附一:九江烟水亭楹联*

胜迹表宫亭,况恰当庐阜南横,大江东去;

平湖满烟月,谁补种四围杨柳,十里荷花。

附二:新秋雁带来赋(以题为韵)**

客有登楼忆远,薄暮怀人。正秋情之难遣,问秋气之何因。则见三点五点,山滨水滨;冲云有路,唳月无尘。不堪满地吟蛩,空闺怨起;如似一声归雁,高阁凉新。

时则宿雨初收,长烟欲留;月增皎洁,风助飕飗。雪染蘋花之渚,香生桂子之楼。曾记修竹池亭,千竿拂星;也似梧桐庭院,一叶惊秋。

而乃嘹唳争来,参差相间;似诉飘零,如邻顾盼。冒金风玉露以俱归;之水宿云飞之已惯。滞天涯而岁晚,谁唱黄鸡?怜故国之寒生,仍歌白雁。

何处秋声,飞来天外?半度云衢,微闻风籁。冲晓月而音高,落澄江而影大。似曾相识,谒来华岳三峰;岂不怀归,只在湖山一带。

是则秋光未老,秋信先回。雁非秋而不至,秋非雁而谁催?徒令归人魄动,游子心摧。怜他片影江湖,恋烟波而不去;谁遣一身毛羽,带霜雪以俱来?

---

* 本联语录自吴恭亨《对联语》,1984年3月岳麓书社第一版。1894年3月陈炽与陈伯严有庐阜之游,为九江南城外甘棠湖中,面对庐山,风景绝佳的烟水亭题上联语。

** 本文录自瑞金县瑞林《启文堂谱》第二本十五号。

无不极目凄凉，关山迟暮。感稻粱之既微，叹流光之迅度。对此渺渺，长云荒山古渡，天长地阔。韩昌黎感鸣雁而为诗，欧阳子听秋声而作赋。

附　录

新政策*

上天无亲，中西万国一视同仁。顺天者存，逆天者亡，此万古不易之道也。

自通商以来，五十余年矣，中西各国，往往因细故失和。其失和之故，由于彼此语言文字不同，遂生隔阂。一言以蔽之，曰不通而已矣。既不通则无心失礼，既失礼则惹干戈。于今万国，既有往来，则彼此之情理应互达其中。如有一国，正〔止〕知本国之事，不知外国之事；止读本国之书，不读外国之书，则交涉往来，遂不得不受亏损，此必然之理。

窃考中西各国治国之法，中国有四事焉，皆应亟行改革者：一曰教民之法；二曰养民之法；三曰安民之法；四曰新民之法。请得而备言之。

一、教民之法

今日中西交涉，隐受巨亏，必须使中国君臣能通中西各国之情，并通本国上下之情，事势方无隔膜，办理一切，乃能适得其平。

欲通中西，有四事焉：中国天威咫尺，不敢直言，必有人焉，将各国政教之大凡，剀切敷陈，上达宸听，一也；宗室近支王公，日后皆须柄政，必须选派十人，分往各国游学，二也；京外各大员及十八

* 本文录自上海《万国公报》第八十七册，光绪二十二年丙申三月（1896年4月）刊，署名李提摩太。据李氏《留华四十五年记》载，光绪二十一年九月，陈炽为李氏起草《新政策》，并由李氏定稿送呈翁同龢，旋经翁氏转递光绪帝览阅，后在广学会主办的《万国公报》上发表云云。唯“陈炽”被李氏音译为“金锜”。《万国公报》所刊《新政策》，前有《自叙》千余字，与麦仲华辑之《皇朝经世文新编》所刊，出入较大，且疑非陈炽起草，今略去。据内容推断，此文决非陈炽起草，很有可能为笔述而已。

省督抚之子弟，应各遣派出洋读书数年，周知外事，三也；中国京外正途人员如翰林等官，应派通古今、识大体者百人出洋，分门学习，四也。

欲通上下，亦有四事焉：一曰立报馆。欲强国，必须富民；欲富民，必须变法。中国苟行新政，可以立致富强，而欲使中国官民皆知新政之益，非广行日报不为功，非得通达时务之人主持报事，以开耳目，则行之者一，泥之者百矣。其何以速济，则报馆其首务也。二曰译西书。中国旧学，阅数千年，决不可废。今既与万国来往，则各国通行之新学亦不可不知。增之则有大益，不增则有大损。譬单轮之车，未尝不可以行远，然改为双轮，牵以骏马，不尤稳而尤速乎？各国新学，均有专书，应先设局筹款，延聘通人，将西学由浅而深，由约而博，由粗而细，广为翻译。俾不识西文者，亦可深通西学。则译书其要图也。三曰建书院。泰西之新学，非一国之学、一人之力也。此国有新法焉，彼国从而效之。合万国之通人以臻兹美备，惟其有益于国、有益于民而已。宜于各省各府及通商大埠，建立书院，延聘各国专门之通儒，分类以华文教习，或参用西文。四曰增科目。中国科目意美法良，不可废也。惟题目不广，只讲本国之事，不知各国治平之法。考西国读书不独为作官，并有益于各业，而设每十人中能作字者，率有七八人，中国仅一二人。学者既少，人才益稀，盖由三年一科，取士太寡；专讲一门，其道太隘。若不立新法，以广荣途，终瞠乎在人之后。应请明发谕旨，增设中西一科，每年每府取进中西学秀才约百人，每年每省中式中西学举人约百人，每年中式中西学进士约百人，每年殿试钦点中西学翰林十人，学费有限，济济多才，方驾大地矣。此四事者，皆教民之善法，可以通上下之情，备中西之益。应请国家增立广学部，将报馆、译书、书院、科目四者，皆由学部总揽其成，庶若网在纲，有条不紊矣。

二、养民之法

中国各省，生齿蕃庶，就现在情形而论，每年饥冻而死者至三四百万人之多，其苟延残喘、家游于沟壑中者，尤指不胜屈。岂惟民哉？即京外各官，除数要津外，自余所得薪俸，多半不能自给，其候补人员，艰窘尤难名状，士之未达者，就幕与馆，岁入仅百数十金，犹非捷足不能得，舍此则更无生计，似此艰窘之情状，为天下万国所无也。中国本大富之邦，而使民困苦颠连至于此极者，何哉？皆未得养民之善法耳。养民之法，大纲有十：

一曰通道路。铁路、马路遍国通行，则货物流通，岁省无穷之运费。居者行者，皆获大益；买者卖者，无一偏枯矣。

二曰捷信音。通国设立邮政局，国家岁省驿费数百万，岁增信费数百万，而官民上下皆便。

三曰开矿产。既有铁路，转运灵通，各省矿产均可开采，地中无用之泥土皆变为地上有用之金银矣。

四曰垦荒田。东三省及西北各省，均有闲荒，道路不通，悉成弃地，既有铁路，移民开垦，以无主之地养无业之民，何致困苦流离，流为盗贼。

五曰劝工作。一手一足之工，仅餬其口。今用机器，则一人可作十人之事，一日能成十日之工，获利既多，家给人足。

六曰造机器。西国机器初兴，亦虑夺贫民生业，不知非夺业乃改业增业，及机器日广而生计转增，缘工作所成，货物充牣，发售外国多，且不特漏卮无忧，而本国分利之人日少，生利之人日多，此生众食寡，又大学理财之善经也。

七曰开银行。中国之患贫，由地荒人众而现银日少，既开银行，可行钞票，以万金之资行万金之钞，钞本相抵，永无弊端，而一万金之资已得二万金之用。

八曰铸银元。各国钱法，皆国家自铸，实操轻重之权，皆有金银铜三品。惟中国仅铸铜钱而金银阙如，故必藉钱庄乃能流通。然衣食此闲者，数百万人，皆分利之人也。一家有数闲人，其家必贫，况一国有数百万分利之人，而国安得不蠹乎!

九曰保商贾。商贾流通货物，隐为国家调剂盈虚，必使长保利权，乃可多征税课；必使交受其益，乃能量取其盈。各国享通商之利，而中国独受通商之害者，不知恤商故也。

十曰刻报单。泰西各国，君臣上下，每行一政，举一事，事前事后，规条帐目，均有报单列之通衢，登诸日报。谋皆预定，故办理无游移；事可周知，故内外绝欺蔽耳目。既一心思自专，廓然大公，利皆兴而弊皆去，此又举行新政，防贪去诈之根源，中国所亟应仿办者也。

三、安民之法

中国百姓之所以不安者，其故有二：曰外患，曰内忧。此二事者，皆危险之极，如不思患预防，妥筹善法，无论内忧外患，均可以立致危亡，非细故也。欲安民，有二法焉：一曰和外，二曰保内。和外之道有三：

一曰通好立和约。遣使臣，通好之迹也。而此之所论者，其心。夫中西之合，譬如阴阳，阴阳既和，而后天地能生万物，有所偏废，则造化之生机绝矣。各国遣使来华，实为修好，不为防患，必须确知此意，推诚相与，无诈无虞，乃能彼此相安，嫌疑不起。

二曰万国太平会。有国有家者，各为其私，人之情也。一二国之私交，自必以威权相压，若付诸众大国之公论，则维情与理可以服人，如西国维也纳之约是已。中国应相助各国，维持大局，共保太平，始得与于公会公法之列。

三曰联交。今日事势岌岌可危，公论亦恐缓不及事，必暗联有大权大德、思保大局之国，以为己助。中国此时定何主见，非外人所能知，即亦非外人所敢议。譬治病者必深知受病之源，乃能下药也。惟今春有一良法，上之南北洋两大臣，如能照办，不致有今日之危，刻下情形，又多更变，前法未必可行耳，非与讲求交涉，通达时务之宏才，另筹他计，断无万全之良策。惟就此时而论，如不与外国商一数年和睦之法，恐此后事机日迫，虽欲整顿内治，而永无闲暇之时矣。故和则大安也，大利也；不和则大危也，大害也。中国于此，宜何去而何从焉！

保内之法无他，惟使斯民各遂其生，士农工商各安其业而已。其道有四：

一曰化偏私。中国之学者，有汉学，有宋学，有清学，有金石考据词章之学，有专言中学者，有兼通西学者，各行其是，各适其宜。如大匠之取材，无分巨细；良医之选药，不问温凉，惟其合宜中病有益于人而已，偏重则皆非也。

二曰筹款项。中国此时内治外交，需用甚巨，旧法筹款，无济于事，且流弊甚多，必须得各国筹款最善之法，用各国筹款最精之人，始能计日刻期，立解燃眉之急。中国地广人众，数年之后，百废俱兴矣。

三曰修武备。兵者，所以卫民也。中国败衄之余，尤应亟行整饬，必须改用西法，延订西国之精通战阵者，与中国良将训练海陆各军，然后纪律精严，不致为人所侮，苟非及早经营，至有事之时，始行召募，譬之饥馁难堪，始行播种，其庸有及乎？

四曰劝新法。德之胜奥，因德人造一后膛新枪，遂获全胜。中国事事步人后尘，何能出人头地？如有人创一新法，造一新器，实有益于保民之事者，国家应筹拨款项，密助其成，他日始可收其用。中国之大能者，岂曰无人？无以劝之，又不能助之，谁复忧国忘家，甘心効力乎？且在华之西人亦有能创新法救国者，岂可弃之而为他国所用乎？要之，保内之法尚多，此四者至为切要，不可以一日稽延者也。

四、新民之法

中国各省官绅士庶，仁贤甚多，极深钦佩，惟惜大半深恨外人，不思各国犹各省也。中国秦汉以前，一省亦一国耳，此深恨外人之心，显与天心相背。故言合者，天道也；言分者，非天道也。上天仁爱，欲永免战争，必将使中外一家，一合而不再分也决矣。第深恨外人之故，由不通外国之情，譬售麦者，设肆于市，忽见有售米者，遂深恶之痛之，谓米有毒，可以杀人，有是理乎？五谷，皆养身之物。天下各教，皆养心之法，愿从何教，听其自然。今守此教而痛诋他教，犹之售麦者痛诋售米者之有毒害人也。明理之人，当不如是。印度、日本初用新法，多得教士之力，自此以后，水乳交融，永无教案，而国势之兴也勃焉。中国最重五常，惟仁为者与西教之爱人如己，同出一源，各国好善之人，见遍地球各国养兵之费，每日需银六七百万两，恻然悯之，所愿与中西善人，劝息万国，永息干戈，不以权力治天下，而以道德治天下，无任何国，欢若一家，此性命之大原、而中西教之宗旨也。

中国五十年来，失地赔银之事屡矣。非谋国之不忠也，亦非当事者一人之过也，由于遍中国皆未得善法，且未得行法之人耳。今中西万国来往，若只知本国之事，而不知外国之事，犹听讼者只听一面之词，万不能秉公判断，必事事有误。欲得善法，必先通外情，而中国所恃以通外情者有六：

（一）多见西人。素谙洋务之员，西人来则必见，见则必谈，故见闻较广，第所见皆杂色一隅之见，非专门博学之士，故不能普行西国诸善法。

（二）阅已译之西书。西书之已译者，不及万分之一，所译之要书，不及千分之一，欲以尽明西事，能乎？不能。

（三）阅日报。中国报馆主笔人，无一洞达泰西之大事奥理者，主笔人既不洞达，阅报者又安能洞达乎？

（四）派学生出洋。此法固善，惜成材止数人，余皆半途而废，以任大事，力所难胜。

（五）派使臣分驻各国，既不通外国语言文字，为期亦仅三年，焉能通达？各使臣所著日记，言西国之事，颇有合者，然疏舛讹误之处实多，倘国家轻信其言，岂不转误大计。

（六）京师同文馆设馆之始，意美法良，第人数无多，所学太浅，中西并骛绝少专精，即使有成，亦犹一杯之水，欲救车薪之火，岂可能乎？

以上六事，皆中国所恃以通外情考新学者，而不知皆皮毛也、糟粕也、外行也、挂一而漏十也，噫，难矣！惟势事如斯，已成迫不及待，可奈何！无已，则有俄罗斯、日本之成法在，借用他国之人，而派本国大臣与之合办，行之十来年，华人一切熟谙，然后自行经理，非惟俄罗斯、日本然也，既德法两国初行铁路之时，亦莫不然；非惟泰西诸国然也，中国圣祖皇帝于钦天监亦曾参用西人，皆有大益而无小损。惟中国合办之大臣，必须素通西学，年在四十岁内外者，精力方可有余，办理方无隔膜耳。年高有功于国者，可按西法归家养老，仍有俸禄。

论中国目下应办之事，其目有九：

（一）宜延聘二位可信之西人，筹一良法，速与天下大国立约联交，保十年太平之局，始可及兹，暇日重订新章。

（二）宜立新政部。以八人总管，半用华官，半用西人，其当用英美两国，因英美早经立约，虽复失和，绝不开战，公请他国调处，两国皆无忮心，皆不好战，最宜襄助中朝耳。若某某者，英人之杰也，某某者，英人之英也，得此数人总管新政，与中国四大臣合办，如木之有根、水之有源也。其新政应办各事，选订各国专门名家之人，分任其责，均派中国大臣合办，如水之有支流、木之有枝叶也。

（三）中国地大物博，铁路实富强之本源，刻创议兴办，至总署条陈，包揽者甚多，既不深知，何能别择？应调西人某某到京考校，仍电请西国办理铁路第一有名之人，年约四十岁者，与之商办，因中国通国铁路，非二十年不能成，必须年力富强，始能始终其事，并派中国二大臣，与之合办。

（四）某力强年富，心计最工，在新政部应总管筹款借款各事，以中国管理财赋之大臣合办。

（五）中国暂应请英人某某随时入见皇上，以西国各事详细奏陈。

（六）国家日报，关系安危，应请英人某某、美人某某，总管报事，派中国熟悉中西情势之人为主笔。

（七）学部为人才根本，应请德人某某、美人某某总之，此二人名望甚高，才德俱备，可与中国大臣合办。

（八）阵战之事，素未深谙，应请专精此事之人，保荐人材，以备任使。

（九）以上各事，应请明发谕旨，将新政有益于国、有益于民、不得不行、不可不行之处，剀切宣示，令天下读书明理之士乐于从事，方能日起有功。

以上四事，认真办理，期以二十年，内外之杌陧可以平，中西之形迹可以化，天下万国至精至良、已行已验之法，均可传中国，每日至少之数可增入款一百万金，每年至少之数可增入款三万六千万金，百姓足，君孰与不足？再者，英国国家每岁入银二百兆磅，合中国银一千兆两，五分之<一>合二百兆，中国得之亦当不难矣。君臣士农工商皆富，何必患贫患寡，无米难炊，忧赔费之不易偿，虑借款之不能归楚哉！譬农夫种地之时，只须借银购买籽种，秋成而后，百倍丰收，除还所借之资，仍获无穷之利，若无力购种而不敢借银，自甘饿死，智者不为也。此事在中国二十年前早经举办，延至今日，事机已迫，受害已深，果能迅速举行，中国尚有得半之望，倘再迁延贻误，恐燎原之火立见焦糜，滔天之流即时昏垫，无穷大祸近在目前，虽上有尧舜之君，下有周公之臣，亦断不能起此不能起之沉疴，延此不能延之生命矣。盖中国之病，始也痿痺不仁而已，今则中风矣，血瘀入脑矣。惟此一方可以回生起死，当此死生呼吸之际，乃尚有人刻意阻挠，则是误国，庸医杀人何异，且所误杀者，固其君也，其父也，其子也。中国素谈忠孝慈爱，万不能忍心害理、甘心亡国。无奈不通万国之大局，故不觉，则偏见而反见，失礼而失信，惹祸无穷，惜哉！痛哉！苟愿奋发图存，务于十日之内，电召此总管新政之四人入京，其余诸人亦宜封冻以前一律赶到。盖稍迟一日，至少必自弃百万两，而丧师失地之忧，更有非意料所及者。俄法日本等国，亦不乏能人，皆可随时延请，襄助中国，以保各国长远太平之象。

李提摩太往来中国廿有五年，践土食毛，弥感皇太后、皇上皇恩之浩荡，辱承明问，不忍不披沥上陈，伏惟鉴纳，奏请速见施行，中国幸甚，大局幸甚。至于中国事势之危急，办理之不可再迟。除此法外，更无他法，则天下万国及中外及中之公言，非一人之私言也。

光绪二十一年九月二十五日

论振兴工艺须择民间繁用之物本轻价贱者先行制造*

自通商以来，洋货之销于中土者，日增月盛，以致华人之钱流入外洋靡有底止。就大宗而论，洋药也，洋布也。洋药为中国人民之害、为中国一大漏卮，固不待言。自华人竞尚洋布，不特银钱流入外洋，即凡种棉、织布、纺纱之处，男女废工，民间骤少，此一种进款不免日渐贫乏，民贫则商务不困而自困，虽兴纺纱织布之局，既不能销之外洋，且不能给民间之用。太抵每立一厂，至少亦须三四十万。商本不易即不能多设，且只能织一种之布。现在风气虽开，即洋布一端，恐尚不能与西人争利。究其所以然之故，太抵自制之布货，虽不亚于外洋，而价不能减于外洋，民间所用遂不能舍洋而就中。盖凡仿制之物，非价值较贱，断不能与之争利。日本于三十年来仿行西法，而于工艺商务尤得奥窍。故现在泰西之货，日本皆能仿造，且能与泰西无异，而价值较泰西为贱，致华人日用东洋之货，而不知西人亦因其价值之贱而乐购之。日人能隐攘泰西之利者，职是故也。

方今朝廷欲振兴商务，精求工艺，诏书屡下，以勖臣民，大有三十年来日本维新之局。直督荣制军于五月二十八日，承准军机大

* 本文录自《皇朝经济文编》卷九十二，求自强斋主人辑。该书目录中，本文位于陈炽数篇文论之后而未署名。查该书，凡未署名而又未署“阙名”者，皆同属于前文作者。但本文前篇题为《幼孩须先学工艺说》，署名陈炽而实非陈炽之作。今暂置陈炽名下，存疑俟考。另本文内载五月二十八日荣禄承准军机大臣字寄二十六日上谕“振兴商务为富强至计”，经查戊戌五月二十六日（1898年7月14日）颁此谕，可推知本文作于1898年7月以后。

臣字寄二十六日上谕，振兴商务为富强至计，必须讲求工艺，设厂制造，始足以保我利权。王文韶面奏，粤东商人张振勋在烟台创兴酿酒公司，采购洋种葡萄，栽植颇多，数年以后，当可坐收其利。又北洋出口之货，以驼绒羊毛为大宗，就地购机，仿造呢羽毡等物，亦可渐开利源。前经批准道员吴懋鼎在天津筹款兴办等语，着荣禄饬令该员吴懋鼎、张振勋等即行仿照兴办，但使制造日精，销路日畅，自可暗塞漏卮，务令该员等各照办事宜，切实筹办，以收实效，仍将如何办理情形，由荣禄随时奏报，将此通谕知之。

查外洋酒税甚重，酒价甚昂，酒之销路甚广，能仿造以分其利，固属美举。驼绒、羊毛等物，自行制造，以遏去路。即此二种，苟能精求并可稍掣西人之肘。然但遏去路，未遏来源，商务终难起色。近来民间日用，无一不用洋货，只就极贱极繁者言之，洋火柴、缝衣针、洋皂、洋烛、洋线等，几几无人不用。一人所用虽微，而合总数亦颇可观。洋火柴、洋烛现在沪上亦有制造，然销路未畅，外洋之货仍源源而来，可见本国之货只居十之二三。若洋线、洋针、洋皂外，洋之货日销日畅，宜先设法制造。大抵商务贵乎交易，而就目前而论，当先遏来源，后求去路。华人非不欲兴办，皆因无利可图而止。其无利可图，皆因讲求未精，制造之不得其法，且商人资本不易，既无督率鼓励之者，遂因循而不能举办。自在官为之创，如洋针、洋线之类，货目繁多，宜一一搜求，广为制造，务使中国之人尽用中国之货，然后推之外洋，此亦商务中本末先后之序。若但求制货以销之外洋，无论所制之货不能与洋人无二，而中国之人仍用洋货，通盘筹算，终未得便宜也。若新奇玩好之物，值虽贵重，惟有力者方能购买。利之溢出者，万不如价贱之物之多。洋人以此求中国之利，中国宜照此以收回其利，此经商之要策也。所望衮衮诸公一一条奏，庶朝廷可洞悉其微，而商务得振兴之实也。

清故候选教谕瑞金陈君墓志铭*

陈　三　立

君讳某，字蔚堂，宁都瑞金人也。曾祖某，岁贡生，例赐举人。县令恽敬，以文学屈一世，独从之游。称曰，陶轩先生著有诗文集若干卷，祖某，父某，君敏毅质强，覃精六籍，研披渟涵，英英挺振，始应有司试，会构寇难，转徙厓谷，凡数岁，君手卷吟哦，不辍所学。寇平，入县庠食饩，旋举癸酉乡试，以誊录案牵引，停礼部试三科后，计偕三上，仍不策，乃就教谕候选，自是罢归不复出。君廉公好义，善平纷难，县故假万山中，俗尚桀悍，雠杀械斗，日月有闻。独君所居乡，渐摩德让，终君之世，无冤结巨狱，县人叹异，争归服焉。君学务大谊，旁通医术。初，父病风痹，久卧床箦，营权方剂，精枯魄挫，以是羸非人，医亦锐进。晚岁退闲，闵物观化，四方造诊，盈接门闾，所起活无算。君自言："穷老无所施于世，颇以自娱，脱吾汶汶之耻而已。"光绪十七年某月日卒于里第，年六十。凡配某恭人，子二人，炽军机章京，户部四川司员外郎，才雅达时变，有名当世；焘候选知县。孙四人。明年某月日葬君某里某山。

炽书来督铭，铭曰：

山丛丛兮桂幽幽，天回地奥蛇龙游。

奇灵结盘光滂浮，偃蹇干祀纷萧蒌。

罗生酋出脱辈俦，异文智故旁雕锼。

君也闻颏托绸缪，教术炜烂张鲁邹。

* 本文录自陈三立《散原精舍文集》卷四，1949年中华书局铅印本。据文内言炽父"明年葬"云云，知是文写于1891年冬季略后。

安辔逸步孰躏蹂，蹶而整驾噤万喉。
埃泥枢牖回精眸，纳摩一世心则孤。
鞭驱才子双骅骝，开阖九寓穿神州。
赤电烧海飙云愁，取从君怀蜚光猷。
隆谟伟业道所收，以声玄石符来休。

陈农部传*

赵柏岩

陈君名炽，字次亮，江西人也。以孝廉为户部郎，久植枢垣。留心天下利病，深研经济学。尝以学问之道非游历多、见闻广不足济大艰、任大事、兴革大利弊。乃仗剑游海疆，足迹满天下。旧著《庸书》内外百篇，言综名实，故以《名实》篇托首。其于审官、牧民、兴学、理财、平律、治兵、筹边，仅复于古今盛衰之故，中外名实之科，治乱之条贯备矣。而于风化治本，尤钦钦致意焉。

甲午以后，士大夫鉴辽东之战，稍稍谈振作，农部慨然曰；“京师者，天下之首善也。移风易俗，必自根本起。”乃与元和江标、南皮张权、江右陈三立、文廷式、熊亦奇等数十人，立强学会于京中，购书籍，备仪器，将在研实学而开风气。寻为御史杨崇伊所劾，得旨封锢。翁常熟相国密奏曰：“教育人才，自强之本，未可阻遏，使天下寒心。”而御史胡孚宸，亦以书局有益人才，请诏总署议行。乃改强学会为官书局。京师之有官书局，此其起点也。

炽又以各国之强，皆原于富，著《富国策》，于物产、制造、商务，言之娓娓，后以世变日巨，郁郁不得志，酒前灯下，往往高歌痛哭，

* 本文录自《赵柏岩文存》，台湾文海出版社出版。

若痴若狂，归江西数年，卒。

赵炳麟曰：世之将治也，豪杰有志之士，率皆云兴霞起，敷贊嘉猷，求志达道，各遂其欲而去。及将乱也，豪杰志士，往往抑塞穷途，冤结郁轸，以至于老且死。呜呼！十余年来，吾同心同志若江标、陈炽之徒，或隐或死，或寒心远蹈，不知其几十百矣。神州陆沉，伊于何底，述其梗概，不胜惨然！

陈炽传*

陈 焘

惟枳长子喜炽，原名家瑶，改名炽，字克昌，号次亮，又号用絜，优廪生。清同治癸酉科拔贡，甲戌朝考一等第四名，钦点七品小京官，签分户部山东清吏司。光绪壬午科举人，考取军机章京。次年正月传到军机处行走，补户部陕西清吏司主事，主北档案稿，升四川清吏司员外郎、户部捐纳房方略馆纂修、方略馆帮总纂，升福建清吏司郎中，方略馆保升，以道员补用。赏戴花翎加三级，诰授中宪大夫。复蒙恩奖得道员后，赏加二品衔。著有《庸书》、《续富国策》、《四子诗录》等书传世。清咸丰乙卯四月初七日吉时生，光绪庚子五月十三日午时殁于京都赣宁新馆。斯时拳匪扰乱京华，皇上、皇太后西奔，外国联军到京，途次异常阻塞。至癸卯年始行扶柩回籍，葬莲塘底塘尾底后龙丙丁山，癸向外未丑兼丁，地肖人形。娶廖氏，宁都同知衔达川公女，诰封宜人，晋封恭人，清咸丰甲寅吉月吉日吉时生，民国壬子七月三十日殁，葬白溪下山马宕头壬山，丙向兼亥巳。

---

* 本文录自《白溪陈氏十一修族谱》第二十八册，民国壬戌（1922）季秋族孙焘主修。

子一，育殖，改名育城，承继胞弟喜焘六子为嗣。

女四，长适本邑同知衔张益臣次子，次适本邑盐大史钟光国之长子，三、四俱夭。

陈炽年谱简编

赵树贵

咸丰五年乙卯(1855年)　一岁

陈炽，原名家瑶，改名炽，字克昌，号次亮，又号用絜。四月初七日生于江西瑞金县瑞林乡禾塘村。其父陈惟楫，字蔚堂，清同治癸酉科举人，候选教谕，拣选知县，廉公好义，县人争归服焉，曾蒙朝廷封赏，为时人所称誉，有子三人，长子陈炽，次子陈焘，季子陈烈。

陈炽改名次亮，意在表对南宋抗金志士陈亮敬慕之心，兼明志以民族兴亡为己任。

同治十二年癸酉(1873年)　十九岁

以生员身份参加省试，合格，将保送入京，备作拔贡。

同治十三年甲戌(1874年)　二十岁

朝考一等第四名，钦点七品小京官，签分户部山东清吏司。是年在京识江西新建人陶福祖，数为文酒之会，甚欢洽。

光绪元年乙亥(1875年)　二十一岁

乞假南旋。结交丰城欧阳元斋，叙情谈诗。寻为萍乡文韫山题条屏。里居频岁。

光绪四年戊寅(1878年)　二十四岁

为里坑陈氏四修族谱撰序。

光绪五年己卯(1879年)　二十五岁

任户部七品小京官。仍休假于家。

光绪七年辛巳(1881年)　二十七岁

夏，与邑人筹资，倡立宾兴之会（按：此会为济助应考之生员、秀才而设）。同时，撰«<尊闻居士集>跋»。

以事至省，乃得尽究新学。诗会新建勒深之及陶福祝，相与谈艺越数月，汇诗成集，曰«四子诗录»，梓行于世。四子者，勒深之、陈炽、欧阳元斋、陶福祝。内录陈炽诗七十九首，意多思乡怀旧，忧世爱民。

光绪八年壬午（1882年） 二十八岁

秋，应乡试，中式第四十六名举人，莅户部山东司。是年乡试全省中举者凡一百零四名，考试官为陈宝琛。

作«三江既入义»文（按：是文撰时未见确记，似少作，且属制艺经义之类，或即是壬午秋闱试卷，见录于元和少逸顾厚焜鉴定之«新政应试必读»第六种卷六«五经义»，是书为光绪壬寅秋求己斋石印本）。

光绪九年癸未（1883年） 二十九岁

任户部七品小京官。

光绪十年甲申（1884年） 三十岁

游历四方。据«庸书·自叙»云："壮年奔走四方，周历于金复、登莱、江浙闽粤沿海诸要区大埠，登澳门、香港之颠，览其形势，诇其情伪，详其战守，进退分合之所由。"古称三十岁为壮岁，故系游历于此年。

光绪十一年乙酉（1885年） 三十一岁

七品小京官，任职户部山东司。

一月，有上当道李鸿章书，论朝鲜事。谓此次朝鲜之乱，久在意中，欲仍以马建忠任其事，恐不惟无益，而反有损。北有俄人窥视，南有法夷之难，东隅又失，其事将不堪设想。乃献策以为怀柔小国之道，终以收人心为本，则一劳永逸。

在赣与友人开制纸局(按：康有为《中国商务公司缘起(附章程)》谓："昔陈郎中次亮与其友在江西开制纸局，赢利二十万"云云。又陈炽1895年撰《续富国策》,内有《种竹造纸说》云："犹忆癸未以前……魏菘园、李啸峰两友人……至谷中建棚造纸,仍于下湿之地课工种竹，三岁成林……迄今十载，每岁已出纸二十万金。"今姑系于此年)。

光绪十二年丙戌(1886年)　三十二岁

六月初一日,参加军机章京考试,为录取八名之首魁。

冬,为户部额外司员。

光绪十三年丁亥(1887年)　三十三岁

任户部主事，见载于《大清搢绅全书》。疑有误，当是额外主事，光绪十五年正月谕旨提及此事。

是年黄河从郑州决口,改道入淮,灾及三省,朝野震惊,陈炽遂有九月初七日送翁同龢议河说帖一件，管陈己见，为翁氏所称赞，并于初九日以其稿付北档案房,存。

光绪十五年己丑(1889年)　三十五岁

西太后归政光绪,奖擢有劳人员,额外主事吴鲁、陈炽,均著俟奏留后,以户部主事即补。

光绪十六年庚寅(1890年)　三十六岁

在京,与毛实君、口竹香、刘镐仲、文廷式诸友交游。

十一月,送别陈宝箴南下之官。

是月,补授户部浙江司主事。

十二月初六日,枢垣例保以员外郎,无论题选,咨留即补。

十五日,有上陈右铭书,论铁路事,惟望早成,俾得早竟全功或可以豫弭隐患。论朝鲜事,以为情愿其事早发，以万人东渡，而郡县之,如俄有违辞,即与之背城一决,且可藉英俄之矛盾,而迫英允改在华通商之税则。论俄储来华事,引其灭土之利,以为其用心实不可测云云。

光绪十七年辛卯(1891年) 三十七岁

二月初七日,翁同龢滑跌致伤而卧,次日陈炽送跌打方与翁氏。

三月初九日,陈炽有致翁同龢说帖,谈筹饷事,惟言绝大,恐难行。

秋,在户部四川司员外郎任,兼值军机章京汉头班。诰授中宪大夫。

冬,父丧丁忧,请假回籍。

光绪十八年壬辰(1892年) 三十八岁

春,为香山郑观应参定其所著论洋务五十五篇,即嗣后定名为《盛世危言》是也(按:郑氏《盛世危言自序》,光绪二十年五卷本云“参定”,光绪庚子八卷本改作“参校”。又郑氏《盛世危言增订新编凡例》,光绪二十一年增订新编十四卷本则言“参订”,今从其初言作“参定”)。

七月,为宁都州城内白溪陈氏俊卿翁祠堂撰记。

九月十五日,南返至家,集议筹款,增益宾兴之会,并撰《瑞金合邑宾兴谱序》。

在籍为父营葬。致书陈伯严请撰墓志铭,又筹建瑞林禾塘陈氏宗祠,为题”天马山庄”匾额。

为父友陈为理撰墓志铭。

是年,仍职户部员外郎。

光绪十九年癸巳(1893年) 三十九岁

七月,为郑观应《盛世危言》撰序,该书继于光绪二十年刊行,五卷本。

是年始撰《庸书》。

光绪二十年甲午(1894年)　四十岁

二月,与陈伯严有庐阜之游,相约卜筑偕隐事。为九江烟水亭题联(按:联语见录于吴恭亨《对联语》,未署撰时,因是年月游庐山,故系于此月下),抒泄忧伤之情。

光绪二十一年乙未(1895年)　四十一岁

一月十三日,在沪有致翁同龢论时事电,翁氏阅后称其"通才也"。

三月二十三日,《庸书》以翁同龢所举,进呈德宗御览。

四月十八日,以封事送翁同龢阅,翁氏赞曰"八条,皆善后当办者,文亦雄"。

以服阕返京复官,仍以员外郎供职户部,旋以军机王大臣公同商酌,奏请仍令该员兼在军机章京上额外行走。二十九日,奉旨"知道了,钦此"。

在京与康有为、梁启超等志士结交。

五月初六日,呈条陈一件,疑即《铸银条陈》。劝阻康有为离京南下,以为"时有可为,非仅讲学著书之时","力为挽留"。

翁同龢与康有为论变法之事,由陈炽起草了十二条新政意旨,以行变法。已而翁氏疑畏事,遂不果。

继奉翁氏之命,诣康,代致谢答,盖康氏方以变法之义屡函促责,而翁氏逡巡未有所应,故也。

六月,与康有为等人筹议兴会。谓康氏曰:"办事当有先后,当以报先通其耳目,而后可举事。"康氏是时有纠集士大夫创会立社移风开新之志,既闻是言,又得次亮等相助以资,乃于六月二十七日在京创刊《万国公报》,遍送士夫贵人。

七月,先是偕康氏等频集通才,游宴鼓动,谋开新会。至是月初乃与康氏再约集客,赴约者有袁世凯、杨锐、沈子培等十余人,即席义捐，一举而得数千金。遂议立"强学会"，举为提调，而以张巽之辅之，又推康氏草序文及章程，与梁卓如拟而公商之。继三日一会于嵩云草堂，来者日众。又议开书藏，英美公使捐助西书图器，又函督抚大吏捐金，由是经费渐裕。

二十一日，致函翁同龢，责其因循，言辞痛切。翁氏因之而曰："此君有识力，特不醇耳，然醇则儒缓矣。"

八月，时会务日廓，报亦大行，守旧者疑谤渐起，谣传将有劾康之举，乃以告康氏，促其即行。

初二日，梁启超与夏穗卿书谓："弟在此新交陈君次亮，此君由西学入，气魄绝伦，甚聪明，与之言，无不悬解，洵异才也"云云。

二十四日，以康将南归，偕同会诸子如沈曾植、文廷式等公饯唱戏，适演十二金牌召还岳武穆事，举座咸欷歔。是日，合肥李鸿章自愿捐金三千入会，倡议摈之。

二十九日，康氏出京南返，为之送行，并赠盘费。康留言曰："君维持旧国，吾开辟新国。"盖康氏心虑国之将亡，将谋开巴西，以存华种，故作斯语为约。

九月，协助英传教士李提摩太以中文草撰《新政策》，于是月二十五日由李氏定稿，并送呈翁同龢，旋经翁氏传递，幸蒙光绪帝览阅。

秋，某日，王伯恭、康有为先后来访，至西珠市口寓所，因与康氏纵论时事，并泛议当世人物，王伯恭遂心非之，以为妄人。

十月初，京师强学书局开局，有"总董""正董"之名。

十一月初一日，京师强学书局所办之《中外纪闻》创刊。局务先以报事为主，又购图书仪器，筹设书藏，组织译书，并数日一会，集众议事，及按月推举"月董"，而总摄局务者，即以陈炽及张巽之为之。

初四日，赴书局议事。

十二日，又赴书局议事。

是月中旬，连日有函致翁同龢，翁氏阅而不悦。

二十五日，所撰《茶务条陈事宜》呈请翁同龢代递上达。翁氏原拟翌日上之，而户部奏折与原呈大小不合，只得撤下作罢。

二十九日，《茶务条陈》由户部奏上，得旨下户部议奏。

十二月初六日，御史杨崇伊奏劾京师强学书局“植党营私”，旨命都察院查察。

初九日，书局奉旨封禁。

二十二日，御史胡孚宸等奏称：书局有益人才，请饬筹设，以俾时局。加之翁同龢力拯之，遂得清廷允准，改强学书局为官书局，“专司选译各国新报及指授各种西学”。是月，与李盛铎等办理借款之事，甚棘手。是年底，有《上善后事宜疏》，提出目前当急办者四条，供当事者参考。

光绪二十二年丙申(1896年)　四十二岁

是年有军机章京、户部员外郎、户部福建司郎中等职衔。

一月十八日，户部奏遵旨复议户部员外郎陈炽等条陈折称：陈炽请用机器，设小轮、立公栈、减捐厘等，是茶务转衰为盛一大关键。得旨，如所议行。

二十一日，孙家鼐奉旨管理官书局，陈炽仍留任事。

二月十七日，与文廷式、李盛铎并被御史杨崇伊奏劾，文氏因此遭谴革职，余未究。

夏，迁升户部福建司郎中，仍在军机处汉头班章京上行走如故。

七月初一日，《时务报》在沪创刊，任该报在京师代收捐款之事，并自捐银200元。

初三日，晨与翁同龢谈。

为孙家鼐草拟大学堂章程。

八月，应郑观应之托，以郑著《盛世危言》之增订版十册送交于是月望日来京之盛宣怀，“俾转赠人”。

九月，先是有改外截取之计，至是月上旬以母病拟南下省亲。十九日赴翁同龢辞行，甚郁抑。

是月下旬，梁启超有自香江寄致陈炽一函，托当时正在沪之汪大燮代为转邮。

十月初一日，撰文《中日之战六国皆失算论》，在《时务报》第十册上刊出，署名“瑶林馆主”。

初九日，时方将赴江宁一行，是日有致汪穰卿一函，以为《时务报》发论不可再说议院民权，恐招忌恨，然犹以为译西报则不忌也；又云，宜催卓如速来，拟翌日作书促之归沪，以梁氏时方稽留粤东也。

二十日，在沪与汪穰卿连日畅谈甚快，时方重译英人斯密德之《富国策》，尚未卒业，皆系草稿，以为此书在西国最为有名，遂请友人录出所译叙文一篇，总论一篇，于此日函送汪穰卿，请附刻《时务报》中，祈连载刊出。

二十一日，《铸银条陈》在《时务报》第十二册上刊出，署名“京师来稿”。

二十五日，与汪穰卿有约相晤而未果。

二十六日，致函汪穰卿，病慨“中国君权太重，都中一事不办，外间遂欲办一事而不能，自上上下下无一不揣摩迎合也”。并谓“日内尚拟走谈”，劝汪氏“宜加节养”。

是时，母之肿病已愈，拟不等假满即日北行，并谓“明岁无论如何，乞一郡以给甘旨”。是月始分任《时务报》在京之发行工作，间或帮助报之组稿等事项。

十一月初四日，梁启超于澳门舟中致汪穰卿书云："次亮尚在沪否？请为我慰之，并道我淹留之，由金陵密迩，相见殊易，独惜我辈在京师断一右臂耳"云云。梁氏大概已知陈炽将离沪赴宁事。

十三日，吴樵致汪穰卿书曰：陈次亮曾与数遣，其人盖所谓叔孙通之流，毫无真实本领。

二十一日，《重译富国策》首刊《时务报》第十五册，而后陆续连载刊出，署名"通正斋生"。

是月下旬，梁启超欲集同志捐金，分馈台官，请连上十折以变科举，即托陈炽明春入京时办理此事。

十二月十一日，《时务报》第十七册刊登告白，称"前数期报后所印之《重译富国策》，因现未译毕……须待来年续印"云云。

是年，《庸书》内外篇各二卷梓行，宋育仁为之撰序，谓陈炽尝"周咨博采，遍历沿海大埠，至香港、澳门，又旁考西书，至于辅轩译语，镜机甄微，感念时变，乃探综古今中外全局，发愤著《庸书》内外百篇"云云。又陈炽《自序》释其书名曰："庸之者，用也；用也者，通也；通也者，得也，适得而几矣。"

又《续富国策》有江西陈氏刻本（四册）梓行。

光绪二十三年丁酉（1897年）　四十三岁

一月二十一日，撰文《俄人国势酷类强秦论》及《贵私贵虚论》，同在《时务报》第十八册上刊出，署名"瑶林馆主来稿"。

春，助陈季同等创设公司，开办铁路，尝以此致电南皮张香涛说项借款，并告知借洋款之情。

三月，在沪偕李盛铎劝说梁启超于《时务报》之外，再开日报，曰《公论报》，且已租定房屋。旋北上。

晦日，洪述祖阅及《时务报》第二十五册载梁启超《试办不缠足会简明章程》，以为此事与其入会，不如奏请朝廷颁旨明禁，效验更速，因此有函致陈炽，谓此事宜入封章。

十七日，汪大燮在京有致汪穰卿书称：《时务报》前由次亮经手发行，渠归后四洋无处可交，其中欠十一、十四、十五三册，亦无处可索。并询次亮有无来京意云云。

四月初一日，《时务报》第二十五册刊登《重译富国策》之五，亦即最后一期，余下不知何故而停刊，抑或报馆有意出专书也。

初二日，抵达京师。

初四日，即函翁同龢，告知中国总银行开办之讯息。二十六日在上海正式开办。

是月上旬，不满于汪穰卿，故至京之日，尝有毁汪之语，张元济闻之遂作函以告汪氏，然其后，张氏则不复再闻陈炽有诋汪之言。

五月朔日，《美德宜力保大局说》一文在《知新报》第二十册上刊出。

六月朔日，《英日宜竭力保中说》一文在《知新报》第二十三册上刊出。

初二日，马建忠诣谒翁同龢举扬"通西法者"，有陈炽之名。

十三日，以折示翁同龢，全是风话，内有涉翁氏名者八句，翁氏以笔墨标出还之，说"不如此不能断此妖也"。两人关系之不和明矣。

七月初一日，《时务报》第三十四册刊《不缠足会董事姓氏》，内有陈炽之名。

十八日，陈炽等参与《平定陕西新疆回匪方略》、《平定贵州苗匪纪略》、《平定云南回匪方略》三书编撰校勘工作，业已完竣，得恭亲王保奖。是日上谕云"户部候补郎中陈炽均著俟得知府后，以道员在任候补，得道员后加二品衔记名御史"。

八月上旬，撰文《论农会书》，刊载于《农学报》第九册，为目前农学应办事书陈八条建议。

二十七日，得心疾，奉母来又迫母去，颠倒昏愦，旋即奉讳。翁同龢仅送十金。

九月八日，张元济有函致汪穰卿，云“贵报附刊之《重译富国策》何以卒然中止？此事甚要，此书尤佳，公其促成之”云云。

是月，以黄遵宪奉旨入觐至都，即讲民权，尝规劝之，而以为黄氏“大约不能从耳”。

十一月，病得杨叔峤催请清厘《时务报》款之函，不复。有赴沪之图。

十二月上旬在沪。

初八日，得康有为函。时康氏去沪入京，而函中“绝不提回沪之说”。

初九日，有致汪穰卿函，以《时务报》时拟将《重译富国策》单刊成书，故复之。函请改是书之名曰《重订富国策》，并以“褒中居士”及“通正斋生”两号，请汪氏择其一而署名；且询及康梁何以不回沪之意；又谓“公度事可疑可诧”云云。

十三日，乘轮浮江西行。

是年《重译富国策》有《时务报》单刊本广告。

是年，《庸书》有豫宁余氏重校付刊四卷本、上海书局石印本、时务学堂校刊本、《西政丛书》诸版本梓行。

又，《续富国策》有豫宁余氏校刊本、上海慎记书庄石印本、桂垣书局重刊本、上海明记书庄石印本（是本题作《续富国新策》）等版本梓行。

光绪二十四年戊戌（1898年）　四十四岁

春夏之际，尝晤康有为，告之曰：“皇上实英明通达，过于群臣"。康氏答曰:"此真军机颂圣之言,吾不信也。"时康氏方在京创立保国会,及既见圣明,乃知陈炽言出于意表。

闰三月,汪大燮致汪穰卿函,称陈炽将有出京之行。

四月二十三日,德宗诏定国是,宣布变法。

四月,大学堂议起,以总教习主之。时管学大臣孙家鼐请康有为为总教习,并请陈炽为总办(校长)。康面辞之,陈炽等亦劝其任。及孙氏见梁卓如代康拟定之章程,以权尽归总教习而管学大臣无权,遂大怒诋康。事遂不果。

五月底,陈炽曾以《庸书》上之当道,勿售,遂中狂病,几死。至是时渐有求其书者。天下好奇之士,莫不攘臂奋兴,思出其言若艺,以应天子之求。

八月初六日,戊戌政变后,陈炽郁郁不得志,酒前灯下,往往高歌痛哭,若痴若狂。

曾撰有《矿务琐言》、《论病论药说》、《血去无咎说》、《请开艺学科说》、《电气利于园圃》、《精技艺以致富说》、《古今工程异同说》等文论。

是年,《庸书》有上海慎记书庄石印本、湖南时务学堂校刊本、知不足斋石印本等梓行。《庸书》尚有《自强学斋治平十议》丛书文瑞楼铅印本和文茂山房刊本,刊年不详。

又,《续富国策》有中江刘氏鸩鹊室刻本、豫宁重刊本等梓行。

光绪二十六年庚子(1900年) 四十六岁

五月十三日,卒于京都赣宁新馆,斯时义和团进驻北京,皇上、皇太后西奔,外国联军到京,途次异常阻塞。俟至1903年始行扶柩回籍。葬瑞金县莲塘底塘尾。

有子一:陈育殖,改名育城,承继胞弟喜焘六子为嗣。

有女四:长女适本邑同知衔张益臣次子,次女适本邑盐大史钟光国之长子，三、四女俱夭。

娶妻廖氏，宁都同知衔达川公女，诰封宜人，晋封恭人。清咸丰四年(1854年)生，民国元年七月殁，葬瑞金县白溪下山。

陈炽著述佚篇目录

赵 树 贵

一、议河说帖

1887年10月23日，送交翁同龢阅，管陈己见，25日，翁氏以此稿付北档房，存。

二、筹饷说帖

1891年4月17日，送交翁同龢，翁氏阅后言："惟言绝大，恐难行"。

三、致陈三立书

1891年冬，陈炽父丧，丁忧回籍，次年即书致陈三立，请撰墓志铭。

四、上刘坤一书(五通)

其一，写于1891年秋。书询芜湖等地教案后事。

其二，写于1893年秋。书陈"自铸银钱，免使洋人独擅其利，即以济圜法之穷"云云。

其三，写于1894年秋。书陈军国大计，云当增兵上海，上海工业繁盛，当厚集兵力，北军守江为要、不宜进取云云。

其四，写于1896年夏。书言开矿铸钱诸商务事。

其五，写于1896年冬。书请修筑苏沪铁路，且应将原定水运章程量行删改，以期彼此相安，此外无能为役云云。

五、论时事电

1895年2月7日，由沪发给翁同龢，翁氏阅后称其"通才也"。

六、上封事

1895年5月12日，送呈翁同龢封事，凡八条，皆善后当办者，文亦雄。

七、新政十二条

1895年6月，翁同龢与康有为论变法之事，由陈炽起草了十二条新政意旨，以行变法。

八、上翁同龢书（三通）

其一，写于1895年9月9日，责翁氏因循守旧，言辞痛切。

其二，写于1895年12月，连日上书翁同龢，翁氏阅而不悦。

其三，写于1897年5月5日，言开中国总银行事。

九、草拟大学堂章程

1896年8月，为管学大臣孙家鼐草拟之。

十、论借款电

1897年春，发给张之洞，云俄人将取中，旨创银行，揽华路，禁各国借款，俄谋秘而急，根本可借，他何惜焉？并闻专走内间，与杏翁作对，蹶此兴彼，惟及该王爵未来，将各路分认，勿露洋款，则我有辞，彼无辞，安危大局，亟望主持云云。

十一、上翁同龢折

1897年7月12日，送交翁氏阅，为翁氏所修改并责骂。